La Gestion de projet POUR LES NULS

La Gestion de projet POUR LES NULS

Stanley Portny
Sandrine Sage

FIRST
Editions

Titre de l'édition américaine : *Project Management For Dummies®, 3rd Edition*
Publié par
Wiley Publishing, Inc.
111 River St.
Hoboken, NJ07030-5774
USA

12, avenue d'Italie
75013 Paris – France
Tél : 01 44 16 09 00
Fax : 01 44 16 09 01
Courriel : firstinfo@efirst.com
Internet : www.editionsfirst.fr

ISBN : 978-2-7540-1984-2
Dépôt légal : septembre 2011
Imprimé en Espagne

Ouvrage dirigé par Benjamin Arranger
Secrétariat d'édition : Capucine Panissal
Traduction : Christophe Billon
Correction : Christine Cameau
Dessins humoristiques : Marc Chalvin
Illustrations : De Visu
Couverture et mise en page : ReskatoЯ
Fabrication : Antoine Paolucci
Production : Emmanuelle Clément

À propos des auteurs

Stanley Portny, président de Stanley E. Portny and Associates, est un expert de réputation mondiale de la gestion de projet. Depuis 30 ans, il dispense des formations et prodigue des conseils à des organismes publics et sociétés privées (plus de 150) dans des secteurs aussi divers que les produits de consommation, les assurances, l'industrie pharmaceutique, la finance, l'informatique, les télécommunications, la défense et la santé. Il a créé et animé des programmes de formation à l'intention de plus de 50 000 employés et cadres évoluant dans les domaines de l'ingénierie, le commerce et le marketing, la recherche et le développement, les systèmes d'information, la fabrication, la production et l'assistance.

Professionnel en gestion de projet (PMP – *Project Manager Professionnal*), accrédité par le Project Management Institute, Stanley possède une licence en génie électrique, obtenue à l'institut polytechnique de Brooklyn. Il est également titulaire d'une maîtrise en génie électrique et a décroché son diplôme d'ingénieur électricien au Massachusetts Institute of Technology. Stanley a également étudié à l'école de management Alfred P. Sloan et au George Washington University National Law Center.

Sandrine Sage, consultante en gestion de projet depuis 15 ans, est titulaire d'un diplôme d'école de commerce avec spécialisation en gestion de projet et d'un MBA (*Master of Business Administration*) International en gestion de projet. Elle intervient sur des missions de consulting au niveau national et international telles que la création et le management de Project Office et Programme Office, la formation de décideurs, la gestion de projet, l'audit et l'aide à la certification CMMI (*Capability Maturity Model Integration*), le déploiement, le support et la formation sur Microsoft Project, l'audit, le conseil et le déploiement de solutions globales de gestion de projet, ainsi que la présentation en conférences de solutions innovantes en la matière. La profession de consultante en gestion de projet est pour elle un moyen d'affirmer chaque jour son engagement envers cette discipline et d'apporter le meilleur de son expertise aux clients et projets qui en ont besoin.

En plus de ces activités de consulting, Sandrine déploie aujourd'hui son expertise dans la littérature spécialisée avec pour objectif de faire partager sa passion au plus grand nombre. Auteur pour le classeur *Management de projets* (Afnor), elle y publie régulièrement des articles sur le sujet et a récemment rédigé deux préfaces de livres : *Le Pilotage de portefeuilles de projets* et *La Gestion de projet avancée* de Jean-Yves Moine, aux éditions Afnor.

Elle peut vous aider à évaluer les besoins en gestion de projet de votre entreprise et y déployer une approche adaptée. Formation, planification, organisation, suivi de l'avancement et clôture de vos projets, elle mettra son expertise au service de votre entreprise. Pour toute demande, adressez-vous à : `sandrine.sage@sfr.fr`, ou rendez-vous sur son site : `http://sandrine.pecori.free.fr`.

Sommaire

Cinquième partie : La partie des Dix *371*

Introduction

L'homme crée et gère des projets depuis la nuit des temps. Que ce soit la construction de la Grande Muraille de Chine, la peinture de la *Joconde*, le voyage sur la Lune ou encore l'édification de la tour Eiffel, toutes ces œuvres – aussi différentes soient-elles – sont autant de projets ! Et, vous n'êtes pas sans le savoir, ce furent toutes d'immenses succès, même si les délais et budgets furent très largement dépassés !

Si l'on se penche sur l'étymologie du mot « projet », on trouve « *projectum* », qui vient de « *projicere* », soit « jeter quelque chose vers l'avant ». Faire de la gestion de projet revient, en somme, à se projeter dans le futur en échelonnant dans le temps : ressources, dates et budget.

Pourquoi le thème de la gestion de projet intéresse-t-il autant les gens aujourd'hui ? La réponse est simple : le public a changé et les enjeux sont plus importants.

Traditionnellement, les projets étaient plutôt complexes et d'une certaine envergure. Le premier projet à utiliser des techniques modernes de gestion, le système d'armes Polaris au début des années cinquante, fut un véritable cauchemar technique et administratif. Des équipes de spécialistes effectuèrent la planification et le suivi d'une myriade d'activités de recherche, de développement et de production. Elles produisirent des tonnes de documents pour consigner des travaux complexes. Résultat, les gens ont commencé à percevoir la gestion de projet comme une discipline hautement technique nécessitant l'emploi de graphiques déroutants. À leurs yeux, il s'agissait d'une activité excessivement consommatrice de temps, apanage de spécialistes, et donc vraiment hors de portée du commun des mortels !

De par l'augmentation constante de projets énormes, complexes et techniquement ardus dans notre société actuelle, il est vital, pour qu'ils soient menés à bien, que des personnes se consacrent, leur carrière durant, à la planification et à la gestion de ces aventures imposantes. Cependant, ces 25 ou 30 dernières années, le nombre de projets a explosé dans les différentes sphères professionnelles. Les projets, de tous types et de toutes tailles, sont désormais *la* manière pour les entreprises de mener leurs activités.

Dans le même temps, une nouvelle génération de chefs de projet est née, pour laquelle la gestion de projet n'entrait pas forcément dans leur plan de carrière, nombre d'entre eux ne se considérant même pas comme des chefs de projet. Mais, ils ont bien conscience qu'une gestion réussie de leurs projets est incontournable pour évoluer professionnellement. Il est indéniable que la gestion de projet est devenue une compétence vitale de nos jours, symbole de flexibilité et d'adaptabilité.

Bien que ces personnes se rendent compte de la nécessité de disposer de techniques, de connaissances et d'outils spécifiques pour mener à bien leurs nouveaux types de mission, elles ne sont peut-être pas capables ou désireuses de consacrer un temps conséquent à leur acquisition. C'est là qu'entre en scène le présent ouvrage, destiné à cette majorité silencieuse de chefs de projet.

À propos de ce livre

Ce livre vous aide à percevoir la simplicité des principes élémentaires d'une gestion de projet réussie. Il faut moins de dix minutes pour maîtriser la technique d'analyse la plus complexe ! Dans cet ouvrage, nous présentons les informations nécessaires pour planifier et gérer des projets et fournissons des directives importantes en matière de développement et d'utilisation de ces informations. Vous découvrirez que le véritable défi inhérent à la réussite d'un projet est la multitude de personnes susceptibles d'être concernées ou nécessaires à sa réalisation, ainsi que la multitude de tâches et de dépendances entre ces tâches. Dans ce livre, nous vous donnons des tas de conseils et de directives afin d'identifier les acteurs clés, puis de les impliquer.

Le seul savoir ne fera cependant pas de vous un bon chef de projet. Vous devez être capable d'appliquer vos connaissances. Le thème de ce livre est le suivant : les techniques de gestion de projet ne sont pas des tâches pénibles qu'il faut exécuter parce qu'un processus donné l'exige. Il s'agit plutôt d'un mode de réflexion, de communication et d'action. Cette approche fait partie intégrante de la manière dont nous abordons au quotidien tous les aspects de notre travail.

Nous avons donc rédigé ce livre dans un style direct et relativement facile à comprendre. Mais, rassurez-vous, ce contenu simple passe tout de même en revue tous les outils et techniques essentiels dont vous aurez besoin pour planifier, programmer, budgétiser, organiser, piloter et contrôler vos projets. Alors, au boulot !

Nous présentons ces informations selon une progression chronologique, en suivant le déroulement logique d'un projet : commencez donc déjà par vous repérer dans le temps avec votre projet en vous demandant à quelle phase vous en êtes. Il existe trois phases clés, chacune ayant ses spécificités, ses problématiques, ses challenges et ses solutions. Les exemples et illustrations sont très nombreux, tout comme les conseils. Nous avons ajouté un peu d'humour de temps en temps afin de rendre le tout ludique et agréable, car la gestion d'un projet peut se révéler être un véritable plaisir ! Notre objectif est qu'après avoir lu cet ouvrage, vous vous disiez qu'une gestion de projet de qualité est nécessaire et que vous soyez résolu et déterminé à la mener à bien !

Les conventions utilisées dans ce livre

Pour vous aider à naviguer dans *La Gestion de projet pour les Nuls*, nous avons adopté les conventions suivantes :

- L'*italique* sert à attirer votre attention sur les nouveaux mots et leur définition, laquelle est toujours à proximité. Il nous arrive aussi d'employer l'italique pour mettre l'accent sur nos propos ;
- Le **gras** est destiné à souligner les termes clés figurant dans des listes ou à mettre en lumière certaines parties de procédures.

Ce que vous n'êtes pas obligé de lire

Nous serions bien sûr ravis si vous lisiez cet ouvrage dans son intégralité, mais nous sommes conscients que vous n'en avez peut-être pas le temps ! Vous souhaiterez peut-être vous pencher sur une partie en particulier. Dans ce cas, vous avez la possibilité d'ignorer les encadrés. S'ils abordent des notions intéressantes et comportent des histoires vraies, ces encadrés ne sont pas essentiels à la compréhension des notions traitées.

Si vous êtes pressé

Dans le cas où vous souhaiteriez une synthèse des concepts clés, nous avons pensé à vous en rédigeant à la fin du livre, dans la partie des Dix, une synthèse des essentiels de chaque phase : que vous soyez en début, milieu ou fin de projet, reportez-vous à ces fiches, elles vous seront d'un grand secours ! Elles répondent aussi aux petits questionnaires situés à la fin de chaque partie, histoire de tester vos connaissances.

Hypothèses gratuites

Nous sommes partis du principe qu'un large éventail de catégories de personnes lirait ce livre :

- Les cadres supérieurs et jeunes employés (appelés à devenir cadres supérieurs) ;
- Les chefs de projet chevronnés et personnes n'ayant jamais fait partie d'une équipe de projet ;
- Les personnes ayant un certain bagage en gestion de projet et celles n'ayant jamais suivi de formation dans ce domaine ;
- Les individus ayant des années d'expérience dans l'univers du travail, dans le secteur privé ou public, et ceux qui viennent juste de décrocher leur premier emploi.

Nous sommes aussi partis du principe que vous souhaitiez contrôler votre environnement. Nous espérons qu'après avoir lu ce livre, vous vous demanderez – à juste titre – pourquoi tous les projets ne sont pas bien gérés, car vous trouverez alors toutes ces techniques logiques, simples et faciles à utiliser. Mais, nous supposons également que vous remarquerez une grosse différence entre *savoir* comment faire et *passer à l'action*. Nous présumons que vous prendrez ainsi conscience de tous les efforts à accomplir pour surmonter les forces conspiratrices vous empêchant d'employer ces outils et techniques.

Enfin, dans un souci d'approfondir le sujet, vous vous rendrez sûrement compte qu'il est possible de lire le présent ouvrage à plusieurs reprises en en retirant chaque fois quelque chose de nouveau. Considérez donc *La Gestion de projet pour les Nuls* comme une ressource pratique susceptible de vous apporter quelque chose face à chaque situation nouvelle rencontrée, tout au long de votre parcours professionnel.

Comment ce livre est organisé

Chaque chapitre est indépendant. Vous pouvez donc commencer par lire les chapitres qui vous intéressent le plus, sans vous sentir perdu. Ce livre est divisé en six parties. Le cœur du livre est classé par ordre chronologique : dans un souci de bonne compréhension, nous avons choisi de structurer les deuxième, troisième et quatrième parties selon l'ordre chronologique d'un projet. Ainsi, que vous en soyez au début, à planifier (deuxième partie), au milieu, à réaliser (troisième partie), ou à la fin, en train de clôturer votre projet (quatrième partie), vous pourrez passer directement à la partie qui vous intéresse. Les voici :

Première partie : Bienvenue dans le monde de la gestion de projet !

Dans cette partie nous avons souhaité vous présenter le monde de la gestion de projet en jetant les bases solides de votre apprentissage à venir. Tout d'abord, qu'est-ce qu'un projet et qu'est-ce que la gestion de projet ? Après un petit historique de la discipline, nous verrons si vous avez l'étoffe d'un chef de projet efficace…

Deuxième partie : Partir sur de bonnes bases : la phase de démarrage

Dans cette partie, nous abordons la première phase à laquelle vous serez confronté sur un projet : la phase de démarrage et de préparation. Cette partie vous propose de clarifier toutes les idées qui tournent dans votre tête à ce moment précis du projet, afin de ressortir de cette étape clé avec une vision claire, structurée, efficace et orientée action de votre projet. En d'autres termes, nous ne laisserons pas de place au hasard, et vous sortirez fort et confiant de cette première étape, prêt à réaliser votre projet !

Troisième partie : Garder le bon cap : la phase d'exécution

Dans cette partie, nous avons mis toute notre expertise à votre service pour aborder la deuxième phase dans un projet : celle de son exécution. Aussi évoquerons-nous son annonce et son suivi, sa communication, la gestion de ce qui peut mal tourner – gare aux surprises ! – et comment devenir le leader de votre projet et l'acteur de votre réussite.

Quatrième partie : Atterrir en douceur : la phase de clôture

Dans cette partie, nous abordons la partie délicate de la clôture d'un projet et vous donnerons tous les conseils afin de réussir là où les autres échouent presque systématiquement… eh oui !

Cinquième partie : La partie des Dix

Tout livre *Pour les Nuls* digne de ce nom comprend cette partie amusante qui vous offre des infos faciles à assimiler. Nous vous donnons ici des conseils sur la façon de démarrer, exécuter et clôturer un projet et de vous améliorer en tant que chef de projet.

Les icônes utilisées dans ce livre

La marge gauche est parfois parsemée de petites icônes destinées à attirer votre attention sur des infos spéciales. Voici leur signification :

Cette icône vous avertit des dangers et pièges potentiels en matière de gestion de projet.

Cette icône signale des situations hypothétiques illustrant les techniques et thèmes abordés.

Cette icône sert à mettre en lumière des informations importantes à garder à l'esprit lorsque vous employez les techniques et approches préconisées.

Nous utilisons cette icône pour signaler des termes ou thèmes quelque peu techniques.

Cette icône met en exergue les techniques ou approches que vous pouvez employer pour améliorer votre façon de gérer les projets.

Et maintenant, par où commencer ?

Il existe de nombreuses manières de lire cet ouvrage, selon vos connaissances et votre expérience en matière de gestion de projet et vos besoins actuels. Nous vous conseillons cependant de prendre quelques minutes pour parcourir le sommaire et survoler les différentes sections.

Si vous découvrez la gestion de projet et si vous n'en êtes qu'au stade de la planification de votre premier projet, commencez par lire les première et deuxième parties. Elles vous apprendront à comprendre l'univers de la gestion de projet, à vous fixer des objectifs, à déterminer les tâches à exécuter, à établir un calendrier et à définir les ressources à employer.

Si vous êtes prêt à vous mettre au travail ou êtes en plein projet, foncez à la troisième partie (« Garder le bon cap : la phase d'exécution »). Mais, libre à vous aussi de passer d'un chapitre à l'autre, au gré de vos envies et besoins.

Que vous procédiez à une lecture linéaire ou aléatoire, prévoyez de lire tous les chapitres plusieurs fois. Plus vous les lirez, plus vous saisirez les approches et techniques préconisées. Pensez aussi à vous référer à la fin de chaque partie : nous avons créé une fiche afin de tester vos connaissances sur la partie que vous venez de lire.

Vous êtes désormais sur le point de mettre le pied dans le monde merveilleux et tout-puissant de la gestion de projet, apprêtez-vous à vivre une belle et grande aventure et à y prendre beaucoup de plaisir. Bonne chance et bon voyage !

Première partie

Bienvenue dans le monde de la gestion de projet !

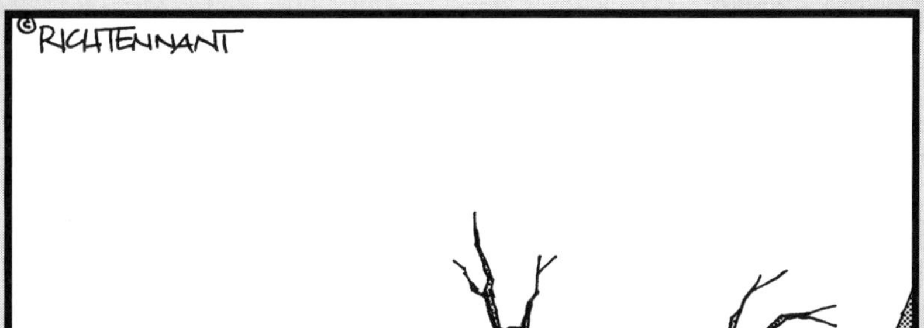

« Hé ! Qui est en charge de ce projet ? »

Dans cette partie...

Le monde de la gestion de projet est sur le point de s'ouvrir à vous !

Vous allez faire connaissance avec une discipline qui va vous surprendre agréablement, dans le sens où elle va vous apporter mille et un bénéfices au quotidien pour vos projets. Si les parties suivantes vous aident à structurer votre gestion de projet, celle-ci vous initie en douceur aux notions de projet et de gestion de projet. Nous tenterons aussi de comprendre pourquoi cette approche est utilisée mondialement, quels que soient les projets et les secteurs d'activités. Enfin, nous clôturerons cette partie d'initiation par le personnage central de la gestion de projet – vous ou votre futur vous : le chef de projet !

Chapitre 1

Qu'est-ce qu'un projet ?

Dans ce chapitre :

- La définition d'un projet
- Les trois caractéristiques principales d'un projet
- Différencier un projet d'une tâche, d'un processus ou d'un programme

Les entreprises et organisations à succès développent des projets qui produisent les résultats escomptés dans les délais impartis en utilisant les ressources prévues. Les entreprises sont de ce fait de plus en plus désireuses de trouver des personnes excellant dans l'art d'évoluer dans un environnement flexible axé sur des projets.

Si vous avez ce livre entre les mains, c'est que l'on vous a sans doute demandé de gérer un projet. Alors, ne le quittez plus ! Vous allez avoir besoin de nouvelles techniques et compétences pour mener à bien ce projet. Ne vous inquiétez pas pour autant ! Cet objectif est tout à fait atteignable ! Ce chapitre va vous permettre de démarrer du bon pied en vous montrant les tenants et aboutissants des projets et de leur gestion, ainsi qu'en vous aidant à faire le tri entre les tâches qui font partie du projet et celles qui y sont étrangères. Vous y trouverez les raisons de la réussite ou de l'échec d'un projet. Vous découvrirez également comment adopter un bon état d'esprit.

Bien définir le terme « projet »

Quel que soit votre poste, vous vous chargez chaque jour d'une kyrielle de tâches : préparer une note, animer une réunion, concevoir une campagne commerciale ou déménager dans de nouveaux locaux. À moins que votre journée ressemble plus à celle-ci : rendre un système d'information plus convivial, développer un composé en laboratoire ou améliorer l'image publique de l'entreprise. Toutes ces tâches ne constituent pas un projet. Comment distinguer les tâches qui forment un projet ? Cette section va vous aider à faire la différence.

Comprendre les trois principaux composants d'un projet

Un *projet* est une entreprise temporaire mise en œuvre afin de générer un produit, service ou résultat unique. D'envergure ou modeste, un projet présente toujours les caractéristiques suivantes :

- **Un objectif spécifique :** résultats ou produits souhaités (pour une description plus complète des résultats souhaités, reportez-vous au chapitre 5) ;
- **Un calendrier :** une date de début et une date de fin bien identifiées (le chapitre 7 vous indique comment établir un calendrier réaliste) ;
- **Des ressources nécessaires :** le personnel, le financement et d'autres ressources (pour en savoir plus sur la constitution de l'équipe de projet, rendez-vous au chapitre 8 ; le chapitre 9 vous dit tout sur le montage du budget).

Comme l'illustre la figure 1-1, chaque composant influe sur les deux autres. Par exemple, la modification ou multiplication des types de résultats escomptés peuvent nécessiter un délai supplémentaire ou plus de ressources. L'avancement de la date butoir peut nécessiter une diminution des objectifs ou un accroissement des dépenses (par exemple, *via* le paiement des heures supplémentaires au personnel impliqué). Le travail accompli sert à atteindre les résultats souhaités.

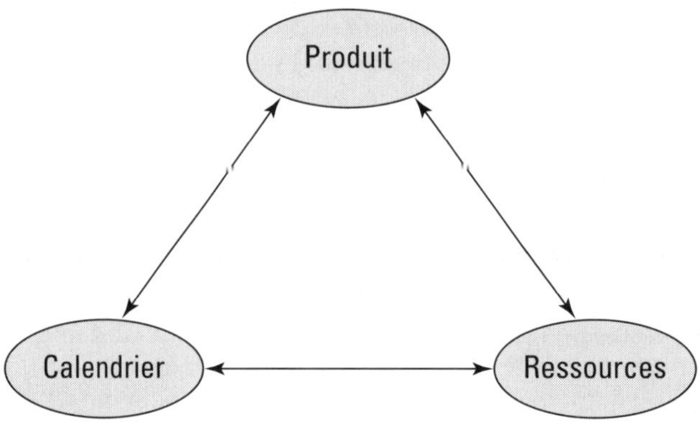

Figure 1-1 : Lien entre les trois principaux composants d'un projet.

Bien que de nombreuses autres considérations puissent influer sur la conduite du projet (voir le chapitre 2 : « Qu'est-ce que la gestion de projet ? »), ces trois composants constituent la base de la définition d'un projet, pour les raisons suivantes :

- La seule raison d'être d'un projet est la production de résultats spécifiés dans son objet;
- La date de fin est un élément essentiel de la définition d'une conduite de projet réussie : le résultat souhaité doit être fourni dans un certain délai afin de répondre au besoin initial;
- La disponibilité des ressources conditionne la nature des produits que le projet est capable de générer.

Un large éventail de projets

Il existe toutes sortes de formes et tailles de projets. Ils peuvent par exemple :

- **Être d'envergure ou modestes :**
  - Installer un métro, ce qui peut coûter 1 milliard d'euros et demander 10 ou 15 ans de travaux, est un projet.
  - Préparer un rapport sur le chiffre d'affaires mensuel, ce qui peut vous prendre une journée, est également un projet.
- **Impliquer un grand nombre de personnes ou seulement vous :**
  - Former les 10 000 employés de votre entreprise à la nouvelle politique d'action positive est un projet.
  - Repenser l'aménagement des meubles et de l'équipement dans votre bureau est également un projet.
- **Être définis par un contrat officiel ou une entente officieuse :**
  - Un contrat que vous passez avec un client pour la construction d'une maison est un projet.
  - La promesse que vous faites à votre collègue de lui installer un nouveau logiciel est également un projet.
- **Être professionnels ou personnels :**
  - L'animation, au sein de votre entreprise, de la campagne d'incitation au don du sang est un projet.
  - L'organisation chez vous d'un dîner pour 15 personnes, la rénovation de votre maison, l'organisation d'un événement personnel ou encore la création d'une entreprise sont tout autant des projets.

N'OUBLIEZ PAS !

Quelles que soient les caractéristiques de votre projet, celui-ci se définit par les trois mêmes composants décrits dans la section précédente : résultats (ou objectifs), dates de début et de fin et ressources. Les informations nécessaires pour planifier et gérer demeurent les mêmes, quel que soit le projet, même si le degré de difficulté et le temps nécessaire pour le mener à bien varient. Plus la planification et la gestion de vos projets sont minutieuses, plus vous avez de chances de réussir.

Attention aux contrefaçons !

Les gens confondent souvent les deux termes suivants avec la notion de projet :

- **Un processus :** un processus s'oppose à un projet dans la mesure où un processus est répétitif alors qu'un projet est la gestion de l'unique, de la première fois. Le processus est une série d'étapes courantes servant à l'exécution d'une fonction donnée ; par exemple, un processus d'approvisionnement ou un processus budgétaire. Il ne s'agit pas d'une activité ponctuelle débouchant sur un résultat donné. Le processus décrit le mode d'exécution systématique d'une fonction. Les processus tels que les activités consistant à acheter des matériaux font souvent partie des projets. Mais ne vous y trompez pas ! La gestion d'un projet repose sur des processus précis !
- **Un programme :** ce terme peut décrire deux situations. Premièrement, un programme peut être un ensemble d'objectifs donnant naissance à des projets bien précis, mais, contrairement à un projet, un programme n'est jamais complètement terminé. Par exemple, un programme de sensibilisation à des questions de santé ne peut jamais atteindre complètement son objectif (on ne peut pas considérer la population comme totalement informée d'une question de santé), mais un ou deux projets peuvent déboucher sur des résultats précis liés à l'objectif du programme (par exemple, un atelier sur la diminution du risque de maladies cardio-vasculaires). Deuxièmement, un programme correspond parfois à un ensemble de projets présentant un but commun. La gestion et le contrôle des projets qu'ils englobent sont harmonisés dans un but d'efficacité, mais chaque projet garde sa propre identité avec ses dates et ses ressources propres. Il arrive parfois que les projets, si proches dans leur cycle de vie, soient harmonisés au niveau des dates clés, sans pour autant être fusionnés.

Chapitre 2

Qu'est-ce que la gestion de projet ?

Dans ce chapitre :

- Trois phases clés : démarrage et planification, exécution, clôture
- Les cinq processus de la gestion de projet
- Ce que l'expérience nous apprend

La gestion de projet gère ce qui est unique, c'est l'approche des premières fois, mais ne vous méprenez pas ! Elle comporte néanmoins des processus répétitifs et reproductibles, quel que soit le projet. Ces processus consistent à conduire un projet du début à la fin. La gestion de projet comprend précisément trois phrases – démarrage et planification, exécution, clôture – et cinq catégories de processus que nous décrivons ci-dessous.

N'OUBLIEZ PAS !

Pour exécuter ces processus avec succès, les éléments suivants sont nécessaires :

- **Informations :** données exactes, complètes et fournies de manière opportune pour la planification, le suivi des performances et l'évaluation finale du projet ;
- **Communication :** partage total et au moment opportun des informations entre les personnes et groupes de personnes concernés, pendant toute la durée du projet ;
- **Engagement :** promesses des membres de l'équipe d'obtenir les résultats escomptés dans les délais impartis et en respectant les budgets alloués.

La phase de démarrage et de préparation

La phase de démarrage et préparation (voir deuxième partie) inclut les processus de démarrage et de planification du projet.

Sachez – avant de vous attaquer à cette phase de démarrage et préparation – qu'elle est largement ignorée. L'un de nous a réalisé une étude sur plusieurs projets et il s'est avéré que 70 % d'entre eux ignoraient cette phase ! Beaucoup la négligent car elle est perçue comme une perte de temps. Cette erreur de précipitation explique en grande partie les échecs des projets actuels. Mettez donc un instant de côté votre passion pour l'exécution ! Sachez que, plus votre planification sera détaillée, plus grandes seront vos chances de réussite… eh oui, tel est le secret de la phase de démarrage et préparation !

L'objectif de cette première phase est d'être le plus précis possible afin d'éviter les surprises une fois le projet entré en phase d'exécution.

Les processus de démarrage

Les processus de démarrage consistent à clarifier le besoin de l'entreprise, définir les principales attentes et les budgets pour obtenir les ressources et commencer à identifier les publics susceptibles de jouer un rôle dans votre projet.

Les processus de démarrage répondent aux questions : « Devons-nous réaliser ce projet ? », « Pouvons-nous réaliser ce projet ? »

Plus concrètement… Tous les projets commencent par une idée. Par exemple, le client de votre entreprise identifie un besoin, votre patron pense à l'exploration d'un nouveau marché ou il vous vient l'idée de revoir le processus d'approvisionnement de votre société.

Il arrive que le processus de démarrage soit informel. Concernant un petit projet, il peut s'agir simplement d'une discussion et d'un accord verbal. Dans d'autres cas, surtout avec les gros projets, il faut une analyse officielle et la décision revient à votre patron ou à d'autres membres de la direction de votre entreprise.

Lorsqu'ils envisagent d'adopter un projet, les décideurs se posent les deux questions suivantes :

- ***Devons-nous* nous lancer dans ce projet ?** Le jeu en vaut-il la chandelle, eu égard au coût de ce projet ? Existe-t-il de meilleurs moyens de s'y prendre ?

- ***Pouvons-nous* nous lancer dans ce projet ?** Est-il techniquement réalisable ? Disposons-nous des ressources nécessaires ?

Si la réponse à ces deux questions est « Oui », vous pouvez passer au processus de planification, pendant lequel un plan de projet sera élaboré. Si la réponse à l'une de ces deux questions est un « Non ! » tonitruant, le projet ne doit en aucun cas être poursuivi. Si rien ne peut être changé pour le rendre souhaitable et faisable, les décideurs doivent l'annuler immédiatement. La poursuite du projet ne se solderait que par un gaspillage des ressources, des perspectives sombres et de la frustration parmi le personnel. (Si vous avez besoin d'aide pour répondre à la première question, reportez-vous à l'encadré « Réaliser une analyse coûts-avantages », plus loin dans ce chapitre.)

Admettons que vous soyez à la tête du département de reprographie de votre entreprise. On vient de vous demander d'imprimer un document de 20 000 pages en 10 minutes, ce qui nécessite de disposer d'un matériel capable de sortir 2 000 pages à la minute.

Vous vérifiez auprès de votre équipe, qui vous confirme que le matériel de reprographie du département est capable de sortir au maximum 500 pages à la minute. Vous vous rapprochez de votre fournisseur, qui vous indique que la machine la plus rapide de sa gamme affiche un débit de 1 000 pages à la minute. Donnez-vous votre accord pour conduire ce projet alors que vous savez qu'il est impossible de répondre à la demande ? Non, bien entendu !

Plutôt que de promettre l'impossible, demandez plutôt au client s'il peut modifier sa demande. Par exemple, accepterait-il un délai de 20 minutes pour l'impression de son document ? Pouvez-vous reproduire certaines parties du document en 10 minutes, puis le reste plus tard ?

Au cours de certains projets, vous pouvez être convaincu par l'impossibilité de répondre à une demande ou par le fait que le jeu n'en vaut pas la chandelle, étant donné les coûts à supporter. Vérifiez auprès des personnes qui ont conçu ou approuvé le projet. Elles ont peut-être des informations que vous n'avez pas ou vous avez des données supplémentaires dont elles ne disposaient pas lorsqu'elles ont donné leur feu vert.

Prenez garde aux hypothèses que vous ou d'autres personnes émettez lorsque vous évaluez la valeur, le coût et la faisabilité d'un projet. Par exemple, ce n'est parce que vos demandes d'heures supplémentaires ont été refusées par le passé qu'il en ira de même cette fois-ci.

Réaliser une analyse coûts-avantages

Une *analyse coûts-avantages* est une évaluation comparative de tous les avantages potentiels apportés par votre projet par rapport aux coûts induits pour le lancer, le conduire et supporter les changements qui en découlent. L'analyse coûts-avantages vous aide à :

- Décider de réaliser ou non le projet ou de faire votre choix parmi plusieurs projets;
- Fixer les objectifs du projet;
- Développer les mesures antérieures et postérieures au succès du projet;
- Préparer une estimation des ressources nécessaires pour exécuter les travaux.

Vous pouvez exprimer certains avantages potentiels sur le plan pécuniaire (tels que des coûts d'exploitation moindres ou des recettes supérieures). Concernant les autres avantages, les mesures numériques peuvent servir à évaluer certains aspects (mais pas tous). Par exemple, si votre projet est destiné à améliorer le moral de vos troupes, les avantages associés peuvent être : un chiffre d'affaires moindre, une productivité accrue, une baisse de l'absentéisme et des doléances officielles. Dans la mesure du possible, exprimez les avantages et coûts sous forme monétaire afin de faciliter l'évaluation de la valeur du projet.

Tenez compte des coûts de toutes les phases du projet. Il peut s'agir de coûts extraordinaires (main-d'œuvre, investissements et certains services et opérations) ou de coûts récurrents (changement de personnel, fournitures, matériaux ou maintenance et réparations). Pensez également aux éléments suivants :

- Coûts potentiels de la non-réalisation du projet;
- Coûts potentiels de l'échec du projet;
- Coûts d'opportunité (autrement dit, les avantages que vous auriez retirés si vous aviez mené à bien un autre projet).

Plus votre analyse porte loin dans le temps, plus il est important de convertir le rapport avantages-coûts en monnaie sonnante et trébuchante. Malheureusement, plus votre réflexion s'inscrit à long terme, moins vos estimations sont garanties. Par exemple, vous pouvez espérer tirer profit d'un nouvel ordinateur pendant des années, mais une innovation technologique peut très bien rendre votre nouvelle machine obsolète au bout d'une petite année.

Par conséquent, les facteurs clés suivants influent sur les résultats d'une analyse coûts-avantages :

- Le degré de projection dans l'avenir lorsque vous identifiez les avantages;
- Les hypothèses à la base de votre analyse.

Bien que vous ne vouliez peut-être pas vous lancer vous-même dans une analyse coûts-avantages, vous tenez sans doute à savoir si votre projet a déjà fait l'objet d'une analyse et, dans ce cas, quels en sont les résultats.

Lorsque la balance penche en faveur des avantages attendus par rapport aux coûts estimés, le résultat correspond à la *valeur actualisée nette (VAN)*. Elle est fondée sur les deux principes suivants :

- **L'inflation** : votre pouvoir d'achat sera moindre dans un an si vous avez 1 euro en poche. Si le taux d'inflation est de 3 % sur les 12 prochains mois, 1 € d'aujourd'hui vaudra 0,97 € dans un an. Autrement dit, dans 12 mois, vous débourserez 1 € pour acheter ce qui vous coûte 0,97 € aujourd'hui.

- **Le rendement perdu de l'investissement :** si vous dépensez de l'argent pour réaliser le projet en question, vous renoncez au futur revenu que vous pourriez gagner si vous investissiez cet argent aujourd'hui. Par exemple, si vous placez 1 € à la banque en bénéficiant d'un intérêt annuel de 3 %, dans 12 mois, vous aurez 1,03 € (à condition qu'il y ait 0 % d'inflation).

Pour prendre en considération ces facteurs lorsque vous fixez la VAN, vous spécifiez les éléments suivants :

- **Le taux d'actualisation :** facteur qui reflète la future valeur des 1 € en euros d'aujourd'hui, en prenant en compte à la fois l'inflation et le rendement perdu de l'investissement.
- **Le délai de récupération du capital investi :** la période pour obtenir les avantages escomptés et s'acquitter des coûts estimés.

Outre la détermination de la VAN des différents taux d'actualisation et délais de récupération, pensez au *taux de rendement interne (TRI)* (valeur du taux d'actualisation qui aboutirait à une VAN de zéro) pour chaque délai de récupération.

Les processus de planification

Les processus de planification consistent à détailler le contenu du projet, les délais, les ressources et les risques, ainsi que les modes de communication, la qualité et la gestion des achats externes de biens et services envisagés. Ces processus incluent aussi le fait de monter l'équipe de projet, figer les données du projet qui serviront de référence lors de l'exécution, communiquer avec les parties prenantes du projet et annoncer son projet

N'OUBLIEZ PAS !

Les processus de planification répondent au fameux « qcqqc » : **q**uoi ? (objectif) **c**omment ? (plan d'action) **q**uand ? (calendrier) **q**ui ? (ressources) **c**ombien ? (budget).

Concrètement, quand vous savez ce que vous voulez faire et pensez que c'est réalisable, il vous faut un plan détaillé décrivant comment vous et votre équipe allez vous y prendre. Les éléments suivants sont à intégrer dans votre plan de gestion de projet :

- Un aperçu des raisons de la création de votre projet (le chapitre 5 vous indique les éléments à inclure) ;
- Une description détaillée des résultats escomptés (le chapitre 5 vous explique comment procéder) ;
- Une liste des contraintes rencontrées lors du projet (le chapitre 5 explore les différents types de contraintes possibles) ;
- Une liste de toutes les hypothèses liées au projet (le chapitre 5 indique comment délimiter les hypothèses) ;

- Une liste de tout le travail à effectuer (le chapitre 6 traite la façon d'identifier toutes les tâches à exécuter) ;
- Une répartition des rôles que jouerez les membres de votre équipe et vous-même (le chapitre 8 explique comment décrire rôles et responsabilités) ;
- Un calendrier détaillé du projet (le chapitre 7 explique comment établir ce calendrier) ;
- Les besoins en personnel, financiers et en ressources non humaines (par exemple, équipement, installations et informations) (le chapitre 8 montre comment évaluer les besoins humains et non humains, comment affecter des ressources aux tâches, et comment monter son équipe, le chapitre 9 aborde le montage du budget de votre projet) ;
- Une description de la façon de gérer les principaux risques et incertitudes (le chapitre 11 explique comment identifier les risques et planifier leur gestion, le chapitre 14 explique comment les gérer) ;
- Les plans de communication du projet (le chapitre 13 détaille comment tenir informées en permanence toutes les parties prenantes du projet) ;
- Les plans pour garantir la qualité du projet (le chapitre 12 indique comment suivre l'avancement des travaux et garder le contrôle de votre projet pendant toute sa durée afin de contribuer à sa réussite).

Les tâches suivantes font partie de la préparation au commencement des travaux :

- **Annoncer les rôles à tous les participants :** annoncez le nom des personnes qui participeront au projet, même s'ils savent déjà qu'ils allaient en faire partie ;
- **Faire les présentations au sein de l'équipe et exposer le projet :** aidez les membres de l'équipe à tisser des liens entre eux, à percevoir le but du projet et les interactions entre les différentes parties ;
- **Présenter l'affectation des tâches à tous les membres de l'équipe en leur expliquant ce que vous attendez d'eux :** décrivez leur mission et la coordination au sein de l'équipe ;
- **Définir le fonctionnement de l'équipe de projet :** présentez comment l'équipe communiquera au quotidien, prendra des décisions et résoudra les conflits. Créez les procédures susceptibles de s'avérer nécessaires au fonctionnement de l'équipe ;
- **Mettre en place les systèmes de suivi indispensables :** annoncez vos décisions concernant les systèmes(s) et comptes que vous utiliserez pour assurer le suivi du calendrier, des travaux et des dépenses, et mettez-les en œuvre ;

- **Annoncer le projet à l'entreprise :** présentez le but de votre projet, sa date de début et sa date de fin.

Consignez toujours par écrit vos plans de projet. Cela vous permettra d'en clarifier les détails et de réduire les risques d'oublis. Le plan d'un gros projet peut prendre des centaines de pages mais celui d'un minuscule projet peut se résumer à quelques lignes sur une feuille de papier, voire sur une... nappe!

Le succès de votre projet dépend de la clarté et de la précision de votre plan et de la conviction des parties prenantes de sa réussite. La prise en compte d'expériences passées permet de rendre votre plan plus réaliste. L'implication des autres dans l'élaboration du plan favorise leur engagement à œuvrer à la réussite du projet.

Souvent, la pression infligée dans le but d'obtenir rapidement des résultats pousse les gens à sauter la phase de planification afin de procéder d'emblée à l'exécution des tâches. Bien que cette stratégie puisse générer immédiatement beaucoup d'activité, elle vous expose à des risques importants de gaspillages et d'erreurs, nous le verrons plus tard.

Veillez à ce que les principales parties prenantes parcourent et approuvent le plan par écrit avant le début de votre projet. Pour un petit projet, un bref courriel ou les initiales d'une personne sur le plan peuvent suffire. Cependant, dans le cas d'un gros projet, vous aurez peut-être besoin d'un examen officiel et d'une signature par une ou plusieurs personnes de votre entreprise de différents niveaux d'encadrement.

La phase d'exécution

La phase d'exécution (voir troisième partie) inclut les processus d'exécution et ceux de surveillance et de contrôle du projet.

L'objectif de la phase d'exécution est de suivre au plus près l'avancement du projet en gérant avec rapidité et précision toute modification en termes de délais, de coûts et de qualité par rapport à ce qui a été initialement planifié dans la phase précédente.

Les processus d'exécution

Les processus d'exécution consistent à gérer l'équipe de projet, gérer les parties prenantes du projet, ainsi que mettre en œuvre les plans de projet.

Les processus d'exécution répondent à la question suivante : « Les équipes avancent-elles dans leur travail ? »

En pratique, vous avez présenté votre projet et entrez enfin dans le vif du sujet : les travaux proprement dits ! Au sein des processus d'exécution figurent les tâches suivantes :

- **Mener les tâches à bien :** effectuez le travail prévu dans le plan de projet ;
- **Garantir la qualité :** veillez sans cesse à ce que les travaux et résultats soient conformes aux exigences, ainsi qu'aux normes et directives en vigueur ;
- **Diriger l'équipe :** distribuez les tâches, contrôlez les résultats et résolvez les problèmes ;
- **Améliorer l'équipe :** octroyez les formations et donnez les conseils nécessaires pour améliorer les compétences des membres de l'équipe ;
- **Partager les informations :** donnez les informations aux différentes parties prenantes.

Les processus de surveillance et de contrôle

Les processus de surveillance et de contrôle consistent à suivre et contrôler les performances. Cette phase peut déboucher sur l'obtention de résultats propres au projet, la rédaction de rapports d'avancement des travaux et d'autres communications.

Les processus de surveillance et de contrôle répondent aux questions suivantes : « Le projet avance-t-il comme prévu en termes de délais, coûts et qualité ? », « Si on observe des écarts de performance entre le planifié et le réel, que peut-on mettre en place rapidement pour éviter toute dérive ? »

Sur le terrain, à mesure que le projet avance, vous devez vous assurer que les plans sont suivis et les résultats prévus obtenus. Les processus de suivi et de contrôle englobent les tâches suivantes :

- **Comparer les performances au plan de projet :** recueillez des informations sur les résultats, le respect du calendrier et l'utilisation des ressources, repérez les changements de cap par rapport au plan et mettez en place les correctifs nécessaires ;
- **Résoudre les problèmes :** modifiez les tâches, les calendriers ou les ressources pour remettre le projet sur les bons rails, conformément au plan établi, ou négociez une modification du plan proprement dit ;
- **Tenir tout le monde informé :** tenez au courant les différentes parties prenantes des réussites de l'équipe, des problèmes rencontrés et des modifications à apporter au plan de projet.

La phase de clôture

La phase de clôture (voir quatrième partie) inclut les processus de clôture.

Un des objectifs principaux de cette phase est d'apprendre de ses erreurs de manière à capitaliser sur l'expérience unique que vous aurez vécue.

Les processus de clôture consistent à évaluer des résultats obtenus, obtenir l'approbation du client, affecter les membres de l'équipe de projet sur d'autres missions, clôturer des comptes et réaliser une évaluation finale. Cette phase peut par exemple déboucher sur l'adoption de la version finale des résultats du projet, la consignation de recommandations et suggestions pour les projets à venir.

En pratique, terminer les tâches assignées ne représente qu'une partie de la clôture d'un projet. Vous devez en outre effectuer les choses suivantes :

- Obtenir l'approbation de vos clients concernant les résultats définitifs ;
- Clôturer tous les comptes du projet (si vous avez utilisé des comptes spéciaux) ;
- Aider les membres de l'équipe à passer à leur mission suivante ;
- Procéder à un exercice de retour d'expérience avec l'équipe de projet afin de repérer les points positifs et de voir les leçons à tirer dans l'optique des futurs projets (faites au moins des remarques informelles à propos de ces leçons et de la façon dont elles profiteront pour le futur).

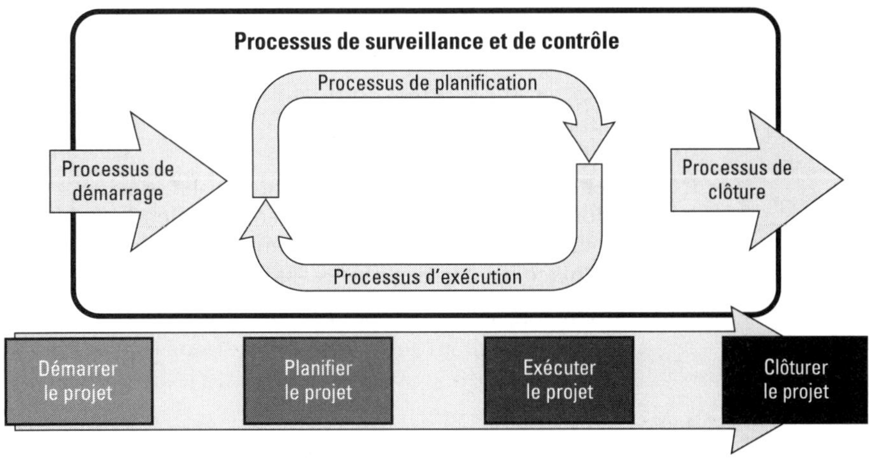

Figure 2-1 : Les cinq groupes de processus de gestion de projet.

Ce que l'expérience nous apprend...

Si ce cycle de vie peut durer seulement quelques jours pour les petits projets, mener à bien un projet d'envergure peut prendre de nombreuses années ! En fait, pour mieux se concentrer sur les aspects et faciliter la surveillance et le contrôle des travaux, les chefs de projet subdivisent souvent les gros projets en différentes phases, chacune étant traitée comme un mini projet, avec le respect des trois phases décrites plus haut. Quelle que soit la complexité du projet, ces trois phases demeurent les mêmes, et c'est bien ce qu'il y a de merveilleux dans les techniques de gestion de projet : malgré la multiplicité et la complexité des projets et quel que soit le secteur d'activité, la structure de gestion reste inchangée !

N'OUBLIEZ PAS !

Dans un monde idéal, vous devez terminer une phase avant de passer à la suivante. Et, dès qu'une phase est terminée, vous n'y revenez plus. Mais, la perfection n'existe pas et le succès d'un projet passe souvent par une approche flexible, voire itérative et pragmatique afin de répondre aux situations rencontrées, telles que les suivantes :

- **Vous pouvez devoir travailler en même temps sur deux phases (voire plus) afin de respecter des délais très serrés.** Aborder une phase avant d'avoir bouclé la précédente accroît le risque de devoir recommencer des tâches et peut entraîner un dépassement de délai et une utilisation plus importante que prévue des ressources. Si vous optez pour cette stratégie, assurez-vous que tout le monde comprend bien les risques encourus et coûts associés. Vous apprenez parfois sur le tas. Malgré une étude de faisabilité complète et l'élaboration d'un plan satisfaisant, il arrive que vous ne puissiez réaliser tout ce que vous escomptiez. Dans ce cas, vous devez revenir sur les phases précédentes et les repenser à la lumière des nouvelles informations obtenues ;
- **Vous n'êtes pas à l'abri des imprévus.** Les études de faisabilité et de rentabilité initiales sont sérieuses et sensées et votre plan de projet est complet et réaliste. Toutefois, vous devez faire face au départ soudain de membres importants de l'équipe de projet ou à l'apparition d'une nouvelle technologie, qu'il est préférable d'utiliser. Ignorer ces événements pourrait sérieusement compromettre votre projet. Vous devez donc revenir sur les phases précédentes et les modifier en fonction de ces nouvelles contingences.

Chapitre 3

Au fait, pourquoi fait-on de la gestion de projet ?

Dans ce chapitre :

- L'histoire de la gestion de projet
- La motivation de l'homme au sujet de cette discipline
- L'importance de la gestion de projet de nos jours

Nous parlions dans l'introduction du projet de la Grande Muraille de Chine. C'est un des projets les plus monumentaux réalisés sur cette terre, puisqu'il se voit, paraît-il, de la Lune. Nous ne l'avons pas vérifié personnellement, mais croyons les astronautes qui ont fait le voyage ! Même avant la Grande Muraille de Chine, réalisée au IIIe siècle av. J.-C., et aussi loin que l'on puisse remonter dans le temps, l'homme a toujours aimé gérer des projets : fabriquer, ériger, créer, construire, détruire puis refaire, faire plus haut, plus grand, plus beau,... Quelle énergie ! Quelle insatiable volonté d'entrer en action et de marquer son paysage de réalisations tangibles et durables dans le temps !

Pourquoi l'homme gère-t-il des projets ?

Nous en arrivons donc naturellement à nous demander : pourquoi ? Pourquoi l'homme gère-t-il des projets ?

Montrer que l'on existe !

Nous l'avons vu, l'homme et le projet forment une équipe indissociable.

Les projets accompagnent l'homme depuis la nuit des temps et ponctuent son passage sur cette terre.

Avant 1950, les techniques de gestion de projet étaient inexistantes, et pourtant, aussi loin que l'on puisse remonter dans le temps, l'homme a marqué son environnement de projets qui restent encore dans nos mémoires.

Qu'est-ce qui poussait donc l'homme à gérer de tels projets ?

Mener un projet à terme, c'est montrer – par l'acte de création – que l'on existe et que l'on peut contrôler son environnement. Quoi de plus motivant que de défier les éléments qui ne sont – *a priori* – pas sous notre contrôle et d'atteindre un objectif précis avec des ressources et un calendrier limités ?

On dit qu'en construisant les pyramides d'Égypte, les Égyptiens ont souhaité édifier des sépultures dont la forme leur aurait permis de se rapprocher un peu plus de leurs dieux.

En construisant sa tour, Gustave Eiffel a voulu présenter au monde entier la vitrine du savoir-faire français.

En se rendant sur la Lune, les Américains ont souhaité prouver au monde entier la suprématie de leur technologie.

Il existe donc bien un désir de marquer le monde de son empreinte. Or, cette motivation, même si elle persiste aujourd'hui dans des projets architecturaux, esthétiques et sportifs, a été largement relayée par une motivation financière…

Faire plus d'argent, plus vite !

Sorti de la Seconde Guerre mondiale, l'homme a cherché à développer des techniques de gestion dans un esprit de rendement et d'efficacité.

C'est en effet à partir années 1950 que naissent les techniques de gestion de projet actuelles. Elles vont permettre à l'homme de produire plus vite pour un plus grand nombre, plus rapidement, et d'accroître considérablement son chiffre d'affaires. Depuis, ces techniques se sont perfectionnées, mais l'esprit reste inchangé : mieux structurer pour bien produire et faire plus d'argent !

Pourquoi la gestion de projet est-elle indispensable ?

La gestion de projet est aujourd'hui indispensable pour celui ou celle qui choisit d'atteindre un objectif avec ressource(s) et calendrier définis. Cette approche résout bon nombre de problèmes, en voici quelques exemples.

La gestion de projet permet d'éviter de faire des erreurs

Dans les situations critiques, vous avez peu de temps et vos ressources sont limitées pour gérer les problèmes essentiels. Vous ne pouvez vraiment pas vous permettre de commettre des erreurs. Et, si vous agissez sous pression et sous le coup de l'émotion (deux caractéristiques que l'on retrouve dans les situations critiques), vous pouvez être sûr que vous ferez des erreurs. Impossible donc de vous passer de la planification.

La gestion de projet permet de cibler et structurer vos activités

Quelle que soit la taille du projet, les informations nécessaires pour le réaliser demeurent les mêmes. Que vous faut-il produire ? Quels sont les travaux à réaliser ? Qui va s'en charger ? Quand se finiront les travaux ? Avez-vous répondu aux attentes ?

Il faut parfois plusieurs semaines ou mois pour apporter une réponse satisfaisante à ces questions lorsqu'il s'agit de gros projets. Pour les petits projets qui durent quelques jours, voire moins, cela peut prendre seulement 15 minutes, mais vous ne ferez pas l'économie de ces questions.

La gestion de projet permet de réduire les incertitudes

Certains projets sont plus prévisibles que d'autres. Cependant, les bénéficiaires de n'importe quel projet ont toujours des attentes quant à la nature du résultat final et la date à laquelle ils l'obtiendront. En conséquence, lorsque les incertitudes sont nombreuses, il faut un chef de projet pour élaborer et communiquer les plans initiaux, puis évaluer et faire part des conséquences des imprévus.

La gestion de projet concerne tous les projets

Quelle que soit la nature de votre projet, même personnel, les techniques utilisées dans ce livre peuvent être largement utilisées : construction d'une maison, organisation d'un événement personnel, achat et/ou rénovation d'un bien immobilier, développement d'un logiciel… la gestion de projet est partout !

Chapitre 4

Les clés de la réussite d'un chef de projet

Dans ce chapitre :

- Les responsabilités d'un chef de projet
- Les qualités d'un chef de projet
- Avez-vous l'étoffe d'un chef de projet efficace ?

Personnage incontournable de la discipline, le chef de projet est celui qui porte la responsabilité des résultats de son projet. Au détour de l'exercice de planification, de la qualité de ses décisions, de sa gestion des risques et de son habileté à s'adapter, il va ainsi se frayer un chemin vers la réussite. Autant dire que la tâche n'est pas aisée, mais pourtant si gratifiante pour celui qui l'accomplit avec brio. Le chef de projet va devoir ainsi faire preuve d'un certain nombre de qualités et déjouer les nombreux pièges qui l'attendent tout au long de ce parcours…

Connaître le rôle du chef de projet

La mission du chef de projet est difficile. Il lui arrive souvent d'assurer la coordination entre des experts n'ayant parfois jamais travaillé ensemble, dans l'optique d'atteindre un but commun. Si l'expérience du chef de projet est souvent de nature technique, sa réussite passe par une capacité à identifier et résoudre des problèmes organisationnels et humains délicats, aspects de gestion auxquels il n'est pas toujours préparé. Nous décrivons ci-dessous les principales tâches dont un chef de projet se charge et mettons l'accent sur les défis qu'il aura à relever.

Les tâches incombant au chef de projet

Auparavant, les règles en vigueur dans les entreprises et organisations étaient plutôt simples : votre patron désignait les missions et vous étiez chargé de les mener à bien. Remettre en cause ces missions relevait de l'insubordination ou de l'incompétence.

Mais ces règles ont changé. Aujourd'hui, votre patron peut lancer des idées, et c'est vous qui évaluez comment les mettre en œuvre. Vous confirmez qu'un projet répond aux réels besoins de l'entreprise, puis définissez les travaux, le calendrier et les ressources nécessaires pour le réaliser.

Gérer un projet d'une autre manière n'est tout simplement pas logique ni pertinent. Le chef de projet doit participer à la création du plan car il lui faut préciser les attentes et les approches proposées, puis soulever d'éventuelles questions *avant* le début des travaux.

N'OUBLIEZ PAS !

La clé du succès d'un projet est de faire preuve d'initiative. Au lieu d'attendre que les autres vous disent quoi faire :

- Recherchez les informations que vous jugez nécessaires ;
- Suivez le plan car vous êtes convaincu qu'il s'agit de la meilleure solution ;
- Impliquez les personnes dont vous savez qu'elles sont essentielles pour le projet ;
- Soulevez les problèmes et les risques, analysez-les, puis obtenez de l'aide pour les gérer ;
- Diffusez les informations aux personnes dont vous savez qu'elles en ont besoin ;
- Consignez toutes les informations importantes par écrit ;
- Posez des questions et encouragez les autres à faire de même ;
- Insistez pour réduire les frais si l'objectif de votre projet vous paraît trop ambitieux, car c'est vous seul, à la fin, qui serez tenu pour responsable ;
- Croyez en votre projet et engagez-vous à œuvrer à son succès !

Éviter les raccourcis

Les pressions immédiates subies en tant que chef de projet peuvent vous inciter à emprunter une voie que vous, votre équipe ou votre entreprise allez payer par la suite au prix fort. Particulièrement avec les petits projets moins formels, il arrive que vous ne ressentiez pas le besoin d'organiser le démarrage du projet.

ATTENTION !

Ne vous laissez pas séduire par les raccourcis suivants, qui ne sont plus simples qu'en apparence :

- **Passer directement du démarrage du projet à son exécution :** vous avez une idée et votre projet doit être mené à bien en très peu de temps. Pourquoi ne pas simplement commencer les travaux? Ça semble bien, mais vous n'avez pas encore défini ce qu'il y avait à faire!

  Voici d'autres variantes de ce raccourci :

  - **« J'ai déjà mené à bien ce projet à de nombreuses reprises par le passé, pourquoi de nouveau passer par le démarrage? »** Même si certains éléments sont similaires à d'anciens projets, d'autres diffèrent toujours. Par exemple, vous travaillez pour la première fois avec certaines personnes, vous utilisez un nouvel équipement, etc. Prenez un moment pour vérifier que votre plan prend bien en compte la situation actuelle;
  - **« Notre projet diffère du précédent, alors à quoi bon essayer de le planifier? »** Adopter cette attitude revient à dire : nous traversons une région inconnue, alors pourquoi définir un itinéraire sur une carte? Dans le cas d'un nouveau projet, le démarrage est important car vous vous engagez sur un chemin que personne n'a jamais emprunté. Bien qu'une révision de votre plan initial puisse s'imposer pendant le déroulement du projet, vous et votre équipe devez exposer votre plan noir sur blanc dès le départ.

- **Ne pas préparer la phase d'exécution des travaux :** le manque de temps est souvent la raison invoquée pour justifier ce raccourci. La vraie raison est en fait que les gens n'aiment pas définir des procédures et relations avant d'entrer dans le vif du sujet. La deuxième partie vous indique pourquoi cette phase de démarrage est si importante et vous donne des conseils pour la réussir.

- **Passer directement aux travaux lorsque vous rejoignez le projet en pleine phase d'exécution des tâches :** le plan est déjà prêt, alors pourquoi revenir en arrière pour reprendre la phase de démarrage et préparation? Il le faut pourtant, pour deux raisons :

  - Identifier d'éventuels problèmes qu'auraient pu laisser échapper les créateurs du projet;
  - Comprendre le raisonnement se cachant derrière le plan et vous rendre compte si ce dernier est réalisable.

- **Laisser inachevée la phase de clôture :** à la fin d'un projet, vous passez souvent directement au suivant. Des ressources limitées et des délais serrés vous incitent à passer rapidement à la suite et démarrer un nouveau projet est toujours plus difficile que de boucler le précédent.

Cependant, vous ne pouvez vraiment apprécier la réussite d'un projet si vous ne prenez pas le temps de vous assurer que toutes les tâches ont été exécutées et que vos clients sont satisfaits. Si vous ne vous efforcez pas de tirer les enseignements du projet qui vient de s'achever, vous risquez de reproduire les erreurs commises ou de ne pas reprendre les approches ayant porté leurs fruits.

Rester conscient des autres défis potentiels

Les projets ne sont pas éternels, ils sont destinés à produire des résultats bien précis. Dans l'idéal, une fois les objectifs atteints, le projet se termine. Malheureusement, ce caractère éphémère des projets peut créer certaines difficultés en termes de gestion :

- **Des missions supplémentaires :** une mission demandée à un employé dans le cadre d'un nouveau projet peut venir s'ajouter à celles qu'il doit déjà mener à bien. On ne lui demandera pas forcément si ces nouvelles tâches influent sur les projets auxquels il participe déjà. La direction part parfois du principe que le chef de projet peut tout gérer. Lorsque des problèmes de charge de travail surviennent, l'entreprise ne dispose pas forcément de directives ou procédures adaptées, il arrive même qu'il n'existe aucune directive en la matière pour résoudre ces conflits.
- **De nouvelles personnes dans de nouvelles équipes :** des personnes qui n'ont jamais travaillé ensemble, voire ne se connaissent pas, peuvent se retrouver au sein d'une équipe de projet. Cette absence de contacts antérieurs peut ralentir le projet car les membres de l'équipe de projet peuvent :
  - Avoir des styles de fonctionnement et de communication différents ;
  - Utiliser des procédures différentes pour conduire une même activité ;
  - Ne pas avoir le temps d'apprendre à se respecter et à se faire confiance.

  (La troisième partie de cet ouvrage vous explique comment monter une équipe de qualité afin de partir du bon pied.)
- **Pas d'autorité directe :** dans la plupart des projets, le chef de projet et les membres de l'équipe n'ont pas de relations hiérarchiques directes. Par conséquent, les récompenses incitant généralement à être performant (augmentations de salaire, attribution d'une meilleure note d'évaluation et promotions) ne sont pas applicables. En outre, les conflits sur le temps de travail ou la direction technique peuvent nécessiter l'intervention de tiers. Une seule décision unilatérale ne peut pas en venir à bout.

Avez-vous l'étoffe d'un chef de projet efficace ?

Vous lisez ce livre car vous souhaitez devenir un meilleur chef de projet, n'est-ce pas ? Eh bien, avant d'entrer dans le vif du sujet, nous vous suggérons d'effectuer une autoévaluation rapide afin de passer en revue vos forces et faiblesses. En répondant aux dix questions suivantes, vous aurez une idée des thèmes à travailler afin d'optimiser votre efficacité. Bonne chance !

Questions

1. Êtes-vous plus soucieux d'avoir de bonnes relations avec tout le monde ou de faire en sorte que le travail soit fait ?
2. Préférez-vous exécuter des tâches techniques ou encadrer les personnes chargées du travail technique ?
3. Pensez-vous que le meilleur moyen de venir à bout d'une tâche difficile soit de le faire vous-même ?
4. Préférez-vous des tâches récurrentes et répétitives ou l'imprévu et le changement ?
5. Préférez-vous passer votre temps à développer des idées au lieu d'expliquer ces idées aux autres ?
6. Gérez-vous bien les crises ?
7. Préférez-vous travailler seul ou en équipe ?
8. Jugez-vous inutile et inconcevable de surveiller les personnes vous ayant promis d'exécuter une tâche ?
9. Pensez-vous que les gens doivent trouver la motivation en eux pour faire leur travail ?
10. Vous sentez-vous à l'aise pour traiter avec des personnes de tout niveau hiérarchique ?

Réponses

1. S'il est important de veiller à l'existence de bonnes relations de travail, le chef de projet doit souvent, dans l'intérêt du projet, prendre des décisions qui ne contentent pas tout le monde.

2. La plupart des chefs de projet ont gagné leur place grâce à leurs bonnes performances dans l'exécution de tâches techniques. Néanmoins, une fois devenu chef de projet, votre mission est d'encourager les autres à faire de l'excellent travail technique et non d'enfiler vous-même le bleu de chauffe.

3. Croire en soi est important. Cependant, la mission du chef de projet est d'aider les autres à être très performants.

4. Le chef de projet essaie de minimiser les situations et problèmes imprévus grâce à une planification réactive et à un contrôle opportun. Toutefois, en cas de problème, le chef de projet doit le gérer aussitôt afin de minimiser son impact sur le projet.

5. Bien que la proposition d'idées puisse s'avérer utile, le chef de projet a pour principale responsabilité de s'assurer de la bonne compréhension de toutes les idées émises par l'ensemble de l'équipe de projet.

6. Le chef de projet se doit de garder la tête froide pour mesurer la situation, choisir les meilleures mesures et encourager tous les membres à participer à la mise en œuvre de la solution.

7. L'autonomie et la motivation personnelle sont des qualités essentielles pour un chef de projet. La clé de sa réussite est sa capacité à faciliter l'interaction au sein d'un groupe hétérogène de spécialistes.

8. Si vous estimez peut-être qu'honorer ses engagements est un aspect crucial d'un comportement professionnel, le chef de projet doit à la fois s'assurer que les participants demeurent axés sur les objectifs et instituer un modèle de coopération.

9. Les personnes doivent afficher une motivation personnelle mais il incombe au chef de projet de les encourager à conserver leur motivation pour leurs missions et les éléments associés.

10. Le chef de projet est en contact avec des personnes de tout niveau (de la direction au personnel administratif) en charge de l'exécution de tâches concernant le projet.

TRUC

Vous trouverez dans le sommaire les chapitres et sections dans lesquels nous traitons en détail les différents aspects de la fonction de chef de projet.

Testez vos connaissances !

Nous vous proposons de tester les connaissances acquises dans cette première partie et de vous référer à l'annexe en fin d'ouvrage pour les réponses et leurs explications.

1. **Il n'existe aucune différence entre « gérer » un projet et « manager » un projet.**

   a- Vrai, b- Faux

2. **La gestion de projet est une approche permettant d'alléger les processus de gestion en excluant du cycle de vie tout ce qui n'a pas de valeur ajoutée.**

   a- Vrai, b- Faux

3. **Un projet est une entreprise temporaire mise en œuvre afin de générer un produit ou un service.**

   a- Vrai, b- Faux

4. **La taille d'un projet peut varier pourvu qu'il y ait un objectif précis à atteindre, un calendrier et des ressources disponibles.**

   a- Vrai, b- Faux

5. **Un programme est un gros projet.**

   a- Vrai, b- Faux

6. **Lorsque l'on planifie, gère et clôture un projet, on suit son instinct.**

   a- Vrai, b- Faux

7. **Les techniques de gestion de projet permettent de se passer de l'étape de planification.**

   a- Vrai, b- Faux

8. **Par l'acte de gestion, l'homme gère les activités répétitives de son quotidien.**

   a- Vrai, b- Faux

9. **La peinture de la Joconde et la construction du Boeing A380 sont deux exemples de projet.**

   a- Vrai, b- Faux

10. **Le rôle du chef de projet est de veiller au bien-être et à l'épanouissement des membres de son équipe.**

    a- Vrai, b- Faux

L'examen du PMP et la 4e édition du PMBoK

Le PMBoK (*Project Management Book of Knowledge*) est l'ouvrage de référence du PMI (Project Management Institute), il décrit les normes, les méthodes, les processus et pratiques de la profession. La certification PMP (*Project Manager Professionnal*) est la certification du PMI.

Nous avons listé pour vous les chapitres du PMBoK correspondant aux points détaillés dans la première partie : « Bienvenue dans le monde de la gestion de projet ! » :

Section I – Cadre du management de projet

Chapitre 1 – Introduction

Chapitre 2 – Cycle de vie du projet et organisation

Deuxième partie

Partir sur de bonnes bases : la phase de démarrage

« Avant de démarrer ce projet, j'aimerais définir les métaphores que nous emploierons aujourd'hui. La dernière fois, nous avons passé en revue le domaine du sport. Pourquoi ne pas nous attaquer à la cuisine cette fois-ci ? Vous savez, des expressions comme "décisions à la noix" ou "laisser mijoter" ? »

Dans cette partie…

Vous êtes à l'aube d'un nouveau projet. On vient de vous le confier, vous en connaissez les grandes lignes, mais vous ignorez encore très probablement son contenu, ses délais et son budget. Sachez que, si votre projet respecte les standards de planification, 15 % de son temps devrait être consacré à son démarrage et à sa préparation. La première chose à faire est de ne pas vous précipiter et de dérouler avec calme les étapes suivantes : clarifier le contenu de votre projet (chapitre 5), dérouler votre plan d'action (chapitre 6), donner une dimension temporelle à votre projet et l'étaler dans le temps (chapitre 7), assigner des ressources, estimer, planifier et lisser la charge de travail (chapitre 8), développer le budget de votre projet (chapitre 9), comprendre l'environnement de votre projet (chapitre 10), développer un plan de gestion des risques qui vous attendent sur ce projet (chapitre 11)… et, enfin, annoncer le commencement de votre projet (chapitre 12).

Chapitre 5

Vous et votre projet : clarifiez son contenu et ses limites !

Dans ce chapitre :

- Clarifier le contenu de votre projet et définir ses limites
- Affronter les inconnues de planification

Tous les projets ont leur raison d'être : quelqu'un identifie un besoin et conçoit un projet pour y répondre. C'est la capacité de ce projet à répondre plus ou moins bien au besoin qui détermine son succès ou son échec.

Ce chapitre va vous aider à parvenir à un accord amiable entre les demandeurs et l'équipe de projet à propos des objectifs du projet et des attentes. Vous allez également y découvrir comment réunir les conditions nécessaires à la réalisation des travaux.

Définir le contenu du projet : établissez un cahier des charges fonctionnel

TECHNIQUE

Un *cahier des charges fonctionnel* est une confirmation écrite des résultats que produira votre projet et des conditions d'exécution des travaux. Les demandeurs et l'équipe de projet doivent être d'accord sur l'intégralité du cahier des charges fonctionnel avant le début des travaux.

Votre cahier des charges fonctionnel doit comprendre les informations suivantes :

- **La justification :** les raisons et modalités d'existence de votre projet, le ou les besoins de l'entreprise auxquels il répond, la portée des travaux à mener, quelle influence il aura sur des activités associées et quel sera l'impact de ces dernières sur le projet ;
- **Les objectifs :** produits, services ou résultats générés par votre projet (également appelés *livrables*) ;
- **La description des produits :** caractéristiques et fonctions des produits, services ou résultats générés par votre projet ;
- **Les critères d'acceptation des produits :** processus et critères d'acceptation de la version finale des produits, services ou résultats ;
- **Les contraintes :** restrictions limitant votre objectif, la façon et le délai pour l'atteindre, ainsi que votre investissement ;
- **Les hypothèses :** déclarations sur la façon dont vous allez gérer des informations incertaines lors de la conception, de la planification et de la réalisation de votre projet.

N'OUBLIEZ PAS !

Par rapport aux autres composants de votre plan de projet, considérez le cahier des charges fonctionnel comme un contrat exécutoire aux termes duquel :

- Vous et votre équipe vous engagez à produire certains résultats ;
- Les demandeurs s'engagent à considérer votre projet comme un succès total si vous produisez les résultats en question ;
- Vous et votre équipe identifiez toutes les restrictions relatives à votre approche de l'exécution des tâches et des éléments dont vous avez besoin pour appuyer les travaux ;
- Les demandeurs conviennent qu'il n'existe aucune autre restriction que celles identifiées par vos soins et qu'ils vous fourniront toute l'aide dont vous aurez besoin ;
- Vous et votre équipe identifiez toutes les hypothèses émises lorsque vous avez approuvé les conditions générales de votre cahier des charges fonctionnel ;
- Les demandeurs conviennent que, si l'une ou plusieurs de ces hypothèses se révèlent invalides, il se peut que vous deviez modifier certains de vos plans de projet, ou l'intégralité.

N'OUBLIEZ PAS !

Il est évidemment impossible de prédire l'avenir et ce n'est pas ce que l'on vous demande en phase de démarrage et préparation. À ce moment précis du projet, on attend de vous une vision honnête et bien informée du projet à venir. Vous allez alors être confronté à une première contrainte : plus vous allez vouloir vous projeter loin dans le futur, moins vos prévisions seront certaines. Cependant, votre cahier des charges fonctionnel renferme vos engagements fondés sur l'état actuel de vos connaissances et vos prévisions. En cas de changement de situation, vous serez amené à évaluer l'impact de ces changements sur tous les aspects de votre projet et à proposer les modifications nécessaires de votre cahier des charges fonctionnel. Les demandeurs ont toujours la possibilité d'accepter vos propositions de changement (autorisant ainsi la poursuite du projet) ou d'annuler votre projet.

Les documents étroitement liés au cahier des charges fonctionnel

Votre organisation peut requérir un certain nombre de documents annexes traitant de thèmes similaires à ceux abordés dans le cahier des charges fonctionnel. Lorsque vous les employez pour préparer ou décrire votre plan de projet, veillez bien à repérer les divergences par rapport au cahier des charges fonctionnel. Voici une liste des documents couramment utilisés :

- **Document sur les besoins du marché :** demande officielle de développement ou de modification d'un produit. Ce document (généralement préparé par un membre du service commercial de votre entreprise) peut déboucher sur la création d'un projet. Cependant, dans sa forme originale, ce document ne reflète que les désirs de la personne qui l'a rédigé. Il ne dit pas si la chose est faisable, ni si elle correspond aux intérêts de l'entreprise. Il ne s'agit pas non plus d'un engagement à adhérer à la proposition.
- **Document sur les besoins de l'entreprise :** description des besoins de l'entreprise, auxquels doit répondre un produit, service ou système.
- **Document sur les conditions ou spécifications techniques :** description des caractéristiques que doivent présenter les produits et services.
- **Demande de projet :** demande écrite réalisée par un groupe de l'entreprise. Elle traduit un désir et ne constitue ni un accord amiable ni l'engagement de sa mise en œuvre.
- **Énoncé des travaux :** description détaillée des produits, services ou résultats à livrer ou à obtenir en fin de projet.
- **Profil de projet :** document mettant en lumière les informations clés du projet (parfois également appelé *résumé de projet*).
- **Charte de projet :** document émanant de la direction annonçant officiellement la naissance d'un projet et autorisant le chef de projet à employer les ressources de l'entreprise pour mener les activités au programme dudit projet.
- **Ordre d'exécution :** description par écrit des travaux que les personnes ou groupes de votre entreprise ou organisme effectueront dans le cadre de votre projet. Cet ordre d'exécution est axé sur la réalisation des travaux et non sur les résultats d'ensemble à obtenir en fin de projet.
- **Contrat :** accord légal concernant la fourniture de biens ou services.

Prendre du recul : clarifiez les limites de votre projet

Comprendre la situation et les processus de réflexion ayant conduit à la création de votre projet contribue à garantir que vous et votre projet répondez aux attentes d'autrui. Cette section vous aide à clarifier les deux premiers éléments de votre cahier des charges fonctionnel : la justification et les objectifs de votre projet.

Savoir pourquoi vous réalisez ce projet

Lorsque vous vous chargez d'un projet, le *pourquoi* saute parfois aux yeux : parce que votre patron vous en a donné l'ordre (garde à vous !). Cependant, la vraie question n'est pas de savoir pourquoi vous avez accepté la mission, mais plutôt pourquoi il faut réaliser ce projet.

Les sections à suivre vous aident à identifier les personnes susceptibles de tirer parti de votre projet afin de savoir en quoi leurs attentes et besoins ont contribué à justifier son existence.

Identifier l'instigateur

Pour mettre au jour la justification de votre projet, votre première tâche consiste à découvrir qui est à l'origine de l'idée de sa création (cette personne est appelée l'*instigateur du projet*). Pour contribuer à la réussite du projet, il faut au moins que vous répondiez aux attentes et besoins de cette personne.

Il est facile d'identifier l'instigateur de votre projet lorsqu'il s'agit de la personne vous en confiant la direction. Mais, le plus souvent, cette dernière s'est vue confier la mission par quelqu'un d'autre. Si, avant de vous échoir, l'idée a circulé entre plusieurs individus, vous aurez peut-être des difficultés à remonter jusqu'à la source. En outre, l'intention d'origine peut se retrouver entachée si des maillons de la chaîne ont intentionnellement, ou par inadvertance, légèrement modifié la teneur de la mission.

Pour savoir à qui vous devez l'idée originale du projet, procédez comme suit :

1. **Demandez à la personne qui vous confie le projet si c'est elle qui en a eu l'idée.**

2. **Si cette personne n'est pas à l'origine du projet, posez-lui les questions suivantes :**

   • Qui lui a confié cette mission ?

- Qui d'autre (le cas échéant) était impliqué dans le processus d'affectation de la mission ?
- Qui a eu le premier l'idée de ce projet ?

3. **Vérifiez auprès des personnes identifiées à l'étape 2 et posez-leur les mêmes questions.**

4. **Consultez les documents suivants susceptibles de révéler qui a eu l'idée de ce projet :**

   - Comptes rendus des réunions de planification et de montage des budgets au niveau des départements, des divisions et de l'entreprise ;
   - Courriers et courriels faisant référence au projet ;
   - Rapports d'études de planning ou de faisabilité.

   Une *étude de faisabilité* est une enquête formelle destinée à déterminer les probabilités de succès concernant la réalisation de certains travaux ou l'obtention de certains résultats.

   Outre l'aide qu'elles peuvent apporter afin d'identifier les personnes instigatrices de votre projet, ces sources écrites peuvent mettre au jour les attentes de ces individus.

5. **Consultez les personnes qui pourraient être affectées ou nécessaires à la conduite de votre projet ; elles savent peut-être qui se cache derrière l'idée originale.**

Soyez aussi précis que possible pour désigner l'instigateur de votre projet. Autrement dit, n'écrivez pas : « Le service commercial a demandé la création de documents promotionnels pour le produit Alpha » mais plutôt : « Marie Grenier, agent commercial de la région Champagne-Ardenne, a demandé la création de documents promotionnels pour le produit Alpha. »

Distinguez bien les *commanditaires* des *contributeurs* lorsque vous cherchez l'instigateur de votre projet (le chapitre 10 vous en dit plus sur les commanditaires et les contributeurs) :

- **Les commanditaires** savent définir les résultats d'un projet. Ils vous disent ce que vous devez faire ;
- **Les contributeurs** vous aident à conduire votre projet, ils vous en donnent les moyens. Ils vous disent ce que vous *pouvez* faire.

Par exemple, le directeur financier qui demande un projet pour la mise à niveau des systèmes d'information financière est un commanditaire. Le responsable du service informatique qui doit fournir le personnel et les ressources nécessaires à cette mise à niveau est un contributeur. Sans l'un des deux, nul projet viable.

Il arrive que les contributeurs affirment être des commanditaires. Par exemple, si vous posez la question au responsable du service informatique, il est possible qu'il réponde être à l'initiative du projet. En réalité, il a fourni le personnel et les moyens pour réaliser le projet mais c'est le directeur financier qui est le véritable instigateur.

Repérer les autres personnes susceptibles de tirer parti de votre projet

Votre projet peut profiter à d'autres personnes, même si elles ne sont pas à l'origine de sa création. Il peut s'agir de collègues, soutiens ou clients des commanditaires de votre projet ou ces personnes peuvent avoir participé à des projets similaires par le passé. Il arrive qu'elles aient exprimé, au cours de réunions, dans des courriers ou lors de conversations informelles, un intérêt ou des besoins dans les domaines traités par votre projet.

Identifiez ces personnes le plus vite possible afin de découvrir quels sont leurs besoins et intérêts et comment vous pouvez y répondre au mieux. Il peut s'agir de personnes qui :

- Connaissent l'existence du projet et ont exprimé un intérêt à son égard ;
- Savent qu'il existe mais n'ont pas conscience de ce qu'il peut leur apporter ;
- Ne connaissent pas l'existence de votre projet.

Identifiez ces autres parties prenantes en :

- Relisant tous les documents liés à votre projet ;
- Consultant les commanditaires et contributeurs de votre projet ;
- Incitant tous ceux à qui vous parlez de votre projet à identifier les personnes susceptibles d'en tirer parti.

ATTENTION !

Lorsque vous identifiez les personnes qui pourraient profiter de votre projet, n'oubliez pas de repérer celles qui s'y opposent farouchement. Découvrez pourquoi elles sont contre et, si vous le pouvez, dissipez leurs inquiétudes. Prenez le temps de savoir si votre projet pourrait leur être utile d'une quelconque manière et, le cas échéant, de leur expliquer ces bienfaits. Si ces personnes continuent d'être contre, notez-le dans votre plan de gestion des risques et indiquez la façon dont vous envisagez de gérer cette opposition (pour savoir comment identifier et planifier les risques et incertitudes d'un projet, rendez-vous au chapitre 11 et au chapitre 14 pour leur gestion en cours de projet).

Repérer le parrain du projet

Le *parrain* d'un projet est une personne occupant un poste important dans l'organisation, qui soutient fermement votre projet. Il le défend en cas de litige, lors des réunions de planification et des séances d'examen et prend les mesures nécessaires pour contribuer à sa réussite.

Il arrive que le meilleur parrain soit la personne dont vous n'avez jamais besoin. Le simple fait de savoir qu'elle est derrière votre projet donne de l'importance à ce dernier et incite les autres parties prenantes à œuvrer avec zèle à son succès.

Voyez auprès des commanditaires et contributeurs si votre projet dispose déjà d'un parrain. Si ce n'est pas le cas, cherchez-en un parmi les individus susceptibles de tirer parti de votre projet et disposant de suffisamment de pouvoir et d'influence pour que toute l'entreprise s'implique avec sérieux et constance dans sa réalisation. Expliquez-leur tout l'intérêt pour eux de voir votre projet réussir et le type d'aide qu'ils pourraient apporter pendant son déroulement. Jaugez l'intérêt qu'ils manifestent et le degré du soutien qu'ils souhaitent apporter.

Tenir compte des personnes qui mettront en œuvre les résultats du projet

Pour obtenir le résultat souhaité, la plupart des projets créent un produit ou service. Mais, souvent, la personne qui vous demande de procéder à sa création n'est pas celle qui utilisera par la suite ce produit ou service.

Supposons que le directeur commercial et marketing de votre entreprise vise une augmentation du chiffre d'affaires annuel de 10 % lors du prochain exercice. Il estime que la fabrication et le lancement d'un nouveau climatiseur lui permettront d'atteindre son objectif. Mais, ce n'est pas lui qui se chargera de démarcher tous les clients pour leur vendre ce produit. Cette mission incombera aux commerciaux, lesquels, bien que n'étant pas à l'origine de l'idée, savent quelles caractéristiques doit présenter ce climatiseur, tout comme les clients en bout de chaîne qui l'achèteront (ou ne l'achèteront pas !).

Pour identifier les véritables utilisateurs des produits et services générés par le projet, essayez ceci au début de la phase de démarrage et préparation : la planification :

- Précisez les produits et services que vous envisagez de réaliser ;
- Identifiez bien qui utilisera ces produits et services et comment ces clients les emploieront.

Une fois cette partie prenante connue, consultez-la afin de connaître les autres éventuels intérêts ou besoins auxquels votre projet devra répondre.

Connaître les vraies attentes et besoins des contributeurs de votre projet

Les besoins que doit satisfaire votre projet ne coulent pas toujours de source. Admettons par exemple que votre entreprise décide de parrainer une campagne de don du sang. Quelle est la vraie motivation de ce projet ? Répondre à la pénurie de poches de sang au sein de l'hôpital de la ville ou améliorer l'image de votre entreprise au sein de la population locale ?

Les besoins que doit satisfaire votre projet pour atteindre son but sont désignés sous le terme d'*exigences du projet.*

Une fois les exigences du projet bien définies, vous pouvez :

- Choisir les activités qui vous permettront d'obtenir les résultats souhaités (le chapitre 6 vous en dit plus sur l'identification des activités du projet) ;
- Contrôler les performances pendant et à la fin du projet afin de vérifier que vous répondez bien aux vrais besoins (pour en savoir plus sur le suivi d'un projet, reportez-vous au chapitre 12) ;
- Vous rendre compte que le projet ne répond pas aux vrais besoins et suggérer alors des modifications ou une annulation pure et simple.

Lorsque vous vous voyez confier un projet, vous espérez que l'on va vous indiquer les produits que vous êtes censé produire et les besoins que vous êtes supposé satisfaire. Mais, si on vous indique quoi produire (les résultats), c'est souvent à vous de faire la lumière sur les besoins.

Lorsque vous définissez les exigences de votre projet, posez-vous les questions suivantes :

- **Quels sont les besoins à satisfaire par votre projet ?** À ce stade, ne vous souciez pas de savoir si votre projet en est capable ni de trouver le meilleur moyen de vous y prendre. Pour l'heure, vous essayez simplement d'identifier les espoirs et attentes ayant conduit à la création de votre projet ;
- **Comment savoir que les besoins identifiés correspondent aux vrais espoirs fondés par les gens ?** Il peut être difficile de déceler les vrais opinions et sentiments d'autrui. Les gens ne veulent pas forcément les partager ou ne savent pas les exprimer avec clarté.

Lorsque vous vous entretenez avec des personnes afin de déterminer les besoins à prendre en compte par votre projet, essayez les techniques suivantes :

- Encouragez-les à parler en détail de leurs besoins et attentes ;
- Écoutez-les en prêtant attention à d'éventuelles contradictions ;

- Invitez-les à clarifier les idées vagues ;
- Essayez de confirmer vos informations auprès de plusieurs sources indépendantes ;
- Demandez-leur d'évaluer l'importance de chaque besoin.

Pour prioriser les besoins de la personne, divisez-les en trois catégories :

- **Ce qui est incontournable :** le projet doit au minimum répondre à ces besoins ;
- **Ce qui est nécessaire :** le projet doit répondre à ces besoins, dans la mesure du possible ;
- **Ce qui est souhaitable :** il serait souhaitable que le projet satisfasse ces besoins, dans la mesure où cela ne nuit pas à autre chose.

Voyez si votre entreprise a réalisé une *analyse coûts-avantages* officielle de votre projet. Une analyse coûts-avantages est une identification et évaluation formelle des éléments suivants :

- **Les avantages offerts par votre projet ;**
- **Les coûts de :**
  - La réalisation de votre projet ;
  - L'utilisation et du support des produits ou services générés par votre projet.

L'analyse coûts-avantages consigne et décrit les résultats escomptés à l'issue du projet au moment où il a été décidé de le créer. Cette analyse est donc une source importante pour évaluer les vrais besoins qu'il doit satisfaire.

Confirmer que votre projet permettra de répondre aux besoins identifiés

Malgré une description minutieuse et complète des besoins (voir la section précédente), vous pouvez éprouver des difficultés à savoir si votre projet est capable de les satisfaire. Il arrive que des entreprises financent des études de faisabilité officielles afin de déterminer si un projet est en mesure de répondre à un besoin donné.

Mais, il se peut également que votre projet soit le fruit d'une séance de brainstorming ou de l'esprit créatif d'une personne. Dans ce cas, votre confiance dans la capacité de votre projet à atteindre ses objectifs sera peut-être moindre. À ce stade, ne rejetez pas automatiquement un projet, mais faites tout votre possible pour évaluer les chances de succès et définir les mesures à prendre pour accroître les probabilités de réussite. Si vous ne parvenez pas à réunir suffisamment d'informations pour étayer votre analyse, pensez à diligenter une étude de faisabilité officielle.

N'OUBLIEZ PAS !

Si vous estimez que le risque d'échec est trop grand, faites part de vos inquiétudes aux principaux décideurs et expliquez pourquoi vous recommandez de ne pas donner suite au projet. Pour en savoir plus, filez au chapitre 14, qui traite de la gestion des risques.

Découvrir d'autres activités liées à votre projet

Votre projet n'est pas un univers coupé du reste de l'entreprise. Il s'appuie peut-être sur les résultats d'autres projets, peut générer des produits qui seront repris par d'autres projets ou répondre aux mêmes besoins que ces derniers. Il vous faut donc identifier le plus tôt possible les projets ayant un lien avec le vôtre. Vous pourrez ainsi partager des effectifs, des ressources, et minimiser les doublons en matière d'activités et de résultats.

Voici les sources auprès desquelles enquêter pour identifier les éventuels projets liés au vôtre :

- Les parties prenantes de votre projet ;
- Les listes centralisées des projets à venir ou en cours au sein de votre entreprise ;
- Les supports de communication de l'entreprise (par exemple, les lettres d'information ou l'intranet) ;
- Le bureau de gestion de projet (BGP), plus communément appelé *project management office* (PMO), de votre entreprise ;
- Les comités de direction chargés d'approuver et de surveiller les projets réalisés dans votre entreprise ;
- Le service financier de votre entreprise, qui a peut-être ouvert des comptes analytiques concernant l'exploitation ou la main-d'œuvre pour ces projets ;
- Le service achat de votre entreprise, qui a peut-être commandé des biens ou des services pour ces projets ;
- Le service informatique de votre entreprise, qui stocke, analyse ou prépare peut-être des rapports d'avancement pour ces projets ;
- Les directeurs fonctionnels, dont certains participent peut-être à ces projets.

Mettre l'accent sur l'importance du projet vis-à-vis de l'entreprise

C'est le degré d'importance accordée à votre projet par l'entreprise qui conditionne ses chances de succès. Lorsque des demandes de ressources sont en concurrence, la priorité est généralement donnée aux projets profitant le plus à l'entreprise.

La valeur reconnue de votre projet dépend des avantages qu'il est susceptible d'apporter et de la notoriété de ces bienfaits auprès du personnel. Pour aider les autres à comprendre comment votre projet sera en phase avec les priorités de l'entreprise, voici comment procéder :

- **Recherchez les déclarations ou documents attestant l'adéquation entre votre projet et les priorités de l'entreprise.** Pour vous informer sur les priorités de l'entreprise, consultez les sources suivantes :

  - **Plan à long terme :** rapport officiel identifiant l'orientation générale de l'entreprise, les objectifs de rendement et les initiatives individuelles pour les cinq ans à venir ;
  - **Budget annuel :** liste détaillée des catégories et initiatives individuelles que financera l'entreprise pendant l'année ;
  - **Plan d'affectation des fonds :** liste détaillée de toutes les dépenses annuelles planifiées (sur la base d'une somme minimale) en termes d'achat, de rénovation et de réparation d'installations et d'équipements ;
  - **Les indicateurs clés de performance de votre entreprise :** mesure des performances décrivant les progrès de l'entreprise vers l'atteinte des objectifs.

  N'OUBLIEZ PAS !

  Lorsque vous consultez ces documents, vérifiez si votre projet ou ses résultats y sont explicitement mentionnés.

  En outre, voyez si votre service a pris, avec des clients externes ou la direction, des engagements concernant la réalisation de votre projet.

- **Décrivez dans le volet justification de votre cahier des charges le lien entre votre projet et les priorités de l'entreprise.** Intégrez les informations recueillies auprès des sources mentionnées dans l'étape précédente. Si votre projet ne figure pas explicitement dans ces documents, préparez par écrit une explication de l'impact de votre projet et de ses résultats sur les priorités de l'entreprise.

TRUC

Vous pouvez parfois avoir du mal à identifier les attentes précises des gens vis-à-vis de votre projet, en termes de résultats concrets. L'instigateur a changé de poste et n'est plus impliqué ou le besoin à l'origine de la création du projet a changé. Si les gens ont des difficultés à vous dire en quoi votre projet sera utile à l'entreprise, demandez-leur ce qu'il se passerait si le projet ne voyait pas le jour. S'ils vous répondent que cela ne changerait rien, demandez-leur comment vous pourriez le modifier pour qu'il profite à l'entreprise. S'ils estiment que votre projet ne pourra jamais produire des résultats intéressants, envisagez de suggérer son abandon pur et simple.

N'OUBLIEZ PAS !

Les entreprises sont constamment surchargées et en sous-effectif. Accorder des ressources et un temps précieux à un projet dont tout le monde s'accorde à dire qu'il n'apportera rien est la dernière chose souhaitée ou requise par votre entreprise. Mais, il est plus probable que l'on s'aperçoive du bienfait de votre projet sur l'entreprise. Votre mission sera alors d'aider ces personnes à demeurer axées sur ces résultats positifs.

Procéder à une recherche d'informations minutieuse

Dans votre quête des fruits que votre projet est censé apporter et de son adéquation à la stratégie de votre entreprise, vous devez rechercher des informations sensibles, parfois contradictoires et souvent non écrites. Les obtenir n'est pas toujours une mince affaire mais, si vous suivez ces conseils, votre recherche pourrait s'avérer plus productive :

- **Pour une même information, essayez de trouver plusieurs sources.** Plus les sources indépendantes sont nombreuses pour un même élément d'information, plus ces données sont susceptibles d'être exactes ;
- **Dans la mesure du possible, obtenez des informations de première main.** Une source originale possède l'information… originale. Une source secondaire est le récit d'une personne ayant obtenu l'information de la bouche d'une source originale.

  Admettons que vous ayez besoin d'informations sur une étude qui vient de s'achever. Vous pouvez vous renseigner auprès de la source originale (à savoir le rapport écrit par les scientifiques ayant réalisé l'étude) ou de sources secondaires (par exemple, des articles parus dans des magazines ou revues scientifiques, écrits par des auteurs qui ont paraphrasé et résumé le rapport original).

  Plus votre source est éloignée de la source originale, plus les informations de deuxième ou troisième main risquent de différer de la version authentique ;
- **Préférez des sources écrites, c'est l'idéal.** Consultez les comptes rendus de réunions, les courriers, les courriels, les rapports concernant d'autres projets, les plans à long terme, les budgets, les plans d'amélioration des immobilisations, les documents traitant des besoins du marché et les analyses coûts-avantages ;
- **Consultez plusieurs personnes du même domaine afin de confirmer les informations.** Chaque personne a son style de communication et sa perception d'une situation. Comparez les messages afin de repérer les contradictions.

  Si on vous a raconté plusieurs histoires, refaites le tour de vos interlocuteurs afin de vérifier les informations qu'ils vous ont données la première fois. Assurez-vous qu'il s'agit de sources originales ou secondaires (les sources originales ont tendance à être plus fiables et précises que les sources secondaires). Demandez éventuellement aux personnes consultées d'expliquer les différences restantes ;

- **Lorsque vous parlez d'informations importantes avec un interlocuteur, arrangez-vous pour qu'au moins une autre personne soit présente.** Cela permettra d'obtenir au moins deux interprétations des explications fournies par votre interlocuteur ;
- **Consignez par écrit toutes les informations glanées lors de vos rencontres.** Rendez vos notes publiques et faites une synthèse avec les autres personnes présentes afin de vous assurer d'avoir correctement interprété les propos de votre interlocuteur. Cela vous permettra également de faire un rappel des accords passés lors de la rencontre ;
- **Prévoyez de rencontrer au moins deux fois les publics clés de votre projet.** Votre première réunion les fait réfléchir sur le sujet. Laissez-leur le temps de faire le bilan de votre discussion initiale et de penser à de nouvelles idées. Le second entretien vous permet de clarifier les éventuelles ambiguïtés et incohérences ressorties de la première réunion (le chapitre 10 vous en dit plus sur les parties prenantes du projet) ;
- **Si possible, confirmez à l'aide de sources écrites ce que vous avez appris lors des réunions.** Lorsque vous parlez aux gens, ils divulguent leurs perceptions et opinions. Comparez-les aux données factuelles et écrites (provenant si possible de sources originales). Abordez les possibles divergences avec ces personnes.

Fixer les limites temporelles : le début et la fin de votre projet

Il arrive qu'un projet soit totalement indépendant, mais il entre généralement dans le cadre d'efforts collectifs pour obtenir un même résultat. Il faut éviter que de mêmes tâches soient exécutées plusieurs fois par différents projets et faire en sorte de coordonner les efforts.

Votre description de l'étendue des travaux doit clairement préciser le début et la fin du projet. Supposons que votre projet consiste à développer un nouveau produit pour votre entreprise. Vous pouvez délimiter le périmètre de votre projet de la manière suivante :

> *Ce projet consiste à concevoir, développer et tester un nouveau produit.*

Si vous avez le sentiment que votre description est un peu floue, vous pouvez clarifier un peu plus votre périmètre en précisant ce que vous ne ferez pas :

> *Ce projet n'englobera pas la finalisation des besoins du marché ni le lancement du nouveau produit.*

Pour être certain que la description de l'étendue des travaux est claire, procédez comme suit :

- **Vérifiez qu'il n'existe pas d'éléments qui sont le fruit d'une déduction implicite.** Supposons que votre patron vous ait demandé de concevoir et développer un nouveau produit. Vérifiez qu'il ne parte pas du principe que vous allez aussi vous charger de l'étude de marché afin de déterminer quelles seront les caractéristiques dudit produit ;
- **Utilisez un langage décrivant clairement les activités envisagées.** Admettons que votre projet consiste en *la mise en œuvre d'un nouveau système d'information*. Êtes-vous certain que *mise en œuvre* signifie la même chose pour tout le monde ? Par exemple, les gens s'attendent-ils à ce que cela comprenne l'installation du nouveau logiciel, la formation des utilisateurs, l'évaluation des performances de l'outil, la résolution des problèmes, entre autres choses ?
- **Assurez-vous que vous avez bien compris le périmètre de votre projet en consultant les commanditaires et contributeurs.**

Une de mes collègues s'était vue confier le travail préparatoire pour l'acquisition d'un équipement. Elle a développé un plan incluant la sélection du fournisseur, l'attribution du contrat, la production et la livraison de l'équipement. Son patron fut stupéfait lorsqu'il découvrit son estimation du projet : six mois de travail, pour un coût de 350 000 euros. Il pensait que cela prendrait moins de deux mois et reviendrait à moins de 20 000 euros.

Après une brève discussion avec son patron, cette collègue s'est rendu compte qu'elle avait pour seule mission de sélectionner le fournisseur et non de passer la commande et de faire fabriquer puis livrer le matériel. Bien qu'elle ait compris sa méprise, elle se posa la question suivante à voix haute : « Mais, pourquoi choisir un fournisseur si nous ne voulons pas acheter cet équipement ? »

Elle n'avait bien entendu pas compris. La question n'était pas de savoir si l'entreprise envisageait d'acheter ce matériel (l'intention d'acheter cet équipement était certainement à l'origine de la création de ce projet). La vraie question était de savoir si son projet ou un autre (dans le futur) en ferait l'acquisition.

Clarifier et spécifier les objectifs de votre projet

Comme nous l'avons mentionné plus haut dans ce chapitre, les *objectifs* sont les résultats que votre projet va produire (aussi appelés livrables). Il peut s'agir de produits ou services développés ou des résultats de l'utilisation de ces produits ou services. Plus vous définissez clairement les objectifs de votre projet, plus vous serez susceptible de les atteindre. Placez les éléments suivants dans vos objectifs :

- **Énoncé :** brève description de ce que vous voulez obtenir ;
- **Outils de mesure :** indicateurs servant à évaluer la réussite du projet ;
- **Description d'emploi :** valeur(s) de chaque outil de mesure permettant d'évaluer le succès du projet.

Supposons que vous soyez chargé d'un projet destiné à revoir la conception du rapport de synthèse des ventes mensuelles. Vous pouvez fixer l'objectif de votre projet comme le montre le tableau 5-1.

Tableau 5-1 : Illustration de l'objectif d'un projet

Énoncé	*Outils de mesure*	*Description d'emploi*
Rapport révisé résumant les ventes mensuelles	Contenu	Le rapport doit comprendre le nombre d'articles vendus, le chiffre d'affaires et le nombre de retours pour chaque gamme de produits
	Calendrier	Le rapport doit être prêt pour le 31 août
	Budget	Les frais de développement ne doivent pas dépasser 40 000 €
	Approbation	La forme du nouveau rapport doit être approuvée par le directeur commercial régional, le directeur commercial départemental et les commerciaux.

Il arrive que les gens essaient d'éviter de définir un objectif précis en préférant déterminer le niveau de performance à l'aide de plages de valeurs. Mais cela revient à éluder le problème. Supposons que vous soyez commercial et que votre patron vous dise : « Tu auras réussi si tu dégages un chiffre d'affaires annuel situé entre 20 et 25 millions d'euros. » Personnellement, vous estimerez avoir réussi à 100 % si vous atteignez les 20 millions d'euros. Pour votre patron, en revanche, votre succès ne sera total que si vous parvenez au chiffre de 25 millions d'euros. Bien que vous ayez tous deux semblé parvenir à un accord, ce n'était en fait pas le cas.

Dans les sections suivantes, nous expliquons comment créer des objectifs clairs et précis, identifier tous les types d'objectifs et faire face à la résistance d'autrui vis-à-vis de vos objectifs.

Rendre ses objectifs clairs et précis

Quand vous exposez les objectifs de votre projet, vous devez faire preuve d'une grande clarté. Plus vos objectifs sont précis, plus vous aurez de chances de les atteindre. Voici quelques conseils pour définir des objectifs clairs :

- **Décrivez brièvement chaque objectif.** S'il vous faut une page entière pour décrire un seul objectif, la plupart des gens ne liront pas votre description. Et, même s'ils le font, votre propos ne sera probablement pas clair et pourra être interprété de plusieurs manières.
- **N'employez pas de jargon, de sigles ou d'acronymes.** Chaque secteur d'activité (par exemple, l'industrie pharmaceutique, les télécommunications, les finances et les assurances) a son propre vocabulaire, tout comme chaque société au sein de ce secteur. Au sein même des entreprises, les divers départements (comptabilité, service juridique, informatique) ont leur propre jargon. Étant donné la prolifération de ces langages spécialisés, un même sigle peut avoir plusieurs significations au sein d'une même entité ! Pour diminuer les risques de méprise, exprimez vos objectifs dans un langage accessible à tous, quels que soient le niveau et le parcours des personnes.
- **Rendez vos objectifs SMART :**
    - **S**pécifiques : définissez avec clarté et précision vos objectifs, pour qu'ils ne prêtent jamais à confusion ;
    - **M**esurables : exposez les outils de mesure des performances qui serviront à savoir si vous avez atteint vos objectifs ;
    - **A**gressifs : fixez-vous des objectifs difficiles incitant les gens à sortir de leur zone de confort, mais pas trop non plus, au risque de les décourager et de couper toute motivation avant même qu'elle ne naisse : sachez trouver le juste milieu !
    - **R**éalistes : optez pour des objectifs à la portée de l'équipe de projet ;
    - Délimités dans le **T**emps : indiquez la date à laquelle les objectifs devront être atteints.
- **Rendez vos objectifs contrôlables.** Faites en sorte que vous et votre équipe puissiez influer sur la réalisation de chaque objectif. Si vous ne vous en sentez pas capable, vous ne vous investirez peut-être pas à 100 % (et vous n'essaierez même sans doute pas). Cela devient alors un souhait et non plus un objectif.

- **Identifiez tous les objectifs.** On manque toujours de temps et de ressources. Donc, si vous en oubliez un, vous n'œuvrerez pas (et ne devez pas œuvrer) à son accomplissement.
- **Assurez-vous que les commanditaires et contributeurs conviennent de la pertinence des objectifs de votre projet.** Quand les commanditaires adhèrent à vos objectifs, vous êtes persuadé que la réussite du projet passe par l'atteinte des objectifs. Lorsque les contributeurs approuvent vos objectifs, il y a de fortes chances que les gens fassent tout leur possible pour les atteindre.

  Si les commanditaires ne sont pas d'accord avec vos objectifs, faites les modifications nécessaires pour emporter leur adhésion. Après tout, leurs besoins sont toute la raison d'être de votre projet ! Si les contributeurs ne sont pas en phase avec vos objectifs, identifiez leurs points de divergence et développez des approches qu'ils jugent pouvoir être efficaces.

Explorer tous les types d'objectifs

Quand vous démarrez un projet, l'auteur de la demande initiale vous indique souvent les principaux résultats à obtenir. Cependant, il peut avoir oublié des éléments. Et d'autres personnes (pas encore identifiées) peuvent également souhaiter que votre projet permette d'obtenir d'autres résultats.

Vous devez identifier le plus tôt possible *tous* les objectifs du projet afin de pouvoir effectuer la planification, allouer les ressources et prévoir le temps nécessaire pour remplir chacun d'eux. Lors de votre exploration des objectifs, pensez aux trois catégories d'objectif suivantes :

- Produits physiques ou services ;
- Effets de ces produits ou services ;
- Avantages d'ordre général pour l'entreprise ne constituant pas la raison première de la création du projet.

Votre service informatique est sur le point d'acheter un nouveau logiciel destiné à rechercher et à analyser des informations de la base de données des stocks de pièces. Voici des exemples d'objectifs dans chaque catégorie :

- **Produit physique ou service :** installation et intégration du nouveau logiciel à la base de données des stocks de pièces ;
- **Effet d'un produit ou service :** diminution des coûts de stockage grâce au nouveau logiciel, qui optimise le processus de passation de commandes ;
- **Avantage d'ordre général pour l'entreprise :** utilisation du nouveau logiciel pour les autres bases de données de l'entreprise.

Un objectif n'a rien d'un hasard heureux. Dans l'exemple précédent, tenez compte du fait qu'un commanditaire du projet ne sera complètement satisfait que si le logiciel peut également servir pour la base de données des produits. Dans ce cas, l'installation du logiciel sur cette base de données doit être un objectif. Vous devez donc allouer les ressources et consacrer le temps nécessaire pour l'atteindre. En revanche, si votre partie prenante demeure satisfaite que vous installiez ou non le logiciel sur la deuxième base de données, la possibilité de l'employer sur cette base de données est un hasard heureux, mais vous ne devez pas mobiliser spécialement des ressources, ni consacrer du temps pour atteindre cet objectif.

Pour recenser tous les objectifs d'un projet, il faut connaître tous les commanditaires susceptibles d'attendre quelque chose de votre projet. Le chapitre 10 traite les différents types de parties prenantes et vous donne des conseils pour tous les identifier.

Spécifier la priorité de votre projet

Il conviendra aussi de vous interroger sur la priorité à donner à votre projet. Tout projet subit trois contraintes : les délais, les coûts et la qualité. Chaque fois que vous privilégierez une de ces trois contraintes, vous devrez être automatiquement moins exigeant avec les deux restantes.

- **Vous privilégiez les délais :** votre projet doit absolument tenir ses dates, vous êtes prêt à accroître votre budget et réduire un certain nombre de spécifications du produit, pourvu qu'il soit délivré dans les temps initialement décidés ;
- **Vous privilégiez les coûts :** votre projet doit absolument tenir son budget, vous êtes prêt à décaler sa date de fin et à réduire un certain nombre de spécifications du produit, donc à réduire sa qualité, pourvu qu'il soit délivré dans le budget initialement décidé ;
- **Vous privilégiez la qualité :** votre projet doit être d'une qualité irréprochable, vous êtes prêt à décaler sa date de fin, voire accroître le budget, pourvu qu'il soit réalisé avec une qualité optimale.

Lorsque vous abordez ce sujet avec les acteurs clés du projet, bon nombre d'entre eux vous diront : « La qualité, les délais et les coûts sont prioritaires ! »... Bien entendu, tous ces paramètres sont importants, mais il est absolument impossible de respecter les trois en même temps et au même niveau... donc, apprenez à privilégier l'un d'entre eux et vos décisions en seront largement facilitées lors des moments sombres et tortueux que connaît tout projet !

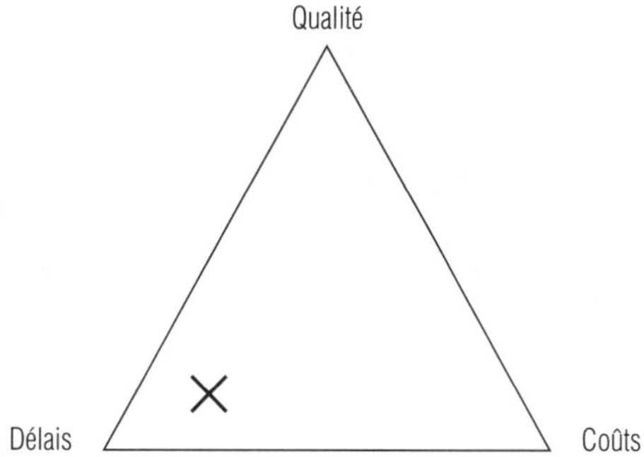

Figure 5-1 : Pyramide des contraintes d'un projet.

La figure 5-1 montre bien le lien étroit entre ces trois contraintes, la croix représente le choix de priorité que vous pourriez éventuellement faire sur votre projet. Ce choix de priorité guidera fortement chaque décision du projet.

Prévoir la résistance à des objectifs bien précis

Certaines personnes rechignent à s'engager à atteindre des objectifs précis car elles craignent de ne pas y parvenir. Malheureusement, quelle que soit la raison, l'absence d'objectifs précis empêche de savoir si vous prenez en compte et répondez aux attentes de vos commanditaires. Autrement dit, lorsque vos objectifs sont flous, les risques de voir votre projet échouer augmentent.

N'OUBLIEZ PAS !

Voici les excuses trouvées pour justifier le manque de précision des objectifs, ainsi que des conseils pour y répondre :

- **Excuse nº 1 : trop de précision tue la créativité.**

  Réponse : la créativité doit être encouragée et s'afficher à bon escient. Les commanditaires de votre projet doivent être clairs et précis quand ils exposent leurs objectifs. Vous souhaitez que les contributeurs de votre projet soient créatifs dans leur quête des moyens à mettre en place pour atteindre ces objectifs. Vous souhaitez comprendre ce que les gens attendent *vraiment* de votre projet et non ce qu'ils *pourraient* en attendre. Plus vous êtes capable de décrire leurs vrais objectifs avec précision, plus il est facile de savoir si vous pouvez les atteindre (et comment).

- **Excuse nº 2 : votre projet comprend de la recherche et de nouveaux développements; vous ne pouvez prédire aujourd'hui ce que vous serez capable d'accomplir.**

  Réponse : il s'agit d'objectifs, pas de garanties. Certains projets présentent plus de risques que d'autres. Lorsqu'il s'agit d'une tâche nouvelle, jamais exécutée auparavant, vous ne savez pas si elle est faisable. Et, si elle l'est, vous ne savez pas combien de temps elle prendra ni combien elle coûtera. Mais, vous devez déterminer dès le début ce que vous voulez obtenir au final et préciser ce qui vous semble réalisable, même si vous devez par la suite changer votre fusil d'épaule.

- **Excuse no 3 : et si l'intérêt ou les besoins changent ?**

  Réponse : les objectifs sont fondés sur ce que vous savez et attendez aujourd'hui. Si, à l'avenir, les conditions changent, vous devrez peut-être réévaluer un ou plusieurs objectifs afin de voir s'ils sont toujours pertinents et atteignables ou s'ils doivent eux aussi changer.

- **Excuse no 4 : la personne qui a demandé la création du projet ne sait pas vraiment ce qu'elle veut en obtenir.**

  Réponse : demandez-lui de soumettre un projet quand elle aura une idée plus précise. Si vous commencez à travailler sur ce projet maintenant, vous risquez de perdre du temps et de gaspiller des ressources à produire des résultats dont cette personne pourrait ne plus vouloir par la suite.

- **Excuse no 5 : si des objectifs précis contribuent à savoir si vous avez réussi, ils mettent plus facilement en lumière les échecs.**

  Réponse : c'est vrai, mais, dans la mesure où votre projet est destiné à produire certains résultats, il faut bien savoir si ces derniers sont au rendez-vous. Si ce n'était pas le cas, vous pourriez être amené à prolonger les travaux. En outre, il est nécessaire de connaître les fruits de l'investissement réalisé par l'entreprise.

Fixer des limites : les contraintes de votre projet

Il est naturel de souhaiter évoluer dans un monde où tout est possible, où vous pouvez tout vous permettre pour obtenir les résultats escomptés. En revanche, vos clients et votre entreprise aimeraient croire que vous êtes capable d'accomplir tout ce qu'ils veulent à moindres frais. Bien entendu, rien de tout ceci n'est possible.

La définition des contraintes à respecter donne à votre plan d'action une touche de réalisme et contribue à préciser les attentes. Lors de la planification et de la mise en œuvre de votre projet, tenez compte des deux types de contrainte suivants :

- **Les limites :** ce sont les restrictions imposées par les autres vis-à-vis des résultats à atteindre, les délais à respecter, les ressources disponibles et le mode d'exécution des tâches ;

- **Les besoins :** les exigences formulées doivent être satisfaites afin de pouvoir mener le projet à bien.

Cette section vous aide à fixer les limites et besoins liés à votre projet.

Rechercher les limites de votre projet

Déterminer les limites d'un projet est une véritable enquête. Votre travail est donc d'identifier et d'étudier toutes les sources d'information. Pas question de louper un élément et votre souhait est de clarifier les éventuelles données contradictoires. Une fois les attentes des autres connues, vous pouvez savoir si vous êtes en mesure d'y répondre et, le cas échéant, de décider comment procéder. Essayez les approches suivantes :

- **Consultez vos publics.** Vérifiez auprès des commanditaires quelles sont les limites concernant les résultats souhaités et auprès des contributeurs celles liées à l'exécution des tâches et aux ressources ;
- **Relisez les documents pertinents.** Il peut s'agir de plans à long terme, de budgets annuels, de plans d'acquisition d'immobilisations, d'analyses coûts-avantages, d'études de faisabilité, de rapports concernant des projets liés, de comptes rendus de réunions et d'objectifs de performance concernant les employés ;
- **Quand vous identifiez une limite, notez sa source.** Confirmer une limite en recoupant les sources accroît votre confiance en sa fiabilité. Tirez au clair le plus vite possible les opinions contradictoires sur une limite ;
- **Mentionnez les limites dans le cahier des charges fonctionnel.** Dressez dedans la liste de toutes les limites. Si, par la suite, vous deviez trouver des moyens de modifier votre plan de projet, cette liste de limites pourrait aider à distinguer les solutions de rechange envisageables et celles à laisser de côté.

Vous pouvez faire ressortir les limites de votre projet de deux manières :

- **En les intégrant directement à votre plan.** Par exemple, si un commanditaire clé dit que vous devez avoir fini votre projet pour le 30 septembre, vous pouvez choisir le 30 septembre comme date de fin. Bien entendu, dans la mesure où le 30 septembre est la date limite à ne pas dépasser, vous pouvez fixer la date de fin au 31 août. Dans ce cas, la limite influe sur votre date de fin mais ne se confond pas avec celle-ci ;
- **En identifiant les risques résultant d'une limite.** Par exemple, si vous estimez que la date de fin du projet vous inflige une pression insupportable, le risque de dépassement du délai est peut-être grand. L'idéal est de concevoir des plans qui minimiseront ce risque et permettront de le gérer tout au long du projet. (Pour en savoir plus sur la façon d'évaluer et de planifier les risques et incertitudes, penchez-vous sur le chapitre 11.)

Gérer les limites de votre projet

Les limites du projet peuvent influer sur sa réalisation, voire décider de sa poursuite ou non. Consultez les commanditaires et contributeurs de votre projet afin de cerner les limites le plus tôt possible. Vous pourrez ainsi les prendre en compte dans votre plan.

Comprendre les types de limite

Il existe généralement plusieurs catégories de limite. En les identifiant, vous pourrez orienter vos recherches et accroître les chances de cerner toutes les limites inhérentes à votre projet. Les commanditaires et contributeurs de votre projet ont peut-être des attentes ou exigences préconçues dans la ou les catégories suivantes :

- **Les résultats :** il s'agit des produits et effets de votre projet. Par exemple, le produit ne doit pas afficher un coût de fabrication supérieur à 300 euros par article ou le livre ne doit pas faire plus de 384 pages ;
- **Les délais :** c'est le temps dont vous disposez pour générer certains résultats. Par exemple, votre projet doit être terminé le 30 juin. Vous ignorez si c'est possible. Vous savez simplement que quelqu'un veut que le produit soit terminé à cette date ;
- **Les ressources :** ce sont le type, la quantité et la disponibilité des ressources pour effectuer les travaux de votre projet. Elles peuvent englober le personnel, le financement, l'équipement, les matières premières, les informations, etc. Par exemple, vous avez un budget de 100 000 euros, deux personnes à temps plein pendant trois mois, ou vous ne disposez pas du laboratoire la première semaine de juin ;
- **Le mode exécutoire :** il s'agit des stratégies d'exécution des différentes tâches. Par exemple, on vous dit que vous devez utiliser le service de reprographie de l'entreprise pour reproduire le nouveau manuel utilisateur du système que vous développez. Vous ne savez pas à quoi ressemblera le manuel, combien de pages il aura, de combien d'exemplaires vous aurez besoin et la date à laquelle il vous les faudra. En conséquence, vous ne pouvez dire si le service de reprographie de votre entreprise pourra se charger de cette tâche. Mais, à ce stade, vous ignorez que quelqu'un attend de vous que vous sollicitiez le service de reprographie interne.

Prenez garde aux limites floues car elles sont un mauvais indicateur de ce que vous pouvez et ne pouvez pas faire. Elles peuvent également démoraliser les troupes qui y sont confrontées. Voici quelques exemples de limites floues et une façon de les rendre plus précises :

- **Limite en termes de délais :**

    - **Floue :** « Bouclez ce projet le plus vite possible. » Cette phrase ne donne aucune indication. Avec ce genre de limite, votre public peut très bien exiger subitement, sans crier gare, le résultat final de votre projet ;
    - **Précise :** « Bouclez ce projet pour le 30 juin, fin de journée. »

- **Limite en termes de ressources :**
    - **Floue :** « Vous pourrez compter sur Laura Cavalier à temps partiel en mai. » Ce qui veut dire en clair ? Si vous vous mettez à la place de Laura, comment jongler avec toutes ses missions pendant cette période si elle ne connaît pas le temps que prendra chacune d'elles ?
    - **Précise :** « Pour votre projet, vous pourrez compter sur Laura Cavalier les deux premières semaines de mai, à raison de quatre heures par jour. »

Quand les gens restent flous en évoquant leurs contraintes, vous ne pouvez être certain de satisfaire leur demande. Plus ils tardent à être précis, moins vous êtes susceptible de prendre en compte les limites en question et de mener votre projet à bien.

Se charger des besoins

Déterminez le plus tôt possible les situations ou conditions nécessaires au succès de votre projet. La plupart de ces besoins sont liés aux ressources. En voici quelques exemples :

- **Personnel :** « J'ai besoin d'un réviseur pendant 40 heures au mois d'août. »
- **Budget :** « J'ai besoin d'un budget de 10 000 euros pour acquérir des périphériques. »
- **Autres ressources :** « J'ai besoin d'accéder au laboratoire en juin. »

Soyez le plus clair possible quand vous décrivez les besoins de votre projet. Plus vous serez précis, plus les autres auront de chances de comprendre et satisfaire vos besoins.

Il arrive que l'identification des besoins puisse s'effectuer très tôt dans la phase de planification. Mais, généralement, des besoins spécifiques apparaissent lorsque vous créez le plan répondant aux attentes des commanditaires. Lorsque la liste de vos besoins s'étoffe, voyez avec les contributeurs de votre projet comment répondre aux nouveaux besoins et à quel prix. Les commanditaires vous confirmeront si le coût supplémentaire est justifié. Répertoriez ensuite les éventuels changements en matière de résultats, d'activités, de calendrier ou de ressources en modifiant la documentation de votre projet.

Affronter les inconnues lors de la planification

Lorsque vous avancez dans votre processus de planification, vous pouvez identifier les problèmes ou questions susceptibles d'influer sur le déroulement de votre projet. Malheureusement, l'identification ne vous dit pas comment résoudre ces problèmes ou répondre à ces questions.

Pour chaque problème potentiel identifié, émettez des hypothèses concernant les inconnues associées. Puis, utilisez ces hypothèses pendant la planification. Voici quelques exemples :

- **Problème :** vous ne disposez pas d'un budget approuvé définitif pour votre projet.
- **Approche :** *partez du principe* que vous allez avoir 50 000 euros pour réaliser votre projet. *Planifiez* un plafond de dépenses de 50 000 euros. Argumentez en détail sur la nécessité de disposer d'un tel budget, puis transmettez les informations aux décideurs.
- **Problème :** vous ne savez pas quand vous recevrez l'autorisation de démarrer les travaux.
- **Approche :** *partez du principe* que vous obtiendrez cette autorisation le 1er août. *Planifiez* les travaux de façon à ce qu'aucune activité ne démarre avant le 1er août. Expliquez aux décideurs pourquoi votre projet doit démarrer le 1er août et faites en sorte qu'ils donnent leur accord pour cette date.

Remarque : n'oubliez pas de prendre en compte toutes les hypothèses lorsque vous concevez votre plan de gestion des risques (voir le chapitre 11).

Chapitre 6

Dérouler son plan d'action : aller d'ici à là-bas

Dans ce chapitre :

- Diviser votre projet en petites entités gérables, concrètes et réalisables
- Créer un organigramme technique de projet

Lorsqu'un projet démarre, le principal souci est de penser à planifier tous les travaux essentiels. Pour traiter cette question, il est vivement recommandé de créer une structure logique définissant tous les travaux nécessaires pour mener à bien le projet. Il s'agit d'utiliser une approche structurée lors de la phase de démarrage et préparation de votre projet, afin de répertorier toutes les tâches et d'éviter les mauvaises surprises de dernière minute. Dans ce chapitre, nous vous montrons comment subdiviser les travaux en livrables et comment concevoir votre organigramme technique de projet qui vous offrira une vue d'ensemble des travaux à réaliser.

Diviser pour mieux régner : se tailler des morceaux plus digestes

Il y a quelque temps, un ami qui adore les puzzles a parlé d'une connaissance qui lui avait demandé de faire un puzzle de la France de 5000 pièces. Lorsque cette connaissance lui a suggéré de vérifier, avant de commencer, s'il ne manquait pas des pièces et, le cas échéant, de savoir lesquelles, cet ami a éclaté de rire. Il constatait toujours les éventuels manques au moment de l'assemblage, lorsqu'il restait des trous à la fin. Comment faire autrement ?

EXEMPLE

Supposons que vous soyez chargé de concevoir et de présenter un programme de formation. Vous et une collègue travaillez d'arrache-pied pendant deux mois sur le contenu et les supports de cours, le choix des locaux et les convocations des participants. Une semaine avant le début de la première séance, vous demandez à votre collègue si elle a pris les dispositions nécessaires pour faire imprimer les manuels de formation. Elle pensait que vous vous en occupiez, répond-elle et vous lui dites que vous pensiez la même chose de votre côté. Malheureusement, aucun de vous deux n'a donc fait le nécessaire pour commander les travaux de reprographie, croyant que l'autre s'en chargeait. La formation débute dans une semaine et vous n'avez ni le temps ni l'argent pour faire imprimer les supports de formation.

Comment éviter ce genre de situations à l'avenir ? En utilisant une approche structurée lors de la phase de démarrage et préparation de votre projet afin de répertorier toutes les tâches. Les sections suivantes expliquent comment vous y prendre pour subdiviser les produits intermédiaires et finaux en morceaux plus petits et préciser les travaux nécessaires pour y parvenir.

Entrer dans les détails

Le conseil le plus important à retenir quand il s'agit d'identifier et de décrire les travaux du projet est le suivant : entrez dans les détails ! D'après notre expérience, les gens sous-estiment systématiquement le temps et les ressources nécessaires à l'exécution des travaux car ils ne savent simplement pas tout ce qu'ils ont à faire. Du coup, ils se retrouvent *a posteriori* avec des tâches beaucoup plus lourdes que ce qu'ils pensaient au départ et le projet perd un temps considérable.

EXEMPLE

Supposons que vous deviez préparer le compte rendu de la dernière réunion de votre équipe. À partir de votre expérience en matière de comptes rendus, vous comprenez très vite qu'il vous faudra quelques jours pour le rédiger. Mais, êtes-vous persuadé que cette estimation est correcte ? Êtes-vous certain d'avoir bien évalué les différentes tâches associées à la rédaction de ce rapport en particulier ? Les différences entre celui-ci et les précédents font-elles que cela vous prendra plus de temps et vous demandera plus d'efforts ? Comment le savoir ?

TECHNIQUE

Le meilleur moyen de connaître l'ampleur et la durée des tâches pour mener à bien un projet est de subdiviser les travaux en livrables, processus appelé *décomposition*. Un *livrable* est un produit, service et/ou résultat intermédiaire ou final que doit générer votre projet.

Plus la décomposition du projet est poussée, moins vous risquez d'oublier un élément important. Par exemple, la rédaction du compte rendu de l'exemple précédent englobe la production de trois livrables : une version de travail, les révisions de la version de travail et la version finale. La version finale implique à son tour deux livrables : la version manuscrite et la version imprimée. La décomposition du projet en livrables nécessaires pour produire le compte rendu final permet d'identifier tout le travail à accomplir pour venir à bout du projet.

Voici deux directives pour la décomposition de votre projet :

- **Pas d'oublis :** identifiez tous les composants du livrable que vous décomposez. Dans l'exemple du compte rendu de réunion, si vous n'avez *rien oublié*, vous aurez le produit final souhaité une fois la version de travail, les révisions de la version de travail et la version finale bouclées. Cependant, si vous estimez qu'il reste des choses à accomplir pour parvenir au produit final, vous devez définir le ou les sous-produits que ce travail supplémentaire générera ;
- **Pas de doublons :** n'incluez pas le même sous-produit dans la décomposition de plusieurs livrables. Par exemple, ne mettez pas dans la version de travail (le premier livrable) les versions révisées de votre chef et du directeur adjoint de votre département si vous les avez déjà placées avec le livrable regroupant toutes les révisions (le deuxième livrable).

On appelle également *règle des 100 %* la première directive (pas d'oublis). Elle stipule que les composants d'un projet doivent comprendre 100 % des travaux et tous les livrables entrant dans le périmètre du projet. Cette règle vaut pour tous les niveaux hiérarchiques.

Préciser ainsi les parties et sous-parties de votre projet diminue le risque d'oublier des éléments importants. Cela vous permet également de mieux prévoir le temps et les ressources nécessaires pour réaliser le projet.

Penser hiérarchie grâce à un organigramme technique de projet

S'il est vital de penser aux détails quand vous planifiez votre projet, il est également important d'avoir une vue d'ensemble. Aucune chance de détailler une partie de vos travaux si vous l'avez oubliée au départ ! Il faut donc avoir à la fois une vision globale et précise.

Le dilemme de cet ami avec son puzzle (voir la première section de ce chapitre) suggère l'existence d'une approche capable de vous aider à atteindre votre objectif. Il peut compter les pièces du puzzle avant de le commencer pour savoir s'il en manque. Mais, savoir qu'il y a 4 999 pièces ne lui dira pas laquelle est manquante. Il faut qu'il répartisse les 5 000 pièces en groupes, qu'il pourra étudier et comprendre. Admettons qu'il divise le puzzle de la France en cinq groupes de 1 000 pièces, un par indicatif téléphonique régional. Sachant qu'il y a cinq régions basées sur l'indicatif téléphonique en France, il sera sûr que chaque pièce n'appartiendra qu'à un seul groupe. Une fois qu'il aura trouvé la pièce manquante dans une région téléphonique, il pourra diviser au sein de cette région ses pièces de puzzle en régions administratives et affinera ainsi la recherche géographique de sa pièce manquante.

La figure 6-1 montre comment décrire les travaux à réaliser grâce à un *organigramme technique de projet* (OTP). Dans ce cas précis, il s'agit d'une hiérarchisation d'activités ou de WBS (*work breakdown structure*). Cet OTP s'intéresse à la décomposition hiérarchique (avec des livrables) des travaux nécessaires pour accomplir les objectifs d'un projet et obtenir les produits prévus. Nous verrons dans la section suivante les différents types d'OTP dont vous disposez pour structurer votre projet.

TECHNIQUE

Dans un WBS, les différents niveaux de l'OTP ont chacun un ou plusieurs noms. Le sommet est appelé *projet* et le premier niveau (à la base) un *lot de travaux*. Les niveaux intermédiaires s'appellent *phases*, *sous-projets*, *missions*, *tâches*, *sous-tâches* et *livrables*. Dans le présent ouvrage, le niveau 1 est un *projet*, le dernier niveau est un *lot de travaux* et les éléments situés entre les deux sont des *composants de niveau 2*, des *composants de niveau 3* et ainsi de suite. Un lot de travaux est constitué d'activités à mener à bien afin de produire le livrable correspondant.

Concrètement, la figure 6-1 montre que le projet dans son ensemble, représenté par le niveau 1, peut être subdivisé en composants de niveau 2, et certains ou l'intégralité de ces derniers en composants de niveau 3. Vous pouvez continuer la subdivision de tous les composants créés jusqu'à atteindre un niveau de détail que vous jugez satisfaisant en matière de planification et de gestion. Ces composants de niveau « n », où *n* représente le chiffre du niveau le plus bas dans une branche de l'OTP, sont appelés *lots de travaux*.

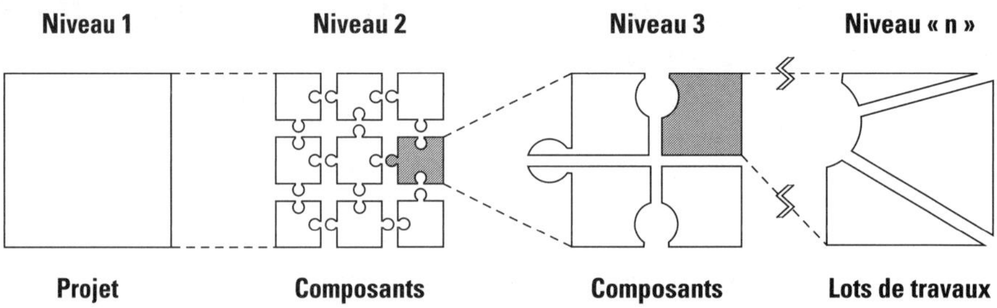

Figure 6-1 : Développer un organigramme technique de projet sous forme de WBS.

EXEMPLE

Imaginons que vous soyez chargé de créer et de présenter un nouveau programme de formation pour votre organisation. Pour commencer, vous allez faire un OTP, en procédant comme suit :

1. **Déterminez les principaux livrables ou produits à créer.**

   Demandez-vous : « Quels sont les principaux produits ou livrables intermédiaires ou finaux à générer pour atteindre les objectifs du projet ? »

Vous pouvez identifier les éléments suivants :

- Étude des besoins du programme de formation ;
- Conception du programme de formation ;
- Bloc-notes des stagiaires ;
- Formateur qualifié ;
- Test du programme ;
- Présentation du programme de formation.

2. **Divisez de la même manière chacun de ces principaux livrables en divers composants.**

   Choisissez n'importe quel livrable, par exemple l'*étude des besoins du programme de formation.*

   Demandez-vous : « Quels livrables intermédiaires sont nécessaires pour réaliser l'étude des besoins ? »

   Vous pouvez décider que vous avez besoin de ceci :

   - Entretiens avec les stagiaires potentiels ;
   - Synthèse des documents parlant des besoins pour ce programme ;
   - Rapport résumant les besoins auxquels répondra ce programme.

3. **Divisez chacun de ces morceaux en sous-composants.**

   Supposons que vous choisissiez de commencer par les *entretiens avec les stagiaires potentiels.*

   Demandez-vous : « Quels livrables me faut-il pour organiser ces entretiens ? »

   Vous pouvez estimer devoir produire les livrables suivants :

   - Sélection des candidats ;
   - Questionnaire à soumettre aux candidats ;
   - Calendrier des entretiens ;
   - Réalisation des entretiens ;
   - Synthèse des entretiens.

Mais, pourquoi s'arrêter là ? Vous pouvez décomposer encore plus ces cinq composants et continuer ainsi longtemps. Jusqu'où aller ? Les sections suivantes peuvent vous aider à répondre à cette question.

Poser les quatre questions fondamentales

Décider du niveau de détail n'est pas chose facile. Vous souhaitez décrire suffisamment les travaux pour obtenir une planification précise et un suivi sérieux. Mais, le temps passé à détailler cette décomposition doit se justifier et apporter son lot d'avantages. Le fait de poser les quatre questions suivantes à propos de chaque composant de l'OTP peut vous aider à savoir si le niveau de détail est suffisant :

- Faut-il plusieurs livrables intermédiaires pour produire ce livrable ?
- Pouvez-vous évaluer avec précision les ressources dont vous aurez besoin pour produire ce livrable ? (Par ressources, on entend le personnel, l'équipement, les matières premières, l'argent, les installations, l'information, etc.)
- Pouvez-vous évaluer avec précision le temps qu'il vous faudra pour produire ce livrable ?
- Si vous deviez charger quelqu'un d'autre de l'exécution des travaux pour obtenir ce livrable, pensez-vous que la personne en question saura précisément quoi faire ?

Si vous répondez « oui » à la première question et « non » à l'une des trois autres, subdivisez le livrable en recensant les composants nécessaires à sa production.

Vos réponses à ces questions dépendent de votre connaissance des travaux, de l'importance de l'activité pour la réussite de votre projet, des conséquences si quelque chose ne tourne pas rond, de la personne à qui vous pouvez confier cette activité, de votre connaissance de cette personne, etc. Autrement dit, le niveau de détail adéquat de votre OTP est conditionné par votre jugement.

Si vous avez du mal à répondre à ces quatre questions, faites ce test encore plus simple : subdivisez le composant de votre OTP en livrables supplémentaires si vous estimez que l'une des situations suivantes vous concerne :

- Il faudra plus de deux semaines pour achever la création du composant ;
- Il faudra bien plus de 80 heures par personne pour achever la création du composant.

N'oubliez pas que ces estimations ne sont données qu'à titre indicatif. Par exemple, si vous jugez que deux semaines et deux jours seront nécessaires pour préparer un rapport, le niveau de détail est probablement suffisant. Mais, si vous évaluez à deux ou trois mois le délai nécessaire pour établir les caractéristiques techniques finales de votre nouveau produit, vous devez décomposer ce livrable *caractéristiques techniques finales* car :

- L'expérience montre que les événements censés se produire pendant ces deux à trois mois peuvent faire l'objet de tant d'interprétations que vous ne pouvez être certain de l'exactitude du délai et des ressources nécessaires et vous n'avez pas assez de garanties pour attribuer cette tâche à quelqu'un ;
- Vous ne pouvez attendre deux à trois mois pour confirmer que vous êtes dans les temps en vérifiant qu'un produit donné a été terminé conformément au calendrier.

Émettre des hypothèses pour clarifier les travaux planifiés

Il arrive que vous n'ayez pas suffisamment détaillé les travaux à réaliser, mais des variables inconnues vous empêchent de le faire. Comment procéder ? Vous faites des suppositions concernant ces inconnues. Si, au cours du projet, une de vos hypothèses s'avère fausse, vous pourrez modifier votre plan en conséquence.

Supposons que vous décidiez que le livrable *entretiens terminés* de l'étape 3 de l'exemple concernant la conception et la présentation d'un nouveau programme de formation (voir plus haut dans cette section) a besoin d'être plus détaillé afin de mieux évaluer le temps et les ressources nécessaires. Cependant, vous ne savez pas comment le décomposer, car vous ignorez le nombre de personnes à recevoir ou le nombre de salves d'entretiens. Si vous partez du principe que vous aurez cinq groupes de sept candidats chacun, vous pouvez prendre vos dispositions pour organiser et animer ces cinq séances. Dans la plupart des situations, il vaut mieux faire une estimation moyenne. Pour connaître l'impact de vos résultats, vous souhaiterez peut-être émettre plusieurs hypothèses.

Veillez à consigner votre hypothèse par écrit afin de penser à changer votre plan si vous mettez sur pied plus ou moins de cinq séances d'entretiens.

Utiliser des verbes pour décrire des activités

Pour intituler les activités comprenant un lot de travaux, utilisez des verbes d'action. Cela permet de clarifier la nature des travaux et d'améliorer les estimations de temps et de ressources, l'attribution des tâches aux membres de l'équipe, les opérations de suivi et les comptes rendus.

Prenez l'attribution de la préparation du compte rendu d'une réunion qui vient de s'achever. Supposons que vous décidiez que l'un des lots est la *version de travail* du compte rendu. Si vous ne décomposez pas votre *version de travail*, vous n'aurez pas indiqué si ce lot inclut l'une des tâches suivantes :

- Recueillir les informations pour la rédaction de la version de travail ;

- Définir la longueur et le format ;
- Écrire la version de travail à la main ;
- Réviser vous-même la version de travail avant sa diffusion officielle.

En revanche, si vous désignez le lot de travaux sous le nom *élaborer et rédiger à la main la version de travail du compte rendu*, c'est tout de suite plus clair. Quelques mots bien choisis font des merveilles.

Utiliser un OTP pour les petits et gros projets

La création d'un OTP s'impose pour les très gros projets, les tout petits projets et tous ceux qui se trouvent entre. Construire un gratte-ciel, concevoir un nouvel avion, élaborer un nouveau médicament et réorganiser le système d'information d'une entreprise sont autant de projets nécessitant un OTP. Cela vaut également pour la rédaction d'un rapport, la programmation et l'animation d'une réunion, la coordination de la campagne annuelle de don du sang de votre organisation et le déménagement dans votre nouveau bureau. La taille de l'OTP peut varier du tout au tout en fonction du projet, mais les principes hiérarchiques demeurent les mêmes.

N'OUBLIEZ PAS !

Votre OTP détaillé peut parfois faire paraître votre projet plus complexe qu'il ne l'est en réalité. 100 tâches (et 10 000 alors !) consignées par écrit ont de quoi vous troubler. Ce n'est toutefois pas l'OTP qui fait la complexité d'un projet, il se contente de l'illustrer. En fait, en décrivant clairement tous les aspects des travaux, l'OTP simplifie votre projet.

Faire face aux situations spéciales

Moyennant une petite séance de brainstorming, vous pouvez décomposer la plupart des éléments d'un OTP en composants. La présente section passe cependant en revue certaines situations particulières demandant un peu de créativité.

Représenter le travail répétitif propre à certaines conditions

Imaginons que votre projet comprenne un livrable demandant l'exécution, un nombre de fois indéterminé, de cycles répétitifs ; par exemple, obtenir l'approbation d'un rapport. Concrètement, vous rédigez le rapport et le soumettez pour révision et approbation. Si les réviseurs l'approuvent, vous passez à la phase suivante du projet (par exemple la diffusion du rapport). Mais, si les réviseurs ne l'approuvent pas, vous devez le modifier afin d'intégrer leurs commentaires, puis le leur soumettre de nouveau pour une deuxième phase de révision. S'ils approuvent la seconde version, vous passez à la deuxième phase du projet. Mais, s'ils n'approuvent pas non plus cette deuxième version, vous devez répéter le processus (ou essayer de les coincer quand ils sont de meilleure humeur).

La modification de la version de travail est une *tâche conditionnelle*. Elle n'intervient que si une condition donnée (dans notre exemple, la non-obtention de l'approbation des réviseurs) est remplie. Malheureusement, un OTP n'inclut pas les tâches conditionnelles. Vous prévoyez d'exécuter tous les travaux figurant dans l'OTP. Il vous est cependant possible de représenter les tâches conditionnelles des deux manières suivantes :

- **Vous pouvez prévoir un seul livrable (*rapport approuvé*) et lui associer une durée.** En fait, vous dites que vous pouvez créer autant de *versions révisées mais non approuvées* que nécessaire (chacune étant un livrable intermédiaire) afin d'obtenir la version finale révisée et approuvée dans le délai imparti ;
- **Vous pouvez partir du principe qu'il vous faudra un certain nombre de révisions et inclure dans votre OTP le livrable intermédiaire créé après chaque révision (une *version révisée mais non approuvée* différente).** Cette approche permet un suivi plus sérieux.

Quelle que soit l'approche choisie, veillez à l'indiquer dans votre plan de projet.

Ce n'est pas parce que vous tablez sur trois révisions que votre version de travail sera bonne pour le service à la troisième tentative. Si elle est acceptée après la première révision, félicitations ! Vous pouvez alors passer immédiatement à la prochaine tâche (pas besoin de procéder à deux révisions supplémentaires, même si le plan le prévoit. Ne soyons pas plus royalistes que le roi !).

Cependant, si vous n'avez toujours pas obtenu l'approbation après la troisième révision, tenez bon et proposez une quatrième version, jusqu'à recevoir le feu vert libérateur. Bien entendu, vous aurez alors à réétudier votre plan pour voir si les révisions supplémentaires influent sur le calendrier et le budget des activités ultérieures du projet.

Un plan ne garantit pas l'avenir mais simplement l'exposé de l'objectif final visé. Si vous n'êtes pas en mesure de mener à bien n'importe quelle partie de votre plan, vous devez faire (rapidement) les modifications en conséquence.

Gérer les tâches qui ne sont pas simples à subdiviser

Il peut arriver que vous ne voyiez pas comment diviser une tâche ou que cette subdivision semble inutile. Mais, même dans ces situations, vous souhaitez diviser les travaux en plus petits morceaux afin de vous rappeler de vérifier à intervalle régulier si le prévisionnel en termes de calendrier et de ressources est encore valable.

Pour voir pourquoi il est important de disposer de fréquents jalons afin d'assurer le suivi du projet et comment gérer des composants de l'OTP plutôt difficiles à subdiviser, lisez l'encadré ci-dessous « Surveiller de près son projet ».

Quel que soit le soin avec lequel vous planifiez votre projet, vous n'êtes pas à l'abri d'imprévus. Plus vous les flairez tôt, plus vous avez le temps de minimiser un éventuel impact négatif sur votre projet.

Surveiller de près son projet

Au cours d'une formation, l'un de nous a fait la connaissance d'un jeune ingénieur. Peu de temps après son recrutement dans une entreprise, on lui demanda de concevoir et construire une machine pour un client. Il soumit une demande d'acquisition au service des achats pour se procurer les matières premières dont il avait besoin et on lui dit que, si sa commande n'était pas arrivée au bout de six mois, date de livraison prévue, il fallait qu'il le signale au spécialiste des achats avec lequel il travaillait afin de pouvoir enquêter sur les raisons du retard. Attendre six mois sans vérifier régulièrement pour faire le point le gênait un peu mais, étant jeune, sans expérience et nouveau dans l'entreprise, il ne voulait pas remettre en cause la procédure en vigueur. Il attendit donc six mois.

N'ayant pas reçu sa livraison de matières premières à la date prévue, il le signala au spécialiste des achats, lequel se rapprocha du fournisseur. Il s'avéra qu'il y avait eu un gros incendie dans les locaux du fournisseur cinq mois auparavant et que la production avait seulement repris la semaine précédente. Le fournisseur estima que la marchandise commandée pourrait être expédiée dans cinq mois environ !

J'ai émis l'idée qu'il aurait pu diviser le temps d'attente en tranches d'un mois et appeler le fournisseur chaque fin de mois pour vérifier si la date de livraison restait inchangée. Une vérification périodique n'aurait certes pas empêché l'incendie mais il aurait appris le sinistre cinq mois plus tôt et aurait pu prendre immédiatement d'autres dispositions. (Le chapitre 11 vous dit tout sur la façon de gérer les risques et incertitudes au cours d'un projet.)

Planifier un projet sur le long terme

Un projet qui s'inscrit sur une longue période est un défi complètement différent. Souvent, les travaux à réaliser dans un an, voire plus, sont conditionnés par ceux que vous réalisez dans l'intervalle. Même si vous êtes en mesure de prédire avec précision les tâches que vous exécuterez plus tard, plus la planification se projette loin dans le futur, plus la probabilité de voir des éléments modifiés est grande et plus vous courez le risque de devoir changer votre fusil d'épaule.

Quand vous élaborez un OTP pour un projet de longue haleine, optez pour une *approche par vagues* qui vous permet d'affiner vos plans en permanence, à mesure de l'arrivée de nouvelles informations sur le projet et son environnement. Cette approche prend en compte la modification éventuelle du plan initial en raison d'incertitudes et d'imprévus et vous incite à consigner des données plus précises dès que vous en avez connaissance. Appliquez l'approche par vagues à votre projet à long terme en procédant comme suit :

1. **Divisez les travaux des trois premiers mois en composants que vous pouvez obtenir en deux semaines maximum.**

2. **Planifiez le restant du projet en restant plus général, par exemple en décrivant les travaux des lots dont vous estimez qu'ils prendront entre un et deux mois.**

3. **Revoyez votre plan initial à la fin des trois premiers mois, en subdivisant les travaux des trois prochains mois en composants réalisables en deux semaines maximum.**

4. **Modifiez le cas échéant les futurs travaux, en fonction des résultats obtenus pour les travaux des trois premiers mois.**

5. **Continuez de réviser votre plan de cette manière tout au long du projet.**

Créer et présenter son organigramme technique de projet

Il existe différentes modes de catégorisation de l'OTP d'un projet, chacun montrant son efficacité en fonction des circonstances. Cette section vous montre ces différents modes et vous donne des exemples et conseils sur la façon de les utiliser.

Des modes de catégorisation pour organiser un OTP

La subdivision des travaux d'un projet en composants d'OTP peut s'effectuer à l'aide de nombreux modes de catégorisation. En voici cinq, accompagnés d'exemples correspondants :

- **Composants (PBS) :** plan de niveau, manuels de formation ou conception d'écran, aussi appelé PBS ou *product breakdown structure*, il présente le produit fini selon les composants qui le constituent ;
- **Phases du projet (WBS) :** démarrage, conception ou construction, aussi appelé WBS ou *work breakdown structure*, le WBS est la structure la plus utilisée quand il s'agit de hiérarchiser son projet : cette hiérarchie s'intéresse aux activités impliquées dans l'exécution du projet de A à Z ;
- **Zones géographiques (GBS) :** région 1, zone A, nord-ouest ou encore pays, aussi appelées GBS ou *geographical breakdown structure* ; cette hiérarchie de projet structure les différentes aires géographiques qui participent à l'exécution du projet ;
- **Unités organisationnelles (OBS) :** marketing, opérations ou installations, aussi appelé OBS ou *organizational breakdown structure*. Il structure le projet en fonction des départements de l'entreprise qui participent au projet ;
- **Ressources (RBS) :** cette hiérarchisation s'appuie sur un OBS décliné en ressources génériques ;
- **Coûts (CBS) :** cette structuration de projet permet de détailler les coûts liés au projet en s'appuyant sur l'OBS, décliné lui-même en RBS, phase par phase.

Quand vous choisissez un mode de catégorisation afin d'organiser les sous-éléments d'un composant d'OTP, continuez de l'utiliser afin de définir tous les sous-éléments et d'éviter ainsi d'éventuels chevauchements entre catégories. Par exemple, imaginons que vous souhaitiez détailler le composant de l'OTP intitulé *rapport*. Vous pouvez le subdiviser en vous fondant sur la fonction : *version de travail*, *version de travail révisée* et *version finale*. Vous pouvez aussi le subdiviser en vous axant sur les composants : *section 1*, *section 2* et *section 3*.

Ne définissez pas les sous-éléments du *rapport* en piochant dans deux catégories : par exemple, *section 1*, *section 2*, *version de travail révisée* et *version finale*. Associer les différents modes de catégorisation accroît le risque d'inclure deux fois des tâches ou de carrément en oublier certaines. Par exemple, le travail de préparation de la version finale de la section 2 pourrait être inclus dans l'un de ces deux sous-éléments : *section 2* ou *version finale*.

TRUC

Voici les questions à vous poser au moment de choisir un mode de catégorisation :

- **Quels jalons seront les plus pertinents pour faire part de l'avancement des travaux ?** Par exemple, est-il plus utile de dire que la section 1 est terminée ou que la version de travail est totalement achevée ?
- **Comment distribuerez-vous les responsabilités ?** Par exemple, une personne sera-t-elle responsable de la version de travail, de la version de travail révisée et de la version finale de la section 1 ou une personne sera-t-elle responsable de la version de travail des sections 1, 2 et 3 ?
- **Comment vous et votre équipe réaliserez concrètement les tâches ?** Par exemple, la rédaction de la version de travail, la révision et la finalisation de la section 1 sont-elles séparées des mêmes activités concernant la section 2 ou tous les chapitres font-ils l'objet d'une version de travail, d'une version de travail révisée et d'une version finale communes ?

Utiliser différentes approches pour développer un OTP

La façon de développer un OTP dépend de la connaissance du projet affichée par vous et votre équipe, de l'existence d'antécédents avec des projets similaires et du nombre de méthodes et d'approches que vous utilisez. Choisissez l'une des deux approches suivantes pour développer votre OTP en fonction des caractéristiques de votre projet :

- **Approche top-down :** démarrez au sommet de la hiérarchie et subdivisez systématiquement les éléments de l'OTP en fonction de leurs composants.

  Cette approche est utile lorsque vous avez une idée précise des futurs travaux du projet. L'approche descendante permet une étude minutieuse de chaque catégorie, à chaque niveau et réduit les risques d'oubli de certaines tâches ;

- **Approche bottom-up :** répertoriez tous les travaux et livrables possibles pour ce projet, puis classez-les en catégories.

  Le brainstorming est utile lorsque vous n'avez pas d'idée précise des travaux à effectuer en début de projet. Cette approche vous permet de faire le tour de toutes les tâches imaginables sans vous soucier de la façon de les organiser au sein de l'OTP final. Une fois avéré qu'une tâche répertoriée sera un rouage important du projet, vous pouvez identifier les travaux associés qui s'imposent également.

TRUC

Quelle que soit l'approche adoptée, l'utilisation de Post-it est à envisager lors de l'élaboration de votre OTP. Lorsque vous identifiez des tâches, notez-les sur des Post-it que vous accrochez ensuite au mur. Ajoutez-en, enlevez-en et regroupez-en à mesure que votre réflexion mûrit. Cette approche vous encourage à partager vos idées et permet à tout le monde d'apprécier, dans le détail, la nature des travaux à exécuter.

L'approche top-down

Employez l'approche descendante suivante pour les projets que vous ou d'autres personnes connaissez :

1. **Précisez tous les composants de niveau 2 de l'ensemble du projet.**
2. **Déterminez tous les composants de niveau 3 associés à chaque composant de niveau 2.**
3. **Indiquez tous les composants de niveau 4 associés à chaque composant de niveau 3.**
4. **Continuez ainsi jusqu'à ce que vous ayez détaillé tous les livrables et composants du projet. Les composants de dernier niveau de chaque branche de l'OTP sont les lots de travaux de votre projet.**

L'approche bottom-up

Utilisez l'approche de brainstorming suivante pour des projets impliquant l'emploi de méthodes non testées ou des projets que vous et les membres de votre équipe ne connaissez pas :

1. **Consignez par écrit tous les livrables et composants de travaux faisant selon vous partie de votre projet.**

   Ne vous souciez pas des chevauchements ni du niveau de détail ;

   Ne vous souciez pas de la formulation ou d'autres détails concernant les travaux ;

   Ne prononcez pas de jugements sur l'adéquation des travaux.

2. **Regroupez ces éléments au sein de quelques catégories principales selon leurs caractéristiques communes et éliminez les livrables ou composants de travaux qui ne sont pas nécessaires.**

   Ces groupes sont vos catégories de niveau 2.

3. **Répartissez les livrables et composants de travaux de chaque catégorie de niveau 2 dans des groupes, selon leurs caractéristiques communes.**

   Ces groupes sont vos catégories de niveau 3.

4. **Maintenant, utilisez la méthode top-down pour identifier les éventuels livrables ou composants de travaux oubliés lors de la création des catégories.**

5. **Continuez ainsi jusqu'à ce que vous ayez décrit l'intégralité des livrables et composants de travaux. Les composants de dernier niveau de chaque branche de l'OTP sont les lots de travaux de votre projet.**

Envisager l'utilisation de plusieurs modes de catégorisation des travaux d'un projet

Même si vous décidez finalement de n'utiliser qu'un OTP pour votre projet, au début de la phase de sa création, vous pouvez étudier plusieurs modes hiérarchiques. Le fait de considérer votre projet sous divers angles peut vous aider à identifier des travaux éventuellement oubliés.

Supposons qu'une municipalité souhaite construire une piscine. Les figures 6-2 et 6-3 décrivent deux modes de catégorisation des travaux nécessaires pour la création de ce centre. Le premier mode classe les travaux par composants (PBS) et le second par activités (WBS) :

- La figure 6-2 définit les composants suivants comme des catégories de niveau 2 : caisse, vestiaires, piscine et espace détente. Cette catégorisation est un PBS dans la mesure où elle propose une structure par composant constituant le projet de construction de la piscine municipale.

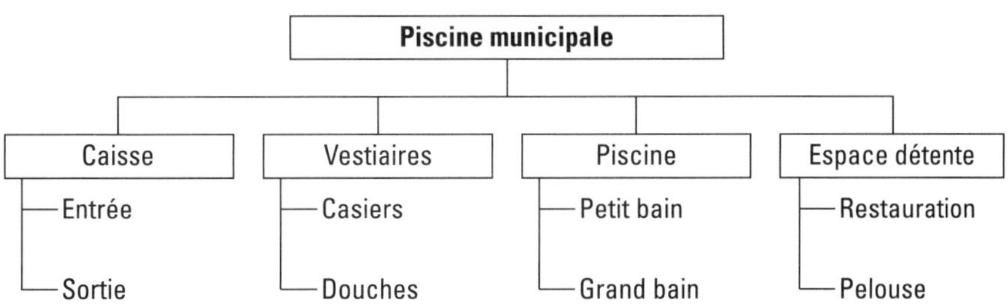

Figure 6-2 : Mode de catégorisation par composants (PBS) concernant l'OTP d'un projet de création d'un centre de soins municipal.

- La figure 6-3 définit les activités suivantes comme des catégories de niveau 2 : plans des architectes, maquette, construction et inauguration. Cette catégorisation est un WBS dans la mesure où elle propose une vision du déroulement et de l'enchaînement du travail à réaliser lors de ce projet de réalisation de piscine municipale.

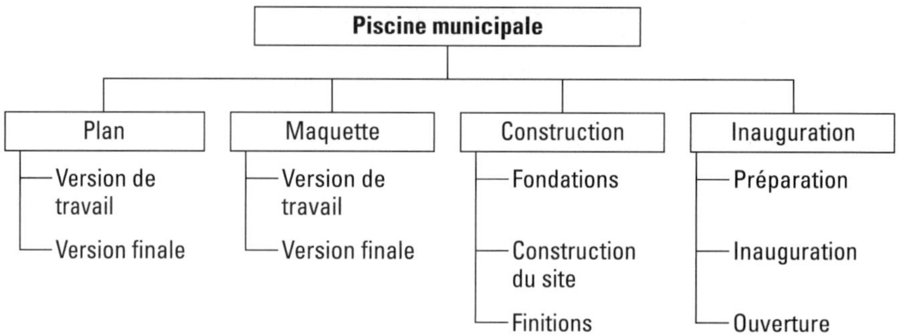

Figure 6-3 : Mode de catégorisation des activités (WBS) concernant l'OTP du projet de création d'une piscine municipale.

Les deux OTP comprennent les mêmes composants de dernier niveau ou lots de travaux.

Désigner les entrées de l'OTP

ATTENTION !

À mesure que la taille de votre projet augmente, son OTP devient de plus en plus complexe. Il est alors facile de perdre de vue le lien entre une tâche et les autres parties du projet. Malheureusement, ce problème peut générer une mauvaise coordination entre les efforts à fournir pour certaines tâches et un manque d'implication des personnes responsables de leur exécution.

TRUC

La figure 6-4 illustre un mode de désignation des composants qui permet de voir facilement les liens qui existent entre eux et leur position respective dans l'OTP du projet :

- Le premier chiffre (*1*) identificateur du niveau 1, indique le projet auquel appartient cet élément ;
- Le deuxième chiffre (*5*) indique le composant de niveau 2 dans lequel se situe cet élément ;
- Le troisième chiffre (*7*) indique le composant de niveau 3 situé sous le composant de niveau 2 (*1.5*) dans lequel se situe cet élément ;

- Le quatrième et dernier chiffre (*3*) est un identificateur unique permettant de distinguer cet élément des autres composants de niveau 4 situés sous le composant de niveau 3 (*1.5.7.*) Si *1.5.7.3. Commande de matériaux* ne présente pas d'autres subdivisions, il s'agit d'un lot de travaux.

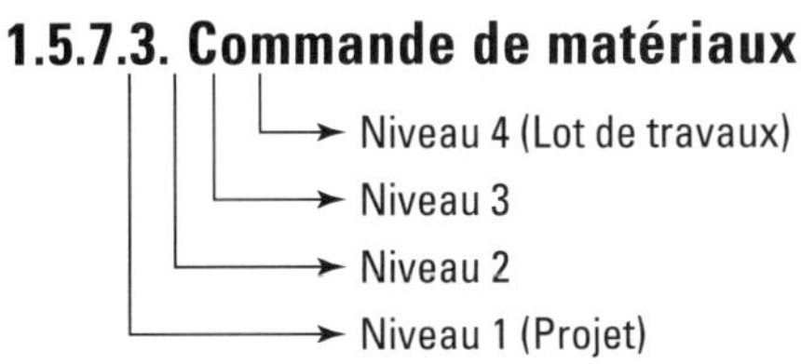

Figure 6-4 : Une méthode utile pour identifier les composants de votre OTP.

Différents formats pour l'OTP

Vous pouvez donner différents formats à votre OTP. Cette section passe en revue les trois plus courants.

L'organigramme

La figure 6-5 montre un OTP au *format organigramme* (aussi appelé *diagramme hiérarchique*). Ce format offre une belle vue d'ensemble de votre projet et des liens hiérarchiques existants. Cependant, comme il prend beaucoup de place, il est moins pratique pour les OTP étendus.

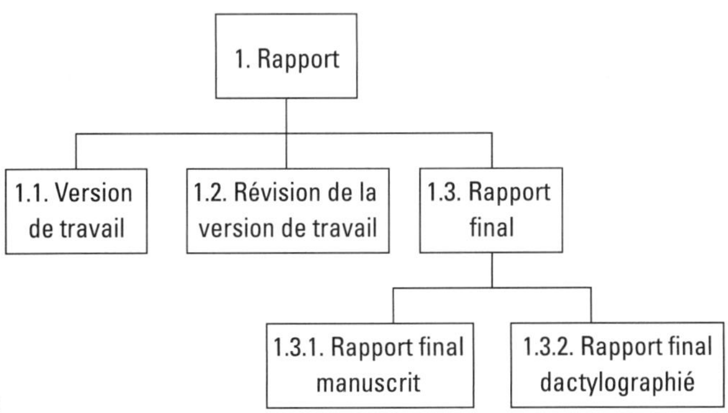

Figure 6-5 : Dessiner son OTP sous forme d'organigramme.

Le format avec retraits

Le *format avec retraits* de la figure 6-6 est un autre mode de présentation de l'OTP. Il vous permet de lire et de comprendre un OTP comprenant de multiples éléments. Cependant, on s'y perd facilement si le projet est très imposant. Le lien entre les différents éléments est alors difficile à suivre.

1. Rapport
   - 1.1. Version de travail
   - 1.2. Révision de la version de travail
   - 1.3. Rapport final
     - 1.3.1. Rapport final manuscrit
     - 1.3.2. Rapport final dactylographié

Figure 6-6 : Dessiner son OTP à l'aide du format avec retraits.

TRUC

L'organigramme et le format avec retraits peuvent être pertinents pour les petits projets. Concernant les gros projets, un combiné des deux formats est plus souhaitable pour détailler son OTP. Vous pouvez afficher les composants de niveau 1 et niveau 2 sous forme d'organigramme et disposer les sous-divisions du niveau 2 au format avec retraits.

Le format à bulles

Le *format à bulles* de la figure 6-7 s'avère particulièrement efficace pour illustrer les séances bottom-up servant à créer votre OTP, aussi bien pour les petits que pour les gros projets. Voici le principe du format à bulles :

- La bulle du centre représente l'intégralité de votre projet (dans notre exemple, *rapport*) ;
- Les liens partant de la bulle centrale mènent aux composants de niveau 2 (à savoir *version de travail*, *révision de la version de travail* et *rapport final*) ;
- Les liens partant de chaque composant de niveau 2 conduisent aux composants de niveau 3 (à savoir le composant de niveau 2 *rapport final* comprend les deux composants de niveau 3 *rapport final manuscrit* et *rapport final dactylographié*).

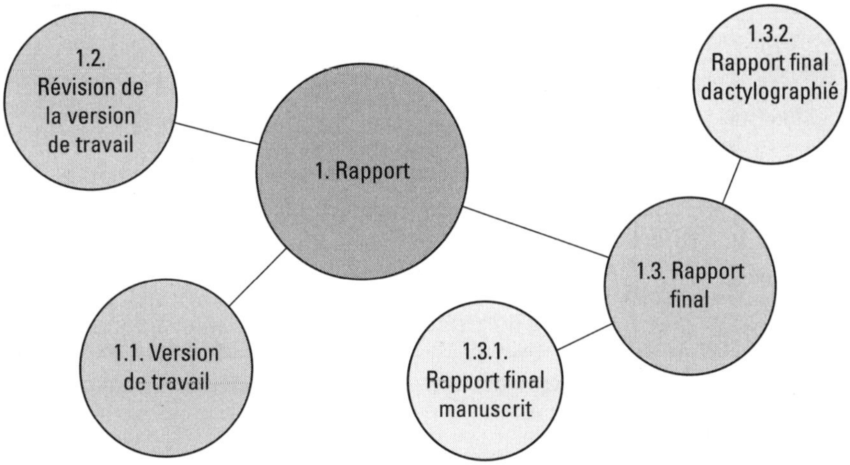

Figure 6-7 : Dessiner son OTP à l'aide du format à bulles.

La liberté de disposition des éléments offerte par ce format vous permet de consigner facilement les idées émises lors d'une séance de bottom-up. Vous pouvez également placer différemment les composants à mesure que se poursuit votre analyse.

ATTENTION !

Le format à bulles ne convient pas pour présenter votre OTP à des personnes qui ne connaissent pas votre projet. Utilisez-le pour développer votre OTP avec votre équipe, mais passez à l'organigramme ou au format avec retraits pour les personnes extérieures.

Améliorer la qualité de l'OTP

Lorsque votre OTP est précis et complet *et* que les personnes chargées d'effectuer le travail le comprennent et adhèrent à sa structure, vous augmentez les chances de succès de votre projet. Les directives suivantes vous proposent des moyens d'améliorer la précision de la structure et de le rendre populaire :

- **Impliquez les personnes qui effectueront les travaux.** Dans la mesure du possible, faites-les participer à la phase de développement initial de l'OTP. Si elles rejoignent le projet après la planification initiale, demandez-leur de le lire avec un œil critique avant le début des travaux ;
- **Intégrez des informations provenant de l'OTP de projets similaires.** Consultez les plans avec des personnes ayant déjà travaillé sur des projets similaires au vôtre s'étant traduits par un succès. Intégrez les conclusions de vos échanges à votre OTP ;

- **Ayez un OTP à jour.** Lorsque vous ajoutez, enlevez ou modifiez des éléments de votre OTP pendant votre projet, veillez à répercuter ces changements dedans. (Pour en savoir plus sur la diffusion de l'OTP actualisé auprès de votre équipe, voir la section « Consigner par écrit les choses à savoir sur les travaux planifiés du projet », plus loin dans ce chapitre.) ;
- **Émettez des hypothèses concernant les activités encore incertaines.** Si vous n'êtes pas encore sûr de mener telle activité, faites une hypothèse et fondez votre OTP dessus. Consignez bien cette hypothèse par écrit. Si elle s'avère erronée en cours de projet, modifiez votre plan afin de coller à la réalité. (Pour de plus amples informations sur les hypothèses, reportez-vous aux sections « Émettre des hypothèses pour clarifier les travaux planifiés » et « Représenter le travail répétitif propre à certaines conditions », plus haut dans ce chapitre.) ;
- **N'oubliez pas que votre OTP ne fait qu'identifier les livrables de votre projet.** Il n'y a pas de mal à inclure des activités de gauche à droite ou de haut en bas à peu près dans l'ordre dans lequel vous allez les mener. Cependant, dans des projets complexes, vous pourriez avoir du mal à montrer tous les liens entre les activités. Un OTP a pour objet de bien identifier tous les livrables du projet. Pour en savoir plus l'élaboration du calendrier de votre projet, foncez au chapitre 7.

Utiliser des modèles

Un *modèle d'OTP* est un OTP existant qui comprend les livrables types d'une sorte de projet bien précis. Il reflète l'expérience accumulée au fur et à mesure de la conduite de projets du même genre. Des livrables oubliés auparavant viennent alors enrichir le modèle tandis que d'autres, inutiles, sont rejetés. L'utilisation d'un modèle peut vous faire gagner du temps et améliorer votre précision.

Bien que les modèles puissent représenter un gain de temps et améliorer votre précision, ne rejetez pas l'esprit d'initiative des gens en leur servant un OTP trop peaufiné. Le manque d'investissement des participants peut faire échouer des activités et entraîner un manque d'implication dans la réussite du projet.

Cette section se penche sur la façon dont vous pouvez développer un modèle d'OTP et améliorer sa précision et son exhaustivité.

Se servir des expériences précédentes

En vous appuyant sur des expériences précédentes, vous pouvez réduire le temps de préparation de votre OTP et moins craindre d'avoir oublié certains éléments essentiels du puzzle.

Supposons que vous prépariez le budget trimestriel de votre département. Ce n'est pas le premier que vous montez, vous savez donc à peu près tout ce que vous devez faire. Une fois un budget bouclé, vous révisez votre modèle afin d'inclure les nouvelles informations glanées pour le monter.

La prochaine fois que vous démarrez la préparation de votre budget trimestriel, commencez par vous référer au modèle d'OTP élaboré à partir des précédents projets. Ensuite, ajoutez et éliminez des éléments, selon vos besoins pour ce nouveau budget.

Améliorer ses modèles d'OTP

Plus votre modèle d'OTP est précis et complet, plus il vous fera gagner du temps lors de vos futurs projets. Cette section vous donne quelques suggestions pour améliorer en permanence la qualité de vos modèles d'OTP.

Lorsque vous utilisez des modèles, gardez ceci à l'esprit :

- **Développez des modèles aussi bien pour des tâches qui reviennent souvent que pour des projets entiers.** Des modèles pour la campagne annuelle de don du sang de votre entreprise ou la soumission à l'Agence française de sécurité sanitaire des produits de santé (AFSSAPS) d'un nouveau médicament afin d'obtenir son autorisation de mise sur le marché peuvent s'avérer précieux. Il en va de même pour les tâches individuelles liées à ces projets (appel d'offres ou impression de documents). Vous pouvez toujours incorporer les modèles servant à des parties de travaux dans un OTP englobant un projet dans son intégralité ;
- **Développez et modifiez votre modèle d'OTP sur la base d'anciens projets qui ont porté leurs fruits et non de plans initiaux qui avaient l'air de faire l'affaire.** Une fois un OTP créé en début de projet, vous pouvez oublier d'ajouter des livrables intermédiaires ou finaux que vous aviez omis dans votre planification initiale. Si vous mettez à jour votre modèle à partir d'un OTP préparé au *début* de votre projet, vous ne consignerez pas les découvertes faites *pendant* le déroulement du projet ;
- **Les modèles doivent être des points de départ et non des aboutissements.** Indiquez clairement aux membres de votre équipe et aux autres personnes impliquées dans votre projet que le modèle ne représente que le début de l'OTP et non sa version finale. À chaque projet ses particularités. Si vous n'examinez pas sérieusement le modèle, vous pourriez oublier des travaux n'ayant pas été réalisés lors de précédents projets et nécessaires pour celui-ci ;
- **Actualisez en permanence vos modèles afin de prendre en compte vos diverses expériences en matière de projet.** L'évaluation de fin de projet est le moment idéal pour revoir et critiquer votre OTP original. (Le chapitre 16 vous indique comment planifier et réaliser cette évaluation.) À la fin du projet, prenez un moment pour réviser votre modèle d'OTP afin de prendre en compte vos conclusions par la suite.

Consigner par écrit les choses à savoir sur les travaux planifiés de votre projet

TECHNIQUE

Une fois votre OTP préparé, prenez le temps de réunir les informations essentielles sur tous les lots de travaux (composants de dernier niveau de l'OTP) et de les placer dans le *dictionnaire de l'OTP*, accessible à tous les membres de l'équipe de projet. Vous et votre équipe utiliserez ces informations pour développer les autres parties de votre plan et effectuer le suivi, le contrôle et la replanification des activités pendant le projet. Le chef de projet (ou la personne mandatée) doit approuver toutes les modifications de ces informations au sein du dictionnaire.

Le dictionnaire de l'OTP doit au moins comprendre les informations suivantes concernant tous les composants de l'OTP :

- **Le titre et le code d'identification du composant :** descripteurs donnant au composant son caractère unique ;
- **Les activités incluses :** liste de toutes les activités à réaliser pour produire le livrable identifié dans le lot de travaux ;
- **Le détail des travaux :** texte descriptif des processus et procédures associés aux travaux ;
- **Les jalons calendaires :** événements significatifs dans le calendrier de réalisation des composants ;
- **Les exigences en termes de qualité :** caractéristiques souhaitées des livrables produits pour le composant ;
- **Les critères d'acceptation :** critères à remplir avant acceptation des livrables ;
- **Les ressources nécessaires :** personnel, financement, équipement, installations, matières premières, informations, etc. que nécessitent ces activités.

TRUC

Pour des projets plus imposants, vous conservez l'OTP, y compris tous ses composants de niveau 1, jusqu'aux lots de travaux, dans la même représentation hiérarchique et vous maintenez toutes les activités comprenant les lots de travaux dans une liste d'activités et/ou le dictionnaire de l'OTP. En séparant ainsi les composants de l'OTP, les relations essentielles et aspects des livrables et travaux du projet apparaissent plus clairement.

Pour des projets plus petits, vous pouvez en revanche combiner les composants de l'OTP axés sur les livrables et les activités associées à chaque lot de travaux, avec la même présentation hiérarchisée.

Chapitre 7

Vous le voulez pour quand, ce projet ?

Dans ce chapitre :

- Analyser et exploiter un diagramme réseau
- Construire le calendrier de votre projet

Les projets ont toujours une date limite. Même si vous ne savez pas avec certitude ce que votre nouveau projet est censé produire, il faut savoir pour quelle date il doit être terminé. Malheureusement, lorsque vous prenez connaissance de cette date limite, vous avez souvent une réaction de panique : « Mais, je n'aurai jamais assez de temps ! »

À vrai dire, quand la mission de mener à bien votre projet vous échoit, vous n'avez généralement aucune idée du temps qu'il vous faudra pour y parvenir. Les premières actions ont tendance à s'inscrire dans le registre de la peur et de l'anxiété plutôt que de s'appuyer sur des faits, surtout quand vous essayez de jongler entre de multiples responsabilités et que le projet paraît complexe.

Pour vous aider à effectuer une estimation plus réaliste du temps que vous prendra ce projet, il faut opter pour une approche organisée rendant limpide le déroulement des activités du projet, les calendriers possibles et la façon de respecter les délais qui vous paraissaient intenables de prime abord. Ce chapitre décrit une technique vous aidant à développer avec un sens de l'initiative certain un calendrier réaliste (tout en maîtrisant votre anxiété).

ATTENTION !

L'utilisation de diagrammes réseau pour établir des calendriers est le thème le plus technique du présent ouvrage. Même s'il faut seulement dix minutes pour maîtriser cette technique, les explications et illustrations peuvent paraître déroutantes dans un premier temps. Si vous rencontrez pour la première fois ces bêtes curieuses que sont les schémas fonctionnels, nous vous suggérons de faire d'abord le tour des principaux points de ce chapitre, puis de lire plusieurs fois les différentes sections. Plus vous lirez le texte, plus les explications vous paraîtront logiques. Cependant, si les détails techniques vous agacent, mettez le livre de côté et soufflez avant de le reprendre plus tard. Vous découvrirez avec surprise que les détails sont beaucoup plus clairs à la deuxième ou troisième lecture ! Mais, rassurez-vous, si vous utilisez un progiciel de gestion de projet, quel qu'il soit, tous les calculs présents dans cette section seront faits pour vous automatiquement !

Le diagramme réseau

Pour déterminer le temps nécessaire pour n'importe quel projet, vous devez disposer des deux informations suivantes :

- **La séquence :** l'ordre dans lequel vous réalisez les activités ;
- **La durée :** le temps que dure chaque activité.

Par exemple, supposons que votre projet comprenne dix activités et qu'il faille compter une semaine de travaux pour chacun. Combien de temps vous faudra-t-il pour achever votre projet ? La vérité, c'est que vous ne pouvez pas le dire. Vous pouvez boucler le projet en une semaine si les dix activités peuvent être menées de front et si vous disposez des ressources pour y parvenir. Vous pouvez avoir besoin de dix semaines s'il faut mener les activités l'une après l'autre. La réalisation du projet peut très bien prendre entre une et dix semaines s'il n'est pas nécessaire de faire toutes les activités dans un ordre donné.

Illustrer un plan de travail à l'aide d'un diagramme réseau

Pour établir le calendrier d'un petit projet, vous pouvez probablement visualiser les nécessités relatives à la durée et à l'ordre des activités. Mais, avec des projets comprenant 15 à 20 activités, voire plus, dont bon nombre sont réalisables simultanément, il faut une certaine organisation pour mener votre analyse.

Cette section vous aide à créer des calendriers réalistes en vous montrant comment dessiner des diagrammes de réseau, puis comment choisir le meilleur pour votre projet.

Définir les éléments d'un diagramme de réseau

Un *diagramme de réseau* est un schéma fonctionnel illustrant l'ordre dans lequel vous allez réaliser les activités. Peut-être avez-vous déjà entendu parler de diagramme PERT (*Program Evaluation and Review Technique*). Dans le même état d'esprit, c'est le laboratoire d'essai de votre projet. Il vous permet de tester les différentes stratégies avant d'entamer l'exécution des travaux. Il vous permet aussi, d'utiliser la méthode du chemin critique ou CPM (*Critical Path Method*), nous le verrons plus loin.

Quelle que soit la complexité de votre projet, le diagramme de réseau présente les trois éléments suivants : jalons, activités et durée.

- **Les jalons :** un *jalon*, aussi appelé « *milestone* » ou « *événement* », il s'agit d'un moment important dans la vie du projet. Les jalons ne prennent pas de temps et ne consomment aucune ressource puisqu'ils se produisent instantanément. Considérez-les comme des poteaux matérialisant une étape dans le périple devant vous conduire à l'achèvement du projet. Les jalons marquent le début ou la fin d'une ou plusieurs activités. Voici des exemples : la *version de travail approuvée* et *conception démarrée* ;
- **Les activités :** une *activité*, ou tâche, est le composant d'un travail réalisé au cours d'un projet. Les activités prennent du temps et sont consommatrices de ressources. Voici des exemples d'activités : *rédiger un rapport* et *réaliser une enquête*.

  Veillez à définir avec clarté jalons et activités. Plus vous serez clair, plus vous pourrez évaluer avec précision le temps et les ressources nécessaires pour les mener à bien, plus l'affectation de personnes sera simple et plus votre rapport sur l'avancement des travaux et le déroulement du calendrier sera pertinent et exact ;
- **La durée :** la *durée* est le total des périodes de travail nécessaires pour mener une activité à son terme. La quantité de travail à fournir, la disponibilité du personnel et la possibilité ou non pour ce dernier d'exécuter simultanément les tâches sont autant de facteurs qui influent sur la durée de l'activité. La capacité des ressources non humaines (par exemple, la vitesse de traitement d'un ordinateur et d'impression à la minute d'une imprimante) et la disponibilité de ces ressources conditionnent également la durée. En outre, un retard peut également allonger la durée d'une activité. Par exemple, si votre chef passe une heure à lire votre note alors que cela fait quatre jours et sept heures qu'elle est arrivée dans sa boîte de réception, la durée de l'activité sera de cinq jours, même si la lecture ne prend qu'une petite heure.

  Comprendre une estimation de durée vous aide à trouver des moyens de la réduire. Par exemple, supposons que vous estimiez la durée des tests d'un logiciel sur un ordinateur à 24 heures. Si vous ne pouvez utiliser cet ordinateur que six heures par jour, vos tests dureront donc quatre jours. Ce n'est pas en doublant le nombre de personnes affectées aux tests que vous ramènerez ce délai à deux jours. En revanche, vous y parviendrez si vous obtenez l'autorisation d'utiliser l'ordinateur 12 heures par jour.

Il existe une confusion extrêmement fréquente entre durée et effort !

Les unités de temps décrivent en effet deux caractéristiques liées mais différentes.

La *durée* est le nombre de périodes de travail nécessaires pour mener une activité à son terme, tandis que l'effort ou *charge de travail* est le temps qu'il faut à une personne pour achever une activité en s'y consacrant à plein-temps. (Le chapitre 8 approfondit la question de la charge de travail.) Par exemple, supposons que quatre personnes doivent travailler ensemble à plein-temps pendant cinq jours pour mener une activité à son terme. La durée de l'activité sera donc de cinq jours, alors que la charge de travail sera de 20 jours-personne (4 personnes X 5 jours).

Dessiner un diagramme de réseau

Pour fixer la date de fin de votre projet, il faut choisir les dates de début et de fin de chaque activité et la date à laquelle chaque jalon est atteint. Un diagramme de réseau vous y aide.

La technique de *représentation nodale* (également appelée *méthode des antécédents*) pour dessiner un diagramme de réseau emploie trois symboles pour décrire les trois éléments du diagramme :

- **Cases :** les cases représentent les activités et jalons. Si la durée est *0*, il s'agit d'un jalon. Si elle est supérieure à *0*, il s'agit d'une activité. Vous remarquerez que les cases des jalons ont parfois une double bordure ou une bordure en gras ;
- **Lettre *t* :** la lettre *t* représente la durée ;
- **Flèches :** les flèches représentent le sens du travail d'une activité ou d'un jalon au suivant. Lorsqu'une activité est terminée ou un jalon atteint, vous pouvez passer au jalon suivant ou directement à une autre activité, selon ce qu'indique(nt) la ou les flèche(s) partant de l'activité ou du jalon précédent. On appelle aussi ces liens des dépendances entre tâches.

La figure 7-1 présente un exemple simple de diagramme de réseau avec représentation nodale. Lorsque vous atteignez le jalon A (la case de gauche), vous pouvez réaliser l'activité 1 (la case du milieu), dont vous estimez qu'elle vous demandera deux semaines de travail. Une fois l'activité 1 terminée, vous atteignez le jalon B (la case de droite). Les flèches indiquent le sens du flux.

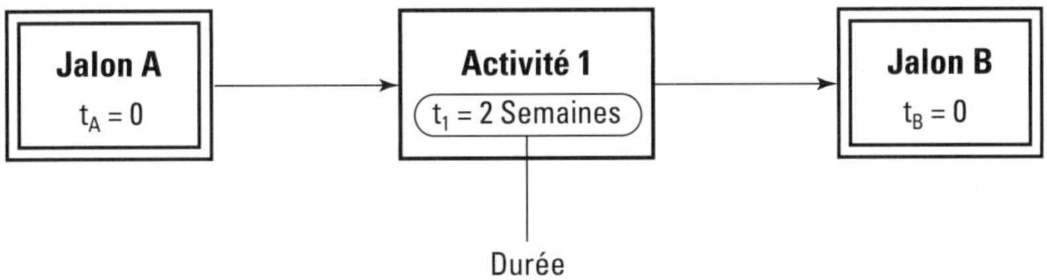

Figure 7-1 : Les trois symboles d'un diagramme de réseau avec représentation nodale, le *t* illustrant la durée.

Ceux d'entre vous qui ont déjà utilisé des diagrammes de réseau connaissent peut-être un autre format appelé *représentation vectorielle*, approche classique évoquée plus haut, *diagramme en flèche* ou *graphique PERT* (une explication de l'analyse PERT figure dans la section « Améliorer l'estimation de durée des activités »). Avec ce format, les jalons sont représentés par un cercle et les activités par une flèche. Mais, dans la mesure où c'est aujourd'hui la technique de la représentation nodale la plus utilisée, nous avons choisi de l'employer dans ce livre.

Analyser un diagramme de réseau

Considérez votre projet comme un voyage que vous et vos amis envisagez d'effectuer. Chacun de vous possède une voiture et empruntera un chemin différent pour rallier la destination finale. Pendant le voyage, plusieurs itinéraires se croiseront en certains endroits. Vous convenez ensemble que toutes les personnes passant par un même point doivent attendre que tout le monde y soit parvenu avant de se diriger vers la prochaine étape. Le voyage est considéré comme terminé une fois que tout le monde a atteint la destination finale.

Vous ne souhaiterez certainement pas entreprendre un voyage d'une telle complexité sans le planifier d'abord à l'aide d'une carte routière. Après tout, la planification du voyage vous permet :

- De fixer la durée du voyage ;
- D'identifier les difficultés potentielles qui vous attendent en cours de route ;
- De prévoir des itinéraires de remplacement pour atteindre plus vite la destination finale.

Cette section vous aide à établir le calendrier de votre projet en vous indiquant comment lire et interpréter une carte routière (votre diagramme de réseau), afin que vous puissiez déterminer les conséquences potentielles des diverses approches.

Lire un diagramme de réseau

Utilisez les deux règles suivantes pour dessiner et interpréter votre diagramme de réseau. Une fois ces règles comprises, l'analyse du diagramme est un jeu d'enfant :

- **Règle nº 1 :** une fois une activité terminée ou un jalon atteint, vous pouvez passer à l'activité ou au jalon suivant, conformément à ce qu'indique(nt) la ou les flèche(s) ;
- **Règle nº 2 :** avant de démarrer une activité ou d'atteindre un jalon, vous devez d'abord terminer toutes les activités et atteindre tous les jalons dotés de flèches pointant vers le prochain jalon ou l'activité suivante.

La figure 7-2 illustre un diagramme de réseau. Selon la règle nº 1, quand vous êtes au *début*, vous pouvez démarrer l'activité 1 ou l'activité 3. Cela signifie que vous réalisez l'activité 1 ou l'activité 3 seule ou les deux activités en même temps. Autrement dit, ces deux activités sont indépendantes l'une de l'autre.

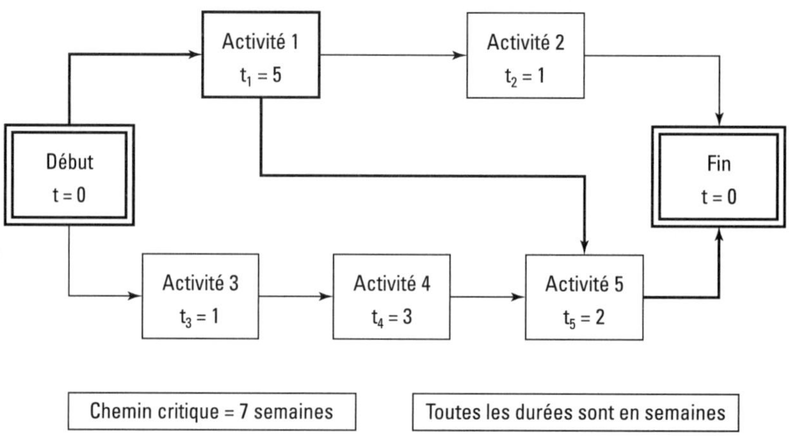

Figure 7-2 : Un exemple de diagramme de réseau.

Vous pouvez aussi choisir de ne faire aucune des deux activités. La règle nº 1 est une dépendance *optionnelle* et non une dépendance *obligatoire*. Autrement dit, vous pouvez entamer n'importe quelle activité vers laquelle mène une flèche partant de la case *début*, mais ce n'est pas une obligation.

Par exemple, supposons qu'une partie de votre plan comprenne deux activités visant à fabriquer un appareil : *recevoir les pièces* et *assembler les pièces*. Dès que vous avez reçu les pièces, vous pouvez commencer à les assembler. En fait, vous ne pouvez entamer l'assemblage avant d'avoir reçu les pièces (vous êtes d'accord ?). Mais, une fois reçues toutes les pièces commandées, aucune règle ne vous impose de les assembler immédiatement. Vous pouvez le faire si vous le souhaitez, ou attendre.

Bien entendu, si vous attendez, la fin de l'assemblage sera retardée. Mais, c'est votre choix.

Selon la règle n° 2, vous pouvez commencer l'activité 2 de la figure 7-2 dès que vous avez terminé l'activité 1 car la flèche de l'activité 1 est la seule qui mène à l'activité 2. La règle n° 2 est donc une dépendance *obligatoire*. Si des flèches de trois activités pointaient vers l'activité 2, vous devriez terminer ces trois activités avant de démarrer l'activité 2. (Le diagramme n'indiquerait pas que vous pouvez entamer l'activité 2 après avoir uniquement terminé une ou deux activités sur les trois.)

Interpréter un diagramme de réseau

Vous pouvez utiliser votre diagramme de réseau pour savoir quand commencer et terminer des activités et quand vous bouclerez le projet si vous vous y prenez de cette façon. Pour déterminer le calendrier applicable en fonction de votre approche, vous avez besoin des informations suivantes :

- **Chemin critique :** séquence d'activités la plus longue. Tout retard d'une tâche sur le chemin critique entraînera le recul de la date de fin du projet ;
- **Chemin non critique :** séquence d'activités autorisant le retard de certaines activités et qui vous permet toujours de terminer votre projet dans le plus court délai possible ;
- **Marge :** durée maximale pendant laquelle vous pouvez retarder une activité tout en terminant toujours votre projet dans le plus court délai possible ;
- **Date de début au plus tôt :** date la plus précoce à laquelle vous pouvez démarrer une activité ;
- **Date de fin au plus tôt :** date la plus précoce à laquelle vous pouvez terminer une activité ;
- **Date de début au plus tard :** date la plus éloignée à laquelle vous pouvez démarrer une activité, tout en terminant toujours votre projet dans le plus court délai possible ;
- **Date de fin au plus tard :** date la plus éloignée à laquelle vous pouvez terminer une activité, tout en bouclant toujours votre projet dans le plus court délai possible.

Vous pouvez employer la *méthode du chemin critique* pour déterminer ces informations et bâtir le calendrier général de votre projet. Les sections à suivre détaillent le fonctionnement de cette méthode.

L'importance du chemin critique

La longueur du ou des *chemins critiques* de votre projet sur votre diagramme de réseau conditionne sa durée (d'où la méthode du chemin critique pour établir le calendrier de votre projet). Si vous souhaitez que votre projet soit bouclé plus rapidement, envisagez des moyens de raccourcir votre chemin critique.

ATTENTION !

Surveillez attentivement la réalisation des activités du chemin critique car *tout* retard les concernant risque de repousser la fin de votre projet. Ayez bien à l'œil également les activités se situant sur des chemins proches d'être critiques, car le moindre retard peut également remettre la fin du projet à plus tard.

N'OUBLIEZ PAS !

Votre projet peut présenter simultanément plusieurs chemins critiques. En fait, tout chemin peut s'avérer critique si parcourir chacun d'eux prend le même temps. Cependant, quand chaque chemin est critique, vous êtes face à une situation à haut risque. Un retard concernant n'importe quelle activité repousse immédiatement la date de fin du projet.

Les chemins critiques peuvent évoluer en cours de route. Il arrive que des activités situées sur un chemin critique finissent si tôt que ce dernier devient plus court qu'un ou plusieurs autres considérés au départ comme non critiques. Il se peut également que des activités situées au départ sur un chemin non critique soient retardées au point que la somme des durées de réalisation devienne supérieure à la longueur du chemin critique actuel (ce qui transforme en chemin critique le chemin préalablement non critique).

Le calcul au plus tôt : fixer les chemins critiques, chemins non critiques et les dates de début et de fin au plus tôt

La première étape de l'analyse du diagramme de réseau de votre projet est de commencer par le début et de voir dans quel délai vous pouvez mener les activités à leur terme pour chaque chemin. On appelle cette analyse le *calcul au plus tôt.*

EXEMPLE

Pour aider à la compréhension du calcul au plus tôt, vous pouvez l'effectuer sur le diagramme de la figure 7-2. Selon la règle n° 1, vous pouvez envisager d'entamer l'activité 1 ou l'activité 3 (ou les deux ensemble) dès le démarrage du projet (pour en savoir plus sur les deux règles de l'analyse d'un diagramme de réseau, reportez-vous à la section « Lire un diagramme de réseau », plus haut dans ce chapitre). Prenez d'abord les activités 1 et 2 du chemin supérieur :

- Vous pouvez débuter au plus tôt l'activité 1 au moment du démarrage du projet (début de la semaine 1) ;
- Vous pouvez finir l'activité 1 au plus tôt à la fin de la semaine 5 (vous ajoutez la durée prévue de cinq semaines à sa date de début au plus tôt, laquelle correspond au démarrage du projet) ;
- Selon la règle n° 2, vous pourrez commencer l'activité 2 au plus tôt en début de semaine 6 car une seule flèche mène à l'activité 2, celle provenant de l'activité 1 ;
- Vous pouvez finir l'activité 2 au plus tôt à la fin de la semainc 6 (vous ajoutez la durée prévue d'une semaine à sa date de début au plus tôt, à savoir le début de la semaine 6).

Jusqu'ici tout va bien. Prenons maintenant les activités 3, 4 et 5 situées sur le chemin inférieur du diagramme :

- Vous pouvez débuter au plus tôt l'activité 3 au moment du démarrage du projet (début de la semaine 1) ;
- Vous pouvez finir l'activité 3 au plus tôt à la fin de la semaine 1 ;
- Vous pouvez commencer l'activité 4 au plus tôt au début de la semaine 2 ;
- Vous pouvez finir l'activité 4 au plus tôt à la fin de la semaine 4.

Vous devez faire très attention au moment de fixer la date de début au plus tôt de l'activité 5. Selon la règle n° 2, les deux flèches pointant vers l'activité 5 indiquent que vous devez terminer à la fois l'activité 1 et l'activité 4 avant de démarrer l'activité 5. Même si vous parvenez à finir l'activité 4 à la fin de la semaine 4, vous ne pouvez terminer l'activité 1 avant la fin de la semaine 5. En conséquence, vous pouvez démarrer l'activité 5 au plus tôt en début de semaine 6.

N'OUBLIEZ PAS !

Si plusieurs activités ou jalons mènent à la même activité, vous pourrez démarrer au plus tôt celle-ci à la date de fin au plus tôt la plus tardive des activités ou jalons précédents.

Vous avez la tête qui tourne ? Courage, la fin est proche :

- Vous pouvez commencer l'activité 5 au plus tôt au début de la semaine 6 ;
- Vous pouvez finir l'activité 5 au plus tôt à la fin de la semaine 7 ;
- Vous pouvez finir l'activité 2 au plus tôt à la fin de la semaine 6. Par conséquent, vous pourrez finir le projet au plus tôt (et atteindre le jalon nommé *fin*) à la fin de la semaine 7.

Vous disposez pour l'heure des informations suivantes sur votre projet :

- La longueur du chemin critique (le délai le plus court pour achever le projet) est de sept semaines. Un seul chemin critique prend sept semaines : il comprend le jalon *début*, l'activité 1, l'activité 5 et le jalon *fin* ;
- L'activité 1, l'activité 3 et l'activité 4 ne figurent pas sur des chemins critiques.

Le calcul au plus tard : fixer les dates de début et de fin au plus tard et les marges

Vous êtes à mi-chemin du but. Si jamais des conflits de ressources ou des retards imprévus vous empêchent de démarrer toutes les activités aux dates de début au plus tôt, vous souhaiterez savoir de combien de temps vous pouvez les retarder, sur chaque chemin, tout en pouvant toujours terminer le projet le plus tôt possible. Cette analyse s'appelle un *calcul au plus tard.*

Reprenons l'exemple de la section précédente : le calcul au plus tôt vous a révélé que vous pouviez atteindre le jalon *fin* au plus tôt à la fin de la semaine 7. Cependant, la règle n° 2 de la précédente section « Lire un diagramme de réseau » stipule que vous ne pouvez atteindre le jalon *fin* tant que vous n'avez pas bouclé les activités 2 et 5. Ainsi, pour que votre projet soit achevé à la fin de la semaine 7, vous pouvez terminer les activités 2 et 5 au plus tard à la fin de la semaine 7. Reprenez le chemin inférieur du diagramme de la figure 7-2, avec les activités 3, 4 et 5 :

- Vous devez démarrer l'activité 5 en début de semaine 6 et la finir en fin de semaine 7 (car l'activité 5 est prévue pour durer deux semaines) ;
- Selon la règle n° 2, vous ne pouvez démarrer l'activité 5 tant que vous n'avez pas terminé les activités 1 et 4. Les activités 1 et 4 doivent donc être terminées à la fin de la semaine 5 ;
- Vous devez démarrer l'activité 4 au début de la semaine 3 ;
- Vous devez terminer l'activité 3 avant de passer à l'activité 4. Par conséquent, vous devez terminer l'activité 3 à la fin de la semaine 2 ;
- Vous devez démarrer l'activité 3 au début de la semaine 2.

Enfin, prenez le chemin supérieur du diagramme de réseau de la figure 7-2 :

- Vous devez démarrer l'activité 2 au début de la semaine 7 ;
- Vous ne pouvez travailler sur l'activité 2 tant que vous n'avez pas terminé l'activité 1. Par conséquent, vous devez terminer l'activité 1 à la fin de la semaine 6.

Là encore, vous devez être prudent dans vos calculs. Vous devez terminer l'activité 1 à la fin de la semaine 5 pour pouvoir démarrer l'activité 5 en début de semaine 6. Mais, pour commencer l'activité 2 au début de la semaine 7, vous devez terminer l'activité 1 à la fin de la semaine 6. Ainsi, en finissant l'activité 1 à la fin de la semaine 5, vous respectez les deux conditions.

N'OUBLIEZ PAS !

Si plusieurs flèches partent d'un même jalon ou activité, vous pourrez terminer au plus tard cette activité ou atteindre ce jalon à la date de fin au plus tard à laquelle vous devez démarrer les activités ou atteindre les jalons suivants.

Sur la figure 7-2, les dates de début au plus tard des activités 2 et 5 correspondent respectivement au début de la semaine 6 et de la semaine 7. Résultat, la date de fin au plus tard de l'activité 1 est la fin de la semaine 5. Le reste est simple : vous devez démarrer l'activité 1 au plus tard au début de la semaine 1.

TRUC

Pour organiser les dates lors des calculs au plus tôt et au plus tard, pensez à inscrire au-dessus de la case de chaque jalon ou activité du diagramme de réseau du projet les dates de début au plus tôt et au plus tard ainsi que les dates de fin au plus tôt et au plus tard. La figure 7-3 vous montre ce que cela donne pour l'exemple de la figure 7-2.

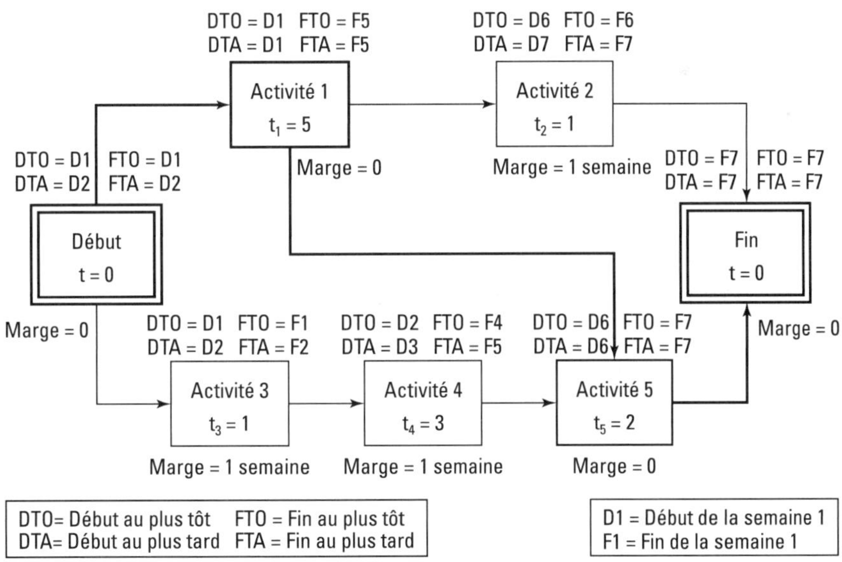

Figure 7-3 : Un exemple de diagramme de réseau avec les dates de début et de fin au plus tôt et au plus tard.

Maintenant que vous connaissez toutes les dates de début et de fin au plus tôt et au plus tard de vos jalons et activités, vous devez déterminer la marge dont vous disposez pour chaque activité ou jalon. (La *marge* d'une activité est la période pendant laquelle vous pouvez la retarder sans repousser la date d'achèvement du projet.) Il existe deux façons de déterminer la marge :

- Soustraire la date de début au plus tôt de la date de début au plus tard autorisée ;
- Soustraire la date de fin au plus tôt de la date de fin au plus tard autorisée.

Vous découvrez ainsi que les activités 2, 3 et 4 ont des marges d'une semaine, tandis que les activités 1 et 5 ne présentent aucune marge. La figure 7-3 présente ces informations.

Remarque : si la marge d'une activité est de zéro, l'activité figure sur un chemin critique.

Bien que la *marge* se définisse comme la période pendant laquelle vous pouvez retarder l'achèvement d'une activité ou l'atteinte d'un jalon sans repousser la date de fin de projet, elle est en fait associée à une séquence d'activités et non à une seule activité. Les informations de la figure 7-3 indiquent que l'activité 3 et l'activité 4 (qui figurent sur le même chemin) bénéficient d'une marge d'une semaine. Cependant, si l'activité 2 est retardée d'une semaine, l'activité 3 ne bénéficiera d'aucune marge.

Exploiter le diagramme de réseau de son projet

Les sections précédentes expliquent les règles et procédures générales pour dessiner et analyser un diagramme de réseau. La présente section vous indique comment créer et analyser le diagramme de réseau de votre projet.

Déterminer les antécédents

Avant de dessiner le diagramme de réseau de votre projet, vous devez d'abord déterminer l'ordre de réalisation des activités. Cette section détaille les raisons pour lesquelles les activités doivent parfois être menées à bien dans un certain ordre.

Étudier les facteurs touchant les antécédents

L'*antécédent* d'une activité (l'activité A, par exemple) est une activité ou un jalon qui fixe le moment où peut démarrer cette activité A. Il existe quatre liaisons entre un antécédent et l'activité ou le jalon qui vient juste après (appelé *successeur*) :

- **Liaison fin-début :** l'activité antécédente doit se terminer pour que l'activité successeur puisse démarrer ;

- **Liaison fin-fin :** l'activité antécédente doit se terminer pour que l'activité successeur puisse se terminer ;
- **Liaison début-début :** l'activité antécédente doit démarrer pour que l'activité successeur puisse démarrer ;
- **Liaison début-fin :** l'activité antécédente doit démarrer pour que l'activité successeur puisse se terminer.

La liaison fin-début étant la relation d'antériorité la plus couramment utilisée, c'est celle que nous traitons dans ce livre. Autrement dit, dans cet ouvrage, une activité *antécédente* est une activité qui doit être achevée avant que son *successeur* puisse démarrer ou être atteint (s'il s'agit d'un jalon).

Il arrive qu'une activité ne puisse démarrer immédiatement après la fin de l'activité antécédente. Un *décalage avec retard* est le temps d'attente nécessaire avant de démarrer l'activité suivante. Un *décalage avec avance* est la période pendant laquelle il est possible de démarrer une activité avant la fin de l'activité antécédente. Dans ce livre, nous n'exposons que des situations où les décalages avec retard et avance sont de zéro.

Une activité est dite *immédiatement antécédente* à l'activité A s'il n'existe aucune autre activité entre elle et l'activité A. Lorsque vous déterminez les activités immédiatement antécédentes à chaque activité, vous disposez de toutes les informations nécessaires pour dessiner le diagramme de réseau de votre projet. Les facteurs suivants influent sur l'ordre dans lequel vous devez réaliser les activités de votre projet :

- **Les dépendances obligatoires :** ces liens doivent être observés pour que les travaux du projet soient un succès. Elles englobent :
    - **Les exigences juridiques :** des lois ou règlements nationaux ou locaux vous obligent parfois à réaliser certaines activités avant d'autres. Prenez par exemple un laboratoire pharmaceutique qui a développé un nouveau médicament et démontré son efficacité et l'absence de danger grâce à des essais cliniques. Le fabricant souhaiterait démarrer la production et la commercialisation immédiatement, mais ça lui est interdit car il doit d'abord obtenir une autorisation de mise sur le marché accordée par l'Agence française de sécurité sanitaire des produits de santé ;
    - **Les exigences techniques :** les procédures et politiques des entreprises stipulent que certaines activités ne peuvent être réalisées avant certaines autres. Supposons que vous développiez un logiciel pour votre entreprise. vous avez terminé la conception et souhaitez démarrer la programmation. Cependant, votre entreprise a mis en place une méthode de développement selon laquelle un comité de surveillance doit approuver officiellement votre conception avant d'autoriser le développement ;

- **La logique forte :** certains processus doivent logiquement intervenir avant d'autres. Par exemple, pour construire une maison, vous devez d'abord construire les fondations avant d'ériger la structure.

- **Les dépendances optionnelles :** vous pouvez choisir d'établir ces liens entre les activités, mais sachez qu'elles ne sont pas obligatoires. Elles comprennent :
  - **Les liens logiques :** la réalisation de certaines activités avant d'autres tombe parfois sous le sens. Imaginons que vous rédigiez un rapport. Dans la mesure où le contenu du chapitre 3 dépend de ce que vous écrivez dans le chapitre 2, vous décidez de rédiger d'abord le chapitre 2. Vous pourriez vous consacrer d'abord au chapitre 3 ou rédiger les deux en même temps, mais cette tactique augmenterait le risque de devoir réécrire une partie du chapitre 3 une fois le chapitre 2 terminé ;
  - **Les choix stratégiques :** il arrive que vous preniez la décision arbitraire de commencer par certaines activités. Supposons que vous deviez réaliser l'activité C et l'activité D. Vous ne pouvez les mener en même temps et il n'existe aucune obligation légale ni logique vous incitant à en privilégier une d'abord. Vous décidez de commencer par l'activité C.

- **Les dépendances externes :** le démarrage d'une activité peut être conditionné par l'achèvement d'une activité extérieure au projet. Par exemple, imaginons que votre projet englobe le test de l'appareil que vous développez. Vous souhaitez démarrer les tests immédiatement mais vous ne pouvez pas tant que le laboratoire de votre entreprise n'a pas reçu et installé le nouvel équipement commandé.

Choisir les antécédents immédiats

Il existe deux façons de déterminer les antécédents immédiats des activités d'un projet :

- **Avant-arrière :** entamez les activités que vous pouvez réaliser dès que votre projet a démarré et progressez jusqu'à la fin. Pour employer cette méthode, procédez comme suit :

  1. **Sélectionnez la ou les premières activités à réaliser dès le démarrage du projet ;**
  2. **Déterminez à quelle(s) activité(s) vous pouvez passer une fois les premières (de l'étape 1) achevées ;**
  3. **Continuez ainsi jusqu'à ce que toutes les activités du projet aient été prises en compte.**

- **Arrière-avant :** choisissez la ou les activités qui seront exécutées en dernier, puis poursuivez à rebours jusqu'au début. Pour employer cette méthode, procédez comme suit :

   1. **Identifiez la ou les dernières activités du projet que vous mènerez ;**

   2. **Décidez de la (ou des) activité(s) à boucler juste avant d'entamer les dernières activités (de l'étape 1) ;**

   3. **Continuez ainsi jusqu'à avoir pris en compte toutes les activités de votre projet.**

Quelle que soit la méthode employée pour trouver les antécédents immédiats de votre projet, consignez-les dans un simple tableau tel que celui-ci. (Il récapitule les antécédents immédiats de l'exemple illustré par la figure 7-2.)

Tableau 7-1 : Antécédents immédiats de la figure 7-2

Code de l'activité	*Description de l'activité*	*Antécédents immédiats*
1	Activité 1	Aucun
2	Activité 2	1
3	Activité 3	Aucun
4	Activité 4	3
5	Activité 5	1, 4

Déterminez l'antécédence en fonction de la nature et des exigences des activités et non en fonction des ressources potentiellement disponibles. Supposons qu'il vous soit possible de réaliser en même temps les activités A et B de votre projet mais que vous prévoyiez de les affecter à la même personne. Dans ce cas, ne faites pas de l'activité A l'antécédent immédiat de l'activité B en partant du principe que cette personne ne peut être que sur une activité à la fois. Indiquez plutôt sur votre diagramme que A et B peuvent être effectuées en même temps. Plus tard, si vous disposez d'une autre personne capable de participer à ces travaux, vous pourrez évaluer l'impact d'une réalisation simultanée des activités A et B. (Le chapitre 8 vous dit comment savoir si quelqu'un est surchargé et comment remédier à ces situations.)

Au moment de la création du diagramme de réseau d'un projet simple, écrivez le nom des activités et jalons sur des Post-it que vous collez ensuite sur un mur. Pour les projets plus complexes, envisagez l'utilisation d'un logiciel de gestion de projet.

Utiliser un diagramme de réseau pour analyser un exemple simple

Nous allons prendre l'exemple de la préparation d'un pique-nique pour illustrer l'utilisation d'un diagramme de réseau qui permettra d'estimer la durée des opérations tout en répondant aux attentes du projet et en prenant en compte les contraintes identifiées.

Choisir les activités

Nous sommes vendredi soir et vous et votre ami réfléchissez à ce que vous pourriez faire ce week-end pour vous détendre. On annonce un samedi doux et ensoleillé et vous décidez donc d'aller pique-niquer en forêt. Souhaitant passer un moment le plus agréable possible, vous décidez de planifier minutieusement la sortie à l'aide d'un diagramme de réseau. Le tableau 7-2 illustre les sept activités que vous jugez nécessaires de réaliser afin de préparer votre pique-nique et de vous rendre au lac.

Tableau 7-2 : Activités concernant votre pique-nique

Code de l'activité	*Description de l'activité*	*Personnes présentes*	*Durée (en minutes)*
1	Charger la voiture	Vous et votre ami	5
2	Retirer de l'argent à la banque	Vous	5
3	Faire des sandwichs aux œufs	Votre ami	10
4	Vous rendre au lac	Vous et votre ami	30
5	Choisir le lac	Vous et votre ami	2
6	Faire le plein d'essence	Vous	10
7	Faire cuire les œufs	Votre ami	10

En outre, vous décidez de respecter les contraintes suivantes :

- Vous et votre ami allez démarrer ce projet chez vous samedi à 8 heures. Vous ne pouvez rien faire avant ;
- Vous devez réaliser les sept activités pour terminer votre projet ;
- Vous ne pouvez modifier l'affectation des personnes aux différentes activités ;
- Les deux forêts auxquelles vous avez pensé sont dans des directions opposées à partir de votre maison. Vous devez donc décider de la destination avant de prendre la voiture.

Déterminer l'ordre de réalisation des activités

Maintenant que toutes les activités ont été listées, vous devez établir l'ordre dans lequel vous les mènerez. Autrement dit, il faut déterminer les antécédents immédiats de chaque activité. Voici les dépendances obligatoires : votre ami doit faire cuire les œufs avant de faire les sandwichs (non, sans blague !) et vous devez tous deux charger la voiture et choisir la destination avant de partir.

Vous avez tout loisir de choisir l'ordre des autres activités. Voici une possibilité :

- Choisir la forêt avant de faire quoi que ce soit d'autre ;
- Une fois que vous vous êtes mis d'accord sur la forêt, vous allez retirer de l'argent à la banque ;
- Après avoir retiré de l'argent, vous allez faire le plein de la voiture ;
- Pendant ce temps-là, votre ami commence à faire cuire les œufs ;
- Une fois les œufs cuits, votre ami fait les sandwichs ;
- Une fois que vous êtes revenu de la station-service et que votre ami a fait les sandwichs, vous chargez tous les deux la voiture ;
- Une fois la voiture chargée, vous prenez la route, direction le lac.

Le tableau 7-3 décrit les liaisons antécédentes.

Tableau 7-3 : Liaisons antécédentes des activités liées à votre pique-nique au lac

Code de l'activité	*Description de l'activité*	*Antécédents immédiats*
1	Charger la voiture	3, 6
2	Retirer de l'argent à la banque	5
3	Faire des sandwichs aux œufs	7
4	Se rendre dans la forêt	1
5	Choisir la forêt	Aucun
6	Faire le plein d'essence	2
7	Faire cuire les œufs (pour les sandwichs)	5

Créer le diagramme de réseau

Maintenant que vous avez vos antécédents immédiats en tête, vous pouvez dessiner le diagramme de réseau de votre projet à partir des informations du tableau 7-3. Pour ce faire, procédez comme suit :

1. **Commencez votre projet par un jalon appelé *début*.**
2. **Trouvez sur le tableau toutes les activités n'ayant pas d'antécédents immédiats. Elles peuvent débuter dès le démarrage du projet.**

   Dans notre exemple, seule l'activité 5 n'a pas d'antécédent immédiat.
3. **Commencez votre diagramme en dessinant le lien entre le début de votre projet et le début de l'activité 5 (voir la figure 7-4).**

   Mettez l'activité 5 dans une case et dessinez une flèche qui part de la case *début* et va vers elle.

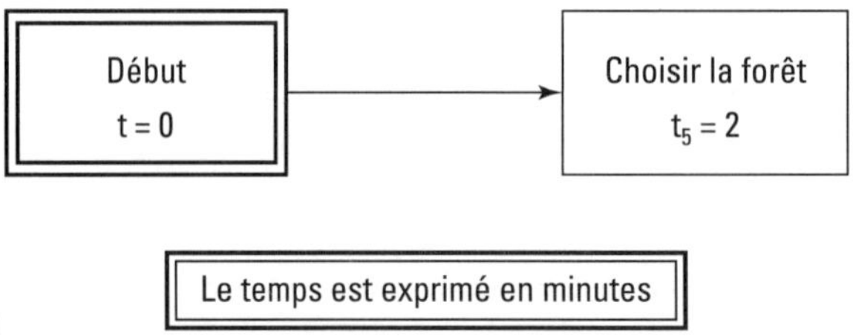

Figure 7-4 : Démarrez le diagramme de réseau de votre projet de pique-nique au lac.

4. **Trouvez toutes les activités ayant comme antécédent immédiat votre première activité.**

   Dans notre exemple, le tableau 7-3 montre que les activités 2 et 7 ont comme antécédent immédiat l'activité 5. Dessinez des cases représentant ces deux activités et tracez des flèches partant de l'activité 5 et pointant vers les activités 2 et 7 (voir la figure 7-5).
5. **Faites de même avec les activités restantes.**

   Vous remarquerez sur le tableau 7-3 que seule l'activité 6 a comme antécédent immédiat l'activité 2. Dessinez donc une case pour représenter l'activité 6 et tracez une flèche partant de l'activité 2 et pointant vers l'activité 6.

   Le tableau 7-3 montre également que seule l'activité 3 a comme antécédent immédiat l'activité 7. Dessinez donc une case pour représenter l'activité 3 et tracez une flèche partant de l'activité 7 et pointant vers l'activité 3. La figure 7-5 montre l'état de votre diagramme à ce stade.

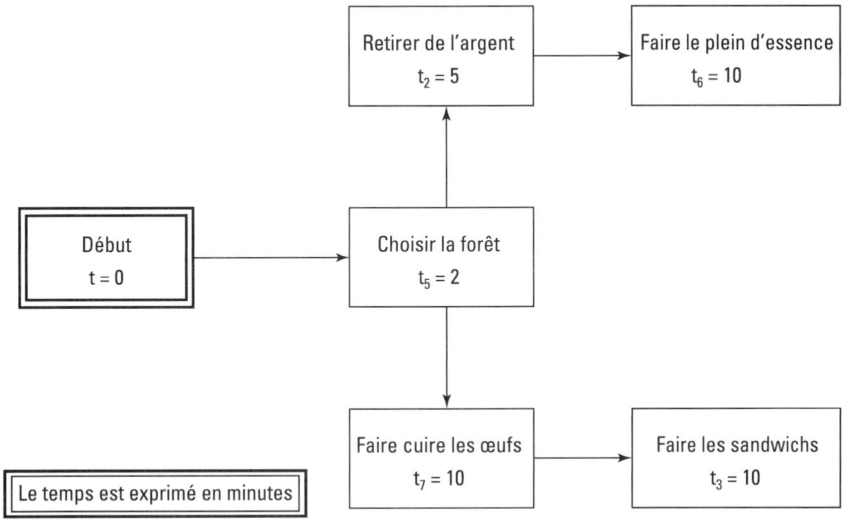

Figure 7-5 : Continuez le diagramme de réseau de votre projet de pique-nique en forêt.

Vous noterez que l'activité 1 a à la fois les activités 3 et 6 comme antécédents immédiats. Dessinez donc une case pour représenter l'activité 1 et tracez des flèches partant des activités 3 et 6 et pointant vers l'activité 1.

Le reste est très simple. Dans la mesure où seule l'activité 4 a comme antécédent immédiat l'activité 1, dessinez une case pour représenter l'activité 4 et tracez une flèche partant de l'activité 1 et pointant vers l'activité 4.

6. **Après avoir placé toutes les activités sur le diagramme, dessinez une case pour représenter la *fin* et tracez une flèche partant de l'activité 4 (la dernière activité à mener à bien) et pointant vers la case *fin* (la figure 7-6 vous montre le diagramme de réseau terminé).**

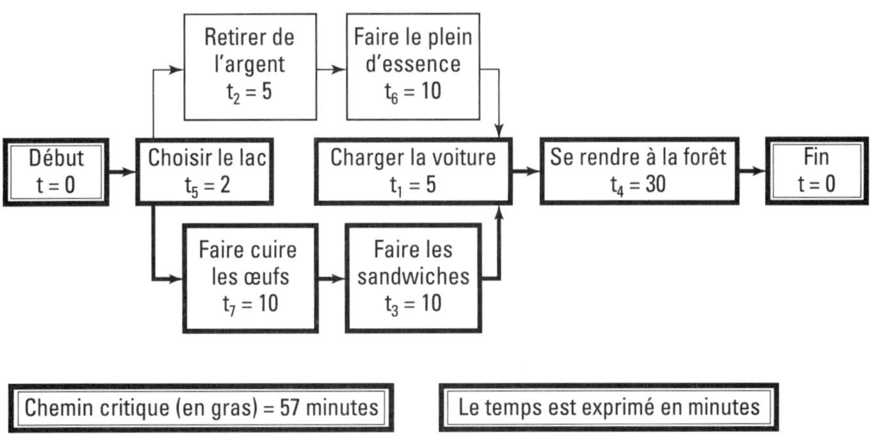

Figure 7-6 : Le diagramme de réseau terminé de votre projet de pique-nique au lac.

Passons maintenant aux questions de durée. Premièrement, combien de temps vous faudra-t-il pour arriver à la forêt ? Le chemin supérieur (*début*, activités 5, 2, 6, 1, 4 et *fin*) s'effectue en 52 minutes, tandis qu'il faut 57 minutes pour l'itinéraire inférieur (*début*, activités 5, 7, 3, 1, 4 et *fin*). Il s'écoulera donc 57 minutes entre le moment où vous débutez votre projet et celui où vous arrivez au parc. L'itinéraire inférieur est le chemin critique.

La seconde question de durée à laquelle vous devez répondre est la suivante : pouvez-vous retarder des activités tout en arrivant à votre forêt en 57 minutes ? Si la réponse est oui, de quelles activités s'agit-il et quel est le retard que vous pouvez prendre ? Pour répondre à ces questions, tenez compte des éléments suivants :

- Le diagramme de réseau révèle que les activités 5, 7, 3, 1 et 4 sont toutes sur le chemin critique. Vous ne pouvez donc retarder aucune d'entre elles si vous voulez rejoindre la forêt en 57 minutes ;
- Les activités 2 et 6 ne sont pas sur le chemin critique et peuvent être effectuées en même temps que les activités 7 et 3. Il faut 20 minutes pour réaliser les activités 7 et 3, contre 15 minutes pour les activités 2 et 6. Vous disposez donc d'une marge de 5 minutes pour les activités 2 et 6 réunies.

Le calendrier de son projet

Le développement du calendrier de votre projet est une combinaison d'activités, de ressources et de séquences d'activités qui vous offre la meilleure chance de répondre aux attentes de votre client tout en prenant un minimum de risques.

Développer le calendrier de son projet

Cette section vous aide à entamer la création du calendrier de votre projet. Il traite également des pièges et solutions potentiels pour respecter les délais.

Prendre les premières mesures

Une fois spécifiées les activités de votre projet (voir la discussion sur la création d'un organigramme technique de projet, au chapitre 6, prenez les mesures suivantes pour développer un calendrier initial :

1. **Identifiez les antécédents immédiats de toutes les activités.**

   Ce sont les antécédents immédiats qui déterminent la structure de votre diagramme de réseau.

2. **Déterminez les ressources humaines et non humaines nécessaires pour toutes les activités.**

   Le type, la quantité et la disponibilité des ressources influent sur le temps nécessaire pour mener chaque activité à son terme.

3. **Évaluez la durée de toutes les activités.**

   Pour savoir comment vous y prendre, reportez-vous à la section « Estimer la durée des activités », plus loin dans ce chapitre.

4. **Identifiez toutes les dates intermédiaires et finales à respecter.**

   Ces dates constituent les critères que devra respecter votre calendrier.

5. **Identifiez toutes les activités ou jalons hors projet influant sur les activités de votre projet.**

   Une fois ces activités et jalons identifiés, vous pouvez définir leurs dépendances avec ceux de votre projet.

6. **Dessinez votre diagramme de réseau.**

   Utilisez le diagramme de réseau pour fixer le calendrier de votre projet.

7. **Analysez le diagramme de réseau de votre projet afin de repérer tous les chemins critiques, ainsi que leur longueur, et de mettre au jour les marges dont vous disposez au sein des chemins non critiques.**

   Ces informations vous aident à choisir les activités à surveiller et à définir la fréquence de ces contrôles. Elles suggèrent également les stratégies à adopter pour se remettre sur les bons rails en cas de retards imprévus. (Pour en savoir plus sur les chemins critiques et non critiques, voir la section « Interpréter un diagramme de réseau », plus haut dans ce chapitre.)

Si la date d'achèvement convient à votre client, vous en avez fini avec la phase d'établissement du calendrier. Cependant, si votre client veut une fin plus précoce que celle stipulée par votre calendrier initial, il va vous falloir effectuer quelques analyses.

Éviter le piège de la programmation à rebours

L'établissement d'un calendrier à rebours (à savoir commencer par la fin puis remonter jusqu'au début du projet, dans un processus d'identification des activités et durées estimées, afin de respecter la date de fin souhaitée par le client) est à prendre avec la plus grande prudence. L'utilisation de cette approche diminue les chances de respecter les délais pour les raisons suivantes :

- Il se peut que vous oubliiez des activités car vous serez focalisé sur la contrainte de date et non sur l'identification de tous les travaux à exécuter ;

- Vous fondez vos estimations sur la durée que vous jugez *pouvoir* consacrer aux activités et non sur le temps *nécessaire* pour les mener à bien ;
- L'ordre choisi ne sera peut-être pas le plus efficace.

Il y a quelque temps, en révisant le plan de projet d'une collègue, nous avons remarqué qu'elle avait prévu de consacrer une semaine à la vérification et à l'approbation de son rapport final. Quand nous lui avons demandé si elle jugeait cette estimation réaliste, elle nous a répondu que ce n'était absolument pas réaliste mais qu'elle devait tabler sur cette durée pour que le plan fonctionne. Autrement dit, elle fondait ses délais sur ses *souhaits* et non sur ses *capacités* à les respecter.

Respecter une contrainte de temps établie

Supposons que, selon votre calendrier initial, vous deviez boucler votre projet en l'espace de trois mois, mais que votre client veuille que tout soit terminé au bout de deux mois. Voici les options qui s'offrent à vous pour réduire la longueur des chemins critiques :

- **Revoyez les durées originales.**
  - Assurez-vous d'avoir clairement décrit le contenu de l'activité ;
  - Si vous vous êtes appuyé sur un projet passé pour évaluer les durées, vérifiez bien que la situation présente les mêmes caractéristiques ;
  - Demandez à d'autres experts de contrôler et valider vos estimations ;
  - Demandez aux personnes chargées de l'exécution des travaux de contrôler et valider vos estimations.
- **Envisagez d'employer des personnes plus expérimentées.** Il arrive qu'elles puissent exécuter les tâches en un temps plus court. Bien entendu, cela vous coûtera peut-être plus cher. En outre, vous n'êtes pas le seul individu de l'entreprise à les solliciter. Elles ne seront peut-être pas disponibles !
- **Envisagez de recourir à d'autres stratégies pour mener à bien les activités.** Par exemple, si vous estimez à trois semaines le délai nécessaire pour accomplir une tâche en interne, voyez si vous pouvez la sous-traiter à un prestataire extérieur capable de l'exécuter en deux semaines.
- **Pensez à l'*exécution accélérée par chevauchement*, qui vous amène à conduire en même temps des tâches normalement prévues pour s'enchaîner.** Si l'exécution accélérée par chevauchement peut raccourcir le temps nécessaire pour venir à bout de toutes les tâches, elle accroît aussi le risque de devoir refaire certaines parties des travaux. Soyez donc paré à cette éventualité.

Lorsque vous diminuez la longueur des chemins critiques, surveillez ceux qui ne l'étaient pas au départ au cas où ils le seraient devenus. Si un ou plusieurs chemins sont devenus critiques, employez les mêmes méthodes pour diminuer leur longueur.

Appliquer différentes stratégies pour parvenir plus vite en forêt

Prenons l'exemple des préparatifs pour le pique-nique (présenté dans la section « Utiliser un diagramme de réseau pour analyser un exemple simple ») pour voir comment pourraient s'appliquer ces approches de réduction de la durée à votre projet.

La figure 7-6 illustre votre plan initial de 57 minutes. Si cette durée vous convient, votre analyse est terminée. Mais, supposons que vous et votre ami décidiez qu'il est impératif d'atteindre la forêt en moins de 45 minutes. Quels changements pouvez-vous apporter pour grignoter 12 minutes ?

Vous pouvez être tenté de ramener la durée du trajet à 18 minutes au lieu des 30 prévues, en vous imaginant qu'il suffira de rouler plus vite. Malheureusement, ça ne marchera pas s'il faut bien 30 minutes pour rejoindre la forêt. N'oubliez pas que votre plan doit illustrer une approche dont vous estimez qu'elle fonctionnera (sans pour autant être garantie). Si, pour faire le trajet en 18 minutes, vous devez rouler à 140 sur de mauvaises routes, votre correctif a peu de chance d'être efficace et vous expose surtout à écoper d'une amende pour excès de vitesse.

Pour bâtir un plan plus réaliste afin de raccourcir le calendrier de votre projet, procédez comme suit :

1. **Commencez par diminuer la durée de votre projet en trouvant le chemin critique, puis en réduisant sa durée de sorte qu'un second chemin devienne critique ;**

2. **Pour réduire encore plus la durée de votre projet, ramenez les deux chemins critiques à la même durée, plus courte, de sorte qu'un troisième chemin devienne critique ;**

3. **Pour raccourcir encore plus la durée, ramenez les trois chemins critiques à la même durée, plus courte, de sorte qu'un quatrième chemin devienne critique, et ainsi de suite.**

Effectuer simultanément plusieurs activités

Une façon de raccourcir la durée nécessaire pour exécuter un groupe d'activités consiste à sortir une ou plusieurs activités du chemin critique et de les mener à bien parallèlement aux autres. Il faut cependant faire preuve de créativité pour parvenir à réaliser simultanément plusieurs activités.

Prenez le chemin de 57 minutes de la figure 7-6. Imaginons qu'un distributeur automatique se trouve près de la station-service dans laquelle vous faites le plein. Si vous tombez sur un employé très sympa, il vous fera le plein pendant que vous retirez de l'argent (et non l'inverse !). Cette stratégie vous permettra d'effectuer en même temps les activités 2 et 6, en 10 minutes au lieu des 15 prévues dans le diagramme de réseau initial. À première vue, vous pouvez ainsi ramener la durée totale à 52 minutes. Mais, regardez bien, ces deux activités ne figurent pas sur le chemin critique. Les terminer plus rapidement n'aura pas d'influence sur le calendrier global du projet. (Avant de songer à gagner 5 minutes supplémentaires en aidant votre ami à faire les sandwichs, n'oubliez pas que vous avez convenu de ne pas modifier l'affectation des personnes aux différentes activités.)

Vous devez donc essayer autre chose. Cette fois-ci, n'oubliez pas que, pour gagner du temps, vous devez réduire la longueur du *chemin critique*. Voici une autre idée : quand vous faites route pour la forêt, vous et votre ami êtes tous deux dans la voiture, mais un seul est au volant, l'autre étant un passager passif. Si c'est vous qui conduisez, votre ami peut faire les sandwichs dans la voiture (en faisant attention aux miettes, hein !). Cette modification semble raccourcir le chemin critique de 10 minutes. Mais est-ce vraiment le cas ?

Le diagramme de la figure 7-6 révèle que le chemin supérieur (activités 2 et 6) demande 15 minutes et le chemin inférieur (activités 7 et 3) 20 minutes. Le chemin inférieur étant le chemin critique, raccourcir sa longueur de 5 minutes peut diminuer le temps total nécessaire pour achever le projet. Toutefois, ce faisant, la longueur du chemin inférieur devient identique à celle du chemin supérieur (15 minutes). Résultat, ils sont maintenant tous deux critiques.

Gagner 5 minutes supplémentaires sur le chemin inférieur (car la préparation des sandwichs demande 10 minutes) ne fait pas gagner plus de temps sur l'ensemble du projet, car il faut toujours 15 minutes pour parcourir le chemin supérieur. En revanche, ôter ces 5 minutes du chemin inférieur offre bien une marge de 5 minutes.

La figure 7-7 illustre ce changement sur votre diagramme de réseau. Vous pouvez maintenant reconsidérer votre idée première de retirer de l'argent pendant que le pompiste fait le plein de votre voiture. Cette fois-ci, cette modification peut vous permettre de gagner 5 minutes car le chemin supérieur est maintenant critique.

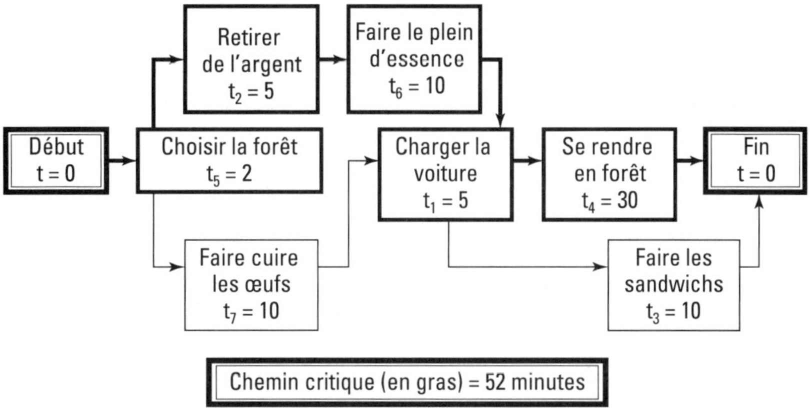

Figure 7-7 : Préparer les sandwichs en chemin.

Enfin, vous pouvez choisir la forêt où vous allez pique-niquer tout en chargeant la voiture, ce qui vous fera gagner 2 minutes supplémentaires. La figure 7-8 illustre la solution finale à 45 minutes.

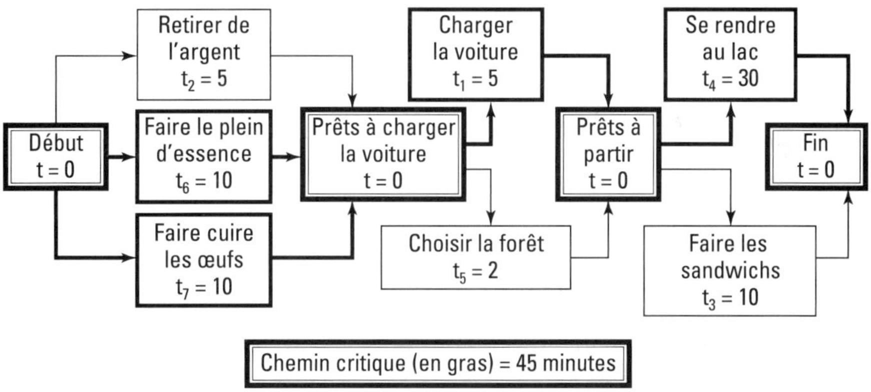

Figure 7-8 : Rallier la forêt en 45 minutes.

TRUC

Prenez une situation dans laquelle vous devez mener plusieurs activités à bien avant de pouvoir vous attaquer à plusieurs autres. Montrez cette relation dans votre diagramme en définissant un jalon représentant l'achèvement de ces activités, en traçant des flèches qui partent des activités et pointent vers ce jalon, puis en traçant des flèches qui partent de ce jalon et pointent vers les nouvelles activités (voir la figure 7-8).

Dans notre exemple du pique-nique, vous terminez d'abord les activités *retirer de l'argent*, *faire le plein d'essence* et *faire cuire les œufs*, puis vous pouvez effectuer les activités *charger la voiture* et *choisir la forêt*. Vous représentez cette relation en traçant une flèche partant de chacune des trois premières activités et pointant vers le nouveau jalon *prêts à charger la voiture*, puis en traçant des flèches partant de ce jalon et pointant vers les activités *charger la voiture* et *choisir la forêt.*

Si vous jugez que cette analyse se complique, vous avez raison. C'est le prix à payer pour effectuer plus vite un groupe d'activités. Ce prix comprend :

- **Une planification qui prend plus de temps :** vous devez détailler précisément toutes les activités et les relations qu'elles entretiennent car vous ne pouvez vous permettre de faire des erreurs ;
- **Des risques accrus :** la liste des suppositions s'allonge, augmentant ainsi la probabilité qu'une ou plusieurs s'avèrent fausses.

Dans l'exemple du pique-nique, pour parvenir à une durée totale de 45 minutes, vous faites les suppositions suivantes :

- Vous êtes à la station-service un peu après 8 heures ;
- Un pompiste est disponible pour faire le plein dès que vous arrivez ;
- Le distributeur automatique est libre et en état de marche quand vous arrivez ;
- Vous et votre ami parvenez à charger la voiture et à vous décider sur le choix de la forêt sans que cela se transforme en une dispute qui dure une heure ;
- Votre ami est capable de préparer les sandwichs pendant le trajet sans en mettre partout à l'intérieur de la voiture.

Si faire ces suppositions accroît les risques d'erreur, les identifier peut augmenter la probabilité qu'elles s'avèrent exactes ou tout du moins vous convaincre de penser à un plan de secours si ce n'est pas le cas.

Prenez l'hypothèse que vous puissiez arriver à la station-service peu après 8 heures un samedi matin. Vous pouvez appeler le gérant de la station et demander si votre hypothèse est sensée. S'il vous répond qu'il ignore le temps que vous devrez attendre pour qu'un employé vous fasse le plein, vous pouvez toujours lui demander s'il en serait de même si vous sortiez un joli billet de 200 euros. Quand il ajoute immédiatement qu'il privatisera sa station à votre intention entre 7 h 55 et 8 h 20 et mettra deux employés à votre service (un pour faire le plein et un autre pour encaisser la transaction), de façon que cela ne dure pas plus de 10 minutes, vous vous apercevez qu'il est des incertitudes qui disparaissent à condition d'y mettre le prix! Votre mission est de déterminer à quel point vous pouvez diminuer l'incertitude et combien vous devez mettre sur la table pour y parvenir.

Échafauder une toute nouvelle stratégie

Vous avez donc un plan pour vous rendre en forêt en 45 minutes. Vous ne pouvez être certain que ce plan fonctionnera mais, au moins, c'est du domaine du faisable. Néanmoins, supposons que votre ami vous dise qu'il doit absolument rallier la forêt en 10 minutes et non 45 ! Votre réaction première sera sans doute de lui dire : « Impossible ! » Se montrer créatif est une chose, mais comment tout boucler en 10 minutes quand il faut déjà 30 minutes pour rejoindre la forêt ?

En clamant qu'il est absolument impossible d'atteindre la forêt en 10 minutes quand le trajet à lui seul dure 30 minutes, vous avez oublié que la réussite de votre projet repose sur le fait d'arriver en forêt pour pique-niquer et non de mener à bien un groupe d'activités prédéterminées. Vos sept activités initiales étaient parfaites, tant qu'elles ne vous empêchaient pas de rallier la forêt en respectant votre lot de contraintes. Mais, si les activités ne vous permettent pas de connaître le succès comme vous le définissez maintenant (arriver à la forêt en 10 minutes), prévoyez alors de modifier les activités.

Supposons que vous décidiez de vous rendre en forêt autrement qu'en voiture. Après quelques recherches, vous découvrez que vous pouvez louer un hélicoptère pour 500 euros la journée qui vous déposera en lisière de forêt en 10 minutes. Vous réalisez cependant que vous aviez tous deux pensé dépenser 10 euros pour votre pique-nique (frais d'autoroute). Vous concluez qu'il est absurde de dépenser 500 euros pour un pique-nique budgété à 10 euros. Vous ne parlerez donc même pas à votre ami de la possibilité de louer un hélicoptère. Vous réaffirmez donc qu'il est impossible de rallier la forêt en 10 minutes. Malheureusement, quand vous avez décidé de ne pas faire part à votre ami de la solution aérienne, vous ne saviez pas que votre ami pouvait gagner 10 000 euros sur une affaire s'il mettait 10 minutes pour se rendre à votre forêt. Cela vaut-il la peine de dépenser 500 euros pour en empocher 10 000 ? Et comment ! Mais vous ne saviez pas pour les 10 000 euros quand vous avez abandonné l'idée de rejoindre la forêt en 10 minutes.

Quand vous préparez un calendrier, vous n'avez pas à anticiper la décision d'une autre personne. Présentez plutôt toutes les options, ainsi que les coûts et avantages associés au décideur, afin qu'il puisse trancher en toute connaissance de cause. Dans notre exemple, vous auriez dû parler à votre ami de la solution de l'hélicoptère. Il aurait ainsi pu en tenir compte au moment de prendre la décision finale.

Subdiviser les activités

Souvent, vous pouvez diminuer le temps nécessaire pour dérouler une séquence d'activités en en subdivisant une ou plusieurs, afin de pouvoir exécuter plusieurs parties en même temps. Pour revenir à notre exemple du pique-nique, votre ami peut faire cuire les œufs et préparer les sandwichs en

7 minutes de moins que prévu grâce à l'approche illustrée par la figure 7-9. Voici ce qu'il doit faire :

- **Diviser la cuisson des œufs en deux parties :**
  - **Préparer la cuisson des œufs :** sortir la casserole du placard, les œufs du réfrigérateur, remplir la casserole d'eau et y mettre les œufs, placer la casserole sur la gazinière et allumer le feu. Durée estimée à 3 minutes ;
  - **Faire cuire les œufs :** faire cuire les œufs jusqu'à ce qu'ils soient durs. Durée estimée à 7 minutes.
- **Diviser la préparation des sandwichs en deux parties :**
  - **Suivre les étapes initiales de la préparation des sandwichs :** sortir le pain, la mayonnaise, la laitue et les tomates du réfrigérateur, le papier aluminium du tiroir. Couper deux morceaux de pain, puis les ouvrir et mettre la mayonnaise, la laitue et les tomates dans le pain. Durée estimée à 7 minutes ;
  - **Finir de préparer les sandwichs :** sortir les œufs de la casserole, les éplucher, les couper en tranches et les mettre dans le pain. Emballer les sandwichs dans le papier aluminium. Durée estimée à 3 minutes.
- **Préparer d'abord les œufs pour la cuisson. Ensuite, les faire cuire et réalisez en même temps les étapes initiales de la préparation des sandwichs. Enfin, terminer l'opération.**

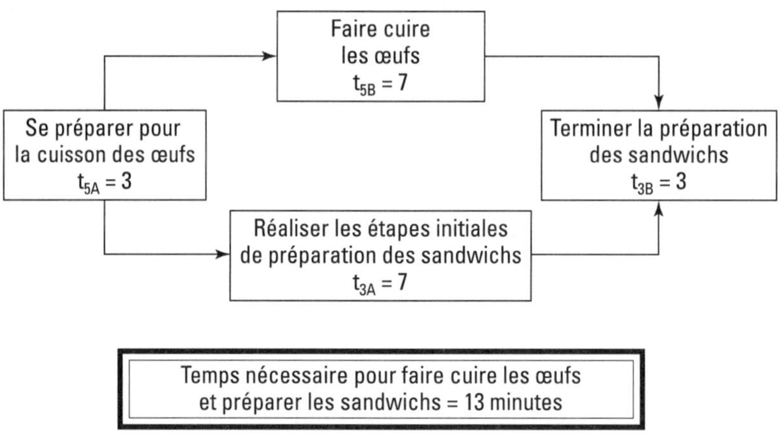

Figure 7-9 : Diminuer la durée de préparation des sandwichs en subdivisant les tâches.

Comme le montre la figure 7-9, le temps nécessaire pour faire cuire les œufs et préparer les sandwichs est de : 3 minutes + 7 minutes + 3 minutes = 13 minutes.

Remarque : à l'origine, le temps total nécessaire pour faire cuire les œufs est de 10 minutes (3 minutes de préparation et 7 minutes de cuisson) et le temps total nécessaire pour préparer les sandwichs est également de 10 minutes (7 minutes pour les étapes initiales et 3 minutes pour terminer la préparation). Mais, en subdivisant les activités et en les programmant plus en détail, vous pouvez réaliser le tout en 13 minutes et non plus en 20.

Estimer la durée des activités

Une *estimation de durée* correspond au temps que vous estimez nécessaire pour réaliser une activité. L'estimation ne correspond pas à vos souhaits ou à la durée fournie et considérée par quelqu'un comme obligatoire. Il s'agit de votre évaluation.

Les estimations de durée trop optimistes ou irréalistes peuvent entraîner l'allongement d'une activité pour les deux raisons suivantes :

- Dans la mesure où les estimations irréalistes semblent satisfaire vos objectifs de calendrier, vous ne recherchez pas d'alternatives réalistes qui augmenteraient les chances de mener à bien les activités selon le temps imparti ;
- Si les gens jugent les estimations de durée complètement irréalistes, ils vont arrêter d'essayer de les respecter et considérer le retard comme inévitable au lieu de tenter d'y remédier.

Cette section approfondit les éléments nécessaires pour estimer avec précision la durée d'une activité, notamment en comprenant ses composants et processus, ainsi que les ressources mises en œuvre pour exécuter ces processus.

Déterminer les facteurs associés

La structure d'une activité conditionne sa durée. En conséquence, pour estimer avec précision la durée d'une activité, vous devez décrire ses différents aspects et déterminer l'effet de chacun de ces aspects sur la longueur de l'activité.

Pour estimer la durée d'une activité, fondez-vous sur vos expériences passées, l'avis d'experts et les autres sources d'information disponibles afin de clarifier les composants suivants de l'activité :

- **Travaux réalisés par des personnes :** activités physiques et mentales menées par des personnes : rédiger un rapport, assembler un matériel, réfléchir à des idées pour une campagne publicitaire ;
- **Travaux réalisés par des ressources non humaines :** activités réalisées par des ordinateurs et d'autres machines : test d'un logiciel sur un ordinateur, impression d'un rapport sur une imprimante ultrarapide ;
- **Processus physiques :** réactions physiques ou chimiques : séchage d'un ciment, d'une peinture et réactions chimiques en laboratoire ;
- **Délais :** temps pendant lesquels rien ne se passe : nécessité de réserver une salle de conférence deux semaines avant la tenue d'une réunion (les délais sont généralement imputables à l'indisponibilité de ressources).

Prendre en compte les caractéristiques des ressources

Connaître les types de ressource nécessaires pour une activité peut vous aider à mieux préciser sa durée estimative. Par exemple, toutes les photocopieuses ne présentent pas la même vitesse de traitement. En précisant les caractéristiques de la machine qui sera utilisée, vous pouvez affiner votre estimation.

Les travaux de votre projet peuvent nécessiter les types de ressource suivants : personnel, équipement, installations, matières premières, informations et fonds. Pour chaque ressource nécessaire, vous devez déterminer sa :

- **Capacité :** productivité pendant une durée prédéterminée ;
- **Disponibilité :** quand une ressource sera utilisable.

Par exemple, une photocopieuse ayant une vitesse de 1 000 copies à la minute peut effectuer le travail en deux fois moins de temps qu'il n'en faut à une machine capable de faire 500 copies à la minute. De même, un travail d'impression volumineux peut prendre deux fois moins de temps si vous avez accès à une photocopieuse quatre heures et non deux heures par jour. (Pour en savoir plus sur l'évaluation des exigences d'un projet en termes de ressources non humaines, filez au chapitre 8.)

Trouver des sources d'information utiles

Pour améliorer la précision de votre estimation de durée, il faut avant tout vous appuyer sur les bonnes informations, par exemple le temps qu'ont duré des activités similaires par le passé et non les évaluations qu'avaient faites les gens à l'époque. Cependant, la précision de votre estimation dépend aussi de l'exactitude des informations exploitées.

Souvent, vous pouvez trouver en divers endroits les informations dont vous avez besoin. Faites donc une comparaison auprès des diverses sources suivantes :

- Sources historiques indiquant le temps qu'ont nécessité des activités similaires par le passé ;
- Personnes ayant réalisé des activités similaires par le passé ;
- Personnes qui vont être chargées de ces activités ;
- Experts qui connaissent ce type d'activité, même s'ils n'en ont pas réalisé d'identique.

Améliorer l'estimation de durée des activités

Outre l'exploitation de données précises et complètes, faites ceci pour améliorer la qualité de vos estimations de durée :

- **Définissez clairement vos activités.** Employez le moins de jargon technique possible et décrivez en détail les processus ;
- **Subdivisez vos activités jusqu'à ce que l'estimation de durée de vos activités de dernier niveau soit de deux semaines, voire moins ;**
- **Définissez clairement le début et la fin ;**
- **Impliquez dans le processus d'estimation de la durée les personnes qui vont réaliser une activité ;**
- **Minimisez l'utilisation de la réserve de temps.** Une réserve de temps correspond au temps que vous ajoutez à votre meilleure estimation afin d'« assurer ». Il s'agit par exemple de rajouter automatiquement 50 % du temps à votre estimation finale. La réserve de temps compromet la planification de votre projet pour les raisons suivantes :
    - Les travaux ont tendance à se prolonger pour respecter le temps alloué. Si vous êtes capable de mener à son terme en deux semaines une activité mais vous prenez en compte la réserve de temps de 50 %, il n'y a pratiquement aucune chance que vous boucliez votre activité en moins de trois semaines ;
    - Les gens exploitent la réserve de temps afin d'éviter de devoir étudier les activités en profondeur. Résultat, leur stratégie d'exécution des travaux n'est pas viable ;
    - Les membres de l'équipe et les autres parties prenantes du projet ne croient plus en la fiabilité et la faisabilité de votre plan car ils savent que vous jouez sur les chiffres au lieu d'étudier minutieusement les activités.

Malgré la plus grande volonté du monde, il est parfois pratiquement impossible d'estimer avec précision la durée de certaines activités. Par exemple, vous pouvez rencontrer d'énormes difficultés à y parvenir avec des activités que vous découvrez, des activités que vous allez mener à bien dans le futur et des activités connues pour être imprévisibles. Dans ce cas :

- Estimez la durée du mieux que vous pouvez en suivant les approches et directives présentées dans cette section ;
- Surveillez de près les activités au fur et à mesure afin d'identifier des détails susceptibles d'influer sur votre estimation initiale ;
- Transposez aussitôt sur votre calendrier le moindre changement.

Si jamais vous avez effectué une activité à de nombreuses reprises et disposez de données historiques sur le temps qu'elle a chaque fois demandé, vous pourrez peut-être en évaluer la durée avec une assez bonne précision pour la prochaine fois. Dans des situations moins prévisibles, il se peut que vous soyez amené à considérer la durée de l'activité comme une variable aléatoire aux probabilités et valeurs multiples.

La *méthode PERT* (*Program Evaluation and Review Technique*, ou méthode du chemin critique) est une méthode de planification qui considère la durée d'une activité comme une variable aléatoire, aux valeurs différentes, décrites par une distribution bêta. Selon les caractéristiques d'une distribution bêta, vous déterminez la *valeur moyenne* (également appelée *valeur attendue*) de la durée de l'activité à partir des trois estimations suivantes :

- **Estimation optimiste (to) :** si vous réalisez 100 fois l'activité, sa durée sera supérieure ou égale à ce chiffre à 99 reprises ;
- **Estimation plus probable (t_{pp}) :** si vous réalisez 100 fois l'activité, sa durée sera le plus souvent celle-ci ;
- **Estimation pessimiste (t_p) :** si vous réalisez 100 fois l'activité, sa durée sera inférieure ou égale à ce chiffre à 99 reprises.

La valeur attendue de la durée (t_a) s'obtient alors avec la formule suivante :

$$\text{Valeur attendue} = (t_a) = (t_o) + 4(t_{pp}) + (t_p) / 6$$

Si seules quelques activités sont incertaines, vous pouvez estimer que leur durée sera égale à leur valeur attendue, déterminer le chemin critique, les dates de début et de fin au plus tôt et au plus tard, ainsi que les marges comme les fois précédentes. Cependant, si toutes les activités de votre diagramme de réseau sont incertaines, vous pouvez choisir de faire trois estimations pour chaque activité. Dans ce cas, vous pouvez utiliser les propriétés de la distribution bêta pour déterminer que la longueur du chemin critique correspond aux fourchettes spécifiées de chaque côté de la valeur attendue.

Présenter le calendrier de son projet

À moins que toutes vos activités ne figurent sur un chemin critique, votre diagramme de réseau ne révèle pas exactement votre calendrier mais vous donne des informations utiles pour bâtir ce dernier. Une fois les dates réelles sélectionnées, choisissez l'un des formats suivants pour présenter votre calendrier :

- **Liste de jalons :** tableau répertoriant les jalons et les dates auxquelles vous envisagez de les atteindre ;
- **Liste d'activités :** tableau répertoriant les activités et les dates auxquelles vous envisagez de les débuter et de les terminer ;
- **Liste combinée jalons/activités :** tableau qui inclut les dates des jalons et activités ;
- **Diagramme de Gantt :** tableau chronologique illustrant la date de début de chaque activité, sa durée et sa date de fin ;
- **Combiné diagramme de Gantt et liste de jalons :** tableau chronologique illustrant la date de début de chaque activité, sa durée et sa date de fin, ainsi que la date à laquelle doivent être atteints les différents jalons.

N'OUBLIEZ PAS !

Quel que soit le choix que vous fassiez dans les éléments que nous vous présentons ci-dessus, et une fois que vous serez sûr de la qualité du contenu, votre présentation devra absolument respecter deux règles d'esthétique :

- **Règle n° 1 : *une présentation visuelle***

  Toute présentation doit rester attractive et, pour cela, elle devra rester *visuelle*. Évitez de présenter tout document de travail qui, pour celui qui sera assis au fond de la salle, paraîtra être un gros amas sombre d'informations illisibles. Optez donc pour une présentation visuelle et qui fera sens pour tous. Si vous choisissez d'introduire votre projet avec un diaporama, ne choisissez que quelques mots clés par diapositive, puis dans la diapositive suivante, le schéma de la figure 7-10.

- **Règle n° 2 : *une vision globale en une seule page !***

  Le message clé de votre présentation sera le schéma de la figure 7-10. Ne le décomposez pas en plusieurs diapositives. Dans la mesure où il reste synthétique et présente les grandes étapes du projet, veillez à le présenter en une seule page. L'information synthétique a beaucoup de pouvoir sur un projet. Nombre de gens, en phase de démarrage et préparation, se sont déjà perdus dans les détails, or si vous arrivez avec une vision globale de ce qui les attend, vous les épaterez. Il faudra bien sûr par la suite faire du détail, mais n'oubliez jamais de prendre du recul en leur faisant faire un bond en arrière et en présentant l'information de manière synthétique, ce sera votre force !

La figure 7-10 présente le calendrier de votre pique-nique en forêt (durée de 45 minutes) (tiré de la figure 7-8), sous forme de liste combinée jalons/activités.

Jalon/Activité	Personne Responsable	Date de début (en nombre de minutes après le démarrage du projet)	Date de fin (en nombre de minutes après le démarrage du projet)	Commentaires
1. Retirer de l'argent	Vous	0	5	
2. Faire le plein d'essence	Vous	0	10	Chemin critique
3. Faire cuire les œufs	Votre ami	0	10	Chemin critique
A. Prêts à charger la voiture	**Vous et votre ami**	-	**10**	**Chemin critique**
4. Charger la voiture	Vous et votre ami	10	15	Chemin critique
5. Choisir la forêt	Vous et votre ami	10	12	
B. Prêts à partir	**Vous et votre ami**	-	**15**	**Chemin critique**
6. Faire les sandwichs	Votre ami	15	25	
7. Se rendre en forêt	Vous et votre ami	15	45	Chemin critique
C. Fin– arrivée en forêt	**Vous et votre ami**	-	45	**Chemin critique**

Remarque : les événements sont en gras.

Figure 7-10 : Représentez le calendrier de votre pique-nique en forêt sous forme de liste jalons/activités.

Vous pouvez associer plusieurs formats dans une présentation. La figure 7-11 montre notre exemple du pique-nique avec un OTP combiné, une matrice d'affectation des responsabilités (voir le chapitre 6) et un diagramme de Gantt (dans lequel les triangles représentent les jalons). Outre l'avantage de nécessiter moins de préparatifs et d'être plus facile à actualiser que les documents séparés, une présentation combinée donne un meilleur aperçu du plan et révèle plusieurs aspects qui facilitent une comparaison.

Organigramme technique projet			Matrice d'affectation des responsabilités	
Activité/Jalon			Ressources	
N°	Code OTP	Titre	Vous	Votre ami
10	1.0.	Début	P	S
8	2.0.	Préparations	S	P
2	2.1.	Argent	P	-
6	2.2.	Essence	P	-
7	2.3.	Œufs	-	P
3	2.4.	Sandwich aux œufs	-	P
5	3.0.	Choisir la forêt	S	P
9	4.0.	Voyage	P	S
1	4.1.	Charger la voiture	P	S
4	4.2.	Se rendre en forêt	P	S
11	5.0.	Fin	P	S

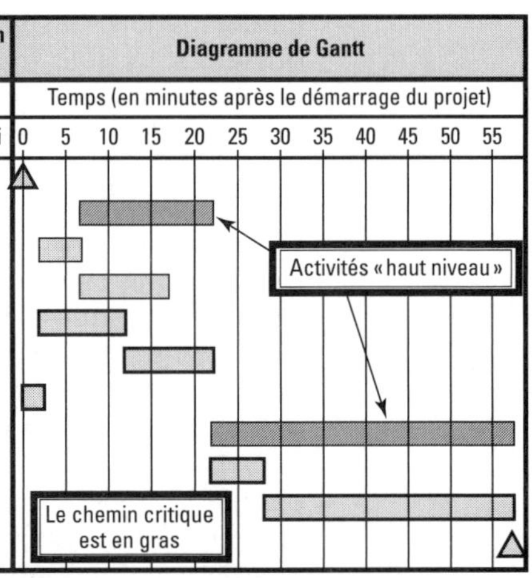

P = Responsabilité principale
S = Responsabilité secondaire

Figure 7-11 : Représentez le calendrier de votre pique-nique en forêt sous forme d'OTP combiné, de matrice d'affectation des responsabilités et de diagramme de Gantt.

TRUC

Chaque format a son efficacité en fonction de la situation. Voici quelques conseils pour faire votre choix :

- Les listes de jalons et les listes d'activités sont plus efficaces quand il s'agit d'indiquer des dates précises ;
- Le diagramme de Gantt offre une vision plus claire de la durée des différentes activités et des chevauchements ;
- Le diagramme de Gantt offre une meilleure vue d'ensemble du projet.

Chapitre 8

L'homme : la ressource de votre projet et source de sa réussite

Dans ce chapitre :

- Les besoins en ressources humaines et ressources non humaines
- Estimer, planifier et lisser la charge de travail
- Monter votre équipe

Dans un projet, vous verrez souvent utilisés différents termes autour des ressources. Ressources humaines, non humaines, génériques, nominatives... distinguez-vous bien chacune d'entre elles ?

Tout d'abord, commençons par un distinguo ressources humaines et ressources non humaines :

- Les ressources non humaines sont des machines, des bureaux,... tout ce qui va vous permettre d'atteindre votre objectif et de réaliser votre travail ;
- Les ressources humaines, sont, comme leur nom l'indique, des personnes physiques, chaque ressource pouvant être affectée à une ou plusieurs tâches.

Et si vous définissiez ce dont vous avez besoin en termes de ressources ?

Comme vous le constaterez dans les sections à suivre, pour trouver les ressources qui vous permettront de faire avancer votre projet, les deux étapes suivantes sont incontournables :

- Déterminer les compétences et connaissances requises pour chaque activité ;

- Vérifier que les personnes affectées à ces activités possèdent bien les compétences et connaissances nécessaires et sont vraiment intéressées.

Une *compétence* est quelque chose que vous devez avoir et donc savoir faire pour être capable d'effectuer pour mener à bien une activité. Les *connaissances* sont les informations que vous devez avoir en tête pour réaliser de manière satisfaisante une activité. L'*intérêt* est votre désir personnel d'apprendre des choses à travers une activité, d'y participer et de jouer un rôle dans l'obtention des résultats prévus. Le fait de posséder les compétences et connaissances requises signifie que vous êtes capable d'effectuer une tâche. Afficher un intérêt pour la tâche accroît les chances que vous vous serviez de vos connaissances et compétences pour l'exécuter avec succès.

Définir les besoins en ressources humaines

Le succès de votre projet repose sur votre capacité à obtenir l'aide de personnes qualifiées pour l'exécution des travaux prévus. Il va donc falloir déterminer les compétences et connaissances nécessaires en personnel pour mener à bien cette mission.

Déterminer les compétences et connaissances que doivent avoir les membres de l'équipe de projet

Avant de décider des compétences et connaissances que doivent avoir les personnes pour participer à votre projet, dressez la liste complète des activités associées. Spécifiez-les en décomposant tous les lots de travaux (composants de dernier niveau de l'OTP) de l'OTP en actions individuelles à mener pour réaliser les activités.

Vous pouvez trouver dans le dictionnaire de l'OTP des informations susceptibles de vous aider à effectuer cette tâche. C'est dans ce document que sont identifiées et décrites les activités de votre projet, ainsi que leurs caractéristiques essentielles (nom, code d'identification, durée, activités antécédentes et successeurs). (Le chapitre 6 vous dit tout sur le dictionnaire et la décomposition de l'OTP.)

Ensuite, pour chaque activité, recensez les compétences et connaissances nécessaires en parcourant sa description et en consultant des experts du domaine, votre département des ressources humaines et les gens ayant déjà travaillé sur des projets et activités similaires par le passé.

Dans la mesure où vous allez demander à des responsables fonctionnels et à d'autres personnes de l'organisation d'affecter des individus dotés des compétences et connaissances nécessaires à votre projet, vous devez demander à ces décideurs s'ils ont établi une liste des aptitudes et, si ce n'est pas le cas, sur quel modèle (le cas échéant) ils s'appuient pour décrire les compétences et connaissances de leur personnel. Ensuite, dans la mesure du possible, vous pouvez employer un modèle similaire pour décrire les exigences de votre projet en termes de compétences et connaissances afin de faciliter aux responsables l'identification des personnes qualifiées pour travailler sur votre projet.

N'OUBLIEZ PAS !

Dans la plupart des situations, vous devez connaître deux éléments d'information pour établir les qualifications nécessaires à une personne pour exécuter une tâche :

- Le niveau de maîtrise des compétences et connaissances requises ;
- La personne devra-t-elle suivre les conseils de quelqu'un, travailler seule ou diriger d'autres individus ?

Voici un procédé décrivant les deux aspects d'une condition en termes de compétence ou de connaissance (*X*, *Y*). *X* est le niveau de maîtrise requis, avec les valeurs suivantes :

- 1 = niveau de maîtrise élémentaire ;
- 2 = niveau de maîtrise moyen ;
- 3 = niveau de maîtrise élevé.

Y est la relation de travail nécessaire pour utiliser la compétence ou la connaissance, avec les valeurs suivantes :

- a = n'implique pas de diriger d'autres personnes ;
- b = implique de diriger d'autres personnes.

TRUC

Outre l'apport d'une base précieuse pour affecter à l'équipe de projet des personnes qualifiées, les informations traitant des compétences et connaissances des individus peuvent également servir dans les domaines suivants :

- **La formation :** l'organisation peut développer ou rendre accessible la formation dans des domaines où elle pèche ;
- **Le déroulement de carrière :** l'organisation peut encourager les personnes à développer des compétences et connaissances rares afin d'accroître leurs chances de prendre plus de responsabilités ;
- **Le recrutement :** les recruteurs peuvent envisager d'embaucher des personnes dotées de capacités leur ouvrant les portes de certains postes au sein de l'organisation ;
- **La rédaction de propositions et le développement de nouvelles activités :** les informations sur les compétences et connaissances du personnel peuvent figurer dans des propositions afin de montrer les capacités de l'organisation à effectuer certains types de travaux.

Représenter les compétences, connaissances et intérêts des membres de l'équipe dans une matrice de compétences

Que vous ayez votre mot à dire sur les personnes affectées à votre équipe, que vous n'ayez pas voix au chapitre ou que vous soyez le chef de projet d'une équipe existante, vous avez besoin de mettre au jour les compétences, les connaissances et l'intérêt des membres de votre équipe.

Si votre équipe a été constituée sans que vous ayez pu fournir des éléments sur les capacités requises pour exécuter les travaux de votre projet, il est essentiel que vous connaissiez les compétences, les connaissances et l'intérêt de ses membres afin d'attribuer les tâches avec pertinence. Si une partie ou l'intégralité de votre équipe a été choisie en fonction des besoins en termes de compétences et de connaissances abordés avec la direction, il est nécessaire de consigner celles-ci par écrit et de contrôler leur intérêt au cas où vous deviez affecter des personnes à des tâches imprévues ou remplacer quelqu'un au pied levé.

Une *matrice de compétences* est un tableau décrivant le degré de maîtrise de certaines compétences et connaissances affichées par des personnes, ainsi que l'intérêt qu'elles manifestent pour les missions associées. La figure 8-1 présente une partie d'une matrice de compétences. La colonne de gauche identifie les domaines de compétences et connaissances et la première ligne indique le prénom des personnes. Le degré d'intérêt et le niveau de maîtrise sont mentionnés sous forme chiffrée.

La figure 8-1 montre que Suzanne présente un niveau de maîtrise élevé dans le domaine de la rédaction technique et peut travailler seule avec peu, voire aucune surveillance. En outre, la rédaction technique l'intéresse. Richard maîtrise très bien la recherche juridique et se montre capable d'encadrer d'autres personnes travaillant sur ce sujet. Cependant, il préférerait ne pas exécuter de tâches en la matière, mais aimerait travailler à la conception de questionnaires. En revanche, il n'a aucune compétence ni connaissance dans ce domaine.

Au passage, vous partez peut-être du principe que vous ne confierez jamais la conception d'un questionnaire à Richard parce qu'il n'y connaît rien. Cependant, si vous essayez de trouver des gens susceptibles de s'atteler à cette tâche, il est un candidat de choix car, dans la mesure où il est motivé par ce genre de mission, il fera sans doute son maximum pour acquérir les compétences nécessaires.

	Bernard		Marie		Suzanne		Richard	
	Maîtrise	Intérêt	Maîtrise	Intérêt	Maîtrise	Intérêt	Maîtrise	Intérêt
Technical writing	(0,0)	0	(0,0)	0	(3,2)	1	(0,0)	1
Legal research	(0,0)	1	(0,0)	1	(0,0)	0	(3,3)	0
Création graphique	(3,3)	1	(0,0)	0	(0,0)	1	(3,3)	1
Conception de questionnaires	(1,0)	0	(0,0)	0	(0,0)	0	(0,0)	1

Le degré de maîtrise est représenté par (X, Y), où… X = Niveau de compétence ou de connaissance de la personne
Y = Niveau de responsabilité ou de connaissance de la personne

Niveau de compétence ou de connaissance (X)	Utilisation des compétences/connaissance (Y)	Intérêt
0 = Aucune capacité		0 = N'est pas du tout intéressé par l'utilisation de cette compétence ou connaissance
1 = Niveau de capacité élémentaire	1 = Doit être surveillé	1 = Est intéressé par l'utilisation de cette compétence ou connaissance
2 = Niveau de capacité moyen	2 = Peut travailler de manière autonome avec peu, voire aucune surveillance directe	
3 = Niveau de capacité élevé	3 = Peut diriger les autres en utilisant la compétence ou connaissance	

Figure 8-1 : Indiquer les compétences, les connaissances et l'intérêt des individus au sein d'une matrice de compétences.

Voici les étapes à suivre afin de préparer une matrice de compétences pour votre équipe :

1. **Abordez avec chaque membre de votre équipe ses compétences, connaissances et centres d'intérêt liés aux activités qu'englobe votre projet.**

   Expliquez que vous recherchez ces informations afin de pouvoir affecter les personnes aux tâches qui les intéressent le plus et pour lesquelles elles sont le mieux qualifiées.

2. **Découvrez le niveau d'intérêt de chaque personne pour les tâches qui lui ont été proposées.**

   Il faut au moins que vous demandiez aux gens si les tâches qui leur ont été proposées les intéressent. Si une personne n'est pas intéressée par une tâche, essayez de découvrir pourquoi et s'il est une chose concernant cette tâche que vous pouvez modifier afin de la rendre plus attrayante à ses yeux.

Si une personne n'est pas intéressée par une tâche, vous avez le choix entre ne pas lui poser la question, et donc ne pas connaître la raison de sa désaffection, ou l'interroger et découvrir la raison (si elle vous répond franchement). Il vaut mieux le savoir car cela vous offre la possibilité d'ajuster sa mission ou de redistribuer les cartes entre les différents membres.

3. **Consultez les responsables fonctionnels des membres de l'équipe et/ou les personnes les ayant affectés à votre projet afin de connaître leur opinion sur leur niveau de compétence, de connaissance et d'intérêt.**

   Vous souhaitez comprendre les raisons pour lesquelles ces responsables ont affecté ces personnes-ci à votre projet.

4. **Voyez si certains départements de votre organisation ont déjà préparé des matrices de compétences.**

   Découvrez si elles mettent en lumière des compétences et connaissances que vous jugez nécessaires pour les activités de votre projet.

5. **Intégrez à la matrice de compétences toutes les données recueillies et contrôlez avec chaque membre de l'équipe la partie de la matrice comprenant les informations qui le concernent.**

   Ce contrôle vous permet de vérifier l'exactitude des informations recueillies et offre à la personne la possibilité de faire des commentaires ou de compléter les données.

TECHNIQUE

Peut-être votre progiciel de gestion de projet vous a-t-il confronté à ces deux notions pour la première fois… lorsque l'on aborde les ressources humaines, entrent en compte les notions de ressources génériques et nominatives.

- **Les ressources génériques sont des compétences dont on va avoir besoin sur le projet.** Normalement, à chaque lot de travaux correspond(ent) une ou plusieurs ressources génériques. Par exemple, pour la réalisation d'une fusée, peuvent intervenir : un dessinateur industriel, un ingénieur aéronautique, un maquettiste,… ;
- **Les ressources nominatives sont des noms de personnes spécifiques affectées aux tâches d'un projet.** Ce n'est que lorsque la planification d'un projet atteint ce niveau de détail que les personnes travaillant sur votre projet pourront connaître l'étendue et la nature des tâches qui les attendent.

Définir les besoins en ressources non humaines

Lorsque des employés sont disponibles pour une tâche programmée mais que les ordinateurs et le matériel de laboratoire à employer ne le sont pas, votre projet peut subir des retards coûteux et voir surgir des dépenses imprévues. Cela peut également agacer les membres de votre équipe et entraîner chez eux une baisse de motivation.

En dehors des objectifs clairement définis, d'un calendrier tenable et de ressources adaptées, un projet a besoin de fonds en quantité suffisante pour s'offrir les ressources nécessaires. Toutes les décisions cruciales (s'il faut lancer ou non le projet, le poursuivre ou non et, une fois bouclé, si c'était ou non une réussite) doivent prendre en compte les coûts.

Outre le personnel, votre projet peut impliquer la mobilisation d'autres ressources essentielles (mobilier, aménagements, équipements, matières premières et informations). Planifiez ces ressources non humaines comme vous envisagez de le faire pour les ressources humaines. Dans le cadre de votre plan, créez les éléments suivants :

- Une matrice de ressources non humaines ;
- Des grilles d'utilisation des ressources non humaines ;
- Une grille de synthèse de l'utilisation des ressources non humaines.

Une *matrice de ressources non humaines* comprend les informations suivantes pour chaque composant de dernier niveau (ou *lot de travaux*) de votre organigramme technique de projet (voir le chapitre 6) :

- Les ressources non humaines nécessaires pour mener les activités incluses dans le lot de travaux (par exemple, la figure 8-2 montre que vous avez besoin d'ordinateurs, de photocopieuses et d'utiliser un laboratoire d'essai pour mener à bien les trois lots de travaux) ;
- La quantité nécessaire concernant chaque ressource (par exemple, la figure 8-2 indique qu'il vous faut 40 heures d'utilisation d'ordinateurs et 32 heures d'utilisation du laboratoire d'essai pour fabriquer un appareil).

Activité		Quantité de ressources nécessaire (en heures)		
Code organigramme Technique de projet	Description	Ordinateur	Photocopieuse	Labo d'essai
1.2.1.	Présentation	32	0	0
2.1.4.	Rapport	0	40	0
3.3.1.	Appareil	40	0	32

Figure 8-2 : Une matrice de ressources non humaines.

Les chiffres grisés d'utilisation de l'ordinateur sont détaillés par semaine dans la figure 8-3.

Afin d'évaluer la quantité nécessaire pour chaque ressource, étudiez la nature de la tâche et la capacité de la ressource. Par exemple, déterminez le temps d'utilisation de la photocopieuse nécessaire pour reproduire un rapport en procédant ainsi :

1. **Fixez le nombre d'exemplaires ;**
2. **Fixez le nombre de pages par exemplaire ;**
3. **Précisez le nombre de pages que peut reproduire la photocopieuse par unité de temps ;**
4. **Multipliez les deux premiers chiffres et divisez le résultat obtenu par le troisième chiffre. Vous aurez ainsi le temps d'utilisation de la photocopieuse pour reproduire vos rapports.**

Pour s'assurer de la disponibilité des ressources non humaines au moment opportun, il faut prévoir les périodes où vous en aurez besoin. Vous pouvez présenter ces données dans une grille d'utilisation (une par ressource). La figure 8-3 vous montre la grille d'utilisation de l'ordinateur, pour chaque tâche et par semaine, dans le cadre de votre projet. Par exemple, elle indique que la tâche 1.2.1 mobilise l'ordinateur six heures en semaine 1, quatre heures en semaine 2, six heures en semaine 3 et huit heures en semaines 4 et 5. Vous pouvez ainsi préparer le même genre de grille pour la photocopieuse et le laboratoire d'essai.

Figure 8-3 : Un exemple de grille d'utilisation d'un ordinateur.

		Temps d'utilisation requis de l'ordinateur (en heures)					
Code OTP	**Description**	**Semaine 1**	**Semaine 2**	**Semaine 3**	**Semaine 4**	**Semaine 5**	**Total**
1.2.1.	Présentation	6	4	6	8	8	32
2.1.4.	Rapport	0	0	0	4	0	4
3.3.1.	Appareil	10	8	16	6	0	40
Totaux		15	12	22	18	8	76

Enfin, vous pouvez présenter le temps de mobilisation de chaque ressource non humaine, par semaine, au sein d'une grille de synthèse.

Figure 8-4 : Un exemple de grille de synthèse de l'utilisation de ressources non humaines.

	Quantité de ressources nécessaires (en heures)					
	Semaine 1	**Semaine 2**	**Semaine 3**	**Semaine 4**	**Semaine 5**	**Total**
Ordinateur	16	12	22	18	8	76
Photocopieur	0	0	0	30	10	40
Labo d'essai	0	0	24	8	0	32

Définir les rôles et responsabilités des membres de l'équipe de projet

Généralement, votre équipe de projet comprend des personnes aux compétences et modes de fonctionnement variés et qui travaillent dans différents services de l'organisation. Vous n'avez donc peut-être pas beaucoup collaboré avec ces personnes par le passé. En outre, les délais dont vous disposez pour mener le projet à son terme sont souvent serrés, sans compter que les membres de l'équipe ont probablement plusieurs missions à mener de front.

Pour réussir dans ce genre d'environnement, il faut que vous et votre équipe vous accordiez sur les modalités de collaboration afin que chacun apporte du mieux qu'il peut sa contribution, en perdant le moins de temps possible et en faisant un minimum d'erreurs. Pour cela, il faut adopter une approche qui donne à chacun confiance en la capacité des membres à respecter leurs engagements. Le chef de projet et chaque membre de l'équipe doivent comprendre et être en phase avec le rôle qui leur a été confié.

Cette section explique comment faire la distinction entre les différents degrés d'implication des membres dans les tâches assignées, concevoir des missions clés, inciter les gens à tenir leurs promesses, présenter un panorama des rôles et responsabilités des membres de l'équipe.

Comprendre les rôles clés

Un projet type englobe l'exécution de travaux bien précis, la prise de certaines décisions et la coordination des activités d'autres personnes. Pour mener le projet à bien avec des délais et des ressources limitées, les tâches doivent être effectuées dans le bon ordre et chaque personne doit afficher une efficacité maximale, en veillant à ne pas mener des activités déjà prises en charge par quelqu'un d'autre. Plus le projet est complexe et plus le nombre d'intervenants est élevé, plus il est difficile de veiller à ce que les gens ne se marchent pas sur les pieds.

Pour vous aider à entamer la coordination des efforts des participants, cette section définit trois rôles que peuvent endosser les membres de l'équipe de projet lorsqu'ils prennent en charge une activité et en étudie les similitudes et différences.

Faire la différence entre autorité, responsabilité et responsabilisation

Les concepts suivants peuvent vous aider à définir et à clarifier les relations entre les membres de l'équipe de projet et leur attitude par rapport aux tâches qui leur sont assignées :

- **L'autorité :** faculté de prendre des décisions qui vous engagent, à propos des produits, du calendrier, des ressources et des activités de votre projet. Par exemple, la capacité à signer des bons de commande inférieurs à 3000 euros ou à modifier de moins de deux semaines une date fixée ;

- **La responsabilité :** l'engagement à obtenir des résultats précis. Par exemple, la promesse de rendre la première version d'un rapport le 1er mars ;
- **La responsabilisation :** lier des conséquences aux performances. Par exemple, votre chef qui note dans votre rapport d'évaluation annuel que vous avez résolu un problème de fabrication épineux.

Malheureusement, nombre de personnes estiment que la responsabilisation ne concerne que les situations d'échec. Cette peur d'avoir à porter le chapeau pousse souvent les gens à éviter les situations qui les rendent responsables de ce qu'ils accomplissent. Payer le prix de son erreur n'est que la moitié de cette notion, l'autre moitié consistant à être récompensé pour le bon travail effectué. Pour favoriser les bons résultats, ce renforcement positif est bien plus efficace que le renforcement négatif.

N'OUBLIEZ PAS !

Bien que ces trois notions soient liées, chacune est à prendre en compte pour définir et clarifier les rôles au sein de l'équipe de projet.

L'autorité et la responsabilité se définissent en amont, avant le démarrage du projet. Vous décidez qui peut prendre des décisions et doit obtenir des résultats donnés. Cependant, l'autorité est centrée sur des processus tandis que la responsabilité est axée sur des résultats :

- L'autorité détermine les décisions que vous pouvez prendre mais ne mentionne pas les résultats à obtenir ;
- La responsabilité concerne les résultats auxquels vous devez parvenir mais ne mentionne pas les décisions à prendre pour les obtenir.

Souvenez-vous également qu'en ce qui concerne la prise de décisions, vous pouvez réaliser un transfert d'autorité à une autre personne, ce qui n'est pas possible pour la responsabilité des résultats produits par ces décisions. (Pour en savoir plus sur la délégation d'autorité et le partage des responsabilités, reportez-vous à la section suivante.)

EXEMPLE

Supposons que vous ayez l'autorité nécessaire pour signer des bons de commande d'un montant pouvant aller jusqu'à 5000 euros. Sachant qu'aucune règle ne vous empêche de confier tout ou partie de cette autorité à quelqu'un d'autre, vous autorisez Bruno, l'un des membres de votre équipe, à signer des bons de commande de 4000 euros maximum. Cependant, si Bruno commande par erreur dix rames d'un papier spécial pour un montant 3000 euros au lieu des cinq rames nécessaires, pour 1500 euros, vous demeurez responsable de cette erreur.

N'OUBLIEZ PAS !

Vous pouvez toujours reprendre l'autorité que vous avez confiée à un tiers mais ne pouvez lui reprocher de l'exercer tant qu'il y est habilité.

Fixer des missions pour son projet

Obtenir avec efficacité l'aide et le soutien d'autrui pour réaliser le travail qui vous incombe est essentiel pour tirer le meilleur parti de tous les membres d'une équipe. Cette section traite ce que vous devez savoir sur la définition des rôles au sein d'un projet, notamment les tâches que vous pouvez et ne pouvez pas déléguer, la distribution des rôles en toute confiance, le partage des responsabilités et la responsabilisation.

L'art de déléguer

Déléguer, c'est donner à quelqu'un d'autre une tâche qui vous est initialement affectée. Dans les sections suivantes, nous vous aidons à choisir les éléments à déléguer et à comprendre les différents degrés de délégation. Nous vous expliquons également comment accompagner votre acte de délégation et obtenir le meilleur résultat possible.

Vous pouvez déléguer l'autorité mais seulement partager la responsabilité. Libre à vous de transférer complètement à une tierce personne le pouvoir de prendre des décisions. Vous ne serez alors plus impliqué et ladite personne pourra prendre des décisions sans demander votre aval. Cependant, lorsqu'un autre individu convient d'assumer une responsabilité qui était auparavant la vôtre, vous demeurez obligé de vous assurer qu'elle obtient bien les résultats escomptés. Pour en savoir plus, rendez-vous à la section « Partager une responsabilité », plus loin dans ce chapitre.

Décider l'élément sur lequel porte la délégation

Il existe quatre raisons de déléguer une autorité :

- Se libérer du temps pour effectuer d'autres tâches ;
- Disposer de la personne la plus qualifiée pour prendre des décisions ;
- Bénéficier de l'avis d'une autre personne qualifiée sur un problème ;
- Développer la capacité d'une autre personne à prendre en charge avec prudence et succès des missions supplémentaires.

Bien que les avantages potentiels de la délégation puissent s'avérer considérables, toutes les tâches ne sont pas appropriées en la matière. Pour savoir quelles sont les tâches que vous pouvez déléguer, prenez en compte les directives suivantes :

- **Attribuez-vous les tâches que vous maîtrisez le mieux.**

  Supposons que vous soyez le meilleur avocat de votre ville et que vous receviez plus de demandes (malgré votre tarif de 400 euros de l'heure) que vous ne pouvez en assumer. Imaginons que vous tapiez deux fois plus vite que la plus rapide des dactylos du coin, qui prend 100 euros de l'heure. Devez-vous saisir vous-même vos dossiers ?

La réponse est non. Si vous passiez une heure à saisir, vous économiseriez les 200 euros que vous prendrait la dactylo (pour les deux heures, à 100 euros de l'heure, qu'il lui faudrait pour s'acquitter de cette tâche). Cependant, si vous passiez cette heure à conseiller un client, vous gagneriez 400 euros, ce qui vous permettrait de confier le travail à la dactylo, moyennant 200 euros. Cela vous laisserait encore 200 euros (c'est ce que l'on appelle la *théorie des avantages comparatifs*) ;

- **Si possible, attribuez-vous les tâches ne figurant pas sur un chemin critique.** (Le chapitre 7 traite les chemins critiques.) Un retard touchant une activité située sur le chemin critique repousse la date de fin estimée du projet. En conséquence, lorsque vous devez arrêter de travailler sur une tâche située sur un chemin critique afin de gérer des problèmes touchant une autre tâche, vous retardez immédiatement l'ensemble du projet.

  Supposons que vous gériez un projet de création et de délivrance d'une formation. Une partie de ce projet consiste en la préparation du contenu du support de formation et en la réservation des locaux où vous donnerez la formation. Chaque activité figure sur l'un des chemins critiques du projet et les deux doivent être menées simultanément. Vous tenez tellement à ce que le support de formation soit terminé à temps et ne comporte aucune erreur que vous vous assignez le bouclage de sa création et confiez à Gilles, membre de votre équipe de projet, la réservation des locaux.

  Gilles rencontre un problème avec la carte de crédit de l'entreprise au moment d'effectuer la réservation des locaux. Vous vous sentez obligé de l'aider à trouver une solution. Cependant, si vous interrompez votre activité de bouclage du support de formation pour l'aider, le projet sera retardé ;

- **N'assignez pas à autrui une tâche que vous êtes incapable de décrire clairement.** Le temps que vous économisez à ne pas travailler sur cette tâche est bien inférieur à celui que vous passez à répondre aux questions et à remettre sur les bons rails la personne nouvellement en charge de la tâche peu claire.

Comprendre les différents degrés de délégation

La délégation n'est pas une proposition binaire qui vous verrait prendre toutes les décisions seul ou vous mettre complètement en retrait. Voici six degrés de délégation, chacun élargissant le précédent :

- **Trouvez les informations.** Mais consultez-moi avant de prendre la moindre mesure ;
- **Orientez-moi.** Trouvez des mesures de remplacement à partir des informations découvertes ;

- **Allez-y quand je vous donne le feu vert.** Préparez-vous à prendre une ou plusieurs mesures parmi celles que vous avez proposées, mais ne passez à l'action que sur mon instruction ;
- **Allez-y à moins que je vous dise *le contraire*.** Faites-moi vos propositions en précisant les moments auxquels prendre ces mesures, puis passez à l'action sauf instruction contraire de ma part ;
- **Comment ça s'est déroulé ?** Analysez la situation, trouvez une mesure, passez à l'action et communiquez-moi les résultats ;
- **Débrouillez-vous !** Voici la situation, à vous de jouer !

Chaque degré de délégation implique un certain niveau d'indépendance sur le plan de l'autorité détenue. Par exemple, votre supérieur vous demande de l'informer sur une situation, c'est vous qui choisissez vos sources, les informations à communiquer et celles à mettre de côté. La principale différence entre les degrés de délégation concerne la consultation du supérieur avant la prise de mesures.

Accompagner ses délégations d'autorité

Vous devez renforcer et accompagner vos délégations d'autorité, sous peine de vous retrouver à effectuer une tâche que vous pensiez avoir confiée à quelqu'un.

Supposons que vous dirigiez un projet depuis deux mois et que Marie, votre assistante, ait géré les problèmes techniques rencontrés par les participants. Lorsqu'une personne ayant un problème technique se rapproche de Marie, elle analyse la situation, décide de la façon de le gérer et vous expose le problème et sa solution personnelle. Si vous êtes d'accord avec la solution qu'elle préconise, vous lui demandez de la mettre en œuvre. Si vous n'êtes pas d'accord, vous l'aidez à trouver une meilleure solution.

Hier, vous avez dit à Marie que, désormais, elle n'aurait plus besoin de vous soumettre ses propositions avant d'appliquer les solutions. Après en avoir parlé avec elle, vous informez les autres membres de l'équipe de la procédure en vigueur.

Ce matin, Joël est venu trouver Marie pour évoquer un problème qu'il rencontrait avec un sous-traitant. Après l'avoir écouté, Marie a donné à Joël des instructions très précises sur la façon de procéder. Dès qu'il a quitté le bureau de Marie, Joël vous a appelé pour vous raconter le problème, vous parler de la solution trouvée par Marie et vous demander si vous étiez d'accord avec l'approche de Marie.

Vous êtes maintenant face à un dilemme. D'un côté, vous souhaitez soutenir la nouvelle autorité dont dispose Marie, mais de l'autre, vous voulez être certain que votre projet se déroule bien. Que devez-vous faire ?

La seule réponse conforme à la délégation d'autorité effectuée au profit de Marie que vous pouvez donner à Joël est la suivante : « Fais ce que Marie t'a conseillé. »

Répondre à Joël : « Oui, la solution de Marie me paraît bonne », ne convient pas car, en indiquant que la solution de Marie vous satisfait, vous sapez l'autorité de Marie qui lui permet de prendre la décision seule ! Vous avez beau tenter de rassurer Joël en lui disant que vous avez entièrement confiance en la faculté de Marie de trouver une solution adaptée et que celle proposée traduit tout son discernement, votre réponse laisse penser que vous en êtes resté au processus d'approbation antérieur. En effet, vous avez approuvé la *décision* de Marie au lieu de la laisser exercer l'*autorité légitime de prendre la décision* que vous lui avez accordée.

Vous souhaitez soutenir votre délégation mais également garantir la réussite de votre projet. Alors, comment gérer les situations suivantes ?

- **Vous n'êtes pas d'accord avec la recommandation de Marie.** Si vous craignez que l'application de la solution de Marie entraîne des conséquences catastrophiques, vous devez suggérer à Joël d'attendre que vous en discutiez avec Marie. Dans ce cas, il est plus important de protéger votre projet et votre organisation que de soutenir votre délégation d'autorité.

  Mais, dans tous les autres cas, vous devez dire à Joël de suivre la suggestion de Marie car elle jouit de l'autorité nécessaire pour prendre la décision. Voici diverses raisons de procéder ainsi, même si vous n'êtes pas d'accord avec son choix :

  - Elle est peut-être mieux informée de la situation que vous l'a dit Joël ;
  - Elle a peut-être raison et vous tort ;
  - Si Marie croit que vous volerez à son secours chaque fois qu'elle prendra une mauvaise décision, elle se montrera moins méticuleuse dans ses choix.

  Vous pouvez toujours demander par la suite à Marie de vous expliquer en privé les raisons de sa décision et lui faire part de votre opinion lorsque vous le jugez nécessaire.

- **L'appel de Joël soulève un problème d'ordre plus général concernant les procédures de l'équipe et les relations de travail en son sein.**

  - Vous n'avez peut-être pas expliqué avec suffisamment de clarté à votre équipe les nouvelles procédures avec Marie. Réexpliquez-les bien à Joël et aux autres membres de l'équipe ;
  - Joël n'a peut-être pas apprécié la réponse de Marie et tente de manœuvrer en coulisses afin d'obtenir gain de cause. Là encore, vous devez insister sur le fait que c'est à Marie de trancher ;

- Marie n'a peut-être pas suffisamment clairement motivé son choix quand elle l'a expliqué à Joël. Suggérez à Marie de s'expliquer avec Joël sur les raisons de son choix et de vérifier que ce dernier comprend bien et adhère à sa vision des choses ;
- Il existe peut-être un conflit entre Joël et Marie. Posez la question aux deux personnes pour vérifier et apprendre, le cas échéant, comment ils en sont arrivés là. Dans ce cas, aidez Joël et Marie à résoudre ce conflit.

Déléguer pour obtenir des résultats

La délégation comprend toujours une dose de risque, car vous devez supporter les conséquences des décisions de quelqu'un d'autre. Cependant, vous pouvez prendre les mesures suivantes pour accroître les chances d'une personne de se montrer performante :

1. **Précisez la ou les tâches que vous souhaitez déléguer.**

   Décrivez dans des termes non équivoques l'activité que vous voulez voir menée par l'autre personne et les résultats attendus. Expliquez également, si nécessaire, ce que vous ne voulez pas que la personne fasse.

2. **Choisissez la bonne personne.**

   Définissez les compétences et connaissances attendues pour exécuter la tâche avec succès et ne la déléguez pas à une personne qui ne les possède pas. (Sur la description des compétences et connaissances nécessaires pour effectuer un travail, voir plus haut dans ce chapitre.)

3. **Déléguez correctement.**

   Expliquez l'activité à réaliser, l'effort que vous attendez et indiquez la date à laquelle elle doit être achevée. Consignez ces informations par écrit pour plus de clarté et afin de disposer d'un document de référence.

4. **Soyez disponible pour répondre aux questions.**

   En maintenant le contact pendant que la personne exécute la tâche en question, vous pouvez résoudre les éventuelles ambiguïtés et répondre rapidement aux imprévus comme vous l'entendez. Cela indique également à la personne que la tâche est importante à vos yeux.

5. **Surveillez l'exécution.**

   Mettez en place de multiples points de contrôle vous permettant de surveiller les performances de la personne à qui vous avez délégué la tâche. Respectez ensuite le calendrier fixé.

6. **Gérez rapidement les problèmes qui surviennent.**

   Si vous jugez insatisfaisantes les performances de la personne, évoquez vos griefs et prenez des mesures pour corriger le tir.

Partager une responsabilité

La décision de déléguer une autorité est unilatérale et ne nécessite donc pas l'accord des deux parties. Vous pouvez choisir d'offrir à quelqu'un l'autorité de prendre une décision, qu'elle le veuille ou non. Une fois votre autorité transmise à une autre personne, elle est libre de la transmettre à une tierce personne (si vous ne lui avez pas explicitement défendu de le faire).

La responsabilité est un accord bilatéral. Vous demandez de répondre à la demande d'un client et la personne accepte de le faire. Dans la mesure où vous et moi sommes d'accord pour que je traite la demande, je ne peux décider de confier la mission à quelqu'un d'autre, puis de ne plus m'en soucier. Je me suis engagé auprès de vous à traiter la demande. Le seul moyen dont je dispose pour me libérer de cette responsabilité est de vous demander de modifier notre accord initial.

Supposons qu'Alice, votre chef, vous demande de préparer un rapport sur les derniers chiffres de ventes de votre entreprise. Vous savez où vous procurer les données brutes et vous estimez pouvoir rédiger le texte dans Microsoft Word et demander à Gérard, qui appartient à votre équipe, de préparer les graphiques dans Microsoft PowerPoint. Vous acceptez donc la mission confiée par Alice, puis obtenez de Gérard qu'il se charge des graphiques.

Une semaine plus tard, Alice vous demande comment se déroule la préparation du rapport. Vous lui dites que vous avez terminé le texte mais que Gérard n'a pas encore terminé les graphiques. Vous lui suggérez de se rapprocher de Gérard pour savoir quand il aura fini. Selon vous, comment Alice accueillera-t-elle votre suggestion ?

Après un instant de silence, Alice vous rappelle que vous aviez convenu de préparer le rapport et que, par conséquent, il vous incombe, et non à elle, de vous assurer que toutes les parties du travail sont terminées. Autrement dit, puisque vous avez accepté d'endosser la responsabilité de réaliser le rapport, vous ne pouvez décider unilatéralement de transmettre cette responsabilité à une tierce personne.

Alice a aussi eu raison de refuser de contacter Gérard pour les raisons suivantes :

- Si Alice avait accepté de se rapprocher de Gérard, cela aurait implicitement signifié que la prochaine fois que vous lui confiez une mission, il devra plutôt s'efforcer de donner satisfaction à Alice qu'à vous. Autrement dit, elle aurait nui à votre autorité ;

- Il aurait été difficile pour Alice de s'adresser à Gérard, même si elle avait voulu, car elle ne savait pas exactement ce que vous lui aviez demandé de faire et à quand remontait cette requête.

Le seul moyen pour vous de vous libérer de tout ou partie de la responsabilité acceptée est de demander l'autorisation à Alice de changer la donne.

Tenir les autres pour responsables alors qu'ils ne doivent vous rendre aucun compte

Les gens qui font des promesses, ne les tiennent pas, puis en subissent les conséquences génèrent les pires frustrations et agacements au sein d'un projet. Pour inciter les gens à honorer leurs engagements envers vous, suivez ces conseils :

- **Si vous êtes responsable de quelque chose, c'est à vous de rendre des comptes.** Autrement dit, si vous faites une promesse, vous devez toujours assumer les conséquences de la performance réalisée pour la tenir ;
- **Si vous n'êtes pas responsable de quelque chose, ce n'est pas à vous de rendre des comptes.** Quand une mission qui n'est pas placée sous votre responsabilité tourne mal, ce n'est pas à vous d'en subir les conséquences. (Bien entendu, vous ne recevrez pas non plus de fleurs si tout se déroule à merveille.)

ATTENTION !

Tenir à tort quelqu'un pour responsable quand une chose ne se passe pas comme convenu, cela s'appelle rechercher un *bouc émissaire*. Rejeter les torts sur un innocent ne fait qu'inciter les autres à éviter de traiter avec vous.

Lorsqu'un individu qui n'est pas sous vos ordres vous promet d'effectuer une chose pour votre compte, le tenir pour responsable peut s'avérer délicat. Vous n'essaierez peut-être pas de rejeter la faute sur lui parce que vous estimez que ce n'est pas une attitude appropriée (après tout, vous n'êtes pas son chef) ou parce que vous ne savez pas comment vous y prendre. Mais, n'oubliez pas qu'il est approprié et nécessaire de tenir quelqu'un pour responsable quand il a accepté cette responsabilité. La responsabilisation aide les gens à sentir s'ils sont dans le vrai et vous permet de reconnaître les choses quand ils ont tenu leur promesse. Pas besoin d'autorité afin de tenir quelqu'un pour responsable, il faut simplement que la personne en question ait accepté la responsabilité.

N'OUBLIEZ PAS !

Afin de tenir pour responsable une personne sur laquelle vous n'avez aucune autorité directe, utilisez les approches suivantes :

- **Trouvez qui a une autorité directe sur la personne et impliquez le supérieur hiérarchique dans le processus.** Avant de demander à une personne d'accepter la responsabilité d'une tâche, obtenez l'aval de son chef. En vous y prenant correctement et au moment opportun, vous augmentez les chances de succès. Si le chef d'un individu n'est pas au courant qu'un de ses employés a accepté de réaliser une tâche pour votre compte, les chances sont minces d'obtenir l'aide du supérieur hiérarchique si la personne échoue dans sa mission. En revanche, si le chef a appuyé l'offre de son employé de vous aider, il ne doit pas être surpris que vous lui demandiez de l'aide si son employé ne tient pas sa promesse ;
- **Consignez tout par écrit.** Avez-vous déjà remarqué comme les gens réagissent bizarrement lorsque vous mettez par écrit un accord informel ? Ils se comportent tout d'un coup comme si vous ne leur faisiez pas confiance. Ne vous laissez pas effrayer par cette réaction. Mettez l'accord par écrit afin de l'officialiser, d'en clarifier les modalités et de disposer d'une référence disponible pour vous et la personne ayant accepté d'exécuter la tâche. Si la personne vous demande si c'est par peur qu'elle ne tienne pas sa promesse que vous souhaitez un accord écrit, expliquez-lui que si vous doutiez d'elle, vous ne collaboreriez pas avec elle !
- **Soyez précis.** Plus votre demande est claire, plus il est facile pour la personne d'évaluer la charge de travail à fournir pour répondre à la demande et obtenir le résultat souhaité sans s'y reprendre à plusieurs fois. Vous jugez peut-être qu'il n'est pas convenable de vous montrer très précis car vous n'avez aucune autorité directe sur la personne. Mais, admettez que mettre une demande par écrit n'a rien d'un ordre. Il s'agit simplement de détailler la tâche et de faciliter son exécution ;
- **Effectuez un suivi.** Négociez un calendrier de suivi des performances de la personne et convenez de gérer les problèmes et de répondre aux questions, le cas échéant. Veillez à :
  - Convenir d'un calendrier de suivi dès l'accord passé. Si vous passez des coups de fil non programmés, vous laisserez l'impression de fliquer la personne parce que vous n'avez pas confiance en elle ;
  - Fonder votre calendrier de suivi sur la date à laquelle la personne prévoit d'atteindre certains jalons. Ce tableau chronologique vous offre des critères d'évaluation plus objectifs ;

- **Rendez la personne responsable vis-à-vis de l'équipe.** Votre plus gros atout professionnel est votre réputation. Quand une personne promet de faire quelque chose pour vous, informez-en les membres de votre équipe. Lorsque la personne tient sa promesse, reconnaissez sa réussite devant ses collègues. Si elle ne remplit pas sa mission, indiquez-lui que vous en informerez les autres ;
- **Obtenez un engagement.** Lorsqu'une personne indique qu'elle va vous aider, assurez-vous d'obtenir de sa part l'engagement ferme et définitif qu'elle parviendra au résultat escompté dans un délai précis et moyennant un coût bien établi. Méfiez-vous des déclarations vagues telles que : « Je vais faire de mon mieux » ou : « Vous pouvez compter sur moi » ;
- **Créez un sentiment d'urgence et d'importance.** Vous souhaiterez peut-être diminuer la pression ressentie par la personne en lui disant que vous *comprendrez* si elle ne parvient pas à répondre à vos attentes pour une raison ou pour une autre. Malheureusement, cette stratégie laisse penser que le travail que vous lui demandez d'effectuer n'est pas tellement important et accroît le risque qu'elle ne le fasse pas. Dites-lui plutôt combien son travail influe sur les autres activités et les participants du projet. Expliquez-lui pourquoi elle doit répondre aux attentes et décrivez les conséquences pour le projet et l'organisation si elle n'y parvient pas.

L'encadré ci-dessous vous montre comment responsabiliser une personne qui n'est pas sous vos ordres.

EXEMPLE

Se mettre sur la même longueur d'onde

Supposons que vous veniez de rejoindre une équipe travaillant sur un projet de création et de mise en œuvre d'un nouveau système de gestion des stocks au sein de votre entreprise. Quand vous apprenez que votre ami Éric faisait encore partie de l'équipe il y a encore un mois, vous l'appelez pour parler de son expérience sur ce projet.

Après l'avoir écouté narrer en détail son rôle dans le projet, vous lui expliquez que vous et trois autres membres de l'équipe êtes chargés de créer le manuel d'utilisation du nouveau système. Vous lui demandez si, eu égard à sa bonne connaissance du projet, il voudrait bien avoir la gentillesse de rédiger une version de travail du chapitre 1 du manuel qui récapitule les diverses étapes du projet. Nous sommes lundi et vous lui expliquez que vous avez besoin de ce chapitre pour vendredi. Éric donne son accord et vous raccrochez.

Malheureusement, vous ne recevrez jamais le chapitre 1 rédigé par Éric. Il ne vous appellera pas pour vous expliquer pourquoi il ne vous l'a pas remis et vous ne vous rapprocherez jamais de lui pour savoir ce qu'il se passe.

Vous formulez et recevez probablement ce genre de demande plusieurs fois par jour. Malheureusement, il arrive trop souvent que des gens vous promettent de vous aider mais ne donnent pas suite. Vous devez trouver des moyens de les responsabiliser lorsqu'ils acceptent de se charger d'une tâche à votre place, même si vous n'avez aucune autorité sur eux.

Vous ne pouvez bien entendu les responsabiliser que s'ils acceptent de prendre cette responsabilité dans un premier temps. Par conséquent, dans l'exemple précédent, la première question à vous poser est celle-ci : après la conversation téléphonique, Éric a-t-il accepté de prendre la responsabilité de rédiger ce chapitre ?

La réponse est tout simplement *oui*. Comment en être sûr ? Parce qu'il a dit qu'il le ferait. Notez bien cependant que nous n'avons pas dit qu'Éric était responsable de préparer la version de travail du chapitre 1 et que vous et vos collègues n'étiez plus concernés. Vous demeurez responsable de la préparation du manuel d'utilisation mais Éric a accepté d'endosser la responsabilité de préparer une première version du chapitre 1 à votre place. Peu importe qu'Éric ne travaille plus sur le projet ou qu'il ne soit plus votre subordonné ou celui de votre chef. Il est responsable parce qu'il a dit qu'il vous aiderait.

Éric peut rétorquer qu'il a l'obligation à titre personnel de rédiger le chapitre (parce qu'il a dit qu'il le ferait), mais aucune obligation contractuelle car il n'a rien signé et car il ne fait pas officiellement partie de l'équipe de projet. Mais cet argument ne tient pas. Il est responsable parce qu'il a accepté la mission. S'il ne voulait pas endosser la responsabilité, il n'avait qu'à dire *non*. La seconde question est la suivante : avez-vous fait quelque chose pour rendre Éric responsable de ne pas avoir tenu sa promesse ? La réponse est *non*. Si Éric ne vous a jamais envoyé le fameux chapitre 1, vos actes (ou plutôt votre absence de réaction) lui ont envoyé les messages suivants :

- **La mission n'était pas très importante.** Quel terrible message envoyé à Éric ! Vous lui avez demandé de se dégager du temps alors qu'il était très occupé et vous ne vous êtes même pas donné la peine de vérifier s'il avait terminé la tâche confiée. Il est probablement content d'avoir décidé de ne pas consacrer du temps à cette tâche car, de toute façon, ça n'aurait rien changé, apparemment;
- **Le comportement d'Éric était le bon.** Ce message est encore pire ! Il confirme que faire des promesses, puis ne pas les tenir ni expliquer pourquoi est convenable. Des circonstances ont peut-être rendu impossible le respect de son engagement, mais cela l'excuse-t-il de ne pas vous avoir appelé pour vous expliquer la situation ? Malheureusement, ce comportement, répété plusieurs fois par jour, illustre un environnement professionnel au sein duquel les promesses n'ont aucune valeur et où ne pas les tenir paraît normal.

Il est très probable que votre intention n'ait pas été de véhiculer ces messages. Vous pensiez sans doute qu'Éric n'avait pas remis le chapitre parce qu'il était occupé par ailleurs et vous ne vouliez pas en faire toute une histoire car il avait accepté de remplir une mission qui ne faisait pas partie de ses prérogatives. Malheureusement, il ne pouvait savoir ce que vous aviez à l'esprit car vous ne lui avez rien dit.

Il n'a peut-être pas ignoré sa promesse. Voici d'autres possibilités :

- **Il vous a envoyé le chapitre mais il s'est perdu.** Malheureusement, pour la plupart des gens, « pas de nouvelles, bonnes nouvelles ». Comme il n'a pas reçu d'appel de votre part, Éric a probablement cru que vous l'aviez reçu et trouvé satisfaisant. Il a certainement pensé que vous l'auriez appelé si vous aviez eu des questions !
- **Il vous a mal compris dès le départ, pensant que vous aviez besoin du chapitre à la fin du mois et non de la semaine.** Il est peut-être toujours en train de travailler dessus et envisage de vous le remettre à la date qu'il avait comprise par erreur.

La responsabilisation est un processus de contrôle de gestion. Réagir aux actes d'une personne permet à cette dernière de savoir si elle est sur la bonne voie ou si elle doit changer de cap. Ne pas réagir à un résultat inacceptable accroît malheureusement le risque que cela se reproduise.

Décrire les rôles à l'aide d'une matrice d'affectation des responsabilités

Définir dès le départ les rôles et responsabilités au sein d'une équipe peut vous aider à améliorer les performances et à déceler les obstacles potentiels pendant le déroulement d'un projet. Pour ce faire, une solution consiste à mettre en place une *matrice d'affectation des responsabilités*. Cette section vous aide à comprendre la structure, à lire correctement, à développer et améliorer une matrice d'affectation des responsabilités. Votre seule limite est votre créativité !

TECHNIQUE

Une *grille RACI* est un type de matrice d'affectation des responsabilités. La grille RACI tire son nom de la première lettre des quatre rôles les plus couramment utilisés (**R**esponsabilité, **A**utorité, **C**onsultation, **I**nformation).

Les éléments d'une matrice d'affectation des responsabilités

La matrice d'affectation des responsabilités est un tableau qui décrit le rôle de chaque partie prenante d'un projet pour les différentes activités (le chapitre 10 vous en dit plus sur les parties prenantes d'un projet). Le format d'une matrice d'affectation des responsabilités est le suivant (la figure 8-5 vous montre une partie d'une matrice d'affectation des responsabilités pour la conception et la réalisation d'une analyse des besoins des clients) :

- Les livrables du projet sont dans la colonne de gauche ;
- Les parties prenantes du projet sont dans la rangée du haut ;

- Le rôle que chaque partie prenante aura pour le travail à fournir afin de produire les livrables figure à l'intersection des rangées et des colonnes.

Livrable	Personnes	Chef de projet	Resp. des tâches	Collaborateur A	Directeur de groupe	Achats
Code OTP	**Titre**					
2.3.	**Élaboration du questionnaire**	A	S, A	P		
3.3.	**Personnes interrogées**		P			
4.4.	**Test préliminaire**		P	S		
6.5.	**Impression de la version finale du questionnaire**	A	P		A	A

RP = Responsabilité principale RS = Responsabilité secondaire A = Approbation

Figure 8-5 : Une matrice d'affectation des responsabilités présente les rôles au sein du projet.

La matrice d'affectation des responsabilités de la figure 8-5 indique le rôle parmi les trois suivants que les gens peuvent avoir pour les activités de ce projet :

- **Responsabilité principale (RP) :** vous vous assurerez de l'obtention des résultats ;
- **Responsabilité secondaire (SP) :** vous vous assurerez de l'obtention d'une partie des résultats ;
- **Approbation (A) :** vous ne travaillez pas sur le livrable mais vous approuvez les résultats obtenus par les personnes qui travaillent dessus.

TRUC

Cette matrice d'affectation des responsabilités n'est qu'un format. Pour chaque projet, vous définissez et répartissez les rôles que vous jugez appropriés. Par exemple, vous pouvez décider d'utiliser les rôles suivants en dehors des trois déjà définis :

- **Révision (R) :** vous révisez et commentez les résultats d'une activité, mais votre approbation formelle n'est pas obligatoire ;
- **Sortie (S) :** vous recevez des produits de l'activité ;
- **Entrée (E) :** vous apportez quelque chose pour la réalisation de l'activité.

Lire une matrice d'affectation des responsabilités

Pour illustrer la façon de lire une matrice d'affectation des responsabilités, prenons le livrable *élaboration du questionnaire* de la figure 8-5. Le tableau indique que trois personnes travaillent ensemble sur cette activité :

- Le collaborateur A a une responsabilité principale en ce qui concerne le contenu, le format et la mise en page du questionnaire. Sur ce projet, le collaborateur A rend compte au responsable des tâches, lequel informe à son tour le chef de projet ;
- Le responsable des tâches prend en charge l'exécution de certaines parties de l'élaboration du questionnaire sous la coordination générale du collaborateur A. De plus, le responsable des tâches doit approuver tous les aspects de l'élaboration du questionnaire avant le passage à l'étape suivante ;
- Le chef de projet doit approuver le questionnaire dans son ensemble, bien qu'il ne réalise lui-même aucun travail technique.

En cas de situations pouvant poser problème, vous pouvez analyser n'importe quelle matrice d'affectation des responsabilités verticalement par partie prenante et horizontalement par activité. Prenez par exemple le tableau 8-1, qui fournit des observations sur les missions assignées (figure 8-5) et les problèmes potentiels associés. Une fois ces situations identifiées, vous pouvez décider de la façon de les gérer.

Tableau 8-1 : Situations et problèmes tirés de la figure 8-5

Situation	*Problème potentiel*
Le chef de projet n'est pas directement responsable d'un livrable en particulier.	Le chef de projet comprendra-t-il complètement l'essence et la portée des travaux du projet ?
Le responsable des tâches est très impliqué.	Le responsable des tâches n'aura pas suffisamment de temps pour tout faire. Le responsable des tâches prend toutes les décisions clés. Et si le responsable des tâches quitte le projet ?
Le directeur de groupe n'est impliqué qu'au moment où on lui demande d'approuver le budget nécessaire pour faire imprimer les questionnaires.	Le directeur de groupe va ralentir le processus d'approbation en posant des questions sur l'objectif du projet, l'utilisation des résultats, etc.
Le responsable des tâches est la seule personne impliquée dans la sélection des personnes interrogées.	Vous voulez qu'une décision capitale (qui peut déterminer la validité de tout le test préliminaire) soit confiée à une seule personne ?

Tableau 8-1 : Situations et problèmes tirés de la figure 8-5 (*suite*)

Situation	*Problème potentiel*
Le livrable impression de la version finale du questionnaire nécessite trois approbations.	Faut-il que quelqu'un d'autre approuve le questionnaire avant qu'il puisse être utilisé ? Y a-t-il trop de personnes qui approuvent le questionnaire ? Serait-il recevable d'informer uniquement une ou deux de ces personnes au lieu d'exiger leur aval ? L'activité peut prendre plus de temps que prévu car les personnes chargées d'approuver le questionnaire ne sont pas sous l'autorité directe du chef de projet.

N'OUBLIEZ PAS !

Une fois identifié un problème potentiel concernant la répartition des rôles au sein de votre projet, vous avez le choix entre plusieurs modes de gestion :

- **Ignorer le problème :** par exemple, vous pouvez décider qu'il faut trois approbations avant de lancer l'impression des questionnaires ;
- **Prendre des mesures simples afin de minimiser le risque posé par un problème :** par exemple, vous pouvez demander au responsable des tâches de consigner minutieusement par écrit toutes les informations essentielles pour le cas où il quitterait inopinément le projet ;
- **Prendre encore mieux en compte le problème par l'intermédiaire d'un plan de gestion des risques :** le chapitre 11 vous indique comment analyser et planifier la gestion des risques.

Créer une matrice d'affectation des responsabilités

Malgré la simplicité des informations que renferme la matrice d'affectation des responsabilités, obtenir l'accord de tout le monde sur les rôles de chacun peut prendre du temps. La procédure suivante peut vous aider à obtenir l'avis et l'approbation de tout le monde le plus vite possible :

1. **Identifiez toutes les personnes qui participeront à votre projet ou le soutiendront.**

   Pour en savoir plus, reportez-vous à la partie du chapitre 10 consacrée aux parties prenantes d'un projet.

2. **Dressez une liste complète des livrables de votre projet.**

   Le chapitre 6 détaille l'organigramme technique de projet (OTP).

3. **Demandez à tous les membres de l'équipe comment ils apporteront leur contribution afin de produire les différents livrables du projet.**

   Pour chacune de leurs missions, interrogez-les sur leur niveau de responsabilité et d'autorité, ainsi que le détail des travaux qu'ils réaliseront. Évoquez également l'éventuelle implication d'autres personnes au cours de leurs activités. Si aucune personne en particulier n'a été désignée pour certaines activités, rapprochez-vous d'individus ayant déjà réalisé ces types d'activité par le passé.

4. **Préparez une version de travail de votre matrice d'affectation des responsabilités.**

   Dessinez le tableau et entrez les livrables du projet dans la colonne de gauche, ainsi que les personnes qui se chargeront des activités sur la première rangée. Dans les cellules formant les intersections entre chaque rangée et colonne, indiquez les rôles que chaque personne aura (à partir des discussions avec les membres de votre équipe à l'étape 3).

5. **Faites réviser et approuver cette première version de votre matrice par les personnes que vous avez consultées à l'étape 3.**

   Si les gens approuvent votre mouture, demandez-leur de consigner leur accord par écrit. S'ils expriment des inquiétudes à propos de certains aspects, invitez-les à mentionner ces réserves dans une note ou un courriel.

6. **Si certains membres de votre équipe désapprouvent la version de travail de votre matrice, modifiez celle-ci en prenant en compte leurs réserves et demandez à toutes les personnes ayant fourni des informations de relire et d'approuver la version révisée.**

   Si vous modifiez la version de travail de la matrice d'affectation des responsabilités, faites relire et approuver la version révisée par tous les membres de votre équipe, surtout s'ils avaient contrôlé la version précédente.

7. **Revenez à l'étape 5 et continuez le processus jusqu'à ce que toutes les personnes consultées à l'étape 3 approuvent la matrice.**

S'assurer de l'exactitude de sa matrice d'affectation des responsabilités

Dans les projets complexes, la matrice d'affectation des responsabilités peut être particulièrement imposante. La maintenir à jour et consulter toutes les personnes identifiées, tout au long du projet, peuvent prendre beaucoup de temps. Cependant, une matrice renfermant des erreurs peut être synonyme d'activités réalisées deux fois ou de tâches carrément oubliées. Les sections suivantes vous proposent des solutions pour garantir l'exactitude des données de la matrice et maintenir celle-ci à jour en permanence.

Créer une hiérarchie de matrices

Intégrer 50 activités (voire plus) dans une même matrice peut être très lourd. Pour les projets d'envergure, envisagez donc plutôt de créer plusieurs diagrammes imbriqués. Préparez un diagramme principal qui reprend les responsabilités liées aux composants situés au sommet de votre organigramme technique de projet (tels que les phases du projet et les principaux livrables), puis dessinez des diagrammes séparés qui détaillent les responsabilités associées aux livrables de niveau inférieur et aux lots de travaux en fonction de vos besoins. (Pour découvrir la définition des notions de phase, livrable et lot de travaux que l'on retrouve dans un organigramme technique de projet, rendez-vous au chapitre 6)

Supposons que vous planifiiez un projet de conception et de mise en œuvre d'un système d'information. La figure 8-6 vous montre comment créer deux couches de matrice d'affectation des responsabilités pour représenter les rôles des membres de l'équipe de projet. Préparez une matrice principale répertoriant les rôles liés aux phases principales (par exemple, *conditions*, *conception du système* et *test du système*). Le second diagramme comprendra pour sa part les rôles du chef d'équipe et de son groupe concernant les activités soumises à des *conditions*.

Conception et mise en œuvre d'un nouveau système d'information

Livrable / Code OTP	Personnes / Titre	Chef de projet	Chef d'équipe A	Chef d'équipe B	Chef d'équipe C
1.2.	Conditions	A	P		
2.2.	Conception du système	A		P	S
3.1.	Test du système	A	S	S	P

Finalisation des conditions

Livrable / Code OTP	Personnes / Titre	Chef d'équipe A	Collaborateur X	Collaborateur Y	Collaborateur Z
1.2.1.	Passage en revue de la littérature	A	P	S	
1.2.2.	Groupes de discussion	P	S		S
1.2.3.	Rapport	A	S	S	

RP = Responsabilité principale RS = Responsabilité secondaire A = Approbation

Figure 8-6 : Une hiérarchie de matrices d'affectation des responsabilités.

Obtenir la contribution de toutes les personnes impliquées

Impliquez toute l'équipe dans la création de votre matrice. En tant que chef de projet, vous ne savez pas exactement comment les différentes personnes doivent exécuter leurs tâches dans leur spécialité respective. Vous devez donc le leur demander. Et, même si vous êtes au courant, les gens prennent plus volontiers part à l'exécution d'un plan lorsqu'ils ont participé à son élaboration.

Coucher sa matrice d'affectation des responsabilités sur le papier

Vous estimez peut-être pouvoir gagner du temps en ne consignant pas votre matrice d'affectation des responsabilités par écrit. C'est pourtant essentiel pour deux raisons :

- **Vous pouvez déceler des problèmes potentiels que vous n'auriez peut-être pas remarqués si vous aviez pris les informations séparément.**

  Prenons la matrice d'affectation des responsabilités de la figure 8-5. Avant de préparer le diagramme, le responsable des tâches savait qu'il était avant tout responsable de la sélection des personnes à interroger ou du test préliminaire du questionnaire et les autres membres de l'équipe savaient qu'ils ne participaient pas à cette activité. Mais, l'indiquer sur le diagramme met en lumière le fait que le responsable des tâches est bien la seule personne impliquée dans cette activité ;

- **Vous garantissez que les gens ont tous la même compréhension de leurs rôle et relations.**

Maintenir sa matrice d'affectation des responsabilités à jour

Plus votre projet dure longtemps, plus il est probable que des activités soient ajoutées ou supprimées, que des personnes quittent l'équipe et que d'autres la rejoignent. La vérification et la mise à jour périodiques de la matrice d'affectation des responsabilités vous permettent :

- De juger si les missions sont correctement menées et, si ce n'est pas le cas, d'identifier les domaines dans lesquels des changements s'imposent ;
- De clarifier les rôles et responsabilités concernant les nouvelles activités ;
- De clarifier les rôles et responsabilités des nouveaux membres de l'équipe.

TRUC

Vous pouvez créer une matrice d'affectation des responsabilités à tout moment en cours de projet. Si vous prenez un projet en marche et que vous constatez qu'il n'existe aucune matrice, développez-en une afin de clarifier les rôles et responsabilités au stade où vous rejoignez l'équipe.

La charge de travail à planifier : comment procéder... ?

Ce n'est parce qu'une personne possède les compétences et connaissances adaptées qu'elle va bien exécuter la tâche en question. Elle doit également disposer du temps nécessaire pour réaliser ces travaux.

Estimer la charge de travail

Cette section vous indique comment préparer une matrice de ressources humaines mentionnant les efforts à consentir pour exécuter les tâches. En outre, vous y découvrirez comment prendre en compte la productivité, l'efficacité et la disponibilité afin d'évaluer avec plus de précision le travail à effectuer.

Utiliser une matrice de ressources humaines

La planification de vos besoins en personnel commence par l'identification des personnes et l'établissement de leur investissement. Vous pouvez consigner ces informations dans une matrice de ressources humaines (voir la figure 8-7). La *matrice de ressources humaines* décrit les personnes affectées à chaque activité du projet ainsi que la somme de travail que chacune fournira pour chaque mission.

Activité		Personnel (heures-personne)		
Code OTP	**Description**	**Jacques Duteil**	**Franck Bourgon**	**Analyste**
2.1.1	Conception de questionnaires	32	0	24
2.1.2	Test du questionnaire pilote	0	40	60
2.2.1	Instructions concernant le questionnaire	40	24	10

Figure 8-7 : Intégrer les besoins en personnel au sein d'une matrice de ressources humaines.

La charge de travail est une notion qui s'exprime en heures-personne, jours-personne, semaines-personne, etc. et diffère de celle de durée. La *charge de travail* est une mesure de l'utilisation des ressources tandis que la *durée* mesure le temps qui passe. Selon cette matrice, Jacques Duteil travaille sur cette activité pendant 32 heures-personne, tandis qu'un analyste anonyme s'y consacre à raison de 24 heures-personne.

Le simple fait de connaître la charge de travail associée à un lot de travaux ne vous renseigne pas sur sa durée. Par exemple, si les deux personnes affectées au lot de travaux *conception de questionnaires* de la figure 8-7 peuvent accomplir leurs tâches en même temps, en partant du principe qu'elles travaillent à 100 % sur le projet et qu'aucun autre aspect de la tâche ne requiert une prolongation du temps nécessaire, l'activité peut être bouclée en quatre jours. Cependant, si l'une des personnes n'est pas disponible à 100 %, si l'une ou les deux personnes doivent faire des heures supplémentaires ou si une personne doit terminer sa mission avant que l'autre puisse démarrer la sienne, la durée sera supérieure à quatre jours.

Identifier le personnel nécessaire dans une matrice de ressources humaines

Entamez la création de votre matrice de ressources humaines en spécifiant sur la première rangée les différents types de personnel dont vous avez besoin pour votre projet. Trois sortes d'informations sont à votre disposition pour identifier les personnes à intégrer à votre équipe de projet :

- **Compétences et connaissances :** les compétences et connaissances spécifiques requises par la personne qui effectuera les travaux;
- **Nom ou intitulé du poste :** le nom ou l'intitulé du poste occupé par la personne qui effectuera les travaux;
- **Nom :** le nom de la personne qui effectuera les travaux.

Vous devez finir par recueillir ces trois éléments d'information pour chaque membre de l'équipe de projet. Au début de votre processus de planification, essayez de spécifier les compétences et connaissances requises (*doit être capable de créer des schémas fonctionnels concernant l'organisation du travail* ou *doit être capable d'utiliser le logiciel Microsoft PowerPoint*). Si vous parvenez à identifier précisément les compétences et connaissances qu'une personne doit avoir pour exécuter une tâche donnée, vous augmentez vos chances de voir un individu qualifié s'en charger.

Souvent, vous souhaitez identifier par leur nom les personnes que vous désirez recruter pour votre projet. La raison est simple : si vous avez travaillé par le passé avec une personne vous ayant donné entière satisfaction, vous souhaitez collaborer de nouveau avec elle. Bien que cette méthode soit excellente pour l'ego de l'individu en question, souvent, elle diminue malheureusement vos chances d'embaucher une personne qualifiée. Les gens réputés pour être excellents sont souvent très sollicités et ne peuvent participer à tous les projets qu'on leur propose. Si vous ne précisez pas les compétences et connaissances requises pour réaliser les travaux en question, le responsable, qui doit trouver un remplaçant à son élément talentueux, ne sait pas de quelles compétences et connaissances ce dernier doit être doté.

ATTENTION !

Il peut vous arriver d'utiliser une description de poste ou un titre de fonction (par exemple, *spécialiste des opérations*) pour identifier une ressource dont vous avez besoin. Vous partez alors du principe que quiconque ayant ce titre possède les compétences et connaissances en question. Malheureusement, les titres de fonction sont souvent vagues et les descriptions de poste fréquemment désuètes. En conséquence, l'utilisation de titres de fonction ou de descriptions de poste est une façon risquée de recruter la personne qu'il vous faut.

Évaluer la charge de travail requise

Pour tous les lots de travaux, évaluez la charge de travail qui attend chaque personne et entrez les chiffres dans les cases correspondantes au sein de la matrice de ressources humaines (voir la figure 8-7). Pour évaluer la charge de travail, procédez comme suit :

- **Décrivez en détail tous les travaux liés à la réalisation de l'activité.** Comprend des travaux directement ou indirectement liés :
  - Voici des exemples de travaux directement liés à une activité : rédiger un rapport, rencontrer des clients, effectuer un test en laboratoire et concevoir un nouveau logo ;
  - Voici des exemples de travaux indirectement liés à une activité : se former pour effectuer des tâches liées à l'activité et préparer des rapports d'avancement périodiques.
- **Prenez en compte l'historique.** Les événements passés ne constituent pas une garantie pour l'avenir mais offrent une indication de ce qu'il est possible de faire. Découvrez si un lot de travaux a été fait par le passé. Dans ce cas, consultez les archives écrites afin d'évaluer la charge de travail correspondante. S'il n'existe pas d'archives, rapprochez-vous des personnes ayant participé à l'activité afin d'évaluer leur investissement.

  TRUC

  Lorsque vous vous appuyez sur un historique pour effectuer vos évaluations, assurez-vous que :
  - Les personnes ayant réalisé les travaux disposaient des qualifications et d'une expérience similaires à celles des individus qui vont participer à votre projet ;
  - Les installations, les équipements et la technologie utilisés étaient similaires à ceux qui seront employés pour votre projet ;
  - Le calendrier était similaire à celui que vous prévoyez pour votre projet.

- **Faites participer aux opérations d'évaluation de la charge de travail la personne qui réalisera les travaux.** Vous en tirerez les avantages suivants :
  - Elle comprendra mieux l'activité ;
  - Les estimations seront fondées sur ses compétences, connaissances et expériences, ce qui les rendra plus précises ;
  - Son engagement à assumer la charge de travail augmentera.

  Si vous savez qui participera à l'activité, impliquez ces personnes à la planification initiale. Si certains individus prennent le projet en cours de route, demandez-leur de passer en revue et de commenter les plans déjà élaborés. Puis actualisez-les en conséquence.

- **Consultez des experts qui connaissent bien le type de travaux à réaliser dans le cadre de votre projet, même si leur expérience était légèrement différente.** Votre évaluation gagnera en justesse si différentes sources apportent leurs connaissances et expériences.

Traduire la productivité, l'efficacité et la disponibilité en estimations de la charge de travail

Ce n'est pas parce qu'une personne est affectée à temps plein à un projet qu'elle peut afficher une productivité maximale de 35 heures par semaine, 52 semaines par an. D'autres activités personnelles et professionnelles peuvent venir réduire la quantité de travail qu'elle fournit. Par conséquent, prenez en compte chacun des facteurs suivants lorsque vous évaluez le nombre d'heures dont ont besoin les gens pour remplir leur mission dans le cadre de votre projet :

- **La productivité :** résultats produits par une personne par unité de temps passée sur une activité. Voici les facteurs qui influent sur la productivité d'une personne :
  - Les connaissances et compétences : talent et capacités de la personne à exécuter une tâche donnée ;
  - L'expérience : degré de familiarité de la personne vis-à-vis du travail à effectuer et des problèmes généralement associés à la tâche en question ;
  - Le sens des priorités : propension d'une personne à obtenir les résultats souhaités en respectant le temps imparti (l'urgence joue sur la concentration d'une personne sur une activité) ;

    - La faculté de jongler entre plusieurs tâches : facilité avec laquelle une personne passe à une seconde tâche lorsqu'elle rencontre un obstacle lors de l'exécution de la première, sans perdre son temps à ruminer ses frustrations ;
    - La qualité et la disposition de son environnement physique : proximité et disposition du mobilier et de l'équipement qu'elle utilise ; également la disponibilité et l'état de l'équipement et des ressources.

- **L'efficacité :** temps proportionnellement passé par une personne sur les travaux d'un projet par rapport à celui consacré aux tâches non liées à des projets en particulier. Voici les facteurs qui influent sur l'efficacité d'une personne :
    - Les activités professionnelles non liées au projet : temps passé par une personne à participer à des réunions d'ordre général, à répondre à des demandes accessoires et à lire des journaux et périodiques techniques traitant de sa spécialité ;
    - Les activités personnelles : temps passé par une personne à faire une pause boisson, à aller aux toilettes, à organiser son espace de travail, à régler des affaires personnelles au travail et à parler de sujets non professionnels avec des collègues.

  Plus une personne se consacre chaque jour à des activités non liées au projet et personnelles, moins elle dispose de temps pour les missions liées au projet. (Pour en savoir plus, reportez-vous à l'encadré ci-dessous, intitulé « Révélations : à quoi les employés passent réellement leur temps ». Nous abordons également l'efficacité dans les deux sections à venir.)

- **La disponibilité :** temps passé par une personne au travail par rapport à celui où elle ne travaille pas. La politique de l'entreprise en matière de vacances, de congés de maladie, de jours fériés et de bons de sortie conditionne la disponibilité d'une personne.

N'OUBLIEZ PAS !

Quand vous décidez du nombre d'heures de travail à budgéter pour l'exécution d'une tâche, tablez sur une performance optimale afin de tenir compte ensuite des véritables niveaux de productivité, d'efficacité et de disponibilité.

Révélations : à quoi les employés passent réellement leur temps

Il y a maintenant plusieurs années, une étude indiquait que l'employé type consacrait en moyenne quatre heures, sur les huit que compte sa journée de travail, à des activités et tâches de projet planifiées. Les auteurs de l'étude se sont entretenus avec des personnes occupant un large éventail de fonctions, dans plus de 100 organisations. Autrement dit, dans cette étude, l'employé type affichait une efficacité de 50 % !

Depuis, nous avons découvert d'autres chiffres réalisés par d'autres entreprises. Elles parvenaient pour leur part au chiffre de 75 % en termes d'efficacité. Vous pensez peut-être que les employés de ces sociétés étaient plus efficaces que ceux de la première étude ? En fait, ces études étaient faussées. Les personnes interrogées souhaitaient que leur entreprise pense qu'elles passaient le plus clair de leur temps à mener des tâches dans le cadre de projets, tandis que les entreprises voulaient croire que c'était vrai. Ces études ont tout de même révélé que les employés consacraient chaque jour environ 25 % de leur temps à faire autre chose que s'adonner à des activités planifiées liées à des projets.

Tenir compte de l'efficacité lors de l'utilisation de données historiques

La façon d'intégrer l'efficacité dans vos estimations dépend de la prise en compte (ou non) et du suivi de la charge de travail. Si vous fondez vos évaluations de la charge de travail sur des données historiques tirées de relevés de temps et si l'une des situations suivantes est exacte, vous n'avez pas besoin de mesurer séparément l'efficacité :

- **Sur vos relevés de temps figure(nt) une ou plusieurs catégories qui montre(nt) le temps consacré à des travaux n'entrant pas dans le cadre d'un projet *et* le personnel fait état avec précision du temps passé sur ses différentes activités.**

  Dans ce cas, les données historiques représentent le véritable temps consacré à l'activité par le passé. Vous pouvez alors utiliser en toute confiance les chiffres de vos relevés de temps pour estimer la charge de travail que demandera cette activité dans le futur, à partir du moment où les employés continuent de consigner à part les heures passées sur des activités non relatives à des projets ;

- **Vos relevés de temps ne comprennent aucune catégorie permettant de consigner le temps consacré à des travaux n'entrant pas dans le**

cadre d'un projet. Cependant, vous consignez en détail (par activité) le temps passé sur des activités liées aux travaux et vous répartissez systématiquement votre travail non lié à un projet parmi les activités de projet existantes.

Dans ce cas, les données historiques représentent le temps consacré à l'activité *consigné* par les employés par le passé, ce qui englobe le temps consacré à l'activité et la part du temps total consacré à des travaux qui ne sont pas en rapport avec des projets.

Encore une fois, si les employés consignent toujours leur temps de travail de la même façon, vous pouvez vous servir de ces chiffres pour évaluer le temps qu'ils diront consacrer à la même activité dans le futur.

Lorsqu'ils sont remplis correctement, les relevés de temps constituent la source la plus fiable en matière d'expérience. Cependant, les pratiques suivantes peuvent fausser la réalité :

- Les employés ne sont pas autorisés à consigner les heures supplémentaires ; certaines heures passées sur une activité peuvent donc demeurer inconnues ;
- Les employés remplissent leur relevé de temps plusieurs jours avant la fin de la période concernée ; ils doivent donc deviner le nombre d'heures qu'ils feront dans les jours à venir ;
- Les employés recopient sur leur relevé de temps les estimations de charge de travail figurant sur le plan de projet, au lieu de consigner le nombre réel d'heures effectuées.

Si l'une de ces situations vous est familière dans votre entreprise, ne vous appuyez pas sur les données historiques de relevés de temps pour réaliser les estimations de charge de travail concernant votre projet en cours. Utilisez dans ce cas une ou plusieurs approches parmi celles présentées dans la section « Évaluer la charge de travail requise », plus haut dans ce chapitre

Représenter l'efficacité dans ses estimations de charge de travail

Si vous fondez vos estimations de charge de travail sur l'opinion des personnes qui réaliseront les activités ou en ont effectué de similaires par le passé, au lieu de vous appuyer sur des archives, vous devez inclure une mesure de l'efficacité.

Tout d'abord, demandez à la personne vous donnant les informations d'estimer la charge de travail à fournir en tablant sur une efficacité de 100 %. (Autrement dit, demandez-lui de ne pas prendre en compte les interruptions normales en cours de journée, le fait de devoir exécuter en même temps plusieurs tâches, etc.) Modifiez ensuite l'estimation de façon à prendre en compte l'efficacité. Pour ce faire, procédez comme suit :

- Si la personne doit par la suite utiliser un relevé de temps comprenant une ou plusieurs catégories représentant les travaux non liés au projet, utilisez son estimation de charge de travail originale ;
- Si la personne doit par la suite utiliser un relevé de temps ne comprenant aucune catégorie pour représenter les travaux non liés au projet, gonflez son estimation originale afin de tenir compte du facteur d'efficacité.

EXEMPLE

Supposons qu'une personne estime avoir besoin de 30 heures-personne pour effectuer une tâche (avec une efficacité de 100 %) et que ses relevés de temps ne renferment aucune catégorie pour consigner les travaux non liés au projet. Si vous jugez qu'elle travaillera à 75 %, autorisez-la à compter 40 heures-personne pour exécuter la tâche. (75 % de 40 heures personnes correspond à 30 heures-personne, à savoir la charge nécessaire.)

ATTENTION !

En ne prenant pas en compte l'efficacité lors de l'évaluation de la charge de travail nécessaire pour mener à bien un projet, vous risquez de tirer des conclusions erronées sur la performance des employés. Admettons que votre patron vous confie le lundi matin un projet qui demandera selon lui 40 heures-personne. Il faut vraiment qu'il soit bouclé le vendredi en fin de journée. Supposons que vous travailliez d'arrache-pied toute la semaine et que vous ayez achevé la tâche le vendredi soir. Sur votre relevé de temps, vous consignez 55 heures pour le projet.

Si votre patron n'a pas conscience que son estimation initiale de 40 heures-personne induisait que vous travailliez à 100 %, il pensera que vous avez mis 15 heures de plus qu'il n'en fallait. En revanche, si votre patron sait que 55 heures-personne *effectives* correspondent à environ 40 heures-personne de travail sur *des tâches spécifiques au projet*, il appréciera que vous ayez fourni des efforts supplémentaires pour respecter ce délai serré.

N'OUBLIEZ PAS !

Bien que la performance soit la même, ignorer l'impact de l'efficacité vous fait paraître moins capable, tout en traduisant tout votre investissement.

EXEMPLE

Plus vous consacrez de temps à une mission, plus l'efficacité et la disponibilité deviennent importantes. Supposons que vous décidiez de passer une heure sur une tâche. Vous pouvez raisonnablement tabler sur une disponibilité et une efficacité de 100 %, vous imputez donc à votre projet une heure de travail. S'il vous faut passer six heures sur une tâche, vous pouvez prévoir une disponibilité de 100 % mais une efficacité de 75 %. Prévoyez donc une journée de travail (sept heures) et une heure pour être certain de bien consacrer les six heures prévues à la tâche qui vous attend.

Cependant, si vous planifiez de consacrer un mois, voire plus, à votre mission, vous prendrez probablement quelques jours de congé pendant cette période. Même si vos congés annuels ou de maladie ne peuvent être imputés sur le budget de votre projet, un mois-personne correspond à environ 97 heures de travail productif sur votre tâche, en tablant sur 75 % d'efficacité et 75 % de disponibilité (un total de 2080 heures sur une année / 12 mois X 0,75 X 0,75).

Les chiffres du tableau 8-2 décrivent le nombre d'heures-personne selon divers niveaux d'efficacité et de disponibilité. Si votre entreprise a d'autres niveaux d'efficacité et de disponibilité, modifiez ces chiffres en conséquence.

Tableau 8-2 : Heures-personne consacrées aux travaux du projet

	Efficacité 100 %, Disponibilité 100 %	*Efficacité 75 %, Disponibilité 100 %*	*Efficacité 75 %, Disponibilité 75 %*
1 jour-personne	8	6	4,5
1 semaine-personne	40	30	22,5
1 mois-personne	173	130	98
1 année-personne	2080	1560	1170

TRUC

En dehors de la représentation de l'influence de l'efficacité et de la disponibilité, améliorez la précision de vos estimations de la charge de travail en procédant comme suit :

- **Définissez clairement vos lots de travaux.** Utilisez le moins possible de jargon technique et décrivez les processus associés (voir le chapitre 6) ;
- **Subdivisez vos travaux.** Jusqu'à ce que vous estimiez la charge de travail pour les activités de dernier niveau à deux semaines-personne, voire moins ;
- **Actualisez les estimations de la charge de travail en cas de changement au niveau du personnel impliqué ou des tâches assignées.**

Planifier et lisser la charge de travail

Si vous ne réalisez qu'une activité à la fois, il est facile de savoir si vous vous êtes engagé à exécuter trop de tâches. Mais, supposons que vous envisagiez de mener plusieurs activités qui se chevauchent partiellement pendant une période donnée. Vous devez alors décider du calendrier de chaque activité afin de vérifier si vous avez eu les yeux plus gros que le ventre.

Cette section vous montre comment programmer votre charge de travail pour exécuter une tâche, comment repérer et remédier à des surcharges au niveau des ressources.

Planifier l'exécution des tâches assignées

Pour vous assurer que vous pourrez tenir tous vos engagements concernant le projet, vous devez décider quand vous travaillerez sur chaque activité. Si, selon votre plan initial, vous devez mener plusieurs activités de front, votre prochaine tâche sera de déterminer la charge de travail totale à assumer pour chaque période afin de tenir vos différents engagements.

Entamez la planification de votre charge de travail en créant :

- Une matrice de ressources humaines (voir la section « Utiliser une matrice de ressources humaines », plus haut dans ce chapitre) ;
- Un histogramme des ressources pour chaque personne figurant dans la matrice des ressources humaines.

Un *histogramme des ressources* est un diagramme à barres décrivant le niveau de votre charge de travail quotidienne, hebdomadaire ou mensuelle liée à une activité. Ces mêmes informations peuvent être présentées sous forme de tableau. Le diagramme met mieux en lumière les creux, pics et surcharges tandis que le tableau présente plus clairement les charges précises de travail. Préparez un histogramme des ressources pour chaque membre de l'équipe de projet.

Supposons que vous prévoyiez de travailler sur les activités 1, 2 et 3 d'un projet. Le tableau 8-3 montre que l'activité 1 demandera trois semaines, l'activité 2 deux semaines et l'activité 3 trois semaines. Ce tableau révèle également une estimation selon laquelle vous allez consacrer 60 heures-personne à l'activité 1 (50 % de votre temps disponible sur la période de trois semaines prévue pour cette tâche), 40 heures-personne à l'activité 2 (50 % de votre temps disponible sur la période de deux semaines prévue pour cette tâche) et 30 heures-personne à l'activité 3 (25 % de votre temps disponible sur la période de trois semaines prévue pour cette tâche). (Considérez que l'efficacité a déjà été prise en compte dans ces estimations ; pour en savoir plus sur l'efficacité, rendez-vous à la section « Traduire la productivité, l'efficacité et la disponibilité en estimations de la charge de travail », plus haut dans ce chapitre.) Si vous n'avez pas besoin de travailler sur plusieurs activités simultanément, vous ne devriez pas avoir de difficultés à mener à bien ces trois tâches.

Tableau 8-3 : Durée et charge de travail planifiées pour les trois activités

Activité	*Durée (en semaines)*	*Charge de travail (en heures-personne)*
Activité 1	3	60
Activité 2	2	40
Activité 3	3	30

Le diagramme de Gantt de la figure 8-8 illustre votre calendrier initial pour mener à bien ces trois activités (le chapitre 7 vous en dit plus sur les diagrammes de Gantt). Cependant, ce calendrier initial ne vous fait pas travailler sur une activité à la fois, mais vous oblige à mener les activités 1 et 2 lors de la semaine 2 et les trois activités en semaine 3. Vous devez décider de votre charge de travail pour chaque semaine concernant chacune des trois activités afin de vérifier si le programme fixé est faisable.

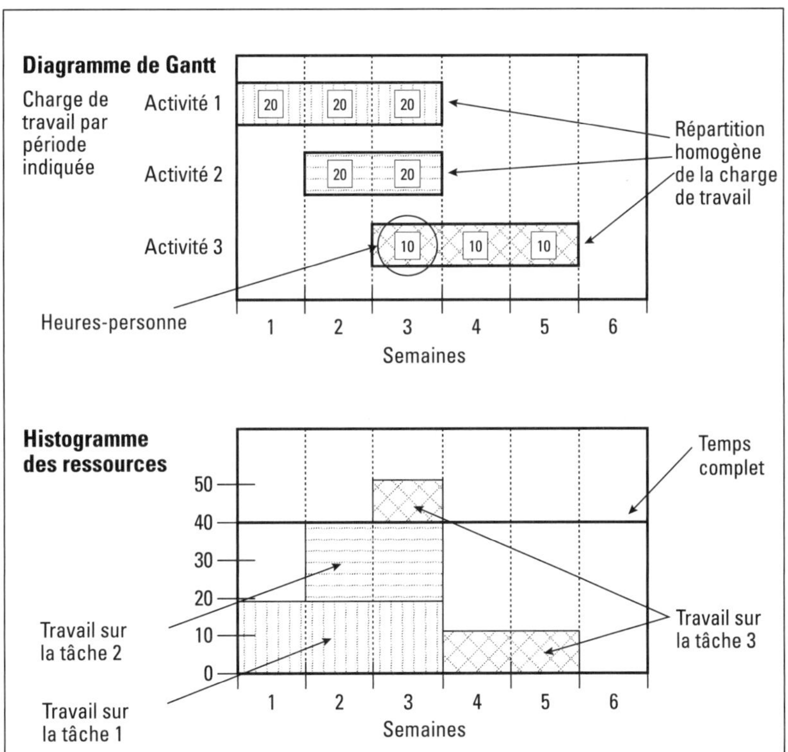

Figure 8-8 : Planifier la réalisation de plusieurs activités pendant la même période.

Pour commencer, partez du principe que vous vous consacrerez de manière homogène à chaque activité. Cela signifie que vous travaillerez 20 heures par semaine sur l'activité 1 pendant les semaines 1, 2 et 3, 20 heures par semaine sur l'activité 2 pendant les semaines 2 et 3 et 10 heures par semaine sur l'activité 3 pendant les semaines 3, 4 et 5, comme l'illustre le diagramme de Gantt de la figure 8-9.

Déterminez l'effort total à consacrer chaque semaine à l'ensemble du projet en ajoutant les heures-personne que vous passerez sur chaque tâche, chaque semaine :

- La semaine 1, vous travaillerez 20 heures-personne sur l'activité 1 pour un investissement total de 20 heures-personne ;
- La semaine 2, vous travaillerez 20 heures-personne sur l'activité 1 et 20 heures-personne sur l'activité 2, pour un investissement total de 40 heures-personne ;
- La semaine 3, vous travaillerez 20 heures-personne sur l'activité 1, 20 heures-personne sur l'activité 2 et 10 heures-personne sur l'activité 3, pour un investissement total de 50 heures-personne ;
- Les semaines 4 et 5, vous travaillerez 10 heures-personne sur l'activité 3, pour un investissement total de 10 heures-personne par semaine.

L'*histogramme des ressources* de la figure 8-8 montre cet investissement. Un rapide coup d'œil révèle que vous ferez 10 heures supplémentaires en semaine 3. Si l'ajout de ces heures supplémentaires ne vous pose pas problème, ce plan convient. Si c'est problématique, vous devez trouver une autre stratégie afin de diminuer votre investissement en semaine 3 (la section suivante vous dit comment faire).

Remédier à des surcharges potentielles

Si vous ne modifiez pas votre répartition pour les activités 1 et 2 et souhaitez uniquement 40 heures-personne sur la semaine 3, vous en ferez moins que prévu concernant une ou les deux activités au programme cette semaine-là. Par conséquent, prévoyez de recourir à une ou plusieurs stratégies parmi les suivantes afin d'éliminer la surcharge et de lisser l'activité :

- **Faites une répartition non homogène du temps de travail sur une ou plusieurs activités.** Au lieu de consacrer le même nombre d'heures chaque semaine sur une activité, prévoyez d'en faire plus certaines semaines que d'autres.

Supposons que vous choisissiez d'opter pour une répartition hétérogène des heures de travail pour l'activité 1 en y consacrant 10 heures de plus la première semaine et 10 heures de moins la troisième semaine, comme l'illustre le diagramme de Gantt de la figure 8-9. L'histogramme des ressources montre comment cette répartition hétérogène permet de supprimer la surcharge de la semaine 3.

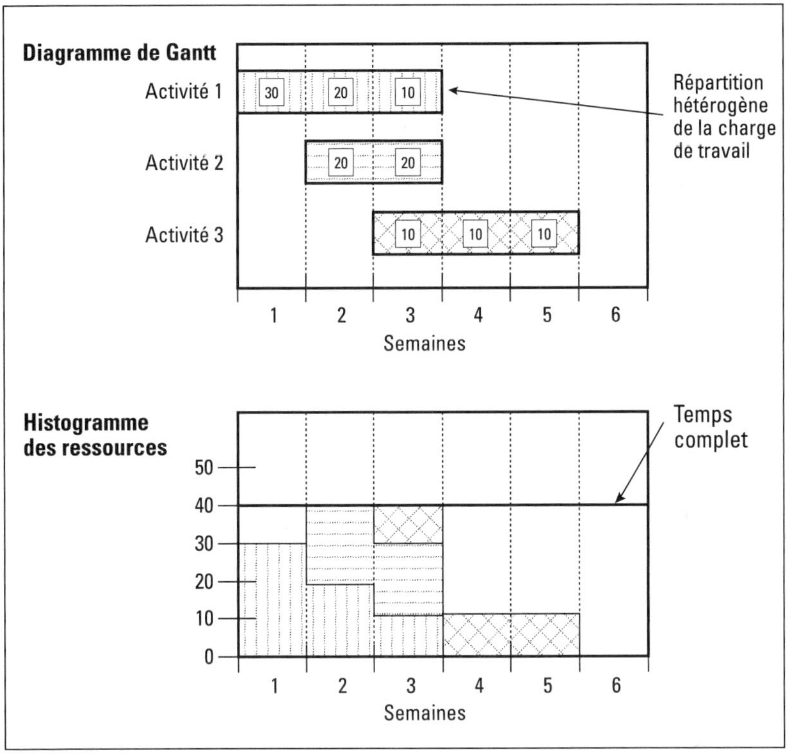

Figure 8-9 : Éliminer une surcharge en modifiant la répartition des heures de travail sur l'ensemble de la durée de l'activité.

- **Tirez parti d'une éventuelle marge pour certaines activités.** Envisagez d'avancer ou de retarder le démarrage d'une ou plusieurs activités.

  La figure 8-10 montre que, s'il existe au moins une semaine de marge pour l'activité 3 par rapport à sa date de fin prévue, vous pouvez ramener votre temps de travail total en semaine 3 à 40 heures-personne en retardant à la fois le début et la fin de la tâche 3 d'une semaine.

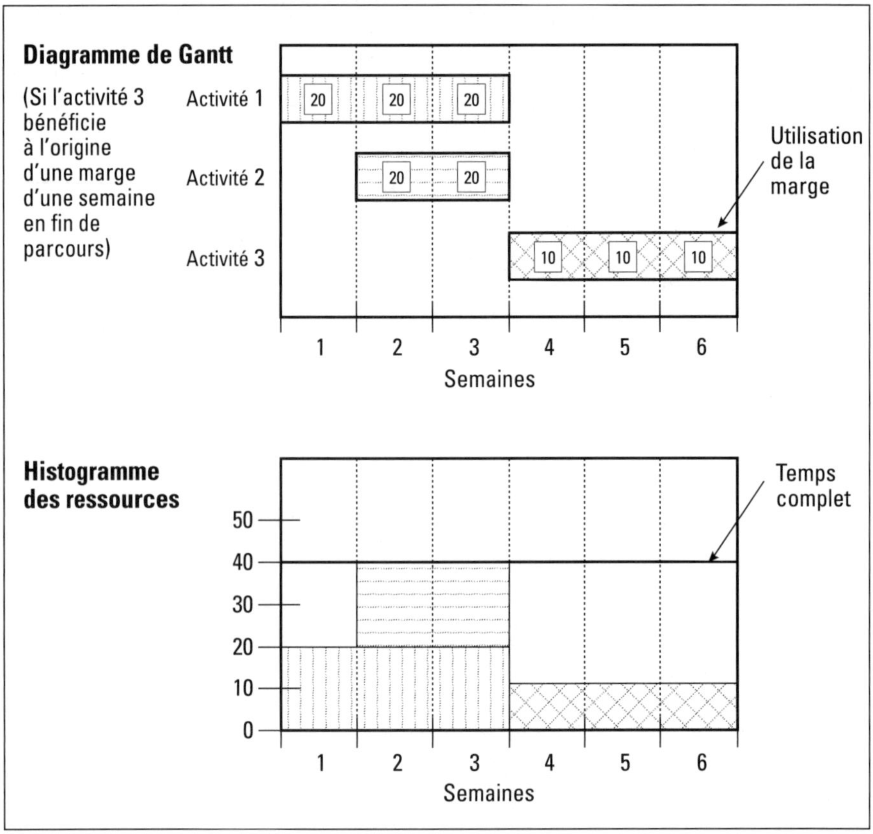

Figure 8-10 : Éliminer une surcharge en modifiant les dates de début et de fin d'une activité grâce à la marge dont vous disposez.

- **Affectez à un autre membre de votre équipe ou à un prestataire extérieur les travaux dont vous aviez planifié l'exécution en semaine 3.** En reportant 10 heures-personne en semaine 3, vous éliminez la surcharge.

Indiquez dans un *tableau récapitulatif des charges de travail* (voir le tableau 8-4) le nombre d'heures total que chaque personne consacrera à votre projet :

- Identifiez les personnes pouvant se répartir les tâches excédentaires des individus surchargés ;
- Fixez le budget personnel de votre projet en multipliant le nombre d'heures effectuées par les gens par les taux de main-d'œuvre pondérés. (Pour en savoir plus sur la façon de déterminer le taux de main-d'œuvre, reportez-vous au chapitre 9.)

	Heures-personne					
	Semaine 1	Semaine 2	Semaine 3	Semaine 4	Semaine 5	total
Vous	20	40	50	10	10	130
Bernard	10	20	10	30	10	80
Marie	15	10	20	10	30	85
total	45	70	80	50	50	295

Figure 8-11 : Récapitulatif des charges de travail pour montrer le total d'heures-personne prévu pour un projet

Coordonner les affectations sur plusieurs projets

Face à des tâches qui se chevauchent, une personne peut se retrouver confrontée à plusieurs exigences auxquelles elle ne pourra pas répondre, que cela concerne un ou plusieurs projets. Si résoudre ces conflits de calendrier peut s'avérer plus difficile si plusieurs chefs de projet sont concernés, les techniques d'analyse demeurent les mêmes qu'il s'agisse d'un ou de plusieurs projets. Cette section vous montre comment utiliser les techniques et outils visuels des sections précédentes pour venir à bout de conflits en termes de ressources dus à la multiplication de projets simultanés.

N'importe quel membre de votre équipe peut également être affecté en même temps à un autre projet (conduit par vos soins ou par quelqu'un d'autre). S'il existe un *tableau récapitulatif des charges de travail* pour chaque projet dans lequel sont impliqués les membres de votre équipe, vous pouvez gérer les engagements de chacun en regroupant les informations figurant dans les *tableaux récapitulatifs des charges de travail* au sein d'un histogramme général des ressources.

La figure 8-11 montre un histogramme général des ressources qui illustre les engagements de chaque personne dans une ou plusieurs équipes de projet. Cet histogramme général des ressources (intitulé « Tous les projets ») est tiré du tableau récapitulatif des charges de travail correspondant à chaque projet auquel participent les membres de votre équipe.

Projet A	Jan.	Fév.	Mar.	Avr.
Vous	50	40	20	30
Jean	20	80	60	40
Suzy	30	20	30	35

Projet B	Jan.	Fév.	Mar.	Avr.
Vous	30	20	40	35
Anne	40	30	35	25
Bruno	70	50	35	40

Projet C	Jan.	Fév.	Mar.	Avr.
Vous	50	40	30	45
Frank	40	30	35	30
Pierre	20	60	50	30

Tous les Projets	Jan.	Fév.	Mar.	Avr.
Vous	130	100	90	110
Mike	90	120	70	86
. .				

Figure 8-12 : Utiliser des tableaux récapitulatifs des charges de travail pour planifier le temps que vous consacrez à plusieurs projets.

La figure 8-12 indique que vous êtes actuellement prévu pour travailler en février sur les projets A, B et C, à raison respectivement de 40, 20 et 40 heures-personne. Si quelqu'un vous demande de travailler sur le projet D pendant 60 heures-personne, plusieurs choix s'offrent à vous.

Si vous estimez pouvoir assumer 160 heures-personne en février, vous pouvez récupérer sans problème les 60 heures-personne du projet D, car, pour le moment, seules 100 heures-personne vous ont été attribuées.

Cependant, actuellement, les 20 heures-personne supplémentaires demandées ne peuvent être casées. Vous pouvez donc envisager une des options suivantes :

- Trouver quelqu'un qui pourrait se charger de 20 heures-personne sur les projets A, B ou C en février ;
- Reporter de février à janvier ou mars les travaux sous votre responsabilité d'un ou plusieurs de ces projets ;
- Faire des heures supplémentaires.

Vous êtes prêt à monter votre équipe

Après avoir travaillé d'arrache-pied sur le calendrier serré, vous soumettez votre plan de projet (le seul document qui comprenne le contenu du projet, la liste des parties prenantes, l'organigramme technique de projet, la matrice d'affectation des responsabilités, le calendrier, les exigences en termes de ressources, le budget et tous les plans secondaires de fourniture des services d'assistance au projet) pour révision et approbation. Quelques jours plus tard, votre patron revient vers vous et dit :

> *« J'ai une bonne et une mauvaise nouvelle. Vous voulez que je commence par laquelle ?*
>
> *— La bonne, répondez-vous.*
>
> *— Votre plan a été approuvé.*
>
> *— Alors, quelle est la mauvaise ? demandez-vous.*
>
> *— Il ne reste plus qu'à réaliser ce projet ! »*

Bien démarrer son projet est essentiel à son succès. Votre plan de projet décrit ce que vous allez produire, le travail que vous allez effectuer, comment vous vous y prendrez, dans quel délai et quelles ressources il vous faudra. Lorsque vous rédigez votre plan de projet, vous vous appuyez sur les informations dont vous disposez à ce moment précis et, si ces données ne sont pas disponibles, vous faites des suppositions. Plus il s'écoule de temps entre l'achèvement et l'approbation de votre plan, plus vos hypothèses seront sujettes au changement lorsque vous démarrerez le projet.

Lorsque vous vous préparez à démarrer votre projet, vous devez reconfirmer ou actualiser les informations comprises dans votre plan, choisir ou réaffirmer les personnes qui participeront à votre projet et définir leur rôle exact, ainsi que préparer les systèmes et procédures associés au déroulement du projet. Cette partie vous indique comment exécuter ces tâches et prendre un bon départ.

Finaliser la liste des participants

TECHNIQUE

Une *partie prenante* est une personne ou un groupe qui soutient, est concerné ou intéressé par votre projet. (Le chapitre 10 traite en détail l'identification des parties prenantes d'un projet.) Dans votre plan de projet, vous décrivez les rôles que joueront les participants et la charge de travail que vous prévoyez pour les membres de l'équipe. Vous identifiez les individus concernés par leur nom, leur titre ou fonction ou les compétences et connaissances qu'ils doivent posséder.

Cette section vous montre comment réaffirmer les personnes qui seront impliquées dans le déroulement de votre projet, vous assurer que tout le monde demeure partant et quoi faire si certains ne le sont plus.

Toujours partant ? Confirmer la participation des membres de son équipe

Avant de démarrer votre projet, vous devez confirmer l'identité des personnes qui s'investiront en vérifiant qu'elles sont toujours en mesure de tenir leur engagement et, si nécessaire, recruter d'autres personnes afin de satisfaire les besoins restants.

Lorsque vous contactez toutes les personnes qui participeront à votre projet, faites les choses suivantes :

1. **Informez-les du feu vert obtenu pour votre projet et de la date de début des travaux.**

   Tous les plans ne sont pas approuvés. Vous savez rarement à l'avance la durée du processus d'approbation ou dans combien de temps vous pourrez lancer le projet. Informez dès que possible les membres de l'équipe afin qu'ils puissent effectuer la programmation.

2. **Vérifiez si les personnes sont toujours en mesure de participer à votre projet.**

   Les charges de travail et autres engagements des participants peuvent varier entre le moment où vous préparez le plan et l'approbation du projet. Si une personne n'est plus en mesure d'apporter son soutien, remplacez-la dès que possible (voir la section « Boucher les trous », plus loin dans ce chapitre).

3. **Expliquez la façon dont vous allez procéder pour constituer l'équipe de projet et lancer les travaux.**

   Fournissez une liste de tous les membres de l'équipe et des autres personnes qui soutiendront le projet. Indiquez également la procédure adoptée pour présenter les membres et effectuer le démarrage du projet.

4. **Reconfirmez le travail que vous attendez d'eux, les calendriers et délais fixés et la charge de travail.**

   Spécifiez les activités et la nature du travail.

   Pour révéler ces informations aux participants, vous pouvez utiliser n'importe quel format, d'un bref courriel à un ordre d'exécution en bonne et due forme, en fonction de la taille et du caractère officiel de votre projet.

Comme l'illustre la figure 8-12, un *ordre d'exécution* comprend les informations suivantes :

- **Identifiants :** les identifiants sont le nom du projet, le numéro de projet, le nom de l'activité et code de l'organigramme technique de projet. (Le chapitre 6 vous dit tout sur l'OTP.) Les nom et numéro de projet confirment que votre projet est désormais officiel. Le nom de l'activité et le code OTP servent pour la consignation de l'avancement des travaux, ainsi que de la durée et de l'utilisation des ressources ;

- **Travaux à effectuer et livrables ou résultats à produire :** ces détails décrivent les différentes activités et procédures inhérentes au projet, ainsi que les choses concrètes qui ressortiront du projet ;
- **Date de début, date de fin et nombre d'heures consacrées aux activités :** ces informations réaffirment :
  - L'importance d'effectuer le travail en respectant le calendrier et le budget ;
  - L'acceptation de la part de la personne qui effectuera le travail décrit de respecter les contraintes en matière de temps et de ressources ;
  - Les critères que vous utiliserez pour évaluer les performances de la personne ;
- **Accord écrit de la personne qui effectuera le travail, de son supérieur hiérarchique et du chef de projet :** en incluant ces accords écrits, vous augmentez les chances que toutes les personnes impliquées aient bien lu et compris les éléments du projet et qu'elles s'engagent à effectuer leur part de travail.

Ordre d'exécution		
Nom du projet :		Numéro de projet :
Nom de l'activité :		Code OTP :
Description du travail à effectuer :		
Livrables ou résultats à produire :		
Date de début	Date de fin	Nombre d'heures à passer
Approbations		
Chef de projet :	Membre de l'équipe :	Supérieur hiérarchique du membre de l'équipe :
Nom	Nom	Nom
Signature / Date	Signature / Date	Signature / Date

Figure 8-13 : Un ordre d'exécution type.

TRUC

Veillez à donner toutes ces informations lorsque vous reconfirmez la participation d'une personne à votre projet. Plus vous tarderez à les fournir, plus il y a de risques que la personne ne vous apporte pas tout le soutien espéré.

N'OUBLIEZ PAS !

Si vous choisissez de ne pas utiliser un ordre d'exécution officiel, consignez malgré tout par écrit toutes les informations clés qui clarifient votre accord et obtenez la signature du membre de l'équipe et de son supérieur. Le fait de devoir signer un document incite les gens à y réfléchir à deux fois avant de s'engager, tout en servant de référence et en rappelant les termes de l'engagement.

S'assurer que les autres sont bien à bord

D'autres personnes peuvent également contribuer au succès de votre projet, même si elles ne font pas officiellement partie de votre équipe. Il s'agit des *commanditaires* (les gens qui ont leur mot à dire pour le choix des résultats du projet) et des *contributeurs* (des gens qui rendent un service ou fournissent des ressources à votre équipe).

Autre partie prenante spéciale, votre *parrain*, personne occupant un poste élevé au sein de l'organisation, qui soutient particulièrement votre projet, le défendra en cas de litiges, lors des réunions de planification et des séances de contrôle et qui prendra les mesures nécessaires pour contribuer à son succès. (Le chapitre 10 traite ces différentes parties prenantes.)

Contactez votre parrain et tous les autres commanditaires et contributeurs afin de :

- Les informer du feu vert reçu pour votre projet et de la date de début des travaux ;
- Réaffirmer les objectifs de votre projet ;
- Vérifier avec les commanditaires identifiés que les résultats prévus répondent toujours à leurs besoins ;
- Clarifier avec les contributeurs ce que vous attendez d'eux ;
- Élaborer des plans pour impliquer chaque partie prenante tout au long du projet et les informer de l'avancement des travaux.

Certaines personnes seront intéressées par votre projet mais ne participeront pas à la définition des résultats attendus ou ne vous soutiendront pas directement. Choisissez des *observateurs* que vous souhaitez tenir informés tout au long du projet et décidez du mode d'information.

Boucher les trous

Si votre plan répertorie uniquement les membres de l'équipe de projet par leur poste, la description de leurs fonctions ou leurs compétences et connaissances (et non en citant des noms), vous devez trouver des individus en chair et en os pour remplir ces rôles. Il peut s'agir d'un membre du personnel de votre organisation, d'une personne extérieure à votre organisation que vous allez recruter ou d'une personne appartenant à une organisation externe à laquelle vous faites appel.

Quelle que soit la méthode choisie, préparez, pour chaque personne, une description écrite des activités que vous souhaitez lui voir mener. Cela peut aller d'une simple note pour des projets informels à une fiche de poste pour les projets plus officiels.

N'OUBLIEZ PAS !

Consignez vos besoins par écrit pour chaque catégorie de personnel. Vous devez inclure au minimum les informations suivantes :

- Nom, numéro et date de début du projet ;
- Compétences et connaissances exigées ;
- Nature des activités et dates de début et de fin ;
- Charge de travail prévue.

Si vous envisagez de pourvoir les postes manquants au sein de votre équipe en recrutant dans votre entreprise, procédez comme suit :

- Identifiez les candidats potentiels avec l'aide du service des ressources humaines et des chefs de département ;
- Rencontrez les candidats afin de parler de votre projet, de décrire les travaux et d'évaluer leurs qualifications ;
- Choisissez les meilleurs candidats et demandez-leur de rejoindre votre équipe ;
- Consignez par écrit les accords passés avec les nouveaux membres de l'équipe.

Si vous cherchez des candidats en dehors de votre entreprise, rapprochez-vous de votre service des ressources humaines, lequel est capable d'orienter vos recherches. Fournissez une description détaillée des qualifications, compétences et connaissances requises, des tâches au programme et de la charge de travail prévue. Assistez aux entretiens et suivez le processus de recrutement.

Si vous prévoyez de faire appel à des consultants externes, faites-vous assister par votre service juridique et fournissez-lui les informations que vous avez données au service des ressources humaines. Lisez le modèle de contrat élaboré avant de le soumettre.

En dehors de la procédure de constitution de votre équipe de projet, rapprochez-vous des différents services afin de trouver des intervenants (autres que ceux de l'équipe de projet) qui vous assisteront pendant le déroulement du projet (par exemple, un spécialiste des contrats ou des achats, à partir du moment où il n'est pas officiellement membre de votre équipe). Une fois ces personnes identifiées, faites ce qui suit :

- Rencontrez-les afin de clarifier les objectifs et résultats attendus de votre projet, ainsi que les modalités de leur contribution ;
- Mettez en place des procédures pour les impliquer dans le projet et les informer de l'avancement des travaux.

Monter son équipe

Ce n'est pas en assignant simplement des tâches aux participants que vous créez une équipe de projet. Une *équipe* est un ensemble de personnes avançant vers des objectifs communs et qui dépendent les unes des autres pour mener leur mission à bien. Les équipes de projet sont constituées de membres pouvant et devant apporter une contribution précieuse et unique au projet.

Une équipe diffère d'autres groupes de personne qui travaillent ensemble. Par exemple :

- Un *groupe* est constitué de personnes qui œuvrent individuellement à la réalisation d'une tâche collective ;
- Un *comité* comprend des personnes qui se réunissent pour discuter de problèmes et proposer des solutions qu'ils mettent parfois en œuvre.

Dès que vous avez constitué votre équipe, définissez son identité et ses modalités de fonctionnement. Développez les éléments suivants en veillant à ce que votre équipe les comprenne et les accepte :

- **Objectifs :** ce que l'équipe, à titre collectif, et ses membres, à titre individuel, espèrent accomplir ;
- **Rôles :** domaine de spécialité, fonction au sein de l'équipe, autorité et missions de chaque membre ;
- **Processus :** techniques que les membres de l'équipe emploieront pour exécuter les tâches liées au projet ;
- **Relations :** attitudes et comportements des membres de l'équipe entre eux.

Cette section indique comment créer l'identité de votre équipe en permettant aux différents membres de passer en revue le plan de projet, d'étudier les objectifs individuels et collectifs, de se mettre d'accord sur les rôles de chacun et de commencer à établir des relations de travail productives.

Passer en revue le plan de projet approuvé

Dès que des personnes rejoignent votre équipe, faites-leur lire le plan de projet approuvé afin de renforcer les objectifs du projet, de clarifier les travaux planifiés, de confirmer la faisabilité du calendrier et de l'exploitation des ressources et d'identifier tout problème potentiel. Réunissez ensuite tout le groupe afin que chacun puisse faire des observations.

Les membres de l'équipe de projet ayant participé à la phase de proposition peuvent se rappeler l'historique et l'objectif du projet, leurs rôles planifiés et le travail à effectuer. Ils peuvent également identifier des situations et circonstances ayant pu changer depuis la préparation de la proposition, puis réévaluer les risques et plans de gestion des risques du projet.

Les nouveaux membres de l'équipe ont la possibilité de s'imprégner de l'historique et de l'objectif du projet, de découvrir leur rôle et mission, de soulever des questions de calendrier et de budget et d'identifier des problèmes risquant de nuire au projet.

Fixer les objectifs collectifs et individuels de l'équipe

Les membres de l'équipe de projet s'engagent dans le projet quand ils estiment que leur participation pourrait les aider à atteindre des objectifs professionnels et personnels. Aidez les membres de l'équipe à progresser et à partager la même vision des objectifs du projet en :

- Parlant des raisons d'être du projet, de ses contributeurs et de l'impact de ses résultats ;
- Clarifiant les avantages que peuvent tirer les clients de votre organisation ;
- Mettant l'accent sur ce que les résultats pourraient apporter à votre entreprise, en termes de croissance et de viabilité ;
- Explorant les conséquences que les résultats du projet pourraient avoir sur la mission de chaque membre.

Incitez les gens à réfléchir aux bienfaits de leur participation sur leurs objectifs personnels : acquérir de nouvelles compétences et connaissances, rencontrer des gens, se faire mieux connaître au sein de l'entreprise et favoriser leur promotion interne. Bien évidemment, un projet n'est pas exclusivement destiné à remplir les objectifs personnels des membres de l'équipe. Cependant, quand les membres d'une équipe peuvent tirer profit du projet à titre personnel tout en rendant de précieux services à l'organisation, leur motivation et investissement sont plus grands. (Pour en savoir plus sur la façon de créer et de maintenir la motivation des membres d'une équipe de projet, rendez-vous au chapitre 15.)

Préciser le rôle des membres de l'équipe

Rien n'est plus source de désillusion et de frustration que de ne pas indiquer à des personnes motivées comment travailler en équipe. Plusieurs individus commencent parfois à effectuer la même tâche chacun de leur côté tandis que certaines activités sont complètement occultées. Ces personnes finissent par rechercher des tâches ne demandant aucune coordination ou se détachent progressivement du projet afin de trouver des missions plus gratifiantes.

Pour éviter que cette frustration gagne les membres de votre équipe, veillez à définir avec chaque membre les tâches à exécuter et la nature de son rôle. Voici des rôles qui peuvent échoir aux membres d'une équipe :

- **Responsabilité principale :** a l'obligation d'ordre général de garantir l'achèvement d'une activité ;
- **Responsabilité secondaire :** a l'obligation de réaliser une partie d'une activité ;
- **Approbation :** doit approuver les résultats produits par une activité avant que les travaux puissent se poursuivre ;
- **Ressource à titre consultatif :** peut donner des conseils d'expert et apporter son assistance si nécessaire ;
- **Destinataire obligatoire des résultats du projet :** reçoit soit le produit physique, soit le rapport d'une activité.

TRUC

Si vous avez préparé une matrice d'affectation des responsabilités au sein de votre plan de projet, servez-vous-en comme base pour les discussions sur les rôles que devront jouer les membres de votre équipe (voir plus haut dans ce chapitre sur la matrice d'affectation des responsabilités). Ne vous contentez pas de présenter la matrice. Prenez le temps d'inciter vos troupes à poser des questions et à exprimer leurs inquiétudes, jusqu'à ce qu'elles jugent leur rôle réaliste et adapté.

Définir les modalités de fonctionnement de son équipe

Développez les procédures que vous et votre équipe allez utiliser au quotidien. Leur existence permet une exécution efficace des tâches au programme et contribue à l'instauration d'un bon esprit d'équipe. Créez au moins des procédures dans les domaines suivants :

- **Communication :** ces processus consistent à partager les informations relatives au projet, par écrit et oralement :
  - Quand et comment utiliser le courrier électronique pour échanger des informations concernant le projet ;
  - Quels types d'informations doivent être consignées par écrit ;
  - Quand et comment consigner les discussions informelles ;

- Comment programmer régulièrement des rapports et réunions afin de consigner et contrôler l'avancement des travaux;
- Comment gérer les problèmes qui apparaissent.

- **Résolution des conflits :** ces processus consistent à résoudre des divergences d'opinion à propos des travaux entre les membres de l'équipe. Voici les procédures que vous pouvez mettre en place :
  - *Approches standard* (mesures normales que vous prenez pour encourager les gens à aboutir à une solution qui contente tout le monde);
  - *Procédures exceptionnelles* (mesures que vous prenez si les personnes impliquées ne parviennent pas à se mettre d'accord).
- **Prise de décision :** ces processus consistent à choisir entre plusieurs approches et actions. Élaborez des directives qui permettront d'opter pour l'option la plus adaptée à une situation : consensus, principe de la majorité, accord à l'unanimité et décision prise par un expert technique. Prévoyez également des procédures exceptionnelles à exécuter lorsque les processus traditionnels ne donnent rien.

Favoriser les relations entre les membres de l'équipe de projet

Dans les équipes très performantes règnent entre les membres une grande confiance mutuelle et des relations de travail cordiales et bien coordonnées. Mais, il faut du temps et une grande concertation pour développer confiance et pratiques efficaces.

TRUC

Dès le début du projet, aidez les membres de votre équipe à se connaître et à être à l'aise ensemble en les incitant à :

- Résoudre les conflits en interne;
- Mener une réflexion collective afin de solutionner les problèmes techniques et administratifs épineux;
- Passer du temps libre ensemble (déjeuner ou activités en dehors du travail).

L'union fait la force : aider son équipe à faire bloc

Lorsque les membres de l'équipe se font confiance, peuvent compter l'un sur l'autre et communiquent en toute transparence, ils peuvent se concentrer pleinement sur les travaux au lieu de passer leur temps à se chamailler. Aidez votre équipe à être très performante en la guidant lors des stades suivants :

- **Formation :** ce stade consiste à identifier et à rencontrer les membres de l'équipe, à discuter posément des objectifs du projet, des missions, etc. Révélez le plan de projet, faites les présentations entre les différents membres et parlez avec chaque personne de son parcours, de ses responsabilités au sein de l'organisation et de ses domaines d'expertise.

- **Turbulence :** durant ce stade, il s'agit de soulever les questions conflictuelles et de résoudre les conflits personnels à propos du projet ou d'autres membres de l'équipe. Procédez comme suit :
  - Incitez les gens à soulever leurs inquiétudes quant à la faisabilité du projet et veillez à les dissiper ;
  - Encouragez les gens à parler ouvertement de leurs réserves vis-à-vis de la personnalité ou des capacités de certains membres de l'équipe ;
  - Orientez ces discussions de façon à favoriser l'exécution satisfaisante des tâches ; il ne s'agit pas de transformer ces échanges en attaques personnelles improductives.

  N'OUBLIEZ PAS !

  Vous pouvez commencer par parler en privé des problèmes que vous ne souhaitez pas aborder devant toute l'équipe. Il faudra quand même que vous finissiez par les soulever devant tout le monde afin que l'honnêteté et la confiance mutuelle continuent de régner au sein de votre équipe.

- **Normalisation :** ce stade implique la création de normes et modalités de fonctionnement qui doivent régir le comportement de tous les membres de l'équipe. Encouragez-les tous à créer ces règles au lieu de s'appuyer sur les procédures et pratiques en vigueur dans leur département respectif. Voici quelques exemples de normes :
  - **La façon de présenter son point de vue et de discuter celui des autres :** certaines personnes donnent leur avis poliment tandis que d'autres débattent de manière agressive afin de montrer qu'elles ont raison ;
  - **La ponctualité lors de réunions :** certaines personnes sont toujours à l'heure aux réunions, tandis que d'autres ont systématiquement 15 minutes de retard ;
  - **La participation aux réunions :** certaines personnes se contentent d'être présentes et d'observer, tandis que d'autre participent activement et donnent leur point de vue.

  TRUC

  Lorsque l'équipe se réunit, encouragez tout le monde à aborder le thème du comportement approprié pour chaque situation. Répondez aux inquiétudes soulevées et incitez le groupe à respecter des normes collectives.

- **Performance :** ce stade concerne l'exécution des travaux, la surveillance des calendriers et budgets, la réalisation des changements qui s'imposent et l'information des membres.

N'OUBLIEZ PAS !

Lorsque vous guidez votre équipe à travers ces stades de développement, gardez ceci à l'esprit :

- **Votre équipe ne va pas franchir automatiquement ces étapes, vous devez la guider.** Laissées à l'abandon, les équipes ne parviennent pas à dépasser le stade de la formation. Nombre de personnes n'aiment pas aborder les problèmes interpersonnels épineux. Elles se contentent de les ignorer. Votre mission est de veiller à ce que les membres prennent en compte les besoins à satisfaire et forment une équipe au fonctionnement harmonieux;
- **En tant que chef de projet, votre implication dans la formation de votre équipe doit être plus importante lors des premiers stades puis diminuer progressivement.** Lors du stade de formation, vous devez prend la tête du groupe car c'est le moment où des nouveaux intègrent l'équipe. Lors de la phase de turbulence, vous avez un rôle essentiel d'animateur et de médiateur car vous incitez les gens à livrer leurs sentiments et à exprimer leurs inquiétudes. Bien que vous puissiez orienter l'équipe lorsqu'elle fixe ses normes de fonctionnement, votre mission première est alors de veiller à ce que tout le monde s'implique dans ce processus. Enfin, si vous avez franchi les trois premières étapes avec succès, vous pouvez revenir au stade de la performance et offrir votre aide, à partir du moment où votre équipe montre sa capacité à très bien fonctionner, en toute harmonie;
- **Il peut arriver que vous deviez reprendre un stade que vous pensiez franchi par l'équipe.** Par exemple, une nouvelle personne rejoint l'équipe ou un élément essentiel du plan de projet est modifié;
- **Si tout marche comme sur des roulettes, peu importe que votre équipe ait passé, victorieusement ou non, les stades de formation, de turbulence et de normalisation.** Mais, lorsque le projet rencontre des problèmes, votre équipe peut se mettre à mal fonctionner si elle n'a pas franchi avec succès chaque étape. Supposons par exemple que l'équipe dépasse un délai très important. Si les membres ne sont pas parvenus à instaurer un climat de confiance au sein de l'équipe, ils seront plus enclins à chercher un responsable et non à œuvrer de concert à la recherche d'une solution;
- **En tant que chef de projet, vous devez périodiquement sonder l'équipe sur la perception de ses performances, puis décider, le cas échéant, sur quel problème elle doit travailler.** Gérer son équipe est un projet à part entière!

Préparer le terrain afin de bien contrôler son projet

Contrôler le projet pendant son déroulement requiert la collecte des bonnes informations, l'évaluation de ses performances par rapport au plan établi et la communication de ses conclusions avec les parties prenantes. Cette section met en lumière les mesures à prendre pour se préparer à la collecte, à l'analyse et la communication de ces informations. (Le chapitre 12 vous dit tout sur la façon de contrôler son projet.)

Sélectionner et préparer les systèmes de suivi

Pour contrôler son projet avec efficacité, il faut disposer au moment opportun d'informations exactes afin de pouvoir identifier rapidement les problèmes et de prendre les mesures qui permettront de les régler. Cette section signale les infos dont vous aurez besoin et vous explique comment vous les procurer.

Tout au long de votre projet, vous devez suivre les performances en matière de :

- **Respect du calendrier :** évaluation de la façon dont vous vous conformez aux dates limites fixées ;
- **Utilisation des ressources humaines :** charge de travail des personnes pour exécuter les tâches qui leur ont été assignées ;
- **Dépenses :** sommes consacrées à l'acquisition des ressources.

Le chapitre 13 traite en détail les systèmes d'information que vous pouvez utiliser pour suivre l'avancement de votre projet.

Si vous utilisez les systèmes d'information existants de votre entreprise pour suivre le déroulement du projet en termes de calendrier et d'exploitation des ressources, prenez en compte les différents paramètres de la manière suivante :

- **Obtenez le numéro de projet officiel.** Votre *numéro de projet* est son identifiant officiel au sein de votre entreprise. On attribue ce numéro à tous les produits, activités et ressources liés à votre projet. Pour l'obtenir, renseignez-vous auprès du service financier ou du bureau de projet de votre organisation. Demandez au service financier ou informatique les mesures à prendre pour intégrer votre projet au système de suivi financier, au système de gestion des effectifs et/ou au système de suivi des activités ;

- **Finalisez votre organigramme technique de projet.** Faites relire votre OTP par les membres de votre équipe de projet et effectuez les éventuels ajouts ou corrections. Attribuez des codes d'identification à tous les éléments de l'OTP (le chapitre 6 vous dit tout sur l'OTP) ;
- **Attribuez des codes d'imputation correspondant à votre projet, au sein du système de gestion des effectifs.** Si les membres de votre équipe consignent leurs heures de travail par projet, attribuez un code à toutes les activités de votre OTP. Vous pourrez ainsi suivre l'avancement de chaque tâche inscrite à l'OTP ainsi que du projet dans son ensemble.

  TRUC

  S'il est possible de limiter le nombre d'heures par activité au sein du système de votre organisation, fixez ces limites (pour savoir comment fixer les objectifs en matière de calendrier, de ressources et de budget, consultez la section « Définir la base de son projet », plus loin dans ce chapitre. Vous serez ainsi certain que la limite d'heures déterminée par le plan n'est pas franchie par mégarde ;
- **Attribuez des codes d'imputation correspondant à votre projet, au sein du système financier.** Si votre organisation suit les dépenses par projet, attribuez un code à toutes les activités de votre OTP présentant des dépenses. Si le système permet de limiter les dépenses par activité, saisissez ces limites.

Définir des calendriers pour les rapports et les réunions

Pour être certain de répondre à vos besoins en matière d'informations et à ceux des parties prenantes, établissez un calendrier des rapports à préparer et des réunions à organiser pendant le déroulement du projet. La planification préalable des communications avec vos parties prenantes favorise la satisfaction de leurs besoins individuels et leur permet de se dégager du temps pour assister aux réunions.

Réunissez-vous avec les parties prenantes du projet et les membres de votre équipe afin d'établir un calendrier des réunions et rapports d'avancement récurrents. Précisez les éléments suivants :

- Les rapports qui seront publiés ;
- Les réunions qui seront organisées ainsi que leurs objectifs respectifs ;
- La date de tenue des réunions et de publication des rapports ;
- Les personnes qui assisteront aux réunions et celles qui recevront les rapports ;
- Le format et le contenu des réunions et rapports.

Le chapitre 13 aborde le thème des rapports et des réunions.

Définir la base de son projet

La *base* du projet est la version de votre plan de projet orientant les activités et sert de référence pour les évaluations de performance que vous réalisez, on parle aussi de « *baseline* ». En début de projet, utilisez comme base le plan approuvé à la fin de la phase d'organisation et de préparation, modifié par des changements opérés lors de la phase d'exécution des travaux (pour en savoir plus sur les différentes phases d'un projet, lisez le chapitre 2). Pendant le projet, utilisez comme base la version approuvée du plan de projet la plus récente.

Chapitre 9

Parlons sous : coût et budget du projet

Dans ce chapitre :

- Les différents types de coûts
- Les trois étapes de la création d'un budget
- Affiner un budget au fur et à mesure de l'avancement d'un projet

Dans un monde où les ressources financières sont limitées, vous êtes constamment en quête du meilleur rendement pour votre investissement. L'évaluation du coût d'un projet est par conséquent importante à plusieurs titres :

- Elle vous permet de comparer les rentrées par rapport aux coûts et de voir ainsi si le projet tient la route ;
- Elle vous permet de savoir si les fonds nécessaires sont disponibles ;

Vous ne monterez et ne gérerez peut-être pas des budgets détaillés pour tous vos projets, mais connaître les mécanismes peut faire de vous un meilleur chef de projet et accroître les chances de succès de votre projet. Cette section passe en revue les différentes sortes de coûts que vous pouvez être amené à rencontrer. Vous trouverez ensuite des conseils pour monter vous-même le budget de votre projet.

Les différents types de coûts

Le *budget d'un projet* est une estimation détaillée et programmée dans le temps de tous les coûts liés aux ressources. Un budget se crée généralement par phases, de l'estimation initiale approximative à l'approbation finale, en passant par une estimation détaillée. Il peut même arriver que vous révisiez votre budget approuvé en cours de projet (pour en savoir plus, reportez-vous à la section « Affiner son budget à mesure qu'avance le projet », plus loin dans ce chapitre).

Le budget de votre projet comprend à la fois les coûts directs et indirects.

Les coûts directs

Les *coûts directs* sont les coûts concernant des ressources exclusivement utilisées pour votre projet :

- Salaires des membres de votre équipe de projet ;
- Éléments, fournitures et équipement utilisés pour votre projet ;
- Frais de déplacement pour réaliser les travaux dans le cadre de votre projet ;
- Contrats de sous-traitance concernant exclusivement votre projet.

Les coûts indirects

Les *coûts indirects* sont les coûts concernant des ressources allouées à plusieurs projets mais qui ne peuvent être imputées à un projet en particulier. Il existe deux catégories de coûts indirects :

- **Les frais généraux :** coûts de produits et services liés à votre projet qui sont difficiles à classer et à allouer directement. Il s'agit par exemple des avantages sociaux, de la location de locaux, de fournitures d'ordre général et des coûts du mobilier, des aménagements et des équipements.

  Il vous faut un bureau pour travailler sur votre projet et l'espace n'est pas gratuit. Cependant, votre entreprise a un contrat de location annuel pour ses locaux. Dans cet espace figurent de nombreux bureaux individuels et zones de travail, et les gens participent à de nombreux projets au cours d'une année. Dans la mesure où vous n'avez pas de documents spécifiant la valeur pécuniaire (par rapport au loyer annuel) correspondant au temps que vous passez dans votre bureau sur les seules activités de votre projet, l'utilisation de l'espace de travail est considérée comme un coût indirect ;
- **Les frais de gestion :** des dépenses servant au fonctionnement de votre entreprise (sans votre entreprise, vous ne pourriez conduire votre projet). Il s'agit par exemple des salaires du service juridique, du service financier et de la direction générale, ainsi que des honoraires correspondant à des prestations comptables et juridiques.

Supposons que vous planifiiez la conception et la création d'une brochure pour votre entreprise. Parmi les coûts directs figurent :

- **La main-d'œuvre :** c'est votre salaire et celui des autres membres de l'équipe de projet correspondant aux heures passées sur la brochure;
- **Les matériaux :** le papier spécial utilisé pour la brochure;
- **Les déplacements :** ce sont les coûts pour démarcher les sociétés susceptibles de concevoir la couverture de votre brochure;
- **La sous-traitance :** elle regroupe les services de la société extérieure qui se charge de créer le dessin sur la couverture de la brochure.

Voici des exemples de coûts indirects :

- **Les avantages sociaux :** assurance maladie, congés annuels, mutuelle, plan de retraite des employés, en dehors des salaires, pendant que vous et les autres membres de l'équipe travaillez sur la brochure;
- **La location :** coût des locaux que vous utilisez pour développer la brochure;
- **L'équipement :** ordinateur que vous utilisez pour composer la brochure;
- **Les salaires de l'encadrement et des agents administratifs :** portion des salaires des cadres supérieurs et du personnel exécutant les tâches administratives nécessaires au fonctionnement de votre entreprise.

Les trois phases de la création d'un budget

Les décideurs de l'entreprise adoreraient disposer d'un budget détaillé chaque fois qu'une personne soumet un projet. Ils pourraient ainsi en évaluer les avantages pour la société et savoir s'ils ont suffisamment de fonds pour le financer. Malheureusement, vous ne pouvez préparer ce genre d'estimation tant que vous n'avez pas une vision claire des travaux et ressources que nécessitera le projet.

Dans la réalité, la décision de se lancer ou non dans un projet et le choix de la stratégie à appliquer doivent intervenir avant la préparation d'un budget détaillé. Vous pouvez développer et affiner le budget de votre projet lors des phases ultérieures afin de prendre les décisions importantes en étant le mieux armé possible.

Estimation approximative

La phase d'estimation approximative génère une estimation initiale des coûts à partir d'une vision globale des travaux. Vous faites cette estimation sans disposer de données détaillées. Selon la nature du projet, le budget final peut être le double (voire plus!) de la première estimation.

Préparez une estimation approximative en vous inspirant du coût de projets similaires (ou d'activités similaires présentes dans votre projet) réalisés par le passé, des taux de productivité et des coûts pondérés applicables (par exemple, le nombre d'assemblages réalisables en une heure) et d'autres méthodes d'approximation.

Cette estimation traduit parfois ce qu'une personne *souhaite* dépenser et non ce que le projet va vraiment *coûter*. Vous ne détaillez généralement pas cette estimation jusqu'aux activités de dernier niveau car vous devez la préparer en très peu de temps avant même d'avoir recensé les activités du projet.

Même si les gens ne veulent pas toujours le reconnaître, les estimations de budget initiales dans le cadre de plans annuels et à long terme sont généralement des estimations approximatives. De par leur nature, elles peuvent être considérablement modifiées à mesure que s'affine la planification du projet.

Estimation détaillée du budget

La phase d'estimation détaillée implique de détailler les coûts estimatifs de chaque activité du projet. Vous préparez cette estimation en développant un OTP détaillé (voir le chapitre 6) et en évaluant les coûts de tous les lots de travaux de dernier niveau. (Reportez-vous au chapitre 8 pour en savoir plus sur l'estimation de la charge de travail et lisez la section « Définir les besoins en ressources non humaines » pour découvrir des moyens d'évaluer vos besoins en la matière.)

Le budget final approuvé

La phase de validation du budget aboutit au budget détaillé du projet, que des hauts décisionnaires approuvent et s'engagent à appuyer.

Affiner son budget à mesure qu'avance le projet

Entre le stade de l'idée et celui de la réalité, un projet traverse trois phases : le démarrage et la préparation, l'exécution et la clôture. Pour préparer et affiner votre budget pendant les différents stades d'avancement de votre projet, procédez comme suit :

En début de phase de démarrage et préparation

Utilisez cette estimation pour décider si l'entreprise doit soutenir votre projet plus avant en passant à la phase d'organisation et de préparation.

Il ne s'agit souvent pas d'une vraie estimation de coûts mais d'une somme que ne doit pas dépasser votre projet pour que le rendement soit acceptable. Votre confiance en cette estimation est faible car celle-ci n'est pas fondée sur une analyse détaillée des activités de votre projet.

En fin de phase de démarrage et préparation

Développez votre estimation détaillée et obtenez son approbation en fin de phase de démarrage et préparation, une fois spécifiées les activités du projet. Renseignez-vous dans l'entreprise sur l'identité de la personne chargée d'approuver les budgets. Il s'agit généralement du directeur financier et parfois du supérieur hiérarchique du chef de projet.

En cours de phase d'exécution

Révisez le budget approuvé au cours de la phase d'exécution des travaux, une fois identifiées les personnes qui travailleront sur votre projet et quand vous commencez à élaborer des contrats concernant l'utilisation des équipements, des installations et d'autres ressources, ainsi que le recrutement de fournisseurs et prestataires.

1. **Prêtez bien attention aux éléments suivants, qui requièrent souvent des modifications du budget approuvé :**
   - Les personnes assignées au projet sont plus ou moins expérimentées que prévu ;
   - Les prix des biens et services que vous allez acheter ont augmenté ;
   - Certaines ressources non humaines nécessaires ne sont plus disponibles au moment où vous en avez besoin ;
   - Vos clients veulent des résultats différents ou supplémentaires par rapport à ceux prévus à l'origine.
2. **Obtenez l'approbation des modifications à apporter au budget ou à d'autres éléments du plan approuvé avant le début des travaux.**

   Soumettez les demandes de changement du plan ou du budget original aux mêmes personnes ayant approuvé leur création.
3. **Surveillez les activités et jalons associées pendant les phases d'exécution des travaux et de clôture du projet afin de fixer les dates de révision éventuelles du budget.**

   Soumettez le plus tôt possible les demandes de révision du budget aux personnes à qui vous avez transmis le budget original.

TRUC

Vous ne participerez peut-être pas à tous les aspects de l'élaboration du budget. Si vous rejoignez le projet après la planification initiale, veillez à passer en revue les tâches budgétaires accomplies et à répondre aux éventuels problèmes et questions.

Fixer les coûts dans le cadre de l'estimation budgétaire détaillée

Une fois votre estimation approximative effectuée et la phase de démarrage et préparation de votre projet entamée, vous voilà prêt à créer votre estimation budgétaire détaillée. Pour ce faire, associez les approches suivantes :

- **Estimation ascendante :** pour chaque lot de travaux de l'OTP, effectuez une estimation de coût détaillée, puis additionnez chacune de ces estimations pour obtenir l'estimation du budget total du projet ;

- **Estimation descendante :** fixez un budget limite pour l'ensemble du projet, puis répartissez-le entre tous les composants de niveau 2 de l'OTP, puis répartissez les différents budgets obtenus entre tous les composants de niveau 3. Continuez de cette manière jusqu'à ce qu'un budget soit prévu pour chaque lot de travaux de dernier niveau.

L'approche ascendante

Montez votre budget ascendant en procédant comme suit :

1. **Pour chaque lot de travaux de dernier niveau, définissez les coûts de main-d'œuvre directe en multipliant le nombre d'heures consacrées par chaque personne par son salaire horaire.**

   Vous pouvez estimer les coûts de main-d'œuvre directe en vous servant de l'une des deux définitions suivantes du salaire :

   - Le salaire de chaque personne participant au projet ;
   - Le salaire moyen des personnes ayant un certain intitulé de poste, au sein d'un département donné, etc.

   Supposons que vous ayez besoin d'un graphiste pour concevoir les transparents de votre présentation. Le responsable du département PAO évalue à 100 heures-personne le temps que devra passer le graphiste sur votre projet. Si vous savez que Denis (dont le salaire est de 50 euros de l'heure) réalisera l'activité, vous pouvez estimer vos coûts de main-d'œuvre directs à 5000 euros. Cependant, si le directeur ne sait pas qui travaillera sur votre projet, servez-vous du salaire horaire moyen des graphistes dans votre entreprise pour estimer vos coûts.

2. **Pour chaque lot de travaux de dernier niveau, estimez les coûts directs afférents aux matériaux, équipements, déplacements, services contractuels et autres ressources non humaines.**

   Pour en savoir plus sur la façon de déterminer les besoins en ressources non humaines de votre projet, reportez-vous à la section « Définir les besoins en ressources non humaines » du chapitre 8. Consultez votre service achat, le personnel administratif et le service financier pour connaître le coût de ces ressources.

3. **Déterminez les coûts indirects associés à chaque lot de travaux.**

   Les coûts indirects s'estiment généralement sous la forme d'une partie des coûts de main-d'œuvre directe planifiés pour le lot de travaux en question. En général, c'est le service financier de votre entreprise qui fixe chaque année cette portion, en :

   - Estimant les coûts de main-d'œuvre directs de l'entreprise pour l'année à suivre ;

- Estimant les coûts indirects de l'entreprise pour l'année à suivre ;
- Divisant les coûts indirects estimés pour les coûts de main-d'œuvre directs estimés.

Vous pouvez estimer le montant total des coûts indirects en partant du principe qu'ils sont regroupés sous une seule catégorie, appelée « coûts indirects » ou qu'ils appartiennent à l'une des deux catégories intitulées « frais généraux » et « frais de gestion » (pour de plus amples informations, reportez-vous à la section précédente « Les différents types de coûts » et à l'encadré, plus bas, « Deux modes d'estimation des coûts indirects »). Choisissez votre méthode en comparant la précision de l'estimation et les efforts qu'elle demande.

Imaginons que vous prévoyiez de concevoir et fabriquer la brochure d'une entreprise. Vous disposez déjà des informations suivantes (révélées dans le tableau 9-1, à travers une estimation budgétaire détaillée classique) :

- Vous estimez consacrer 200 heures-personne au projet, au tarif de 30 euros de l'heure et prévoyez la participation de Marie, à hauteur de 100 heures-personne, au tarif de 25 euros de l'heure ;
- Vous estimez que la dépense en papier s'élèvera à 1 000 euros ;
- Vous évaluez à 300 euros les frais de déplacement pour rendre visite aux prestataires et fournisseurs ;
- Vous vous attendez à devoir débourser 5 000 euros pour la création graphique de la brochure ;
- Le taux de coûts indirects de votre entreprise correspond à 60 % des coûts de main-d'œuvre directs.

Tableau 9-1 : Estimation du budget pour le projet de création de la brochure d'une entreprise

Catégorie du coût	*Coût des ressources humaines et non humaines*	*Coût total*
Main-d'œuvre directe	Vous : 200 heures (30 €/heures	6 000 €
	Marie : 100 heures (25 €/heure)	2 500 €
	Total de la main-d'œuvre directe	**8 500 €**
Coûts indirects (60 % des coûts de main-d'œuvre directe)		**5 100 €**
Autres coûts directs	Matériaux	1 000 €
	Déplacements	300 €

Tableau 9-1 : Estimation du budget pour le projet de création de la brochure d'une entreprise (*suite*)

Catégorie du coût	*Coût des ressources humaines et non humaines*	*Coût total*
	Sous-traitance	5000 €
	Total des autres coûts directs	**6300 €**
Total des coûts du projet		**19900 €**

L'approche descendante

Pour réaliser une estimation budgétaire descendante, vous fixez le coût total du projet, puis divisez celui-ci par le nombre de composants de dernier niveau de l'OTP, proportionnellement aux besoins, jusqu'à ce que vous ayez alloué une somme pour chaque lot de travaux.

Admettons que vous envisagiez de fabriquer un nouvel équipement. Vous réalisez un devis estimatif qui révèle que le budget pour chaque composant de niveau 2 de votre OTP doit être le suivant, avec un budget total fixé à 100000 euros grâce à l'addition des montants :

- **Conception :** 60000 euros (60 % du budget total);
- **Développement :** 15000 euros (15 % du budget total);
- **Tests :** 5000 euros (5 % du budget total);
- **Production :** 20000 euros (20 % du budget total).

Toutefois, des projets similaires conduits par le passé ont laissé penser que l'on consacre généralement 40 % (et non 60 %) du budget total à la conception, *via* une approche ascendante. Autrement dit, la répartition de votre budget entre les quatre principales phases de votre projet ne correspond pas aux sommes conseillées au vu de précédentes expériences. Vos chiffres indiquent que vous avez prévu une phase de conception pour un projet de 150000 euros et non de 100000 euros.

Pour remédier à cette divergence, vous avez deux solutions :

- Essayer de réduire la stratégie de conception afin qu'elle ne vous coûte que 40000 euros;
- Demander une rallonge budgétaire de 50000 euros.

Mais, quelle que soit l'approche choisie, vous ne pouvez arbitrairement modifier les chiffres sans préciser la façon dont vous réaliserez les travaux!

Deux modes d'estimation des coûts indirects

Pour fixer avec précision le véritable coût d'un projet, il faut correctement affecter tous les coûts des activités et ressources. Cependant, suivre et consigner toutes les dépenses peut entraîner un coût considérable. Les entreprises ont ainsi développé des méthodes pour évaluer approximativement le niveau de certaines dépenses affectées à divers projets.

Voici deux modes d'estimation des coûts indirects associés à une activité : la première approche détermine deux taux indirects. Elle est plus précise mais demande une comptabilité plus détaillée et est donc plus onéreuse. La seconde fixe un seul taux pour tous les coûts indirects.

Option 1 : utiliser un taux pour les frais généraux et un autre taux pour les frais de gestion :

- Votre service financier détermine le taux pour les frais généraux en calculant le ratio de tous les frais généraux prévus par rapport à tous les salaires directs prévus ;
- Votre service financier détermine le taux des frais de gestion en calculant le ratio de tous les frais de gestion prévus par rapport à la somme correspondant à tous les salaires directs, frais généraux et autres coûts directs prévus ;
- Vous déterminez les frais généraux d'une activité en multipliant ses salaires directs par le taux afférent aux frais généraux ;
- Vous déterminez les coûts des frais de gestion d'une activité en multipliant la somme de tous ses salaires directs, frais généraux et autres coûts directs prévus par le taux afférant aux frais de gestion.

Option 2 : utiliser un taux de coûts indirects pour tous les frais généraux et frais de gestion :

- Votre service financier détermine le taux des coûts indirects combinés en calculant le ratio de tous les frais généraux prévus par tous les salaires directs prévus ;
- Vous déterminez les coûts indirects d'une activité en multipliant ses salaires directs par le taux afférant aux coûts indirects.

Certaines organisations créent des *taux de main-d'œuvre pondérés*, qui allient les salaires horaires et les coûts indirects associés. Par exemple, supposons que votre salaire soit de 30 €/heure et que le taux de coûts indirects soit de 50 %. Votre taux de main-d'œuvre pondéré est de 45 €/heure (30 € + 0,50 X 30 €).

Chapitre 10

Comprendre votre environnement projet

Dans ce chapitre :

- Les différents environnements organisationnels d'un projet
- Les ficelles pour bien travailler dans un environnement matriciel
- Faire des parties prenantes vos alliés

Dans un environnement professionnel traditionnel, vous avez un supérieur hiérarchique direct qui vous confie des tâches, évalue vos performances, décide de vos augmentations de salaire et promotions. Cependant, de plus en plus d'organisations évoluent vers une structure au sein de laquelle un éventail plus large de personnes dirige les missions que vous menez. Quel est le meilleur atout de ce genre de structure ? Au bout du compte, elle favorise des réponses plus rapides et efficaces aux divers projets d'une organisation.

Le succès de cette structure fondée sur des projets passe par les étapes suivantes :

- Identifier les personnes qui définissent et influent sur votre environnement de travail ;
- Comprendre leur rôle ;
- Savoir comment collaborer efficacement avec elles afin de mener un projet à bien.

Ce chapitre vous aide à définir l'environnement de votre organisation et à saisir les rôles de chacun. Vous y trouverez également des conseils pour réussir votre projet au sein d'une structure matricielle.

Définition de trois environnements organisationnels

Au fil des ans, les projets sont passés du stade d'éléments accessoires à des méthodes de travail essentielles, notamment pour développer des capacités. Naturellement, les modes d'organisation et de gestion des projets ont également évolué.

Cette section explique les modes de fonctionnement au sein des structures fonctionnelles traditionnelles, des structures axées sur des projets et des structures matricielles largement répandues, lesquelles allient des aspects présents dans les deux premières structures.

La structure fonctionnelle

La *structure fonctionnelle* (dont un exemple est fourni par la figure 10-1) rassemble des personnes qui exécutent des tâches similaires ou emploient les mêmes types de compétences et connaissances au sein de *groupes fonctionnels*. Dans cette structure, les liens hiérarchiques sont clairs, chaque groupe ayant un responsable. Par exemple, sur la figure 10-1, vous voyez que toutes les personnes ayant des fonctions de ressources humaines au sein de l'organisation (par exemple, recrutement, formation et gestion des avantages sociaux) sont regroupées dans le groupe ressources humaines, qui est placé sous l'autorité du directeur général.

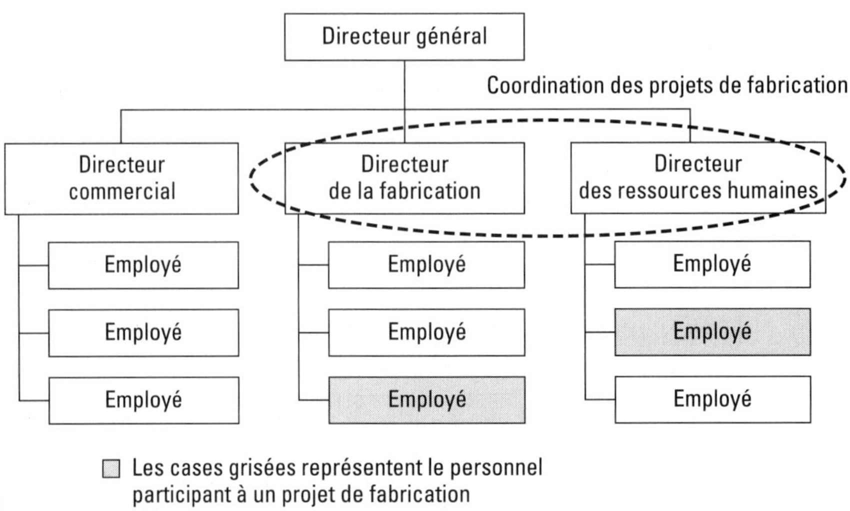

Figure 10-1 : Une structure fonctionnelle pour gérer des projets.

En fonction de la nature du projet et des compétences et connaissances requises pour sa réalisation, il peut être entièrement mené par les employés d'un groupe fonctionnel donné. Cependant, comme le montre la figure 10-1, si le groupe fabrication mène un projet nécessitant l'expertise d'un employé du groupe des ressources humaines, le directeur de la fabrication doit passer un accord officiel avec le directeur des ressources humaines pour que ce dernier mette à disposition une personne. C'est le directeur des ressources humaines qui doit alors gérer cette personne, puisqu'elle exécute des tâches du projet placées sous sa responsabilité.

La structure fonctionnelle est la structure au sein de laquelle le chef de projet a le moins d'autorité sur les membres de son équipe. En réalité, il fait plus fonction de coordinateur de projet que de chef de projet car ce sont les directeurs fonctionnels qui ont autorité sur les membres de l'équipe de projet et gèrent le budget du projet.

Les avantages de la structure fonctionnelle

La structure fonctionnelle présente les avantages suivants :

- **Les groupes fonctionnels sont des réservoirs de compétences et connaissances dans leur domaine d'expertise.** Les membres des groupes sont recrutés en fonction de leurs références techniques et continuent de se perfectionner grâce aux missions effectuées ;
- **Les processus de communication et procédures de prise de décision bien rodés des groupes fonctionnels constituent de précieux outils pour les projets menés.** Depuis le début de leur mission, les membres des groupes collaborent et se soutiennent mutuellement car ils savent comment, quand et avec qui partager des informations importantes sur les tâches à exécuter. Les décisions se prennent rapidement car les relations hiérarchiques sont clairement définies ;
- **Les groupes fonctionnels fournissent des personnes habituées à évoluer dans un environnement de travail bien ciblé et solidaire.** Les membres des groupes travaillent avec des collègues partageant les mêmes intérêts professionnels. Chaque membre a un parcours professionnel bien défini et un chef qui lui confie ses missions et contrôle ses performances. Les relations interpersonnelles entre les membres du groupe favorisent l'esprit d'équipe et le travail collectif.

ATTENTION !

Les inconvénients de la structure fonctionnelle

La structure fonctionnelle présente les inconvénients suivants :

- **Elle nuit à une collaboration efficace entre les différents groupes.** Les relations de travail entre les membres sont pratiquement limitées à leur groupe d'appartenance et l'encadrement évalue leurs performances dans la spécialité du groupe. Dans le cadre d'un projet, cela rend plutôt difficile la collaboration avec d'autres groupes ;

- **Le principal intérêt des membres d'un groupe fonctionnel est de bien exécuter des tâches dans leur domaine d'expertise plutôt que d'atteindre des objectifs et d'obtenir des résultats impliquant et touchant d'autres groupes de l'organisation.** Les centres d'intérêt et relations de travail des membres d'un groupe demeurent avant tout restreints au groupe en question. C'est leur chef qui leur assigne des missions, juge leur travail et dirige le groupe. Cet environnement incite les membres à se montrer les plus motivés par les tâches de leur groupe et à leur accorder la priorité ;
- **Un groupe fonctionnel peut avoir du mal à recevoir du soutien pour son projet de la part d'autres groupes pourtant concernés.** Chaque groupe fonctionnel peut lancer un projet sans consulter les autres groupes. Ces derniers peuvent alors rechigner à soutenir un projet qui ne répond pas à leurs besoins de la meilleure manière possible. C'est parfois dû à une rivalité entre projets en raison de ressources limitées au sein de l'organisation.

La structure par projets

TECHNIQUE

La *structure organisationnelle par projets* regroupe tout le personnel participant à un projet donné. Les membres de l'équipe de projet sont souvent regroupés et travaillent sous l'autorité directe du chef de projet pendant toute la durée du projet. La figure 10-2 vous montre par exemple qu'un ingénieur-concepteur, un informaticien et un ingénieur responsable des essais participent tous au projet A tandis qu'un autre ingénieur concepteur et un autre ingénieur responsable des essais travaillent sur le projet B.

Le chef de projet a pratiquement toute autorité sur les membres de son équipe. Il confie les missions et oriente le travail des membres, contrôle le budget, évalue les performances des membres de l'équipe, décide de leurs augmentations et primes et signe les congés annuels.

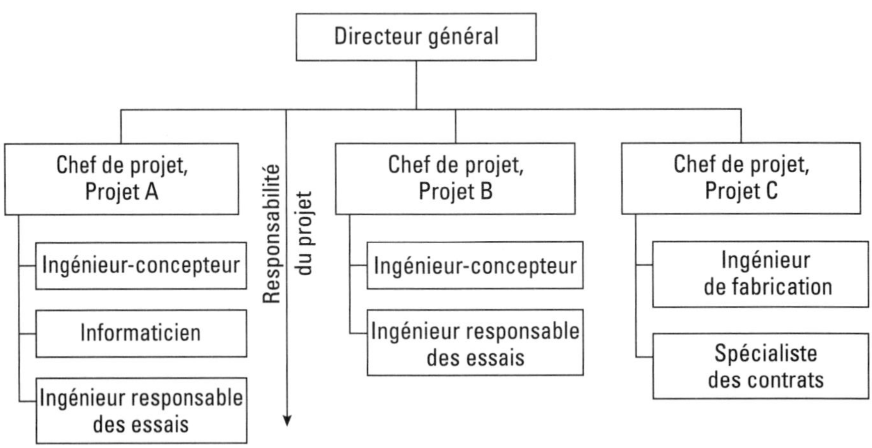

Figure 10-2 : Une structure organisationnelle par projets.

Les avantages d'une structure par projets

La structure par projets présente les avantages suivants :

- **Tous les membres d'une équipe de projet ont pour supérieur hiérarchique le chef de projet.** Ces liens hiérarchiques clairs et simples diminuent les risques de sollicitation contradictoire des membres et raccourcissent les canaux de communication. En outre, cela accélère les prises de décisions ;
- **Les membres de l'équipe de projet peuvent développer plus facilement un esprit d'équipe, favorisant ainsi la solidarité et un engagement collectif pour contribuer au succès du projet.** En se concentrant sur un seul projet avec les mêmes collègues, les participants cernent mieux les forces et faiblesses de leurs collègues, les objectifs poursuivis et croient plus à la valeur du projet ;
- **Tous les membres de l'équipe utilisent les mêmes processus d'exécution des travaux, de communication, de résolution des conflits et de prise de décision.** Cette structure améliore la productivité et l'efficacité des projets car on consacre plus de temps à la réalisation des travaux, au lieu de créer des systèmes d'accompagnement pour les missions à mener.

Les inconvénients de la structure par projets

La structure par projets présente les inconvénients suivants :

- **Des frais de personnel plus élevés.** Même quand plusieurs projets présentent les mêmes besoins en termes de personnel, il faut affecter à chacun d'eux des personnes ayant les mêmes compétences. Résultat, il existe plus de risques de voir des personnes très spécialisées ne pas être employées à plein-temps, avec les conséquences suivantes : soit les garder plus longtemps que nécessaire sur un projet, soit devoir prendre en charge leur salaire complet alors qu'elles sont employées à temps partiel ;
- **Moins d'échanges techniques entre projets.** Apporter toutes les compétences et connaissances nécessaires pour réaliser un projet en affectant des personnes à plein-temps sur un projet empêche souvent le partage d'expériences avec les membres des autres équipes ;
- **Une continuité dans la carrière, des opportunités et un sentiment de sécurité réduits.** Dans la mesure où les gens sont engagés pour travailler au sein d'une équipe de projet donnée, ils ne sont pas certains que l'organisation ait besoin de leurs services une fois le projet achevé.

La structure matricielle

Aujourd'hui, les projets concernent de plus en plus de secteurs au sein d'une organisation. Des employés évoluant dans divers domaines sont donc amenés à travailler ensemble pour mener à bien les travaux. La *structure matricielle* réunit des éléments des structures fonctionnelle et par projets afin de faciliter la participation d'individus de différents départements d'une entreprise à des projets pour lesquels leur expertise est recherchée.

TECHNIQUE

Comme le montre la figure 10-3, dans une structure matricielle, des personnes de différents départements d'une organisation sont affectées pour diriger ou travailler sur un projet. Le chef de projet oriente le déroulement des activités tandis que les supérieurs hiérarchiques directs (de départements, tels que le département financier, la fabrication et le service commercial, voir la figure 10-3) des personnes exécutent des tâches administratives : évaluer les performances des employés, accorder des promotions et des augmentations de salaire ou gérer des demandes de congés. Dans la mesure où un employé peut travailler à moins de 100 % sur un projet, il est parfois amené à collaborer à plusieurs projets en même temps. (Nous traitons plus en détail les acteurs clés d'une structure matricielle dans la section « Identifier les acteurs clés d'un environnement matriciel », plus loin dans ce chapitre.)

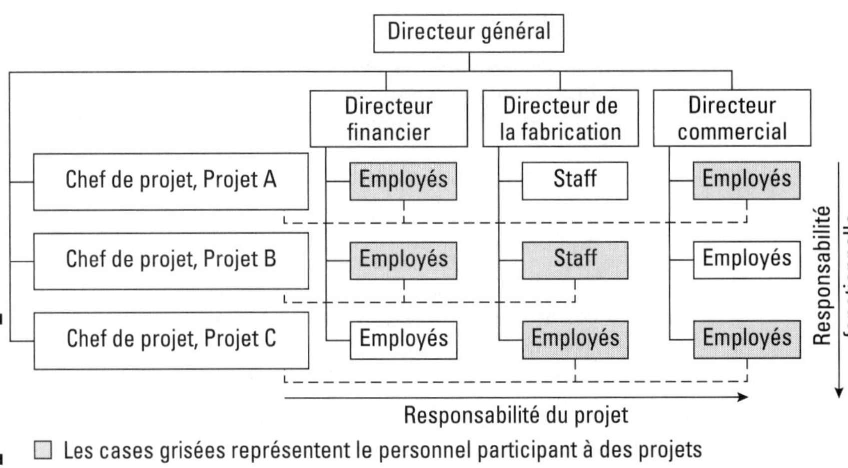

Figure 10-3 : Une structure matricielle.

Un environnement matriciel est qualifié de *faible*, *fort* ou *équilibré* en fonction du degré d'autorité que possèdent les chefs de projet sur leur équipe. Voici quelques précisions sur cette classification :

- **Matrice faible :** les membres de l'équipe de projet reçoivent la plupart de leurs ordres des directeurs fonctionnels. Les chefs de projet ont peu, voire aucune autorité directe sur les membres de l'équipe et font en fait plus office de coordinateurs de projet ;
- **Matrice forte :** les entreprises présentant une structure matricielle forte choisissent des chefs de projet dans un réservoir de personnes dont le seul travail est de gérer des projets. On ne demande jamais à ces personnes d'être membres d'une équipe. Souvent, ces chefs de projet constituent à eux seuls une unité organisationnelle qui rend des comptes à un responsable des chefs de projet. En dehors de la direction des travaux du projet, ils ont une certaine autorité administrative sur les membres de l'équipe de projet (par exemple, le droit d'évaluer leurs performances) ;
- **Matrice équilibrée :** ce type d'environnement matriciel est un mélange d'environnements faibles et forts. Les gens sont affectés à un projet en tant que chefs ou membres d'une équipe, en fonction des besoins des projets et non de leurs fonctions. Bien que le chef de projet puisse avoir une certaine autorité administrative sur les membres de l'équipe de projet (par exemple, signer les congés), sa mission consiste principalement à conduire et à coordonner le projet.

Les avantages de la structure matricielle

Un environnement matriciel offre de nombreux avantages, dont les suivants :

- **Les équipes peuvent se former rapidement.** Dans la mesure où vous disposez d'un pôle de ressources plus imposant à partir duquel constituer votre équipe, vous n'avez pas besoin d'attendre que certaines personnes aient fini leur projet en cours pour vous rejoindre. En outre, cette approche réduit le processus de recrutement de personnes extérieures, qui prend du temps ;
- **Une expertise spéciale peut être utilisée sur plusieurs projets.** Les projets requièrent souvent la brève intervention d'une personne aux connaissances ou compétences très pointues. Si vous n'êtes pas financièrement en mesure d'engager cette personne à temps plein, il est peut-être possible de le faire en répartissant la charge sur plusieurs projets, lesquels emploieront donc l'individu à temps partiel ;
- **Il est plus facile d'obtenir l'adhésion des unités fonctionnelles des membres de l'équipe de projet avec une structure matricielle qu'avec les structures fonctionnelle ou par projets.** Les membres d'unité travaillant sur un projet ou dont le résultat les concerne sont plus susceptibles de soutenir le projet s'ils sentent leurs inquiétudes et problèmes pris en compte.

Les inconvénients de la structure matricielle

Sont associées à l'environnement matriciel les difficultés suivantes, à prendre en compte par le chef de projet :

- **Les membres de l'équipe travaillant sur plusieurs projets doivent rendre des comptes à plusieurs chefs de projet.** Chaque membre de l'équipe reçoit des instructions d'au moins deux personnes : un chef de projet (qui coordonne les travaux et soutient l'équipe) et un directeur fonctionnel (qui coordonne les missions assignées au membre, évalue ses performances et signe ses congés). Quand ces deux responsables sont de même niveau hiérarchique, la résolution des problèmes d'emploi du temps concernant un membre peut s'avérer ardue ;
- **Les membres de l'équipe ne connaissent pas forcément les styles et connaissances de leurs collègues.** Ils n'ont pas nécessairement travaillé beaucoup ensemble, ce qui peut demander un temps d'adaptation ;
- **Les membres de l'équipe se concentrent parfois plus sur leurs missions individuelles et moins sur le projet et ses objectifs.** Par exemple, le spécialiste des approvisionnements est parfois chargé d'acheter les équipements et fournitures pour tous les projets. Dans ce cas, il peut moins prêter attention à la date cible pour les achats d'un projet et être plus axé sur le respect des procédures d'approvisionnement de son département.

Les ficelles pour bien travailler dans un environnement matriciel

La structure matricielle – la plus souvent utilisée en entreprise – facilite la vie des différentes parties d'une organisation devant apporter leur expertise à divers projets. Cela demande cependant au chef de projet de gérer les styles, intérêts et exigences d'un plus grand nombre de personnes contrôlant en partie les ressources et objectifs de son projet que s'il évoluait dans une structure fonctionnelle ou par projets.

Identifier les acteurs clés d'un environnement matriciel

Dans un environnement matriciel, les personnes suivantes contribuent de manière essentielle au succès d'un projet :

- **Le chef de projet :** personne responsable d'assurer la réussite du projet ;

- **Les membres de l'équipe de projet :** personnes responsables de mener à bien les différentes activités du projet ;
- **Les directeurs fonctionnels :** supérieurs hiérarchiques directs des membres de l'équipe de projet ;
- **La direction :** personnel en charge des principales divisions de l'organisation.

Les sections suivantes vous montrent comment chacune de ces personnes peut œuvrer à la réussite de votre projet.

Le chef de projet

En tant que chef de projet, vous êtes responsable de tous les aspects du projet. Cela ne signifie pas que vous deviez tout faire tout seul, mais vous devez veiller à ce que toutes les activités soient menées de manière satisfaisante. Dans ce rôle, vous avez la responsabilité de :

- Fixer les objectifs (voir le chapitre 5), élaborer les calendriers (voir le chapitre 7) et définir les budgets pour obtenir les ressources (voir les chapitres 9 et 8) ;
- Vous assurer de l'existence d'un plan de projet clair et réalisable afin d'atteindre vos objectifs de performance (voir le chapitre 6) ;
- Identifier et gérer les risques liés au projet (voir les chapitres 11 et 15) ;
- Créer et gérer une équipe bien organisée et motivée, axée sur des missions (voir chapitre 8) ;
- Sélectionner ou créer les pratiques et procédures opérationnelles de votre équipe ;
- Contrôler les performances par rapport aux plans et gérer les problèmes éventuels ;
- Résoudre les problèmes de priorités, de façons de travailler et les conflits interpersonnels ;
- Communiquer sur les activités du projet (voir le chapitre 13) ;
- Tenir ses clients informés et favoriser leur engagement et leur motivation ;
- Atteindre les objectifs dans les délais impartis et respecter les budgets ;
- Contribuer à l'évaluation des performances des membres de son équipe.

Les membres de l'équipe de projet

Les membres de l'équipe de projet doivent répondre aux demandes de leur directeur fonctionnel et de leur chef de projet. En tant que membre d'une équipe de projet, vous avez les responsabilités suivantes :

- Exécuter les tâches en visant l'excellence technique inhérente à votre secteur d'activité ;

- Remplir les missions en temps et en heure et en respectant le budget alloué ;
- Cultiver les compétences et connaissances nécessaires pour effectuer le travail de manière satisfaisante.

En outre, vous avez la responsabilité de collaborer avec les autres membres de l'équipe et de les soutenir. Cette solidarité peut impliquer les choses suivantes :

- Prendre en compte les conséquences que vos actes peuvent avoir sur les tâches exécutées par les autres membres ;
- Identifier les situations et problèmes susceptibles d'influer sur les tâches des autres membres ;
- Tenir vos collègues informés de l'avancement de vos travaux, des réussites et du moindre problème rencontré.

Les directeurs fonctionnels

Les directeurs fonctionnels ont pour responsabilité d'orchestrer les missions de leur personnel dans les différents projets. Par ailleurs, ils doivent fournir à leurs subordonnés les ressources nécessaires pour exécuter les tâches assignées, dans un souci d'excellence technique. Concrètement, les directeurs fonctionnels sont responsables de :

- Développer ou approuver des plans mentionnant le type, la quantité et le calendrier d'intervention des ressources nécessaires pour exécuter les tâches dans leur spécialité ;
- S'assurer de la disponibilité des membres de l'équipe de projet pour l'exécution des tâches assignées dans les délais impartis ;
- Offrir une expertise technique et dispenser des conseils afin d'aider les membres de l'équipe de projet à résoudre les problèmes liés aux missions qu'ils doivent mener ;
- Fournir les équipements et installations requis pour les travaux ;
- Aider les gens à maintenir leurs compétences et connaissances techniques ;
- S'assurer que les membres du groupe fonctionnel emploient toujours les mêmes méthodes dans tous les projets ;
- Reconnaître les bonnes performances par le biais d'augmentations de salaire, de promotions et d'assignations de missions ;
- Gérer les demandes de congés, de formation et les autres activités nécessitant l'absence des membres.

La direction

C'est la direction qui crée l'environnement au sein de l'organisation, surveille le développement et le respect des politiques, procédures et pratiques en vigueur et encourage et finance le développement des systèmes d'information nécessaires. Concrètement, la direction est responsable de :

- Élaborer les missions et objectifs servant de cadre de sélection des projets ;
- Définir les politiques et procédures de gestion des priorités et conflits ;
- Créer et maintenir les systèmes d'information financiers et liés aux ressources humaines ;
- Fournir les installations et équipements nécessaires à l'exécution des travaux dans le cadre du projet ;
- Définir les limites de l'autorité des directeurs en matière de prise de décisions ;
- Contribuer à la résolution des problèmes liés au projet et à la prise de décisions impossibles à gérer de manière satisfaisante à un niveau hiérarchique inférieur.

Bien travailler dans un environnement matriciel

Pour réussir dans un environnement matriciel, vous devez bien positionner et coordonner les personnes soutenant votre projet en combattant les forces qui poussent ces personnes à s'éparpiller. Cette section peut vous aider, vous, chef de projet, à obtenir un travail d'excellente qualité de la part des membres de votre équipe ainsi qu'un soutien opportun et efficace de la part des directeurs fonctionnels et de la direction.

Créer et renforcer en permanence l'identité de l'équipe de projet

TRUC

S'engager auprès d'autrui à atteindre un but ensemble pousse les gens à surmonter les problèmes rencontrés en cours de route. Les conseils suivants peuvent vous aider à clarifier le but de votre équipe et à inciter ses membres à se montrer solidaires dans la poursuite d'une mission commune :

- **Clarifiez la vision collective et les relations de travail.** Dès l'équipe constituée, développez avec les membres une mission qu'ils peuvent comprendre et soutenir. Donnez aux personnes la possibilité d'apprendre à connaître le style de chacun ;
- **Mettez en place des procédures collectives.** Encouragez votre équipe à créer ses propres procédures au lieu de laisser les membres employer les approches de leurs groupes fonctionnels respectifs ;

- **Précisez l'autorité de chaque personne.** Les membres de l'équipe doivent parfois prendre des décisions pour le compte de leur unité fonctionnelle. Définissez clairement le niveau d'indépendance de chaque membre en termes d'autorité et indiquez les personnes extérieures à l'équipe ayant le pouvoir de prendre les décisions allant au-delà des prérogatives du membre en question ;
- **Connaissez et gérez le fonctionnement de votre équipe.** Aidez les gens à nouer des relations interpersonnelles satisfaisantes et productives et entretenez-les tout au long du projet.

Obtenir l'engagement des membres de l'équipe de projet

Généralement, dans une structure matricielle, les membres de l'équipe de projet n'ont peu, voire aucune autorité sur leurs congénères. Par conséquent, ils mènent leur mission par choix et non par obligation. Veillez, dès le départ et tout au long du projet, à inciter les membres de l'équipe à s'engager à atteindre les objectifs fixés.

Obtenir le soutien d'autres personnes de l'environnement

TRUC

L'autorité du chef de projet sur les membres de l'équipe est souvent limitée. La plupart du temps, les suggestions, les encouragements et la persuasion sont les seules armes dont il dispose pour aider les membres de l'équipe de projet à gérer les problèmes et à mener leur mission à bien. Il est donc essentiel pour vous d'identifier les personnes capables de vous aider à gérer des situations dont vous ne pouvez venir à bout tout seul. À vous ensuite de nouer des relations avec elles. Voici comment procéder :

- **Trouvez un parrain.** Dans la mesure où vous n'avez généralement aucune autorité sur toutes les personnes qui influent sur les chances de succès de votre projet, trouvez le plus tôt possible un allié qui possède cette autorité. Ce *parrain* peut contribuer à résoudre les problèmes de disponibilité des membres de votre équipe, les conflits interpersonnels et offrir à votre projet une plus grande visibilité au sein de l'organisation ;
- **Demandez et prenez acte du soutien des directeurs fonctionnels des membres de votre équipe.** En remerciant les directeurs fonctionnels de permettre à leur personnel d'honorer leurs engagements dans le cadre du projet, vous les incitez à poursuivre dans cette voie à l'avenir.

Prévenir les problèmes courants

TRUC

Voici les mesures à prendre avant et pendant le projet pour prévenir les conflits et ennuis avant qu'ils deviennent réalité :

- **Ayez le souci du détail lors de la phase de démarrage et préparation.** Définissez de concert avec les membres de l'équipe de projet les travaux du projet ainsi que le rôle et les responsabilités de chacun pour toutes les activités, le tout avec clarté et précision. Cette planification détaillée permet d'estimer avec plus de précision la charge de travail nécessaire ainsi que la durée et la synchronisation de chaque tâche ;

- **Identifiez et gérez rapidement les conflits.** Les conflits sont fréquents dans un environnement matriciel, en raison des diverses responsabilités et styles des personnes mais aussi d'un vécu collectif insuffisant. Incitez les personnes à repérer et à traiter les conflits dès qu'ils apparaissent. Créez, pour ce faire, des systèmes et procédures permettant de résoudre les problèmes avant qu'ils deviennent incontrôlables ;
- **Encouragez les membres de l'équipe de projet à parler ouvertement entre eux, surtout des problèmes et frustrations.** Plus vous avez vent tôt de problèmes, plus vous avez le temps de les gérer. La discussion et la résolution des problèmes touchant l'équipe favorisent des relations de travail fructueuses et agréables ;
- **Encouragez la direction à mettre en place un comité de surveillance afin de suivre l'avancement des travaux et de gérer les problèmes de ressources et autres conflits.** Le chef de projet et les directeurs fonctionnels doivent se concentrer sur les objectifs propres à leurs fonctions. Souvent, les deux groupes s'appuient sur les mêmes personnes pour atteindre ces objectifs. Mais, les différences en termes de besoins peuvent générer des conflits de calendrier et de charge de travail. En intervenant sur ces demandes de ressources humaines inadaptées, un comité de surveillance peut ainsi s'assurer que les besoins de l'ensemble de l'organisation sont satisfaits.

Les parties prenantes du projet : faites-en vos alliés !

Souvent, un projet a tout d'un iceberg : les neuf dixièmes de sa masse se cachent sous la surface. Vous récoltez une mission et vous pensez savoir ce qu'elle implique et qui doit y participer. Puis, à mesure que se déroule le projet, des personnes susceptibles d'influer sur vos objectifs et votre approche font leur apparition. Ainsi, l'environnement de votre projet ne se limite pas seulement à une structure organisationnelle, mais a aussi ses parties prenantes. Si vous n'impliquez pas les individus ou groupes clés au bon moment, vous risquez de compromettre votre projet de deux manières :

- Premièrement, vous pourriez passer à côté d'informations importantes et affecter ainsi le déroulement du projet, voire nuire à son succès ;
- Deuxièmement, et c'est parfois plus pénible, vous pouvez faire affront à quelqu'un. Et vous pouvez être sûr que si une personne se sent blessée ou insultée, elle fera en sorte que vous ne recommenciez plus !

Dès que l'idée d'un projet commence à germer, commencez à identifier les personnes qui pourraient y participer. Cette section vous montre comment repérer les candidats potentiels, trancher sur leur participation, le moment où les impliquer et le rôle à leur confier, ainsi que la manière de déterminer qui possède l'autorité, le pouvoir et l'intérêt nécessaires pour prendre des décisions cruciales.

Identifier les parties prenantes du projet

Une *partie prenante d'un projet* est toute personne (ou groupe) qui soutient, est concernée ou intéressée par votre projet. Ces parties prenantes peuvent se trouver à l'intérieur ou à l'extérieur de votre entreprise. Le fait de les connaître peut vous aider à :

- Prévoir si vous devez les impliquer et, le cas échéant, quand et comment les intégrer ;
- Déterminer si le périmètre du projet est plus ou moins important que prévu.

Dans le monde de l'entreprise, vous pouvez entendre d'autres termes pour désigner les parties prenantes, mais ils ne concernent que certaines personnes de votre liste des parties prenantes. En voici un échantillon :

- Une liste des parties prenantes répertorie les personnes et groupes qui soutiennent ou sont concernés par votre projet. Elle ne comprend cependant pas les individus lui portant seulement un intérêt ;
- Une liste de *diffusion* regroupe les personnes recevant les communications écrites du projet. Ces listes ne sont souvent pas à jour pour deux raisons : certains individus continuent d'en faire partie parce que personne ne les enlève de la liste. D'autres y figurent parce que personne ne veut courir le risque de les blesser en les retirant. Dans un cas comme dans l'autre, ce n'est pas parce que leur nom figure sur la liste que ces personnes soutiennent, sont concernées ou intéressées par votre projet ;
- Les *membres de l'équipe* sont les personnes placées sous la direction du chef de projet. Tous les membres de l'équipe sont des parties prenantes du projet, mais la liste des parties prenantes ne se limite pas aux membres de l'équipe.

Créer une liste des parties prenantes

À mesure que vous identifiez les différentes parties prenantes de votre projet, consignez leur nom dans une liste. Les sections suivantes vous disent comment la dresser.

Démarrer sa liste des parties prenantes

La liste des parties prenantes d'un projet est un document dynamique. Créez votre liste dès que vous commencez à penser à votre projet. Couchez sur le papier les noms à mesure qu'ils vous viennent. Lorsque vous parlez de votre projet avec d'autres personnes, demandez-leur qui ils estiment pouvoir être concerné ou intéressé par votre projet.

Sélectionnez ensuite un petit groupe parmi les parties prenantes identifiées et animez une séance officielle de brainstorming. Continuez de façonner votre liste jusqu'à ce que vous ne pensiez plus à d'autres noms.

Dans les sections suivantes, nous expliquons comment affiner votre liste des parties prenantes en utilisant des catégories et en identifiant celles potentiellement importantes. Nous vous donnons un exemple pour vous montrer comment dresser une liste complète.

Employer des catégories

Pour accroître vos chances de trouver toutes les bonnes personnes, affectez des catégories à votre liste des parties prenantes. En procédant département par département ou groupe par groupe, vous risquerez moins d'oublier des personnes qu'en passant en revue tout le monde un par un.

N'OUBLIEZ PAS !

Débutez la création de votre liste des parties prenantes en effectuant un classement hiérarchique des catégories qui couvre les personnes susceptibles d'être concernées par votre projet, nécessaires à son soutien ou simplement intéressées. Nous commençons souvent par les groupes suivants :

- **Internes :** personnes et groupes appartenant à votre organisation :
  - **Direction :** cadres supérieurs responsables de la surveillance générale de toutes les activités de l'organisation ;
  - **Demandeurs :** personne ayant eu l'idée de votre projet, ainsi que tous les individus par qui est passée la demande avant de vous échoir ;

  - **Chef de projet :** personne ayant la responsabilité de mener à bien le projet ;
  - **Utilisateurs finaux :** personnes qui utiliseront les biens ou services produits par le projet ;
  - **Membres de l'équipe :** personnes affectées à la réalisation du projet, dont les travaux sont placés sous la direction du chef de projet ;
  - **Groupes habituellement impliqués :** groupes intervenant généralement dans la plupart des projets de l'organisation (ressources humaines, comptabilité, service juridique) ;
  - **Groupes ponctuellement impliqués :** groupes ou personnes dont les connaissances sont liées au projet en question.

- **Externes :** personnes ou groupes n'appartenant pas à votre organisation :
  - **Clients :** personnes ou groupes qui achètent ou utilisent les produits ou services de votre organisation ;
  - **Collaborateurs :** groupes ou organisations avec lesquels vous pourriez être amené à former une coentreprise en relation avec votre projet ;
  - **Prestataires, fournisseurs et sous-traitants :** organisations qui fournissent du personnel, des matières premières, des équipements ou d'autres ressources nécessaires à l'exécution des travaux du projet ;
  - **Autorités de réglementation :** organismes publics qui établissent les règles et directives s'appliquant à un aspect des activités de votre projet ;
  - **Entités professionnelles :** groupes ou professionnels susceptibles d'influencer ou d'être intéressés par votre projet ;
  - **Partie prenante :** communauté locale, nationale et internationale qui peut être concernée ou intéressée par votre projet.

TRUC

Continuez de subdiviser ces catégories jusqu'à ce que vous arriviez à la description des fonctions et à l'identité des personnes qui les occupent.

Prendre en compte la réalité au lieu de l'ignorer

Il y a longtemps, l'un de nous est tombé sur une femme qui avait participé à l'une de nos formations sur la gestion de projet. Elle avait utilisé avec bonheur plusieurs techniques présentées lors de la formation. Cependant, elle a également dit qu'après s'être évertuée à plusieurs reprises à créer une liste des parties prenantes, elle a conclu qu'il s'agissait d'un outil bien peu pratique qui n'apportait pas grand-chose.

Elle a expliqué que son patron l'avait affectée à un projet devant être bouclé en l'espace de deux mois. Elle a immédiatement créé une liste des parties prenantes mais, à son grand effroi, celle-ci comprenait plus de 150 noms ! Elle s'est demandé comment elle pouvait impliquer plus de 150 personnes dans un projet de deux mois. Elle en a donc conclu que la liste des parties prenantes n'apportait vraiment rien.

En fait, sa liste des parties prenantes avait fonctionné à merveille. En identifiant dès le départ les personnes susceptibles d'influer sur la réussite de son projet, elle s'est retrouvée avec trois options :

- Planifier comment et quand faire intervenir chaque individu dans le projet;
- Évaluer les conséquences potentielles de la non-implication d'une ou plusieurs parties prenantes;
- Négocier avec son patron l'extension des délais ou la réduction de son périmètre si elle estimait ne pouvoir se passer d'aucune partie prenante.

La liste des parties prenantes ne détermine pas qui vous devez impliquer dans votre projet mais signale les personnes susceptibles d'influer sur le succès de votre projet. Elle vous permet ensuite de jauger les avantages et inconvénients de les englober ou de les écarter.

Les parties prenantes souvent oubliées

Lorsque vous créez votre liste des parties prenantes, assurez-vous de ne pas oublier les suivantes :

- **Les groupes de soutien :** ces personnes ne vous disent pas ce que vous devez faire mais vous aident à atteindre les objectifs de votre projet. Si les groupes de soutien connaissent rapidement l'existence de votre projet, ils peuvent plus facilement libérer un créneau de leur emploi du temps. Ils ont aussi la possibilité de vous informer sur leurs capacités et processus susceptibles d'influer sur la conduite et les délais de votre projet. Ces groupes sont les suivants :
  - Installations ;
  - Finances ;
  - Ressources humaines ;

- Services d'information ;
- Service juridique ;
- Service achat ;
- Qualité ;
- Sécurité ;
- Bureau des projets.

- **Les utilisateurs finaux des produits de votre projet :** personnes ou groupes qui utiliseront les produits ou services générés par votre projet. L'implication des utilisateurs au début puis tout au long du projet contribue à favoriser une mise en œuvre aisée des produits et services et à faire en sorte que ces derniers répondent au mieux à leurs vrais besoins. Cela confirme également que vous êtes conscient de la connaissance des vertus d'un produit par les utilisateurs, ce qui augmente les probabilités de les voir réussir le lancement de ces produits.

  Dans certains cas, il peut arriver que vous oubliiez de mettre les utilisateurs finaux sur votre liste de parties prenantes car vous ignorez leur existence. Dans d'autres situations, vous pouvez estimer les avoir pris en compte par l'intermédiaire de *liaisons*, personnes représentant les intérêts des utilisateurs finaux. (L'encadré à suivre, intitulé « Découvrir les vrais utilisateurs finaux », vous donne un exemple cuisant de ce qu'il peut se passer quand vous dépendez uniquement des liaisons.)

- **Les personnes qui assureront la maintenance ou l'assistance du produit final :** les personnes qui se chargeront de la maintenance des produits de votre projet influent sur la pérennité de leur succès. En impliquant ces intervenants pendant toute la durée de votre projet, vous facilitez les opérations de maintenance et d'assistance. Cela leur permet également de se familiariser avec ces produits et d'intégrer la maintenance aux procédures existantes.

Découvrir les vrais utilisateurs finaux

Une grande banque internationale implantée aux États-Unis avait dépensé des millions de dollars pour la modification et la mise à niveau de son système d'information. Le personnel travaillant sur le projet avait étroitement collaboré avec des agents de liaison spéciaux installés en Europe qui représentaient sur place les intérêts du personnel chargé de saisir et de récupérer les données du nouveau système. Lorsque la banque mit en service le système, elle découvrit un problème rédhibitoire : la documentation du système était en anglais alors que plus de 90 % du personnel de la banque ne parlait pas cette langue. La nouvelle mouture du système était donc inutilisable !

Les concepteurs du système avaient passé beaucoup de temps et d'argent à travailler avec les agents de liaison afin d'identifier les intérêts et besoins des utilisateurs finaux. Les agents n'avaient toutefois soulevé que les problèmes correspondant à leurs propres expériences au lieu d'identifier et de partager les besoins et inquiétudes du personnel local de la banque. L'anglais étant la langue maternelle de tous les agents, ils n'avaient pas pensé à l'éventuel besoin de préparer des instructions en plusieurs langues. Si le personnel local de la banque avait été placé sur la liste des parties prenantes avec les agents de liaison, cela aurait permis aux responsables du projet de ne pas oublier leurs besoins spécifiques.

Exemple de liste de parties prenantes

Supposons que l'on vous demande de coordonner la campagne annuelle de don du sang de votre organisation. Dans le tableau 10-1 figurent certains groupes et personnes que vous pouvez intégrer à votre liste de parties prenantes du projet lors de la phase de préparation.

Tableau 10-1 : Extrait d'une liste de parties prenantes

Catégorie	*Sous-catégorie*	*Parties prenantes*
Interne	Direction	Comité exécutif de surveillance, Directeur commercial, Directeur des opérations, Directeur administratif
	Demandeur	Directeur commercial, responsable des relations avec la communauté
	Chef de projet	Coordinateur des événements spéciaux
	Membres de l'équipe	Représentant du service client, représentant des relations avec la communauté, assistant administratif
	Groupes habituellement impliqués	Comptabilité, département de l'équipement, service juridique et ressources humaines

Tableau 10-1 : Extrait d'une liste de parties prenantes (*suite*)

Catégorie	***Sous-catégorie***	***Parties prenantes***
	Groupes ponctuellement impliqués	Chef de projet et membres de l'équipe de projet de la précédente campagne de don du sang, relations publiques
Externe	Clients	Précédents donneurs, donneurs potentiels, hôpitaux et centres médicaux recevant les poches de sang à la suite à de la campagne
	Prestataires, fournisseurs	Infirmières, restaurateur, propriétaire des lieux, banque du sang locale
	Autorités de réglementation	Conseil de santé local
	Entités professionnelles	Établissement fFrançais du sSang, Association française des donneurs de sang
	Partie prenante	Communauté locale, presse locale, télévisions et radios locales

S'assurer que la liste des parties prenantes est complète et à jour

De nombreux groupes peuvent influer sur le succès de votre projet ou montrer un intérêt. Le fait de les connaître vous permet de planifier leur intervention au moment opportun. Par conséquent, l'identification précoce des parties prenantes et la répercussion rapide des changements en la matière sont deux étapes essentielles de la conduite de projet.

N'OUBLIEZ PAS !

Pour vous assurer que votre liste de parties prenantes est complète et à jour, suivez ces directives :

- **Identifiez chaque partie prenante par son nom et la description de ses fonctions.** Dans un premier temps, vous pouvez par exemple identifier les employés du *service commercial*. Puis, au sein de ce groupe, vous devrez préciser « chef de produit pour XYZ, Christiane Ferrand », puis indiquer ses coordonnées ;
- **Discutez avec un large éventail de personnes.** Consultez différentes personnes travaillant dans divers services et domaines et ayant différents statuts au sein de l'entreprise. Demandez à chaque individu s'il pense à une autre personne susceptible d'être intéressante. Plus vous parlez avec du monde, moins vous risquez d'oublier quelqu'un d'important ;

- **Accordez-vous suffisamment de temps pour créer votre liste de parties prenantes.** Commencez à dresser votre liste de parties prenantes dès que vous prenez vos fonctions de chef de projet. Plus vous consacrerez de temps à votre réflexion, plus vous serez en mesure d'identifier des parties prenantes potentielles. Au cours du projet, continuez votre recherche afin de repérer d'autres parties prenantes ;
- **Pensez aux parties prenantes qui pourraient jouer un rôle à n'importe quel moment de votre projet.** À ce stade, votre seule mission est de consigner des noms afin de ne pas les oublier. Plus tard, vous pourrez décider si, quand et comment impliquer ces personnes (voir la section « Prendre en compte les commanditaires, contributeurs et observateurs parmi vos parties prenantes », plus loin dans ce chapitre) ;
- **Incluez les directeurs fonctionnels des membres de l'équipe.** Englobez le supérieur hiérarchique direct du chef de projet et des membres de l'équipe. Même si les directeurs fonctionnels n'exécutent généralement pas de tâches eux-mêmes, ils peuvent contribuer à garantir que le chef de projet et les membres de l'équipe consacrent le temps initialement prévu et disposent des ressources nécessaires pour effectuer leur part de travail ;
- **Consignez le nom de la personne autant de fois qu'elle a de rôles.** Supposons que votre chef envisage de jouer le rôle de conseiller technique au sein de votre équipe de projet. Notez deux fois son nom : une fois en tant que supérieur hiérarchique et une fois en tant qu'expert. Si votre chef est promu mais continue d'officier en tant que conseiller technique au sein du projet, vos tablettes indiqueront que votre supérieur hiérarchique a changé ;
- **Faites évoluer votre liste de parties prenantes tout au long du projet.** Votre liste de parties prenantes évolue à mesure que vous cernez mieux votre projet et que la situation évolue. Prévoyez de consulter régulièrement votre liste afin de la mettre à jour. Incitez les participants à votre projet à identifier en permanence de nouvelles parties prenantes potentielles ;
- **En cas de doute, consignez le nom de la personne par écrit.** Votre objectif est d'éviter d'oublier une personne qui pourrait jouer un rôle essentiel. Ce n'est pas parce que vous identifiez une partie prenante potentielle que vous devez obligatoirement l'impliquer dans votre projet. Le tout est de la prendre en compte. Éliminer le nom d'une personne est plus facile que d'essayer d'ajouter celui d'un individu qui doit faire partie de votre projet.

Modèle de liste de parties prenantes

Un modèle de liste est une liste préétablie comprenant les catégories et parties prenantes classiques d'un type de projet donné. Vous pouvez créer et maintenir à jour vos propres modèles de listes de parties prenantes pour les tâches que vous exécutez, les groupes fonctionnels peuvent avoir les leurs ou le bureau de gestion des projets peut disposer de ses propres modèles pour l'ensemble de l'organisation.

Quelle que soit la personne responsable de la gestion du modèle, ce dernier reflète ses expériences successives. Lorsque l'organisation continue de conduire des projets de ce type, des parties prenantes ignorées par le passé peuvent être ajoutées et d'autres, jugées inutiles, enlevées. L'utilisation de ces modèles peut vous faire gagner du temps et vous rendre plus précis.

Admettons que vous prépariez chaque trimestre le budget de votre département. Avec l'habitude, vous connaissez les personnes vous fournissant les informations nécessaires, celles qui le préparent et l'impriment et celles en charge de l'approbation finale. Chaque fois que vous terminez un budget, vous modifiez votre modèle de liste de parties prenantes afin d'intégrer les informations liées à ce projet. La prochaine fois que vous préparerez votre budget trimestriel, vous créerez votre liste de parties prenantes à partir de votre modèle. Vous ajouterez et enlèverez des noms en fonction du budget en question.

Lorsque vous utilisez des modèles de liste de parties prenantes, gardez les principes suivants à l'esprit :

- **Créez des modèles pour des tâches que vous devez exécuter fréquemment et des projets entiers.** Un modèle de liste de parties prenantes convient pour démarrer la campagne de don du sang annuelle ou soumettre à l'AFSSAPS un nouveau médicament afin d'obtenir son autorisation de mise sur le marché. Les modèles conviennent aussi pour les tâches faisant partie de ces projets (par exemple, attribuer un contrat ou imprimer un document). Souvent, des projets qui semblent complètement nouveaux comprennent des tâches que vous avez déjà effectuées par le passé. Vous pouvez tirer parti de votre précédente expérience en incluant dans la liste de parties prenantes du projet des modèles de liste de parties prenantes concernant ces tâches ;
- **Décrivez les fonctions au lieu de donner les noms de parties prenantes précédemment sollicitées.** Identifiez une partie prenante en indiquant *responsable des comptes fournisseurs* et non *Marcelin Dubois*. Les gens passent mais les fonctions restent. Pour chaque projet, vous pouvez ensuite consigner les noms, mais pas au sein des modèles ;
- **Enrichissez et modifiez votre modèle de liste de parties prenantes sur la base de précédents projets ayant porté leurs fruits et non de plans initiaux qui semblaient pertinents mais manquaient de certaines informations clés.** Souvent, vous dressez une liste détaillée des parties prenantes en début de projet mais, ensuite, vous ne la révisez pas ou n'ajoutez pas les individus oubliés lors de la phase de planification

initiale. Si vous n'actualisez votre modèle qu'avec des données tirées de votre liste initiale, il ne peut refléter les évolutions apparues en cours de projet ;

- **Encouragez votre équipe à penser à des parties prenantes potentielles avant de lui montrer un modèle de liste existant.** Inciter les autres à cogiter sans indications ni restrictions les fera plus volontiers penser à des parties prenantes oubliées lors de précédents projets ;
- **Le modèle est un point de départ et non un aboutissement.** Signalez clairement à votre équipe que le modèle ne correspond pas à la liste définitive. Deux projets, même similaires, présentent des caractéristiques qui leur sont propres. Si vous n'examinez pas sérieusement le modèle, vous pourriez oublier des personnes qui n'avaient pas participé à de précédents projets mais dont vous auriez besoin pour celui-ci ;
- **Appliquez les enseignements de vos précédentes expériences dans les modèles de liste de parties prenantes.** L'évaluation de fin du projet est le moment idéal pour revoir, critiquer et modifier la liste de parties prenantes (l'évaluation de fin de projet est traitée en détail au chapitre 16).

ATTENTION !

Les modèles permettent de gagner du temps et d'améliorer la précision. Cependant, utiliser un modèle trop accompli peut laisser penser que vous avez déjà une idée bien précise du contenu de votre liste définitive, ce qui peut dissuader certaines personnes de vous livrer en toute liberté leurs idées concernant d'autres parties prenantes potentielles. En outre, leur manque d'implication dans la création de la liste de parties prenantes peut les conduire à faire preuve d'un investissement limité, néfaste au succès du projet.

Prendre en compte les commanditaires, contributeurs et observateurs parmi vos parties prenantes

Après avoir identifié toutes les parties prenantes de votre projet, le moment est venu de les classer dans les groupes suivants. Vous pourrez alors décider de les impliquer ou non. Si elles sont du voyage, à vous alors de déterminer leur mission et la date de leur entrée en scène.

- **Les commanditaires :** personnes ayant leur mot à dire dans la définition des résultats de votre projet. Vous réalisez ce dernier pour ces personnes ;

- **Les contributeurs :** personnes vous aidant à réaliser votre projet. Les contributeurs englobent les individus qui fournissent des autorisations ou des ressources, ainsi que ceux exécutant des tâches ;
- **Les observateurs :** individus n'étant ni commanditaires ni contributeurs mais manifestant un intérêt pour les activités et résultats de votre projet. Les observateurs n'ont pas leur mot à dire et ne prennent pas une part active à son déroulement. Cependant, votre projet pourrait les concerner dans le futur, à un moment ou à un autre.

Séparer les parties prenantes en trois catégories vous aide à connaître les informations à vous procurer les concernant, quoi leur dire, ainsi qu'à clarifier les décisions pour lesquelles les impliquer.

Supposons qu'un groupe d'informaticiens ait la mission de modifier la mise en page et le contenu du relevé mensuel des ventes de tous les commerciaux. Le directeur commercial a demandé la création de ce projet et le directeur des services informatiques (DSI) l'a approuvé. En tant que chef de ce projet, vous classerez les différentes parties prenantes de la manière suivante :

- **Les commanditaires :** le directeur commercial en est un car il a des raisons de vouloir modifier ce relevé. Le DSI est un commanditaire potentiel car il peut espérer développer certaines nouvelles capacités au sein de son équipe grâce à ce projet. Les commerciaux sont tous des commanditaires car ils se serviront de la nouvelle mouture du relevé ;
- **Les contributeurs :** l'analyste qui conçoit le nouveau relevé, le formateur qui forme les utilisateurs et le directeur financier qui autorise le financement du projet sont autant de contributeurs ;
- **Les observateurs :** le responsable du service à la clientèle est un observateur potentiel car il espère que votre projet contribuera cette année à l'amélioration du système de suivi des incidents.

Méfiez-vous des contributeurs essayant de se conduire en commanditaires. Dans l'exemple précédent, l'analyste qui finalise le contenu et le format du relevé peut essayer d'inclure des éléments qu'il juge utiles. C'est cependant uniquement aux vrais commanditaires que revient le choix des données à inclure dans le relevé. L'analyste doit se contenter d'indiquer si l'ajout est possible et ce que la procédure demande.

Gardez à l'esprit qu'un individu peut à la fois être commanditaire et contributeur. Par exemple, le directeur commercial est un commanditaire du projet en ce qui concerne le développement d'un relevé de ventes mensuel, mais c'est également un contributeur s'il doit financer la création du relevé en transférant les fonds depuis le budget du service commercial.

Les sections suivantes vous aident à identifier le moment où impliquer des commanditaires, des contributeurs et des observateurs, et vous indiquent le meilleur moyen pour qu'ils demeurent impliqués.

TECHNIQUE

Se choisir un parrain

Le parrain du projet est une personne occupant un poste important au sein de l'organisation, qui soutient fermement votre projet, le défend en cas de litige, lors des réunions de planification et des séances d'examen, et prend les mesures nécessaires pour contribuer à sa réussite.

Dès que vous démarrez la planification, voyez si votre projet a un parrain. Si ce n'est pas le cas, essayez d'en trouver un. Un parrain de projet efficace présente les qualités suivantes :

- Il a suffisamment de pouvoir et d'autorité pour résoudre les conflits portant sur les ressources, le calendrier et les problèmes techniques ;
- Il manifeste un réel intérêt pour les résultats de votre projet ;
- Il tient à ce que l'on sache qu'il est un fervent supporteur de votre projet.

Décider quand impliquer les parties prenantes

Un projet suit les trois phases suivantes, de la naissance de l'idée originale à son achèvement (le chapitre 2 explique en détail ces trois phases) :

- Démarrage et préparation du projet ;
- Exécution des travaux ;
- Clôture du projet.

Prévoyez d'impliquer les commanditaires, contributeurs et observateurs à chaque phase. Les sections suivantes vous indiquent comment procéder.

Les commanditaires

Impliquez les commanditaires du début à la fin de votre projet. Les garder mobilisés est vital, car ce sont eux qui définissent les résultats de votre projet et évaluent sa réussite en fin de course. Le tableau 10-2 vous dit comment impliquer les commanditaires pendant les trois phases du projet.

Tableau 10-2 : L'implication des commanditaires pendant les différentes phases du projet

Phase	*Niveau d'implication*	*Action*
Démarrage du projet	Élevé	Identifiez et échangez avec un maximum de commanditaires. Leurs désirs et votre évaluation de la faisabilité de leurs idées peuvent influer sur la poursuite du projet. Si d'autres commanditaires apparaissent par la suite, étudiez avec eux les sujets ayant conduit à la naissance du projet. Demandez-leur d'identifier et d'évaluer leurs éventuelles attentes particulières.
Organisation et préparation	Moyen à élevé	Demandez aux commanditaires si votre plan de projet répond à leurs besoins et attentes. Faites-leur approuver officiellement le plan avant le début effectif des travaux.
Exécution des travaux	Moyen	Lorsque le projet est sur les rails, présentez les commanditaires à l'équipe de projet. Le fait que les commanditaires parlent de leurs besoins et intérêts renforce l'importance du projet et aide les membres de l'équipe à avoir une vision plus précise des objectifs poursuivis. En outre, faire se rencontrer les membres de l'équipe et les commanditaires accroît la confiance de ces derniers dans la capacité de l'équipe à mener à bien le projet. Pendant la réalisation des travaux, continuez d'informer les commanditaires de l'avancement du projet afin de préserver leur intérêt et leur enthousiasme. Les impliquer de la sorte vous permet également de vérifier que les résultats sont toujours conformes à leurs besoins.
Clôture du projet	Élevé	Faites évaluer les résultats du projet par les commanditaires et voyez si leurs besoins et attentes ont été satisfaits. Notez leurs recommandations pour apporter des améliorations lors de futurs projets.

Les contributeurs

À l'instar des commanditaires, les contributeurs doivent être impliqués du début à la fin du projet. Dans la mesure où ils réalisent et soutiennent les travaux du projet, ils doivent être au courant des changements de conditions afin de pouvoir réagir rapidement à la survenue de problèmes. En favorisant leur implication active, vous soignez également leur motivation et leur engagement. Le tableau 10-3 vous dit tout pour veiller à l'implication des contributeurs pendant les phases de votre projet.

Tableau 10-3 : L'implication des contributeurs pendant les différentes phases du projet

Phase	*Niveau d'implication*	*Action*
Initialisation du projet	Moyen	Dans la mesure du possible, demandez aux principaux contributeurs s'il est possible de répondre aux attentes des commanditaires. Si vous identifiez d'autres contributeurs en cours de projet, interrogez-les sur la faisabilité des attentes précédemment émises.
Organisation et préparation	Élevé	Les contributeurs sont les principaux participants au plan de projet. Puisqu'ils favorisent ou réalisent l'exécution de tous les travaux, faites en sorte qu'ils indiquent les approches techniques, calendriers et ressources nécessaires. Obtenez également leur aval officiel pour tous les aspects du plan.
Exécution des travaux	Élevé	Familiarisez tous les contributeurs avec les travaux planifiés. Précisez comment ils travailleront ensemble pour obtenir les résultats escomptés. Faites en sorte qu'ils choisissent des modes de communication, de résolution des conflits et de prise de décisions pendant la durée du projet. Pendant la durée du projet, tenez-les informés de l'avancement des travaux, encouragez-les à signaler les problèmes rencontrés ou pressentis et œuvrez avec eux à la mise en place de solutions.
Clôture du projet	Élevé	Veillez à ce que les contributeurs achèvent les tâches qui leur incombaient. Informez-les des résultats obtenus et soyez reconnaissant de leur contribution à la réussite du projet. Demandez-leur des suggestions pour mener à bien plus efficacement des projets similaires dans le futur.

Les observateurs

Une fois choisis les observateurs auxquels vous souhaitez divulguer des informations sur votre projet, impliquez-les *a minima* car ils ne vous diront pas quoi faire et ne vous aideront pas. Le tableau 10-4 montre comment impliquer les observateurs.

Dans la mesure où les observateurs n'ont pas une influence directe sur votre projet, mesurez avec soin le temps que vous leur consacrez pour partager des informations. Lorsque vous aurez décidé qui impliquer et comment communiquer avec ces personnes, tenez compte des éléments suivants :

- Le niveau de l'intérêt qu'ils portent à votre projet ;

- La probabilité de voir votre projet les concerner dans le futur ;
- Le besoin d'entretenir de bonnes relations de travail avec eux.

Pour savoir quels éléments étudier lorsque vous choisissez le mode d'implication des différentes parties prenantes, rendez-vous à la section « Évaluer le pouvoir et l'intérêt de vos parties prenantes », plus loin dans ce chapitre.

Tableau 10-4 : L'implication des observateurs pendant les différentes phases du projet

Phase	*Niveau d'implication*	*Action*
Démarrage du projet	Faible	Informez les observateurs de l'existence et des principaux objectifs de votre projet.
Organisation et préparation	Faible	Informez les observateurs des résultats prévus et des délais impartis.
Exécution des travaux	Faible	Dites aux observateurs que le projet a démarré et confirmez-leur la date des jalons planifiés. Informez-les des principales réussites.
Clôture du projet	Faible	Une fois le projet terminé, informez les observateurs des produits générés et des résultats obtenus.

Évaluer le pouvoir et l'intérêt de vos parties prenantes

L'influence potentielle d'une partie prenante sur un projet dépend de son pouvoir et de son intérêt à exercer ce pouvoir. Évaluer le niveau de pouvoir relatif de chacune vous aide à savoir qui vous apportera les plus grands bienfaits.

Le *pouvoir* est la faculté d'une personne d'influencer les actes d'autrui. Cette capacité peut provenir de son habilitation (ou autorité) à exiger des autres qu'ils accèdent à ses requêtes ou de sa capacité à inciter les autres à faire ce qu'elle demande grâce au respect qu'ils lui témoignent (en raison de son professionnalisme) ou par affinité (*pouvoir conquis*). Dans un cas comme dans l'autre, plus la personne a de pouvoir, mieux elle est à même de rallier des personnes et mobiliser des ressources pour soutenir votre projet.

En revanche, l'*intérêt* d'une personne pour quelque chose correspond à son degré d'affection, de curiosité ou d'attention pour cette chose. Plus une personne s'intéresse à votre projet, plus elle est susceptible de vouloir se servir de son pouvoir pour contribuer à son succès.

Les niveaux relatifs de pouvoir et d'intérêt pour le projet sont *élevé* ou *faible*. Vous avez ensuite quatre combinaisons possibles pour chaque partie prenante. Le niveau de pouvoir et d'intérêt d'une partie prenante révèle le degré d'influence potentiel de celle-ci sur votre projet et donc l'importance, plus ou moins grande, de veiller à son implication.

Le plus souvent, l'évaluation du pouvoir et de l'intérêt d'un membre d'une partie prenante pour un projet repose sur votre opinion subjective et celle des membres de votre équipe, des autres parties prenantes, des individus ayant travaillé avec la partie prenante en question sur d'autres projets, d'experts du domaine concerné et/ou de membres de sa partie prenante. Si vous donnez une note de 1 à chaque personne dont le niveau de pouvoir et d'intérêt est jugé élevé et de 0 à chaque personne dont le niveau est jugé faible, si la moyenne obtenue est supérieure ou égale à 0,5, le niveau sera élevé et si la moyenne est inférieure à 0,5, le niveau sera faible.

Généralement, les commanditaires et contributeurs présentent des niveaux de pouvoir et d'intérêt pour votre projet supérieur à celui des observateurs.

La figure 10-4 comprend une grille illustrant le pouvoir et l'intérêt, avec quatre combinaisons possibles sur un graphique bidimensionnel. En tant que chef de projet, votre investissement en temps et en énergie doit être minime avec les parties prenantes ayant un pouvoir et un intérêt faibles (case I), puis aller crescendo avec celles ayant un pouvoir faible et un intérêt élevé (case II), avec celles ayant un pouvoir élevé et un intérêt faible (case III). Enfin, avec celles ayant un pouvoir élevé et un intérêt élevé (case IV), votre investissement en temps doit être maximum et vous devez veiller le plus possible à leur implication et à bien les informer. (La section « Utiliser différentes méthodes pour que les parties prenantes demeurent impliquées », plus haut dans ce chapitre, vous fournit divers moyens de communiquer avec les parties prenantes de votre projet.)

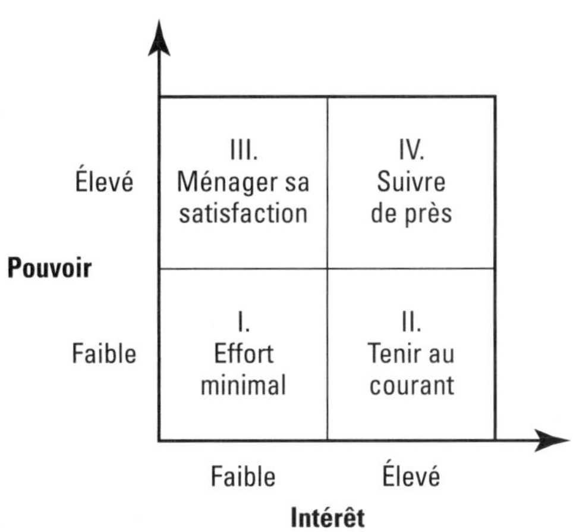

Figure 10-4 : Impliquer des parties prenantes aux différents niveaux de pouvoir et d'intérêt pour votre projet.

Tirer le meilleur parti de l'implication de vos parties prenantes

Pour optimiser l'implication et les contributions de vos parties prenantes, respectez les principes suivants pendant toute la durée du projet :

- **S'il est prévu qu'elles jouent un rôle dans le projet par la suite, impliquez les parties prenantes le plus tôt possible lors de la phase de démarrage et de préparation.** Offrez à vos parties prenantes la possibilité de participer à la planification, même si elles n'interviennent que bien plus tard dans le projet. Il arrive qu'elles donnent des informations qui vous faciliteront ensuite la vie. Elles pourront au moins se dégager du temps pour apporter leur contribution lorsque vous en aurez besoin;
- **Si vous avez des doutes sur le caractère légal de l'implication d'une partie prenante en particulier, rapprochez-vous de votre service juridique ou bureau de gestion des contrats.** Supposons que vous prépariez un appel d'offres pour l'achat d'un équipement. Vous souhaitez savoir si les soumissionnaires disposent de cet équipement et connaître le délai qu'il leur faudrait pour effectuer la livraison. Vous craignez cependant que le fait de parler à un prestataire potentiel au cours de la phase de planification revienne à lui filer un tuyau sur les procédures d'approvisionnement et vous expose à des accusations de favoritisme par les soumissionnaires non retenus.

  Au lieu d'ignorer cette importante partie prenante, demandez à votre service juridique comment obtenir l'information qui vous fait défaut sans nuire à l'équité de l'appel d'offres;
- **Élaborez un plan avec toutes les parties prenantes clés afin de satisfaire leurs besoins et intérêts en matière d'informations, ainsi que les vôtres.** Déterminez les données qu'elles veulent et celles dont elles ont, selon vous, besoin. Décidez également du moment et de la modalité de transmission de ces informations. Précisez enfin ce que vous attendez d'elles et quand et sous quelle forme elles pourront vous l'apporter;
- **Assurez-vous de toujours bien saisir la réponse à la question : « Qu'est-ce que ça lui rapporte ? » pour chaque partie prenante.** Précisez quel est l'intérêt pour chaque partie prenante de voir votre projet se transformer en succès. Pendant toute la durée du projet, rappelez à vos parties prenantes les avantages qu'elles en tireront au final ainsi que les avancées réalisées vers les objectifs fixés. Le chapitre 15 vous indique comment identifier les avantages d'un projet pour les différentes parties prenantes.

Utiliser différentes méthodes pour que les parties prenantes demeurent impliquées

Informer les commanditaires, contributeurs et observateurs de l'avancement des travaux est essentiel à la réussite du projet. Le choix d'une méthode adaptée pour l'implication de chaque catégorie de parties prenantes peut contribuer à conserver leur intérêt intact et inciter leurs membres à soutenir activement vos efforts. Voici des approches pour veiller à l'implication des parties prenantes tout au long de votre projet :

TRUC

- **Entretiens en petit comité.** Les entretiens en petit comité (formels ou informels avec unc ou deux autres personnes) pour parler du projet sont particulièrement utiles pour explorer de manière interactive et clarifier des points d'intérêt bien précis avec un petit nombre d'individus ;
- **Réunions.** Ces réunions sont des séances programmées concernant certains ou tous les membres de l'équipe ou des parties prenantes. Les petites réunions sont utiles pour réfléchir sur des thèmes, renforcer les rôles des membres de l'équipe et développer la confiance et le respect mutuel en son sein. Les grandes réunions sont plus axées sur la présentation d'informations d'un intérêt général ;
- **Correspondance écrite informelle.** La correspondance écrite informelle (notes, lettres, courriels) vous aide à consigner par écrit les discussions informelles et à communiquer des informations importantes sur le projet ;
- **Supports d'information plus formels.** Les ressources informatives, telles que les bulletins d'information ou sites sur l'intranet de l'organisation, peuvent s'avérer utiles pour partager des informations non confidentielles et non sujettes à controverse avec des parties prenantes plus nombreuses ;
- **Approbations écrites.** Les approbations écrites (par exemple, choix technique pour des travaux, accord officiel concernant un produit, calendrier ou engagement au sujet de ressources) servent d'archives des décisions et accomplissements du projet.

Confirmer l'autorité de vos parties prenantes

En matière de projets, l'*autorité* est le droit de prendre, dans le cadre du projet, des décisions que les autres doivent respecter, dont les droits d'allouer des ressources, de dépenser des fonds ou de donner son approbation. Avoir une opinion sur la *façon* de traiter un aspect et disposer de l'autorité pour décider comment il *sera* traité sont deux choses différentes. Se tromper sur le niveau d'autorité d'une personne peut générer un certain agacement et entraîner une perte de temps et d'argent.

Vérifiez que les personnes identifiées par vos soins comme parties prenantes ont bien l'autorité de prendre les décisions nécessaires à l'exécution de leurs tâches. Si elles n'en disposent pas, trouvez qui est habilité et comment l'associer au projet.

Au début de la phase d'exécution des travaux, respectez la procédure suivante de définition du degré d'autorité de chaque membre des différentes parties prenantes :

- **Précisez toutes les tâches que doit exécuter et décisions que doit prendre chaque membre des différentes parties prenantes.**

  Voyez avec chaque personne les tâches qui lui incombent et son rôle dans leur exécution. Par exemple, se contentera-t-elle de travailler dessus ou approuvera-t-elle également les calendriers, les frais d'exploitation des ressources et les stratégies d'exécution des travaux ?

- **Demandez à chaque membre des parties prenantes quel est son degré d'autorité pour chaque décision et tâche.**

  Posez la question pour des tâches individuelles et non tous les thèmes d'un domaine particulier. Par exemple, une personne peut se montrer plus confiante en son autorité pour approuver les achats de fournitures jusqu'à 5 000 euros qu'en son autorité pour l'approbation de tous les achats d'équipements, quels que soient le type et le montant de la transaction.

  Faites le point sur les décisions que la personne peut prendre. Pour celles nécessitant l'approbation d'autrui, identifiez l'individu en question. (Demandez, ne faites jamais de suppositions !)

- **Demandez à chaque membre des parties prenantes comment il a eu connaissance de l'autorité dont il dispose.**

  Cette autorité est-elle confirmée par une politique, procédure ou directive écrite ? Est-ce que le chef de la personne le lui a indiqué lors d'une conversation ? Est-ce que la personne le suppose simplement ? Si la personne ne dispose d'aucune confirmation écrite, incitez-la à l'obtenir.

- **Vérifiez avec chaque membre des parties prenantes ses antécédents en matière d'exercice d'une autorité.**

  Avez-vous, vous ou d'autres, déjà travaillé avec cette personne par le passé ? A-t-elle été supplantée pour des décisions qu'elle avait affirmé avoir le droit de prendre ? Si c'est le cas, demandez-lui si elle estime que ça ne lui arrivera pas de nouveau.

- **Vérifiez les éventuels récents changements concernant l'autorité de chaque membre des parties prenantes.**

  Y a-t-il des raisons de croire que l'autorité de cette personne a changé ? La personne est-elle une nouvelle venue dans son groupe ? à son poste actuel ? Vient-elle de commencer à travailler sous les ordres d'un nouveau chef ? Si la réponse à l'une de ces questions est « oui », encouragez-la à trouver les documents confirmant son autorité, pour son bien et le vôtre.

Lorsque des habilitations à prendre des décisions changent, reconfirmez-les auprès des personnes concernées. Supposons par exemple que vous tabliez sur des achats d'un montant inférieur ou égal à 2 500 euros. Mickaël, représentant du groupe des finances, vous assure qu'il est habilité à approuver ce type d'achats sans en référer à son chef. À mi-chemin du projet, vous vous apercevez que vous devez acheter un matériel d'une valeur de 5 000 euros. Vérifiez auprès de Mickaël qu'il est bien habilité à autoriser cette dépense exceptionnelle. S'il ne l'est pas, voyez auprès de qui obtenir l'autorisation et prenez les mesures nécessaires.

Chapitre 11

Voyage dans l'inconnu : planifier la gestion des risques

Dans ce chapitre :

- Identifier et évaluer les risques
- Préparer un plan de gestion des risques

Plus votre projet sera d'envergure, complexe et durera longtemps, plus la probabilité que certaines choses ne tournent pas comme prévu sera grande. Vous avez donc des chances de succès élevées si vous abordez de front ces imprévus *et* si vous prévoyez de minimiser leurs conséquences indésirables dès le démarrage de votre projet.

Ce chapitre traite la façon de prendre en compte les risques potentiels lorsque vous êtes en phase de démarrage et préparation du projet. Il vous montre comment identifier et évaluer l'impact des risques existants et vous donne des conseils qui vous serviront lors de la préparation de votre plan de gestion des risques.

Définir les risques et leur gestion

Le *risque* est l'éventualité de ne pas fabriquer votre produit, respecter votre calendrier ou obtenir les ressources souhaitées en raison d'un événement imprévu ou à cause de l'absence d'un élément planifié. Tous les projets présentent leur part de risque car il est impossible de prévoir l'avenir avec certitude. Cependant, l'importance du risque augmente :

- Avec la durée du projet ;
- Plus le délai séparant le démarrage, la préparation du projet et l'exécution des travaux est important ;

- Moins vous, votre organisation ou les membres de votre équipe avez d'expérience dans ce genre de projet ;
- Plus la technologie associée au projet est récente.

Il existe deux sortes de risque :

- Les *risques négatifs*, également appelés *menaces*, peuvent nuire à un ou plusieurs objectifs du projet (par exemple, vous empêcher de respecter un délai) ;
- Les *risques positifs*, également appelés *opportunités*, peuvent profiter aux objectifs du projet (par exemple, vous permettre d'achever une tâche avec moins de personnel qu'escompté).

Autrement dit, tout ce qui peut vous empêcher d'atteindre vos objectifs ou vous permettre d'aller au-delà est considéré comme un risque. Bien que certaines approches employées pour analyser et répondre à ces deux types de risque soient similaires, ce chapitre vous présente les méthodes pour identifier, évaluer et gérer les risques négatifs. Dans ce chapitre, le terme *risque* fait toujours référence à un risque négatif (ou menace), sauf mention contraire.

La *gestion des risques* est le processus consistant à identifier les risques potentiels, à évaluer leurs conséquences, puis à élaborer et mettre en œuvre des plans destinés à minimiser leurs effets négatifs. La gestion des risques ne peut éliminer les risques mais favorise la réalisation de votre projet malgré les incertitudes liées à un environnement changeant.

Alors, comment aborder les risques pesant sur votre projet dès son démarrage ? Pour déterminer, évaluer et gérer les risques susceptibles de menacer votre projet, prenez les mesures suivantes :

1. **Identifiez les risques.**

   Recensez les aspects de votre plan ou de l'environnement de votre projet susceptibles de changer.

2. **Évaluez les effets potentiels de ces risques sur votre projet.**

   Prenez en compte ce qu'il peut se passer si les choses ne se déroulent pas comme vous l'aviez prévu.

3. **Montez des plans pour atténuer les effets des risques.**

   Choisissez un mode de protection de votre projet contre les conséquences des risques existant.

Ce chapitre détaille ces étapes. La surveillance et la communication de ces risques seront détaillées et analysées en phase d'exécution, au chapitre 14.

Ne mettez pas tous vos œufs dans le même panier

Un jour, l'un de nous a rencontré un homme qui démarrait un vaste projet, priorité absolue de son entreprise. Le succès de son projet reposait beaucoup sur une personne qui devait travailler à temps plein sur le projet pendant six mois à l'exécution de toutes les tâches techniques. À la question : « Avez-vous réfléchi aux conséquences d'un éventuel départ de cette personne avant la fin du projet ? », il a répondu : « Ce n'est pas un souci car il ne l'autoriserait jamais à quitter le navire ! »

Cette façon de gérer les risques ressemblait à celle d'une femme qui avait suspendu sa mutuelle santé pendant une année car elle ne prévoyait pas de tomber malade ! L'homme avait peut-être obtenu de sa direction que, pendant toute la durée du projet, il ne serait confié aucune autre mission au technicien. Cependant, il ne pouvait tout de même pas être certain qu'il ne tombe pas malade et n'était pas à l'abri de son éventuel départ volontaire de l'entreprise.

Étape 1 : Identifier les risques

La première mesure conduisant à la maîtrise des risques est leur identification. Cependant, en fonction du projet, tous les risques ne présentent pas le même danger, et partir à la chasse aux risques tous azimuts accroît la probabilité de passer à côté de certains particulièrement importants.

Cette section vous montre comment identifier les risques potentiels en repérant les situations spéciales les plus susceptibles de favoriser leur apparition.

Repérer les facteurs de risque

Un *facteur de risque* est une situation qui peut faire apparaître un ou plusieurs risques. Ce n'est pas le facteur de risque qui vous fera rater un produit, dépasser des délais ou manquer de certaines ressources. Cependant, il accroît les… risques de voir survenir un événement à l'origine de ce genre de mésaventure.

Par exemple, le fait que vous et votre organisation n'ayez jamais réalisé des projets similaires à celui qui s'annonce est un facteur de risque. Dans la mesure où vous n'avez aucune expérience dans ce domaine, vous pouvez oublier certaines activités essentielles ou sous-estimer le temps et les ressources nécessaires pour les mener à bien. Ce n'est pas parce que vous n'avez aucune expérience que vous allez forcément rencontrer ces problèmes, mais cela accroît la probabilité.

N'OUBLIEZ PAS !

Commencez à prendre en compte les risques dès le début du projet, jusqu'à son terme. À tout moment au cours du projet, repérez les risques en décelant les facteurs de risque. Servez-vous des phases ainsi que du plan du projet pour faciliter l'identification des facteurs de risque.

Tout projet passe par les trois phases suivantes, chacune pouvant constituer de nouveaux facteurs de risque (le chapitre 2 vous dit tout sur ces différentes phases) :

- Le démarrage et la préparation du projet, qui incluent son initialisation, sa planification et la préparation de son exécution ;
- L'exécution des travaux ;
- La clôture du projet.

Le tableau 11-1 illustre les facteurs de risque qui peuvent surgir lors de chacune de ces phases.

Tableau 11-1 : Les facteurs de risque susceptibles d'apparaître pendant le déroulement de votre projet

Phase du cycle de vie	*Facteurs de risque*
Toutes	Vous et votre équipe ne consacrez pas suffisamment de temps à une ou plusieurs phases.
	Des informations clés ne sont pas consignées par écrit.
	Vous et votre équipe passez à la phase suivante sans avoir achevé une ou plusieurs phases précédentes.
Démarrage et préparation du projet (initialisation)	Certaines informations de base et/ou des plans ne sont pas consignés par écrit.
	Aucune analyse coûts-avantages n'a été menée.
	Aucune étude de faisabilité officielle n'a été effectuée.
	Vous ne savez pas qui a eu l'idée de ce projet.
Démarrage et préparation du projet (planification)	Des personnes n'ayant aucune expérience de ce genre de projet se chargent de la planification.
	Votre plan n'est pas consigné par écrit.

Tableau 11-1 : Les facteurs de risque susceptibles d'apparaître pendant le déroulement de votre projet (*suite*)

Phase du cycle de vie	*Facteurs de risque*
	Il manque certaines parties de votre plan.
	Certains ou tous les aspects de votre plan n'ont pas reçu l'approbation de toutes les parties prenantes clés.
Exécution des travaux	Des personnes de l'équipe de projet n'ont pas préparé de plan.
	Des membres de l'équipe de projet n'ayant pas participé à la fabrication du plan ne l'ont pas consulté.
	Vous n'avez pas fait l'effort d'instaurer un esprit d'équipe et de définir les objectifs de l'équipe de projet.
	Vous n'avez développé aucune procédure collective au sein de l'équipe de projet pour résoudre les conflits, prendre des décisions ou assurer la communication.
	Les besoins de vos principaux clients évoluent.
	Vous disposez d'informations incomplètes sur la tenue du calendrier et les dépenses en matière de ressources.
	Des comptes rendus de l'avancement des travaux ne sont pas régulièrement rédigés.
	Un ou plusieurs contributeurs clés du projet changent de poste.
	Des membres de l'équipe sont remplacés.
	Des caractéristiques ou demandes au sein du marché changent.
	On procède à des changements de manière informelle, sans analyse de leurs effets sur le projet dans sa globalité.
Clôture du projet	Les résultats ne sont pas officiellement approuvés par un ou plusieurs commanditaires du projet.
	Des membres de l'équipe de projet sont affectés à de nouveaux projets avant la fin de celui-ci.

Le tableau 11-2 décrit les facteurs de risque qui peuvent concerner les différentes parties de votre plan de projet.

Tableau 11-2 : Les facteurs de risque susceptibles d'être liés aux différentes parties de votre plan de projet

Partie du plan de projet	*Facteurs de risque*
Parties prenantes du projet	Votre projet a un nouveau client.
	Vous avez eu des problèmes précédemment avec un client.
	La direction ou d'autres commanditaires clés montrent un intérêt très mitigé pour votre projet.
	Votre projet n'a pas de parrain.
	Toutes les parties prenantes de votre projet n'ont pas été identifiées.
Historique du projet	Votre projet est né à la suite d'à une décision spontanée et non mûrement réfléchie.
	Vous n'avez pas la preuve que votre projet supprimera le problème qu'il est censé traiter.
	Votre projet ne peut démarrer tant qu'une ou plusieurs autres activités planifiées ne sont pas terminées.
Contenu du projet	Votre projet présente une taille anormalement grande.
	Votre projet requiert un large éventail de compétences et connaissances.
	Votre projet demande la participation de diverses unités organisationnelles.
Stratégie du projet	Vous n'avez aucune stratégie déclarée.
	Votre projet implique l'utilisation d'une nouvelle technologie jamais testée ou d'une approche jamais expérimentée.
Objectifs et livrables du projet	Un ou plusieurs objectifs ou livrables manquent.
	Certaines mesures des performances sont floues ou absentes.
	Certaines mesures des performances sont difficiles à quantifier.
	Il manque un ou plusieurs objectifs ou caractéristiques concernant les performances.
	Un ou plusieurs objectifs ou livrables n'ont pas été approuvés par tous les commanditaires.
Contraintes	Vos contraintes ne sont pas consignées par écrit.
	Vos contraintes sont vagues. ***Remarque :*** en général, toutes les contraintes sont des facteurs de risque potentiels.

Tableau 11-2 : Les facteurs de risque susceptibles d'être liés aux différentes parties de votre plan de projet (*suite*)

Partie du plan de projet	*Facteurs de risque*
Hypothèses	Vos hypothèses ne sont pas consignées par écrit.
	Vos hypothèses sont vagues. ***Remarque :*** en général, tous les facteurs de risque liés à aux des hypothèses sont des facteurs de risque potentiels.
Lots de travaux et activités	Des lots de travaux ou activités ne sont pas suffisamment détaillés.
	Tous les membres de l'équipe n'ont pas participé à la description des lots de travaux et activités qui leur sont attribués.
Rôles et responsabilités	Tous les contributeurs n'ont pas participé à la définition de leurs rôles et responsabilités.
	Vous êtes trop dépendant d'une ou de plusieurs personnes.
	Une ou plusieurs activités ne comprennent aucun responsable principal.
	Plusieurs personnes ont été nommées responsable principal d'une même activité.
	Personne ne s'est vu confier la responsabilité générale du projet.
Calendrier (estimation de la durée des activités)	Les estimations de durée sont fixées à partir de la date de fin établie.
	Vous ne disposez d'aucune base de données historique sur laquelle vous appuyer pour fixer la durée des activités.
	Pour certaines activités, votre projet implique l'exécution de nouvelles procédures ou l'emploi de nouvelles technologies.
	Des activités sont menées par des membres de l'équipe avec qui vous n'avez jamais travaillé.
Calendrier (interdépendances entre activités)	Les interdépendances ne sont pas prises en compte pendant l'élaboration du calendrier.
	L'exécution d'activités ayant un lien partiel entre elles est programmée simultanément afin de gagner du temps.
	Votre plan de projet n'utilise aucune approche analytique officielle pour évaluer les conséquences des interdépendances sur le calendrier.
Personnel	Votre plan de projet ne présente aucune estimation de la charge de travail liée aux activités à mener à bien.

Tableau 11-2 : Les facteurs de risque susceptibles d'être liés aux différentes parties de votre plan de projet (*suite*)

Partie du plan de projet	*Facteurs de risque*
	Votre plan de projet ne prend pas formellement en compte la disponibilité ou l'efficacité des employés.
	Votre plan de projet ne comprend aucun calendrier détaillé des travaux pour les personnes effectuant plusieurs tâches en même temps.
	Votre équipe comprend un ou plusieurs membres nouveaux ou inexpérimentés.
Autres ressources	Vous ne disposez d'aucun plan répertoriant le type ou le nombre de ressources non humaines nécessaires, ainsi que le moment de leur utilisation.
Fonds	Vous n'avez pas de budget pour votre projet.

Identifier les risques associés aux facteurs de risque

Une fois les facteurs de risque repérés, la prochaine étape de votre évaluation est d'identifier précisément les risques associés à chacun de ces facteurs. Une fois ces informations en votre possession, vous pouvez déterminer les conséquences de chaque risque pour votre projet et décider de la marche à suivre pour le gérer.

Décrivez la façon dont chaque facteur de risque peut vous faire rater un produit, dépasser des délais ou manquer de certaines ressources. Supposons par exemple que vous envisagiez d'employer une nouvelle technologie pour votre projet. Cela représente un facteur de risque (comme le montre le tableau 11-2). Les risques potentiels concernant le produit, le calendrier et les ressources susceptibles d'émaner de ce facteur sont les suivants :

- **Risque pour le produit :** la nouvelle technologie pourrait ne pas produire le résultat prévu ;
- **Risque pour le calendrier :** les tâches impliquant l'utilisation de la nouvelle technologie pourraient demander plus de temps que prévu ;
- **Risque pour les ressources :** les installations et équipements existant pourraient ne pas être adaptés à l'emploi de la nouvelle technologie.

Pour identifier précisément les risques potentiels associés à chaque facteur de risque, procédez comme suit :

- **Passez en revue les problèmes rencontrés par le passé dans des situations similaires.** Si un facteur de risque a entraîné l'apparition d'un imprévu, vous souhaiterez être fin prêt cette fois-ci ;
- **Consultez des experts et d'autres personnes ayant eu des expériences dans le domaine en question.** Plus vos sources seront nombreuses, moins vous risquerez d'oublier quelque chose d'important ;
- **Soyez précis.** Plus la description d'un risque sera précise, mieux vous pourrez en évaluer les conséquences potentielles. Voici une comparaison entre un risque précis et un risque vague :
  - **Risque vague :** des activités pourraient être retardées ;
  - **Risque précis :** la livraison pourrait demander trois semaines au lieu de deux.

Essayez d'éliminer le plus tôt possible les facteurs de risque potentiels. Par exemple, une partie prenante cruciale n'a pas approuvé les objectifs de votre projet. Au lieu de prendre seulement bonne note du risque de ne pas répondre correctement aux besoins de cette partie prenante, essayez d'obtenir son aval !

Étape 2 : Évaluer les risques

Les conséquences prévues d'un risque dépendent de l'effet de ce dernier s'il se concrétise et de la probabilité qu'il devienne une réalité. Faites le tour des conséquences prévues des différents risques afin de choisir ceux à gérer en priorité et ceux à laisser de côté. Cette section vous indique comment déterminer la probabilité de voir un risque donné toucher votre projet et comment évaluer l'ampleur de ses conséquences.

Jauger la probabilité qu'un risque devienne réalité

Un bulletin météo annonçant de possibles chutes de neige ne suffit pas pour que vous alliez acheter une turbine à neige à 700 euros. Vous souhaiterez peut-être tout d'abord connaître la probabilité qu'il neige vraiment, puis, le cas échéant, la quantité de neige qui recouvrira le sol. Si le service météo est certain qu'en cas de neige, il en tombera au moins 50 centimètres, mais que les chances qu'il neige sont de 1 pour 1 000, vous estimerez peut-être qu'il ne vaut pas la peine de dépenser 700 euros pour se préparer à une situation qui n'existera probablement pas.

La décision de gérer proactivement un risque doit être précédée d'une évaluation de la probabilité que ce risque se matérialise. Utilisez l'une des méthodes suivantes pour décrire les « chances » qu'un risque devienne réalité :

- **Probabilité de survenue :** la probabilité est un chiffre entre 0 et 1,0, 0 signifiant qu'une situation ne se produira jamais et 1,0 signifiant qu'elle surviendra systématiquement. (Vous pouvez également exprimer la probabilité sous forme de pourcentage, 100 % signifiant que la situation surviendra systématiquement) ;
- **Classer les risques en catégories :** évaluez la probabilité en classant les risques en différentes catégories : *élevé*, *moyen* et *faible* ou *toujours*, *souvent*, *parfois*, *rarement* et *jamais* ;
- **Classer les risques par ordre de probabilité :** le premier est le plus susceptible de se concrétiser, puis vient le deuxième, et ainsi de suite ;
- **La probabilité relative que les risques deviennent réalité :** si vous avez deux risques potentiels, vous pouvez exprimer la probabilité de survenue de l'un par rapport à celle de l'autre. Par exemple, vous pouvez déclarer que le premier risque a *deux fois plus de chances* de se produire que le second.

Si vous possédez des données objectives sur le nombre de fois qu'un risque est devenu réalité par le passé dans des situations similaires, employez la première méthode de la liste précédente pour fixer la probabilité qu'il se reproduise dans le futur. Si aucune information objective n'existe, utilisez l'une des trois autres méthodes, en vous fondant sur une opinion personnelle.

Les sections à suivre vous expliquent comment décrire la probabilité de survenue d'un risque avec chacune des approches énumérées ci-dessus.

S'appuyer sur des infos objectives

Vous pouvez estimer la probabilité de survenue d'un risque à partir du nombre de fois qu'il s'est matérialisé au cours de projets similaires. Imaginons par exemple que vous ayez créé l'année passée 20 rapports informatisés pour de nouveaux clients. À huit reprises, au moment de l'approbation finale, le client a souhaité que vous fassiez au moins une modification. Si vous prévoyez de réaliser un rapport informatisé pour un nouveau client supplémentaire, vous en conclurez peut-être qu'il existe 40 % de chances que vous deviez effectuer une modification (8 divisé par 20, multiplié par 100).

N'OUBLIEZ PAS !

Lorsque vous utilisez des informations objectives, telles que des rapports de projet passés, pour déterminer la probabilité que se concrétisent différents risques :

- Tenez compte de votre expérience passée avec des projets similaires ;
- Prenez en compte un maximum de situations similaires ;
- Gardez à l'esprit que plus vous disposez de références passées, plus vous pouvez avoir confiance en vos conclusions.

Compter sur des options personnelles

En l'absence de données objectives, demandez l'avis d'experts et d'individus ayant déjà travaillé sur des projets de ce genre par le passé. Consultez par exemple dix personnes. Demandez-leur de classer la probabilité qu'un risque donné devienne réalité entre *élevé*, *moyen* et *faible*. Supposons que six personnes répondent *élevé*, deux *moyen* et deux *faible*. Vous pouvez alors faire votre propre estimation en attribuant respectivement les valeurs 3, 2 et 1 aux catégories *élevé*, *moyen* et *faible* et en fixant la moyenne pondérée des réponses de la manière suivante :

$$(6 \text{ X } 3) + (2 \text{ X } 2) + (2 \text{ X } 1) = (18 + 4 + 2) / 10 = 2{,}4$$

Cette formule indique que la probabilité est entre moyenne et élevée (car 2,4 se situe entre 2 et 3).

TRUC

Pour rendre plus précises les estimations fondées sur des opinions personnelles, essayez ceci :

- **Définissez le plus précisément possible la catégorie.** Vous pouvez par exemple indiquer que *faible* correspond à une probabilité entre 0 % et 33 %, *moyen* entre 33 % et 66 % et *élevé* entre 66 % et 100 % ;
- **Prenez l'avis d'un maximum de personnes.** Plus vous aurez d'éléments, plus vous pourrez avoir confiance en votre estimation ;
- **Assurez-vous que les personnes consultées ont travaillé sur des projets vraiment similaires au vôtre.** Sinon, rien ne légitimera l'utilisation de leur expérience pour prédire ce qu'il se passera dans votre projet ;
- **Ne laissez pas les gens échanger entre eux sur leur estimation avant de vous en faire part.** Vous recherchez des avis individuels et non un consensus ;
- **Une fois leur estimation communiquée, permettez aux personnes d'échanger avec les autres sur les raisons justifiant leur opinion puis demandez-leur si elles veulent modifier leur estimation.** Certaines personnes peuvent choisir de modifier leur estimation première si elles se rendent compte qu'elles n'ont pas pris en compte certains critères importants.

Il existe une différence entre précision et exactitude. La *précision* fait référence au niveau de détail tandis que l'*exactitude* indique si un chiffre est correct. Vous pouvez estimer la probabilité qu'un risque donné se matérialise à 67,23 %. Cependant, même si vous exprimez avec précision (un nombre à deux décimales) votre opinion, celle-ci a peu de chance d'être exacte si vous n'avez jamais travaillé sur un projet similaire par le passé. Malheureusement, les gens partent souvent du principe que la précision est un gage d'exactitude. Vous pouvez contribuer à éviter ces interprétations erronées en faisant part de vos évaluations *via* des chiffres ronds, des catégories ou des comparaisons.

Plus les facteurs annonçant un risque donné sont nombreux, plus la probabilité qu'il survienne est grande. Par exemple, passer commande auprès d'un fournisseur avec qui vous n'avez jamais travaillé accroît les risques que la livraison demande plus de temps que prévu. Cependant, la probabilité que la livraison prenne beaucoup de temps est encore plus grande s'il s'agit d'une commande spéciale, si vous souhaitez une livraison à un moment où le fournisseur est surchargé et si ce dernier doit commander plusieurs pièces à différents fabricants avant d'assembler l'article.

Évaluer l'ampleur des conséquences

Il n'y a pas très longtemps, l'un de nous était dans la salle d'attente de son médecin quand la secrétaire médicale est venue lui dire qu'il avait dû traiter une urgence et qu'il serait en retard. Imaginez sa surprise quand, après plus de trois heures d'attente, il a appris qu'il était parti plusieurs heures auparavant pour un hôpital situé à une heure de route et qu'il se trouvait à ce moment précis au bloc en train d'opérer un patient ! S'il avait su que son médecin allait être absent plusieurs heures, il aurait décalé son rendez-vous. Mais, dans la mesure où il ignorait l'ampleur du retard, il a perdu trois heures. Et, à moins d'attendre le restant de l'après-midi, il allait devoir prendre un autre rendez-vous.

Dans ce simple exemple, le projet consiste à effectuer un bilan de santé annuel et l'un des objectifs de ce projet est d'entrer dans le cabinet du médecin à l'heure prévue. Le fait que le médecin puisse être appelé pour une urgence peu de temps avant ce rendez-vous est un facteur de risque qui accroît la probabilité que la consultation ne démarre pas à l'heure prévue. L'estimation des conséquences (l'ampleur du retard) influe sur le choix de certaines options (attendre le retour du médecin ou reprendre rendez-vous).

Une fois identifiée la probabilité qu'un risque donné puisse toucher votre projet, veillez à déterminer l'ampleur des conséquences ou effets associés, laquelle influe directement sur la façon de gérer le risque. Définissez l'effet précis que chaque risque peut avoir sur le produit, le calendrier et l'utilisation des ressources de votre projet. Lors de l'évaluation de ces effets, faites ceci :

- **Prenez en compte l'effet d'un risque sur l'ensemble du projet et non uniquement une partie.** Achever une activité en une semaine de plus que prévu peut vous faire louper des jalons intermédiaires (et condamner au chômage technique le personnel en attente des résultats de cette activité). Cependant, l'effet sur le projet est encore plus grand si l'activité retardée figure sur votre chemin critique. Cela signifie que la semaine de retard concernant cette activité se transformera en une semaine de retard pour le projet ;
- **Tenez compte de l'effet combiné des risques associés.** La probabilité que votre calendrier soit décalé est plus grande si les trois activités figurant sur le même chemin critique courent un risque de retard important.

Veillez à décrire les risques et leurs conséquences aussi précisément que possible. Par exemple, supposons que vous risquiez de recevoir plus tard que prévu un équipement essentiel pour votre projet. Vous pouvez décrire ce risque ainsi : *la livraison pourrait avoir du retard* ou *la livraison pourrait avoir un retard de deux semaines*. Indiquer seulement que la livraison sera peut-être retardée ne vous donne pas suffisamment d'informations pour évaluer l'effet probable de ce retard sur le projet dans sa globalité. Cette formulation rend en outre plus difficile l'estimation de la probabilité que ce risque se concrétise. Vous parlez d'un retard d'une journée, d'un mois ? En signalant que la livraison pourrait être retardée de deux semaines, vous pouvez définir plus précisément l'effet que ce retard pourrait avoir sur le calendrier du projet et les ressources. Cela vous permet également de décider ce que vous voulez dépenser pour éviter ce retard.

Il existe diverses techniques formelles pour accompagner l'évaluation des risques encourus :

- **L'arbre de décision.** Ce diagramme illustre différentes situations susceptibles de se produire en cours de projet, la probabilité de survenue de chaque situation et les conséquences associées.

  La figure 11-1 montre un simple arbre de décision qui vous aide à savoir auprès de quel fournisseur acheter un équipement. Les deux fournisseurs ont proposé un prix de 50 000 euros si l'équipement est livré à la date prévue. Ils ont également proposé de bénéficier d'un supplément en cas de livraison précoce et d'assumer la pénalité en cas de livraison retardée, seuls les montants sont différents. L'arbre de décision décrit les probabilités que chaque fournisseur livre en avance, en temps voulu et en retard, ainsi que le prix facturé selon chaque cas de figure.

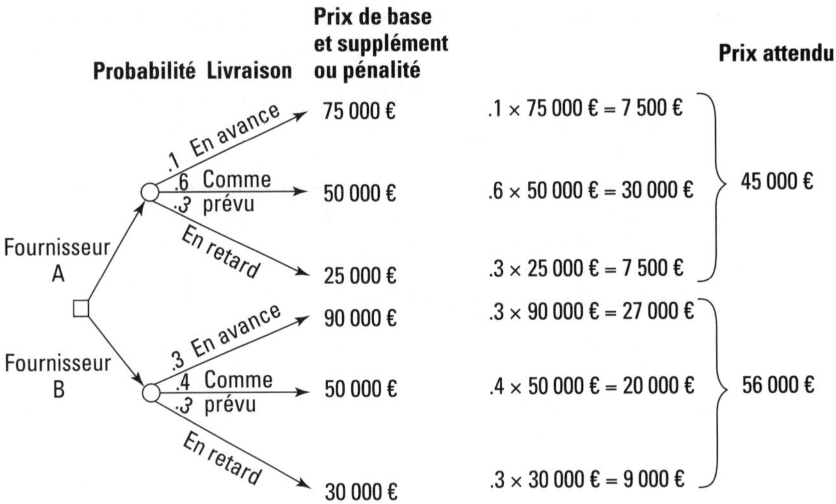

Figure 11-1 : Un exemple d'arbre de décision simple.

En multipliant le prix de base + le supplément pour une livraison en avance par la probabilité d'une livraison en avance, vous obtenez le prix attendu si l'équipement est livré en avance. Vous pouvez calculer tous les prix attendus pour les fournisseurs A et B en additionnant les prix attendus en cas de livraison en avance à la date prévue et en retard.

Cette analyse révèle qu'avec le fournisseur A, vous pouvez vous attendre à payer 45000 euros et avez 70 % de chances d'être livré à la date prévue ou en avance. Concernant le fournisseur B, vous pouvez vous attendre à payer 56000 euros et avez 70 % de chances d'être livré à la date prévue ou en avance. Vous constatez donc que le fournisseur A est le meilleur choix!

- **Les questionnaires d'évaluation des risques.** Ces instruments formels de collecte de données sollicitent des experts sur la probabilité que se produisent différentes situations, ainsi que sur les effets associés ;
- **Les évaluations automatiques des impacts.** Ces feuilles de calcul œuvrent ensemble à la définition de la probabilité que différentes situations se produisent ainsi que leurs conséquences, le cas échéant.

Étape 3 : Préparer un plan de gestion des risques

Un *plan de gestion des risques* établit les stratégies destinées à réduire au minimum les effets négatifs d'imprévus touchant votre projet. Élaborez votre plan de gestion des risques lors de la phase d'initialisation et de planification, puis affinez-le au moment de la préparation à l'exécution des travaux. Voici les éléments à intégrer à votre plan de gestion des risques :

- Les facteurs de risque ;
- Les risques associés ;
- Votre évaluation de la probabilité que les risques deviennent réalité et les conséquences relatives à chaque risque ;
- Votre plan de gestion des risques sélectionnés ;
- Votre plan pour informer les gens sur ces risques tout au long de votre projet.

Le tableau 11-3 montre une partie d'un plan de gestion des risques.

Tableau 11-3 : Une partie d'un plan de gestion des risques

Élément	*Description*
Facteur de risque	Vous n'avez jamais travaillé avec ce client.
Risques	**Produit :** une mauvaise communication peut entraîner une mauvaise compréhension des besoins du client.
	Calendrier : une compréhension partielle de l'activité du client entraîne une sous-estimation du temps nécessaire pour étudier le fonctionnement du client.
	Ressources : une méconnaissance des connaissances techniques du client entraîne l'attribution de tâches qu'il n'est pas capable d'exécuter. Il vous faut alors du personnel supplémentaire pour exécuter ces tâches.
Analyse	Risques de mauvaise compréhension des besoins du client = élevés.
	Risques de sous-estimer le temps nécessaire pour étudier le fonctionnement = faibles.
	Risques de mauvaise compréhension des connaissances techniques du client = faibles.
Stratégie	Prise en compte du seul risque de mauvaise compréhension des besoins du client. Diminuer les « chances » que ce risque devienne réalité en prenant les mesures suivantes :
	1. Passer en revue la correspondance passée ou les comptes rendus signalant l'existence de problèmes afin d'identifier les besoins du client.
	2. Disposer d'au moins deux membres de l'équipe de projet à chaque réunion avec le client.

Tableau 11-3 : Une partie d'un plan de gestion des risques (*suite*)

Élément	*Description*
	3. Échanger avec différents employés du client.
	4. Consigner par écrit toutes les communications.
	5. Évoquer l'avancement des travaux avec le client toutes les deux semaines et tout au long du projet.

Testez vos connaissances !

Nous vous proposons de tester les connaissances acquises dans cette deuxième partie et de vous référer à l'annexe en fin d'ouvrage pour les réponses et leurs explications.

1. **Il est fréquent de voir un chef de projet passer beaucoup trop de temps en phase de démarrage et préparation.**

   a- Vrai, b- Faux

2. **Le cahier des charges fonctionnel est une confirmation écrite des résultats attendus de votre projet.**

   a- Vrai, b- Faux

3. **L'OTP est l'Organigramme Technique de Plan.**

   a- Vrai, b- Faux

4. **Un WBS et un OTP sont deux choses différentes.**

   a- Vrai, b- Faux

5. **Le meilleur moyen de connaître l'ampleur et la durée des tâches est de subdiviser les travaux en livrables.**

   a- Vrai, b- Faux

6. **Déterminer le temps nécessaire a l'exécution d'un projet doit passer par l'obtention de deux informations : la séquence et la durée des activités.**

   a- Vrai, b- Faux

7. **Le chemin critique est la séquence d'activités la plus longue. Tout retard d'une tache sur le chemin critique entraîne le recul de la date de fin du projet.**

   a- Vrai, b- Faux

8. **Lorsque vous déterminez les compétences et connaissances que doivent avoir les membres de votre équipe, vous vous référez à la liste complète des activités de votre projet.**

   a- Vrai, b- Faux

9. **Le budget d'un projet est une estimation détaillée et programmée dans le temps de tous les coûts liés aux ressources.**

   a- Vrai, b- Faux

10. **La phase de démarrage et préparation s'achève lorsque le processus de planification est terminé.**

    a- Vrai, b- Faux

Sujets en relation avec l'examen du PMP et la 4e édition du PMBoK

Le PMBoK (*Project Management Book of Knowledge*) est l'ouvrage de référence du PMI (Project Management Institute), il décrit les normes, les méthodes, les processus et pratiques de la profession. La certification PMP (*Project Manager Professionnal*) est la certification du PMI.

Nous avons listé pour vous les chapitres du PMBoK correspondant aux points détaillés dans la deuxième partie : « Partir sur de bonnes bases : la phase de démarrage et préparation ».

Section I – Cadre du management de projet

Chapitre 2 – Cycle de vie du projet et organisation

Section II – Normes du management d'un projet

Chapitre 3 – Processus de management d'un projet

Section III – Domaines de connaissance en management de projet

Chapitre 4 – Management de l'intégration du projet

Chapitre 5 – Management du contenu du projet

Chapitre 6 – Management des délais du projet

Chapitre 7 – Management des coûts du projet

Chapitre 9 – Management des ressources humaines du projet

Chapitre 10 – Management des communications du projet

Chapitre 11 – Management des risques du projet

Étude de cas : développement d'un logiciel en phase de démarrage et préparation

Dans cette section, nous vous proposons de comprendre le déroulement d'un vrai projet, grandeur nature, en détaillant chaque étape de son cycle de vie.

Analysons ensemble, étape par étape, le démarrage d'un projet. Prêt ? 3... 2... 1... partez !

- **Activité de votre entreprise :** votre entreprise Protec-Soft développe et commercialise des logiciels de surveillance. À partir d'un simple poste, les responsables de la sécurité des entreprises peuvent gérer la surveillance des sites, grâce à ce logiciel ;
- **Localisation de l'entreprise :** l'entreprise Protec-Soft est localisée à Dallas, au Texas, et à Paris, en France, et compte en tout 400 employés sur les deux sites ;
- **Axes stratégiques de l'entreprise :** le chiffre d'affaires ayant peu évolué ces dernières années en France, le nouveau directeur, M. Ford, a décidé d'accroître les parts de marché de l'entreprise en ouvrant de nouvelles opportunités dans la surveillance du secteur bancaire. Les logiciels développés jusqu'alors étaient essentiellement vendus dans les secteurs de l'automobile et du tourisme ;
- **Contexte :** dans cette optique, votre entreprise a répondu à un appel d'offres et vient de remporter le marché : une banque nationale souhaite renouveler son logiciel de surveillance et vous confie le développement de ce dernier.
- **Le projet :** vous venez d'être nommé chef de projet !
- **Éphéméride :** aujourd'hui, nous sommes le 8 juin 2011, dehors, il fait beau, mais vous allez tout doucement entrer en mode panique... à moins que vous ne gardiez votre calme et optiez pour l'approche structurée de ce livre...

Pour information...

Voici l'organigramme de l'entreprise Protec-Soft en France, 152 employés.

Le *marketing* et le *développement* sont organisés par fonctionnalités. *L'assurance qualité* et le *PMO* (*Project Management Office*) regroupent les activités transverses de l'entreprise qui, elles, s'intéressent non pas aux fonctionnalités, mais au produit final dans sa globalité. L'organisation du projet Gamma3 est matricielle dans la mesure où elle fait appel aux différentes compétences de l'entreprise selon les besoins du projet. Vous faites partie de l'équipe transverse « gestion de projet », vous avez déjà fait du développement de logiciel, de l'intégration et avez récemment souhaité accéder à un poste de « gestionnaire ». Dans ce projet, vous serez aidé par un « project office ».

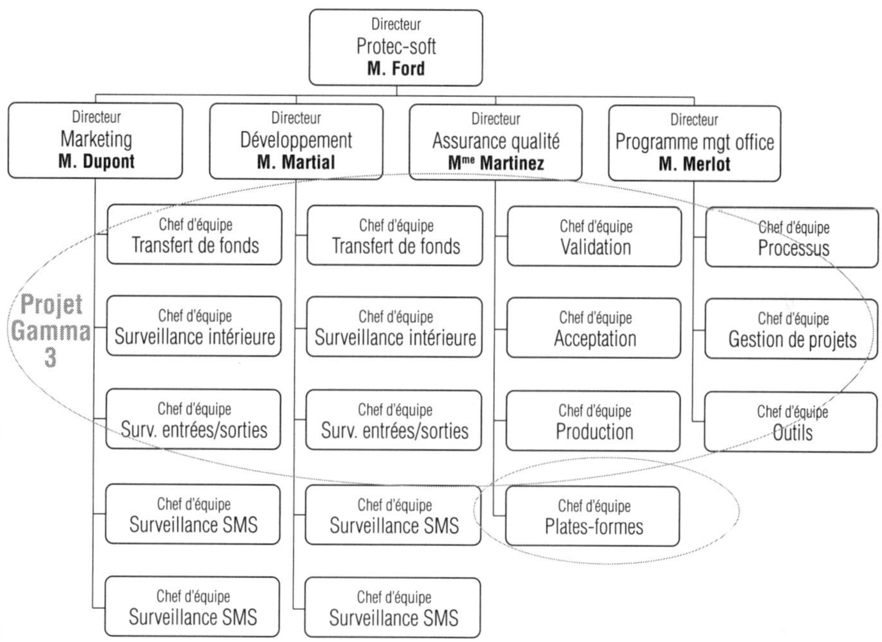

Figure 11-2 : Organigramme de l'entreprise Protec-Soft en France.

Phase de démarrage

Vous savez qu'en phase de démarrage, le temps passé à planifier un projet va considérablement accroître vos chances de réussite, aussi avez-vous décidé de vous atteler à suivre chaque étape de son démarrage.

Vous définissez l'objectif du projet Gamma3

Vous définissez l'objectif du projet Gamma3. Il doit être **S**pécifique, **M**esurable, **A**gressif, **R**éaliste et délimité dans le **T**emps (SMART). Le voici : « *Développer et installer au sein de la banque Alpha le logiciel de surveillance Gamma3 le 15 décembre 2011.* »

- L'objectif est **S**pécifique : il donne les détails nécessaires sur le projet.

- L'objectif est **M**esurable : vous saurez que vous aurez atteint votre objectif une fois que vous aurez développé et installé le logiciel au sein de la banque Alpha. Vous faites partie du programme Banque127. Le programme se décompose en deux projets : le premier dont vous êtes responsable consiste en l'installation au siège de la banque Alpha du logiciel Gamma3, le second projet sera l'amélioration de la première version avec de nouvelles fonctionnalités, ainsi que déploiement et installation du logiciel sur tous les sites français de la banque pour fin 2013, nous nous intéressons bien là au premier projet, et vous espérons que la gestion du second vous reviendra aussi, l'avenir le dira… tout dépendra de vos performances à court terme sur le premier projet…
- L'objectif est **A**gressif : le projet possède sa dose de challenge pour deux raisons :
  - La première raison : la société Protec-Soft doit entrer en Bourse le lendemain de la livraison du logiciel à la banque Alpha, soit le 16 décembre 2011. Tout échec dans les délais du projet sera un échec rendu visible au niveau national par cette opération boursière ;
  - La seconde raison : La société Protec-Soft est spécialiste en développement de logiciels pour les secteurs automobile et tourisme et n'a jamais réalisé de projet informatique pour le secteur bancaire. Cette nouveaute est un challenge supplémentaire pour l'entreprise qui devra s'entourer des meilleurs specialistes dans ce domaine.
- L'objectif est **R**éaliste :
  - L'entreprise a à son actif le développement d'une trentaine de logiciels – chargement de versions améliorées incluses – pour le secteur touristique et automobile ;
  - En France, Protec-Soft compte 152 employés, soit 8 marketing, 100 développeurs, 15 intégrateurs, 6 architectes, 4 ingénieurs de validation, 3 ingénieurs d'acceptation, 4 ingénieurs de mise en production, 5 ingénieurs de gestion des plates-formes, 6 PMO et 1 secrétaire, tous déjà bien familiarisés avec les processus et procédures de travail de l'entreprise ;
  - L'équipe du projet Gamma3 se composera de : 2 marketing, 18 développeurs, 4 intégrateurs, 2 architectes, 3 ingénieurs de validation, 3 ingénieurs d'acceptation, 4 ingénieurs de mise en production, 5 ingénieurs de gestion des plates-formes et 4 PMO ;
  - Protec-Soft tourne aussi sur un quota de consultants depuis des années (10 % de son effectif) et compte dans les trois meilleurs fournisseurs de la région pour trouver ses perles rares d'informaticiens ayant une expérience dans le secteur bancaire.

- L'objectif est délimité dans le **T**emps : la livraison du logiciel ne doit souffrir d'aucun retard : le 15 décembre, au plus tard, la surveillance et la sécurité de la banque Alpha se reposent sur Protec-Soft Gamma3.

N'OUBLIEZ PAS !

Bravo ! L'objectif de votre projet est défini ! Il vous suivra désormais tout au long de son déroulement. N'oubliez pas de le proposer aux commanditaires du projet afin de vérifier qu'il est adapté à leurs besoins et attentes.

Vous clarifiez le contenu de votre projet

Vous établissez un *cahier des charges fonctionnel*, il contient les informations ci-dessous :

- **Justification :** votre projet existe à la suite dc l'appel d'offres réalisé par le service marketing ;
- **Objectif :** « *Développer et installer au sein de la banque Alpha le logiciel de surveillance Gamma3 le 15 décembre 2011* » ;
- **Description produit :** le logiciel doit être capable de présenter une interface de la surveillance du site, facile à utiliser en se focalisant sur la surveillance du personnel, des clients et l'espace des transferts de fonds. Il doit aussi être capable de restituer rapidement tous les enregistrements réalisés sur une période déterminée ;
- **L'instigateur :** vous avez retrouvé l'*étude de faisabilité* de ce projet, vous comprenez que le nouveau directeur en est l'instigateur ;

  Le commanditaire de ce projet est le directeur marketing, M. Dupont, c'est lui et ses équipes qui ont prospecté le secteur bancaire en vue des nouveaux axes stratégiques de l'entreprise et défini la liste des fonctionnalités les plus recherchées dans ce secteur ;

  Le contributeur de ce projet est le directeur du développement, M. Martial, c'est lui qui détient le budget ;

  Vous avez trouvé un parrain en l'adjoint du nouveau directeur M. Durand. Il défendra bec et ongles ce projet, et pour cause, c'est lui qui a persuadé le nouveau directeur, M. Ford, de faire entrer la société en Bourse le 16 décembre de l'année en cours : l'accroissement des parts de marché de l'entreprise avec le secteur bancaire et la montée en puissance des actions de Protec-Soft en Bourse lui permettront peut-être de remplacer M. Ford au poste de directeur lorsque son contrat d'expatriation arrivera à terme dans deux ans. M. Ford est en effet originaire du Texas et a déplacé toute sa petite famille en France, sa femme rêvait de vivre à Paris depuis des années et, pour lui, c'était l'occasion rêvée de prendre du grade !

  N'OUBLIEZ PAS !

  Soyez capable de répondre aux questions suivantes : Quelle(s) situations(s) a (ont) conduit à la naissance de votre projet ? Que se passerait-il si votre projet n'était pas réalisé ?

> Vous apprenez que sa date officielle de démarrage remonte à cette victoire du marketing, en début de mois : le 1er juin (nous sommes le 8 juin!) et que sa date de livraison au client est prévue pour le 15 décembre, six mois plus tard. Panique à bord! Si peu de temps? Eh oui!
>
> Allez, pas de panique, vous disposez d'un budget de 150 000 euros et d'une équipe de 45 ingénieurs.

Félicitations! Vous venez de clarifier le contenu de votre projet, n'hésitez à l'étoffer un peu plus en y joignant les preuves de chaque point avancé.

Vous définissez la priorité du projet Gamma3

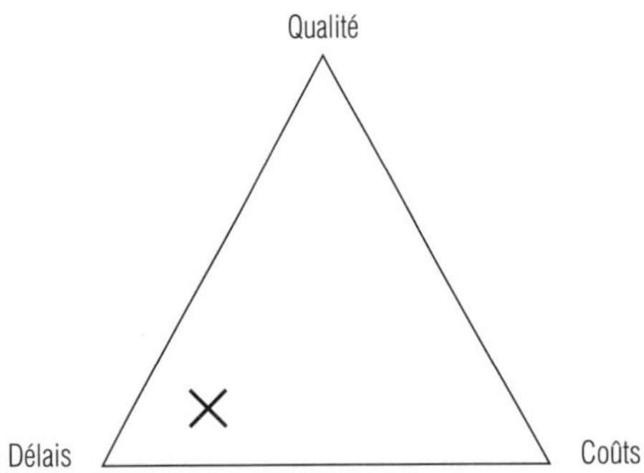

Figure 11-3 : Pyramide de définition des priorités du projet Gamma3.

La priorité de votre projet est orientée temps, l'aviez-vous deviné?
Le 16 décembre, l'action de Protec-Soft rentre en Bourse : tout retard aurait un effet désastreux sur le cours de l'action. Vous ne voudriez pas décevoir votre directeur tout de même? Le projet est donc bien orienté délais, dans la mesure où il est lié à une contrainte de temps extrêmement forte. Pour les méticuleux, nous rajoutons ceci : si vous estimez que les contraintes de qualité et de coûts sont tout aussi fortes et statuez haut et fort : « Je veux aussi respecter mes coûts et la qualité de mon produit! », sachez qu'il vous faudra tout de même trancher et choisir, parmi ces contraintes, LA PLUS PRIORITAIRE DE TOUTES.

Voilà une bonne chose de faite! La priorité de votre projet guidera chacune de vos décisions, elle vous facilitera la tâche parfois, vous la rendra plus difficile à d'autres moments, mais en fin de compte, vous réunirez toutes les chances de réussite sur votre projet, croyez-nous!

Vous établissez le cahier des charges du projet Gamma3

Le cahier des charges reprend dans ses grandes lignes ce que vous avez clarifié plus haut. La clarification est un travail préparatoire qui vous permet de mettre de l'ordre dans le grand chantier qui vous attend. Le cahier des charges est le document officiel des limites et du contenu de votre projet et qui intègre les points suivants :

- **Description du produit :** voir ce qui a été clarifié plus haut (section « Vous clarifiez le contenu de votre projet ») ;
- **Critères d'acceptation :** vous détaillez dans cette section ce qui sera validé par le client :

    1. Installation du logiciel le 15 décembre 2011 ;
    2. Le 15 décembre au soir, la banque Alpha bénéficie d'une protection à 100 % des entrées, du sas de transfert et d'une surveillance de l'intérieur ;
    3. Le 16 décembre, la banque désactive le système actuel de surveillance Oméga7.

    À détailler bien évidemment plus en profondeur avec le client.

- **Contraintes du projet :**

    1. Contrainte de temps : fin de la phase démarrage, fin de la phase réalisation, fin de la mise en production ;
    2. Contrainte de budget : 150 000 euros et 45 ingénieurs ;

- **Hypothèses :** la partie hypothèses doit détailler ce qui pourrait potentiellement mal tourner, vous pouvez aussi vous en servir comme base de travail dans votre identification de risques (voir plus loin : « Étude des risques sur le projet Oméga3 ») :

    1. Le projet est livré dans les temps ;
    2. Le client valide le projet ;
    3. Le logiciel est livré sans bogue niveau 1, voire 2.

- **La sévérité :** il existe généralement quatre sévérités : 1, 2, 3 ou 4. La sévérité 1 correspond à un bogue bloquant, la sévérité 2 à un bogue majeur, la sévérité 3 à un bogue mineur et la sévérité 4 à un bogue esthétique.

Bravo ! Vous venez de jeter les bases d'un cahier des charges, attelez-vous désormais à le détailler selon vos besoins.

Détaillez l'OTP du projet Gamma3

Voici l'exemple d'un OTP qui devra être plus détaillé sur un projet réel.

Il est maintenant temps de travailler sur l'OTP de votre projet et de détailler son cycle de vie en détaillant chaque grande étape. Construire un OTP revient en fait à présenter les différentes activités par lesquelles vous avez choisi de passer pour atteindre l'objectif du projet. Cet OTP vous permettra ensuite d'affecter les personnes correspondantes, d'y rapprocher la liste des parties prenantes afin de fixer les rôles et responsabilités de chacun pour chaque activité du projet, de bâtir des calendriers et de surveiller l'avancement des travaux.

Vous avez choisi de présenter un OTP du développement de Gamma3, le voici :

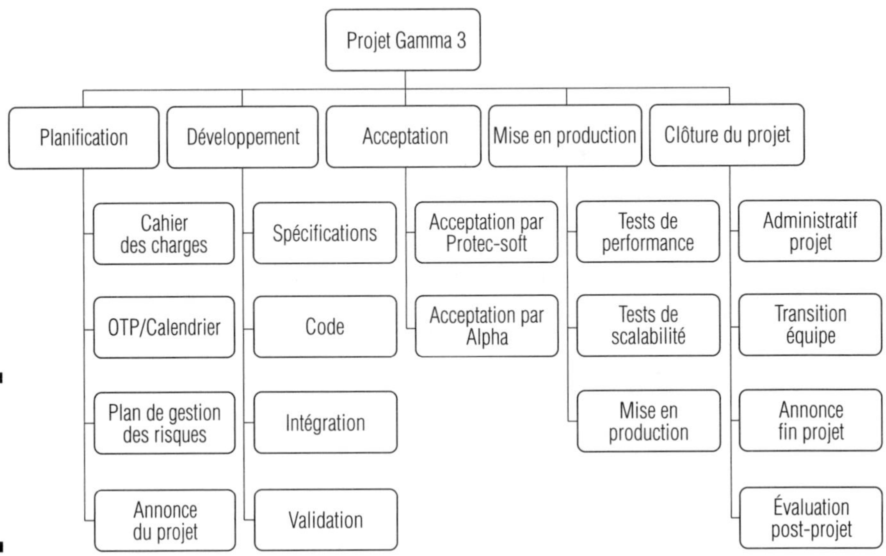

Figure 11-4 : OTP du développement de Gamma3.

Détaillez le calendrier du projet Gamma3

Voici l'exemple d'un calendrier qui devra être plus détaillé sur un projet réel.

Pour élaborer un calendrier détaillé, vous partez de votre OTP, vous le détaillez au maximum et vous rajoutez :

- **Vos durées :** nombre de périodes de travail nécessaires pour réaliser chaque activité ;

- **Vos dépendances :** ce que vous devez terminer avant de pouvoir commencer votre activité ;
- **Vos disponibilités de ressources :** moment où vous avez besoin et où sont disponibles certaines ressources.

Le calendrier doit être adapté aux exigences des commanditaires de votre projet et que vos contributeurs doivent le juger réalisable. Voici donc le calendrier du projet Gamma3 :

Tableau 11-4 : Calendrier du projet Gamma3

Nom	*Durée*	*Date de début*	*Date de fin*	*Prédécesseur*	*ID*
Planification du projet Gamma3	30	01/06/11	13/07/11		6
Développement du projet Gamma3	77	15/07/11	01/11/11		7
Spécifications	13	15/07/11	03/08/11		8
Écriture des tests	12	20/07/11	05/08/11	8	19
Code	33	22/07/11	07/09/11	19	9
Intégration	16	08/09/11	30/09/11	9	10
Validation	21	03/10/11	01/11/11	10	11
Acceptation du projet Gamma3	23	02/11/11	03/12/11		12
Acceptation Protect-Soft	11	02/11/11	17/11/11		13
Acceptation Alpha	11	18/11/11	03/12/11	13	14
Mise en production du projet Gamma3	8	05/12/11	15/12/11	12	15
Tests de stabilité	3	05/12/11	08/12/11		16
Tests de performance	3	08/12/11	13/12/11	16	53
Mise en production	2	12/12/11	15/12/11	53	17

Préparez le diagramme réseau

Le diagramme réseau de votre projet se base sur le calendrier, qui lui-même se base sur l'OTP de votre projet. Il est calculé automatiquement par votre logiciel de gestion de projet.

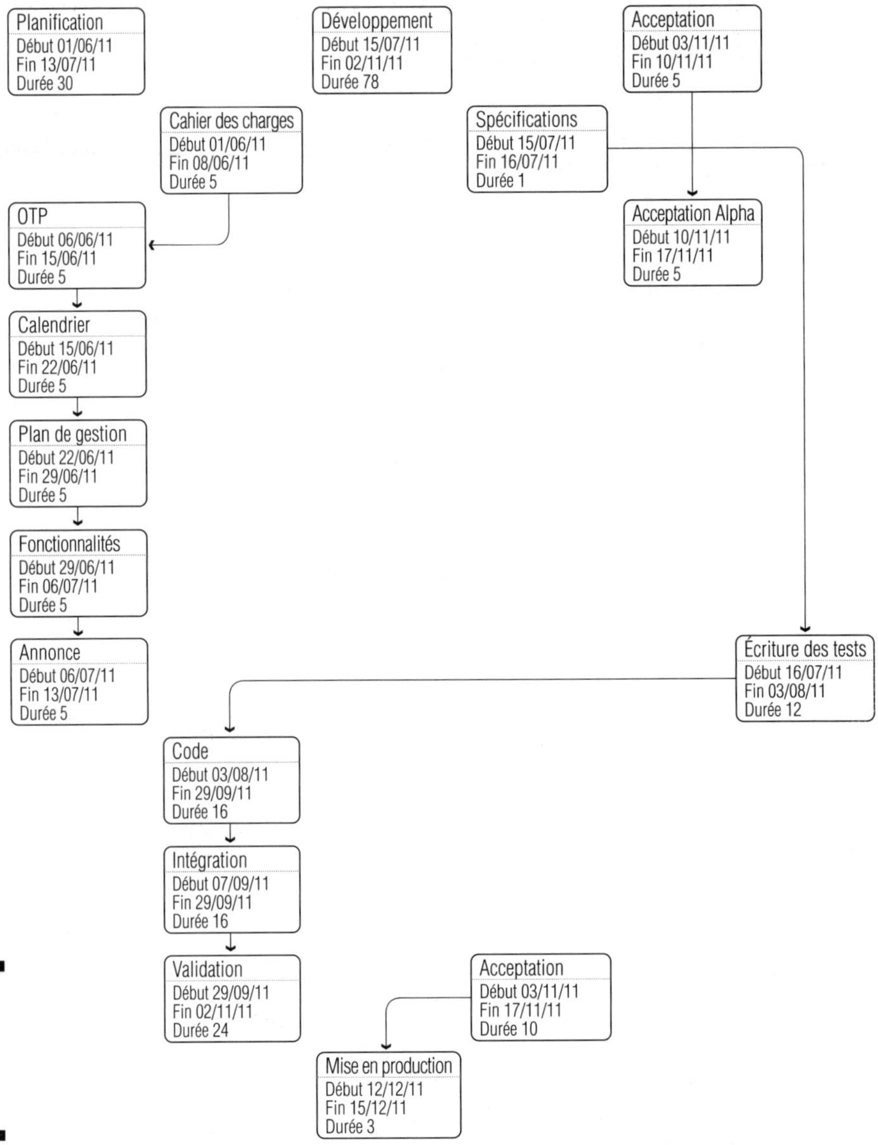

Figure 11-5 : Diagramme réseau du projet Gamma3.

Définissez vos besoins en compétences sur le projet Gamma3

Voici, dans l'organigramme, la répartition des ressources. Dans chaque service, certaines ressources sont détachées sur le projet Gamma3, vous pouvez voir le nombre de ressources assignées au projet dans chaque encadré.

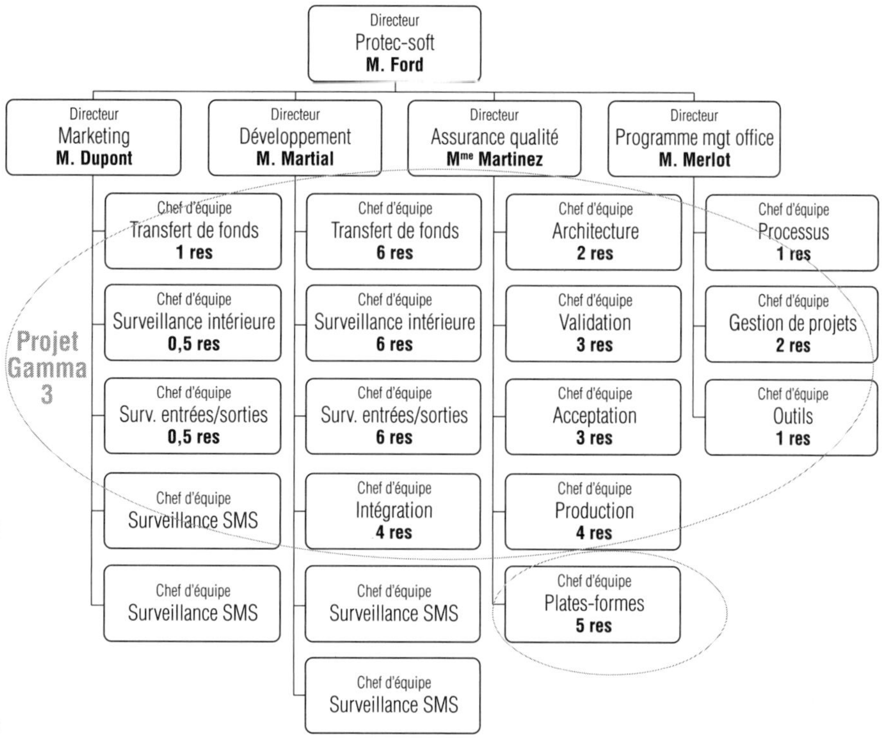

Figure 11-6 : Organigramme de la répartition des ressources.

Chaque métier se décline en une compétence, à chaque compétence correspond une, voire plusieurs ressources dont les degrés de maîtrise de la compétence sont analysés. Vous saisissez ces informations dans une matrice de compétences, elle sera l'alliée de votre planification puisqu'elle vous permettra d'évaluer les compétences et leurs niveaux; vous obtenez ce qui suit :

Tableau 11-5 : Modèle de matrice de compétences

Métier	*Compétence*	*Nom*	*Degrés de maîtrise*	
Niveau	Responsabilité			
Marketing	Transferts de fonds	M. Smith	3	2
Marketing	Surveillance Intérieure	Mme Miranda	3	2
Marketing	Surveillance Entrées/ Sorties	M. Bold	2	3
Développement	Transfert de fonds	Mme Jeannot	2	3
Développement	Transfert de fonds	M. Jacques	2	3
Développement	Transfert de fonds	M. Dumont	2	2

Les niveaux de compétence sont les suivants :

- 0 = aucune capacité;
- 1 = niveau de capacité élémentaire;
- 2 = niveau de capacité moyen;
- 3 = niveau de capacité élevé.

Les niveaux de responsabilité sont les suivants :

- 1 = doit être surveillé;
- 2 = peut travailler de manière autonome avec peu, voire aucune surveillance directe;
- 3 = peut diriger les autres en utilisant la compétence ou connaissance
- ... et ainsi de suite pour les 39 autres ressources de ce projet.

Vous faites de même avec les ressources non humaines de votre projet : vous listez les équipements, les installations, les services, les fournitures et fonds dont vous avez besoin pour effectuer les travaux prévus.

Définissez la charge de travail

La charge de travail fait le lien entre la matrice de compétences créée ci-dessus et la charge sur chaque tâche. Ainsi, en partant des tâches de votre plan, vous assignez chaque ressource et faites une estimation en effort ou charge. À ne pas confondre avec la durée de la tâche, disponible dans le calendrier des ressources. La durée de la tâche doit être supérieure à la charge, de manière à pouvoir rentrer dedans, question de bon sens !

Tableau 11-6 : Matrice de charge de travail

Tâche	*Compétence*	*Nom*	*Charge*
Spéc. : transfert de fonds Fonctionnalité 1	Développement	Mme Jeannot	5 heures/jour
Spéc. : transfert de fonds Fonctionnalité 2	Développement	M. Jacques	5 heures/jour
Spéc. : transfert de fonds Fonctionnalité 3	Développement	M. Dumont	5 heures/jour

… et ainsi de suite sur toutes les tâches de votre projet.

Définissez la disponibilité de vos ressources

Une fois cette matrice de charge remplie, vous pourrez saisir cette charge dans votre logiciel de gestion de projet. Vous aurez aussi à renseigner la disponibilité de vos ressources. Pensez donc à établir auparavant une matrice de disponibilité : de leur disponibilité, déduisez leur productivité, voire leur efficacité si vous voulez être le plus précis possible.

Tableau 11-7 : Matrice de disponibilité

		Disponibilité		*Productivité*	
		en %	*en jours*	*en %*	*en jours*
Spéc. : transfert de fonds. Fonctionnalité 1	Mme Jeannot	80 %	113	75 %	85
Spéc. : transfert de fonds. Fonctionnalité 2	M. Jacques	100 %	141	75 %	106
Spéc. : transfert de fonds. Fonctionnalité 3	M. Dumont	100 %	141	75 %	106
Spéc. : transfert de fonds. Fonctionnalité 1	M. Jean	100 %	141	75 %	106

Tableau 11-7 : Matrice de disponibilité (*suite*)

		Disponibilité		Productivité	
		en %	en jours	en %	en jours
Spéc. : transfert de fonds. Fonctionnalité 2	Mme Pierre	90 %	127	75 %	95
Spéc. : transfert de fonds. Fonctionnalité 3	M. Mouton	100 %	141	75 %	106

Bravo ! Vous avez franchi l'étape de l'analyse des ressources et de leur charge de travail. N'oubliez pas de vous aider du précieux histogramme de ressources que vous propose votre logiciel, il vous permettra de lisser les charges de travail et rendra votre planification réaliste.

Clarifiez les parties prenantes du projet Gamma3

L'exercice suivant consiste à détailler les attentes des parrains, contributeurs et commanditaires, ainsi que vos attentes tout au long du cycle de vie du projet. Les impliquer de manière opportune, c'est être certain de recevoir leur contribution en temps et en heure et leur faire savoir que vous appréciez leur investissement.

Tableau 11-8 : Attentes des parrain, contributeur et commanditaire sur le projet Gamma3

Nature	*Nom*	*Leur attente du projet Gamma3*	*Mes attentes concernant leur rôle sur le projet*
Parrain *Votre soutien inconditionnel*	M. Durand Adjoint du directeur	Faire de ce projet une réussite dès l'entrée en Bourse de l'action de Protec-Soft. Premier en vue pour remplacer le directeur lors de son retour au Texas.	Soutien inconditionnel. Aide à l'anticipation et à la résolution des problèmes bloquants sur mon projet. *Quand et comment ?* Aux comités de direction et lors des points clés du projet.
Contributeur *Votre soutien financier, vous dit ce que vous POUVEZ faire*	M. Martial Directeur du développement	M. Ford lui a délégué cette responsabilité car il fait aussi office de responsable financier. M. Martial attend donc du projet qu'il soit une réussite et respecte les contraintes financières imposées.	Bonne visibilité sur le budget du projet : chiffres planifiés et réels. *Quand et comment ?* Lors des réunions mensuelles du budget avec la direction.

Tableau 11-8 : Attentes des parrain, contributeur et commanditaire sur le projet Gamma3 (*suite*)

Nature	***Nom***	***Leur attente du projet Gamma3***	***Mes attentes concernant leur rôle sur le projet***
Commanditaire *Votre soutien en termes de résultats, vous dit ce que vous DEVEZ faire*	M. Dupont Directeur du marketing	C'est l'homme qui a flairé cet énorme besoin sur le marché bancaire, lui, le premier, qui a lancé des études de marché afin de bien comprendre ce dont avaient besoin les banques, majoritairement insatisfaites de leur surveillance du moment. Il mise aussi sur la réussite de ce projet, son évolution de carrière pour remplacer M. Ford à son retour au Texas… un de plus…	Un soutien à toutes les phases du projet pour s'assurer que les fonctionnalités spécifiées, développées, testées, puis mises en production sont bien celles attendues par le marché. *Quand et comment ?* Aux comités de direction et lors des points clés du projet.

Étude des risques sur le projet Gamma3

Il est grand temps de vous atteler à l'identification et à l'analyse des risques sur le projet Gamma3. Repérez les parties du projet susceptibles de ne pas se dérouler comme prévu. Identifiez les risques les plus dangereux pour la réussite de votre projet et prenez des mesures pour minimiser leur impact négatif et leur probabilité : en un mot : mitigez !

Tableau 11-9 : Identification et analyse des risques sur le projet Gamma3

Identification des risques	***Probabilité***	***Impact et conséquences***
Le code prend plus de temps que prévu et décale l'intégration et la mise en production	8	10
Instabilité du nouveau système	6	9

Probabilité de 0 à 10, 1 étant la probabilité la plus forte. Impact de 0 à 10, 1 étant le risque le plus fort.

- **Risque 1 => Analyse de la probabilité : 8**

  Méfiez-vous, le taux de non-respect des délais sur un projet informatique est très élevé, surtout dans les phases de code, assurez-vous d'un plan de contingence fort ! Il en va de votre responsabilité et de votre réputation de chef de projet !

- **Risque 1 => Analyse de l'impact : 10**

  L'impact de ce risque serait un retard du projet et une remise en question de l'entrée en Bourse de l'action Protec-Soft.

- **Risque 1 => Plan de contingence**

  S'assurer auprès de M. Martial que les budgets sont extensibles et obtenir l'aval de tout le comité de direction du projet que la priorité du projet est le respect des délais (voir figure 11-3), et donc que vous pouvez avoir de la marge, soit sur la contrainte budgétaire – à savoir accroître le nombre de ressources pour finir dans les temps –, soit sur la quantité de fonctionnalités à faire sortir dans cette version du logiciel… c'est mathématique !

- **Risque 2 => Analyse de la probabilité : 6**

  La probabilité avec laquelle le logiciel soit livré avec des bogues à sévérité élevée existe, surtout si l'application est nouvelle et donc instable.

- **Risque 2 => Analyse de l'impact : 9**

  Le client serait tout simplement bloqué et la surveillance de la banque serait inactive. La protection des fonds et des clients ne serait plus assurée.

- **Risque 2 => Plan de contingence**

  - Premier plan de contingence : lors du monitoring du projet, et tout particulièrement en phase d'intégration et de validation, vous pourriez rajouter dans l'agenda de vos réunions un suivi scrupuleux des bogues levés jusqu'alors, par sévérité. Ainsi, vous seriez sans arrêt au courant de l'état de santé du logiciel. Pourquoi ne pas désigner un responsable « bogue » qui assurerait leur suivi et sur lequel vous pourriez vous reposer ?… Pensez aussi, en phase de validation par le client, à passer à un rythme de réunions de suivi non plus hebdomadaire, mais quotidien de manière à préparer la mise en production ;

  - Second plan de contingence : lors de la signature définitive du contrat avec la banque, peut-être serait-il sage d'envisager une clause de confidentialité sur l'installation de ce nouveau logiciel ? Des esprits malfaisants seraient sûrement intéressés pas une période de non-surveillance de la banque, aussi courte soit-elle…

… Et ainsi de suite pour l'identification des risques et leur mitigation sur le projet Gamma3.

Vous annoncez le début des travaux

Vous réunissez l'équipe projet au complet et présentez les livrables produits jusqu'alors : faites savoir comment vous allez vous y prendre pour mener à bien cet objectif. Le projet rentre dans sa phase d'exécution… 3…2…1… partez!

À la fin de la troisième partie, vous trouverez la suite de cette étude de cas sur la phase d'exécution.

Troisième partie

Garder le bon cap : la phase d'exécution

« Désolé, le roi Cédric a amputé mon budget spectacle. Il a dit qu'il y avait suffisamment de bouffons dans ce projet. »

Dans cette partie...

Vous avez jeté les bases solides de votre projet en décortiquant scrupuleusement la phase de démarrage et préparation. La bonne nouvelle, c'est que les réjouissances ne font que commencer : vos équipes vont à présent rentrer dans le vif du sujet et travailler pour réaliser votre projet. Sachez que si votre projet respecte les standards de planification, 70 % de son temps global devrait être consacré à son exécution.

Dans cette partie, vous allez apprendre à : contrôler votre projet en suivant ses avancements (chapitre 12), communiquer sur votre projet (chapitre 13), gérer les risques (chapitre 14) et, enfin, devenir un vrai leader (chapitre 15).

Chapitre 12

Contrôler votre projet et suivre ses avancements

Dans ce chapitre :

- Bien tenir les rênes de son projet
- Votre système d'information de gestion du projet
- La mise en œuvre de votre processus de contrôle

L'approche que vous allez adopter pendant la phase d'exécution est cruciale : vous devez garder en permanence à l'esprit trois données essentielles :

- L'objectif du projet : vous devez toujours avoir en tête l'objectif initial du projet, c'est sur son exécution que vous serez jugé en tant que chef de projet,
- L'état actuel du projet : vous devrez être capable à tout instant de dire où en est votre projet : est-il en retard ? en avance ? (c'est plus rare...),
- Le chemin qui reste à parcourir pour atteindre l'objectif.

Sachez, avant de vous attaquer à cette phase, que la problématique majeure à ce moment du projet est le décalage entre ce que vous aviez planifié initialement et ce qu'il va réellement se passer, autrement dit, la réalité sera pleine de surprises !

L'un de nous a réalisé une étude sur plusieurs projets et il s'est avéré que près de 90 % d'entre eux ne respectaient pas ce qu'ils avaient planifié dans la phase précédente. Le retard moyen accumulé sur les projets observés était de 40 % en plus, par rapport à ce qui était initialement planifié. Mais ne vous leurrez pas, vous n'êtes pas pieds et poings liés sur votre projet, votre marge de manœuvre est importante, à condition que vous mettiez votre énergie dans des activités à forte valeur ajoutée en termes de gestion du projet. C'est pourquoi nous sommes fermement convaincus que vous pouvez limiter ces risques de dérapage du projet – mais non pas éliminer – en lisant cette troisième partie et en faisant une sélection des conseils les plus appropriés pour votre projet : ils contribueront à maintenir votre projet sur les rails du succès.

Nombre de projets pour lesquels on nourrissait les espoirs les plus fous meurent dans un climat de frustration et de déception. Votre plan de projet porte des perspectives dont vous pensez qu'elles vont se réaliser. Mais, il ne se met pas en œuvre automatiquement et ne saurait prédire l'avenir sans coup férir.

Pour qu'un projet réussisse, il faut une gestion et une attention de tous les instants afin de s'assurer que le plan de départ est respecté et produise les résultats escomptés. En cas d'imprévus, le chef de projet que vous êtes doit réagir rapidement afin d'adapter ses efforts et maintenir son projet sur les bons rails.

Ce chapitre traite les différentes étapes du processus de contrôle d'un projet et s'attarde sur les systèmes et techniques que vous pouvez utiliser pour recueillir, analyser et rendre compte du respect du calendrier, de la somme de travail effectuée et des dépenses. Il évoque également le processus de mise en œuvre des mesures correctives qui s'imposent.

Bien tenir les rênes de son projet

Le *contrôle du projet* englobe les activités suivantes, que vous réalisez tout au long de son cycle de vie afin de vous assurer qu'il se déroule conformément au plan et qu'il génère les résultats souhaités :

- **Reconfirmer le plan :** au début de chaque phase, réaffirmez avec les membres de l'équipe les responsabilités et engagements qu'ils ont pris pour la période à venir :
  - Activités qu'ils ont convenu de réaliser ;
  - Date à laquelle ils ont convenu de débuter et de finir ces activités ;
  - Charge de travail par personne nécessaire dont ils ont indiqué avoir besoin pour mener ces activités (pour en savoir plus sur l'évaluation de la charge de travail, rendez-vous au chapitre 8).
- **Évaluer les performances :** pendant la période d'exécution des travaux, les membres de l'équipe doivent consigner les informations suivantes :
  - Livrables intermédiaires et finaux terminés ;
  - Date à laquelle ils ont atteint les jalons ;
  - Date à laquelle ils ont démarré et terminé les activités ;

   - Nombre d'heures qu'ils ont consacrées à chaque activité ;
   - Quantité de ressources non humaines qu'ils ont utilisées pour chaque activité ;
   - Dépenses qu'ils ont effectuées pour chaque activité.

  Recueillez ces informations à la fin de la période d'exécution des travaux, comparez-les au plan et trouvez les raisons d'éventuelles différences.

- **Mettre en place les mesures correctives :** si nécessaire, prenez des mesures pour remettre votre projet en conformité avec le plan initial ou, si cela s'avère impossible, modifiez le plan pour qu'il reflète les nouvelles attentes.
- **Informer les gens :** révélez vos réussites, problèmes et mesures envisagées avec les parties prenantes de votre projet (le chapitre 10 vous indique comment procéder).

Choisissez les périodes de contrôle du déroulement de votre projet en fonction de la longueur de ce dernier, des risques d'imprévus et de la proximité de jalons essentiels. Bien que vous puissiez choisir de surveiller au quotidien des activités bien précises dans certaines situations, prévoyez d'évaluer le déroulement de votre projet dans son ensemble au moins une fois par mois afin d'identifier rapidement les imprévus ou problèmes à traiter de manière impérieuse.

Au départ, il vous semblera peut-être quelque peu délicat de faire reconfirmer aux personnes les engagements qu'ils ont pris pour la période qui s'annonce, car cela :

- **Laisse penser que vous ne faites pas confiance à la personne.** Après tout, elle s'est engagée à accomplir la tâche en question. Ne vous le dirait-elle pas si elle était dans l'impossibilité d'honorer son engagement ?
- **Accroît la probabilité qu'elle vous informe de son incapacité à tenir sa promesse.** Vous craignez que le fait de soulever la question l'incite à dire qu'elle ne peut plus respecter ses engagements.

Mais, dans la plupart des cas, aucune de ces situations ne se produit. Pourquoi ? Pour les deux raisons suivantes :

- **Ce n'est pas parce que vous soulevez la question que vous ne lui faites pas confiance.** Si vous n'aviez pas confiance en elle, vous ne lui parleriez même pas ! Le fait de demander confirmation révèle que vous avez compris qu'elle n'a peut-être pas eu l'occasion de vous informer de nouvelles circonstances l'empêchant d'honorer ses engagements ;

- **Soulever la question n'accroît pas les risques de la voir se retirer du projet, mais vous permet de gagner du temps.** Si la personne ne peut tenir ses promesses, vous le découvrirez à la fin de la période, quand vous constaterez qu'elle n'a pas fait son travail. En prenant le temps de reconfirmer ses engagements, vous avez toute une période pour trouver une solution de remplacement pour parer aux difficultés qu'elle rencontre.

Quand une personne réaffirme ses engagements pour la période à venir, il y a de plus fortes chances qu'elle mène sa mission à bien, dans les temps et sans dépasser le budget alloué. Si elle s'avère incapable d'honorer ses engagements (par exemple, si on lui a confié au dernier moment une autre tâche ultraprioritaire au même moment), vous pouvez voir avec elle comment et quand elle serait susceptible d'exécuter sa tâche.

Mettre en place des systèmes d'information de gestion de projet

Un *système d'information de gestion de projet* (SIGP) est un ensemble de procédures, équipements et autres ressources destinés à recueillir, analyser, stocker et rendre compte d'informations décrivant le déroulement du projet. Un SIGP est constitué des trois parties suivantes :

- **Données d'entrée :** données brutes qui décrivent certains aspects du déroulement du projet ;
- **Processus :** analyse des données permettant de comparer les avancements par rapport à ce qui était prévu ;
- **Données de sortie :** rapports présentant les résultats des analyses.

En dehors de la nécessité de définir les données, l'élaboration du SIGP requiert de préciser la méthode, les responsables et la date de collecte des données, ainsi que le mode de saisie dans le système. Tous ces facteurs peuvent influer sur le caractère opportun et l'exactitude des données et, en conséquence, sur l'évaluation des avancements de votre projet.

Pour favoriser la gestion et le contrôle continus de votre projet, vous devez recueillir et conserver les infos sur le respect du calendrier, la charge de travail et les dépenses. Les sections suivantes vous disent comment collecter, analyser et rendre compte de l'avancement de votre projet dans ces trois domaines.

Nombre de systèmes d'information bénéficient de l'assistance d'ordinateurs, de scanners, d'imprimantes et de traceurs. Mais, un système d'information peut aussi très bien reposer sur des processus manuels et des dispositifs de stockage physiques. Par exemple, vous pouvez enregistrer les activités de votre projet dans votre agenda ou calendrier et conserver les écritures budgétaires dans un classeur. Vous devrez cependant toujours surveiller vos procédures de collecte, de stockage, d'analyse et d'édition de rapports, car elles influent sur l'exactitude et le caractère opportun de l'évaluation de l'avancement du projet.

L'heure tourne : surveiller le respect du calendrier

Surveiller régulièrement le respect du calendrier de votre projet peut vous avertir très tôt d'éventuels futurs problèmes de coordination des activités, conflits de ressources et surcoûts. Les sections à suivre vous montrent quelles informations sont nécessaires pour surveiller le respect du calendrier, comment les recueillir et les évaluer et comment vérifier leur exactitude.

Définir les données à recueillir concernant le calendrier

Comme nous l'indiquons en détail au chapitre 6, l'organigramme technique de projet décompose par livrables les travaux à réaliser pour obtenir les résultats escomptés. Le dernier niveau de détail de chaque branche de l'OTP est un lot de travaux, chaque lot étant composé de diverses *activités* (tâches réalisées au cours du projet).

Vous pouvez décrire le respect du calendrier de votre projet en indiquant les dates de début et de fin ou la part de travail effectuée.

Si vous choisissez de décrire le respect du calendrier de votre projet en indiquant l'état d'avancement de chaque activité, retenez un ou les deux éléments suivants pour étayer votre analyse :

- Les dates de début et de fin de chaque activité de votre projet ;
- Les dates d'atteinte des jalons (par exemple, *contrat signé*, *matériaux reçus* ou *essai en environnement effectué*) (pour en savoir plus sur les jalons, reportez-vous au chapitre 7).

ATTENTION !

Prenez garde si vous décidez d'exprimer l'avancement d'une activité en pourcentage car, bien souvent, les modalités de détermination de ce pourcentage ne sont pas claires. Par exemple, dire que la conception de votre produit est achevée à 30 % ne signifie rien, car vous ne pouvez dire objectivement *à quelle part* du processus de réflexion et de création cela correspond. Dire que vous avez effectué 30 % de la conception car vous avez passé 30 heures sur les 100 allouées ou trois jours sur les dix prévus n'est pas correct. Le premier indicateur mesure l'utilisation des *ressources* et le second le *temps* écoulé. Aucune de ces deux mesures ne reflète la quantité de *travail* effectuée.

En revanche, si votre activité est composée de plusieurs tranches qui durent autant de temps et demandent la même charge de travail, la méthode du pourcentage s'avérera assez précise. Par exemple, si vous avez prévu de réaliser des entretiens téléphoniques auprès de 20 personnes et en avez effectué 10, vous pouvez dire que l'activité est achevée à 50 %.

Analyser le respect du calendrier

Évaluez l'avancement de votre projet en comparant les dates de début et de fin des activités et d'atteinte des jalons réelles aux dates initialement planifiées. Les figures 12-1 et 12-2 présentent des formats permettant de comparer facilement ces données.

La figure 12-1 illustre un *rapport combiné activités/jalons*. Dans ce rapport, les informations suivantes proviennent de votre plan de projet :

- Code d'identification et nom de l'activité ou du jalon ;
- Personne responsable de la réalisation de l'activité ou de l'atteinte du jalon ;
- Dates de début et de fin de l'activité ou d'atteinte du jalon.

Afin de décrire l'avancement pour la période du rapport concernée, comparez ces informations aux données suivantes :

- Dates de début et de fin réelles de l'activité ou date réelle d'atteinte du jalon ;
- Commentaires sur l'activité ou le jalon.

Activité/jalon	Responsable	Date de début Planifiée	Date de début Réelle	Date de fin Planifiée	Date de fin Réelle	Commentaires
2.1.1. Conception de la trame du questionnaire	F. Durand	14 fév.	15 fév.	25 fév.	25 fév.	
KE 2.1.1. Trame du questionnaire approuvée	F. Durand	-	-	28 fév.	28 fév.	
2.2.2. Test du questionnaire	F. Durand	20 avr.	21 avr.	30 avr.	25 avr.	Chemin critique

Figure 12-1 : Un rapport combiné activités/jalons

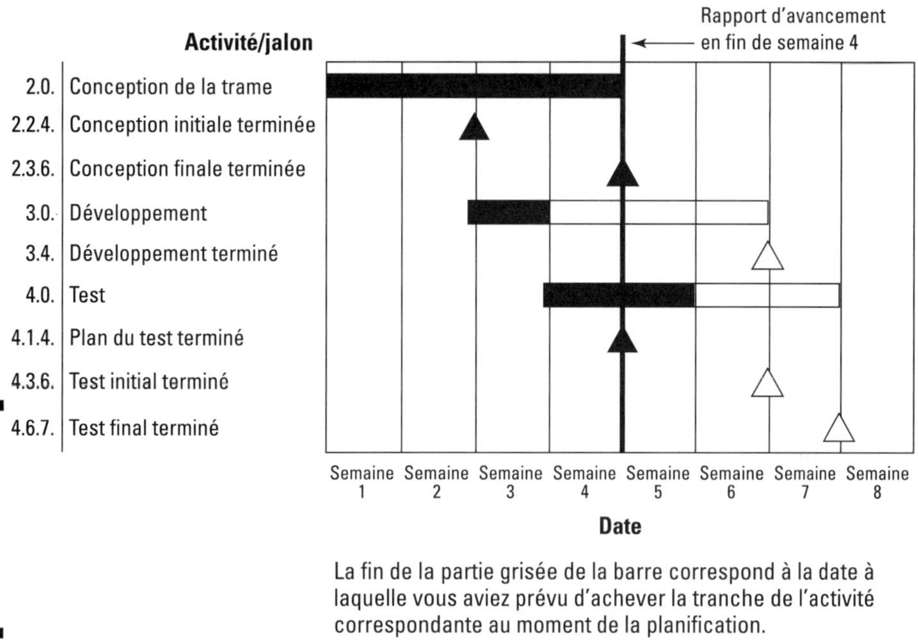

Figure 12-2 : Un diagramme de Gantt reflétant l'avancement du projet.

Le moyen le plus judicieux d'évaluer l'avancement d'un élément de l'OTP est d'indiquer les livrables intermédiaires achevés à ce jour. Le diagramme de Gantt de la figure 12-2 révèle en fait qu'en fin de semaine 4, vous avez produit tous les livrables intermédiaires de la tâche 3.0 (développement) mais que vous avez une semaine de retard.

Remarque : vous pouvez préparer ces rapports avec le niveau de détail de votre choix, selon les intérêts et besoins de vos parties prenantes. Ce rapport présente les informations au bout des quatre premières semaines du projet, mais les données détaillées utilisées pour déterminer le statut de ces tranches de quatre semaines de travail concernaient des activités de deux semaines maximum.

Tout le monde n'interprète pas un diagramme de Gantt de la même façon. Nous voulions faire dire au diagramme de la figure 12-2 que la tâche 3.0 avait une semaine de retard mais certaines personnes m'ont dit que, pour elles, le rapport indiquait que la tâche 3.0 était achevée à 25 % car le premier segment était grisé. Le message est le suivant : mettez une légende qui explique clairement la signification que vous souhaitez donner au diagramme.

Recueillir les données sur le respect du calendrier

Pour signaler le degré d'achèvement des travaux, optez pour un processus et un format standard. Vous améliorerez ainsi la précision de vos informations et il vous faudra moins de temps pour dessiner votre diagramme. En ce qui nous concerne, nous préférons la plupart du temps utiliser le format combiné activités/jalons.

Lorsque vous programmez le contrôle des activités, prenez en compte les facteurs suivants :

- **L'activité se situe-t-elle sur un chemin critique ?** Un retard impliquant une activité située sur un chemin critique entraîne un retard du projet. Par conséquent, surveillez plus fréquemment les chemins critiques afin de repérer dès que possible les problèmes potentiels et de réduire au minimum les conséquences en termes de calendrier ;
- **L'activité se situe-t-elle sur un chemin pas loin d'être critique ?** Les activités situées sur des chemins non critiques peuvent subir un retard avant que leur chemin devienne critique. On appelle *marge* le retard maximum que peuvent supporter des activités non critiques. Si la marge d'une activité est très mince, un petit retard peut faire basculer son chemin dans la catégorie des chemins critiques. En conséquence, pensez à surveiller plus souvent les activités dont la marge est très réduite (là encore afin de déceler le plus tôt possible les problèmes potentiels) ;
- **L'activité court-elle un grand risque ?** Si vous estimez qu'il y a de fortes « chances » que des problèmes touchent une activité, surveillez-la plus souvent afin d'identifier ces problèmes avant qu'ils ne deviennent réalité. (Les risques et incertitudes sont traités en détail au chapitre 11) ;
- **Avez-vous déjà rencontré des problèmes avec cette activité ?** Si c'est le cas, surveillez-la de plus près. Des problèmes auxquels vous avez été confronté par le passé ont plus de probabilités de réapparaître dans le futur ;
- **La date de fin planifiée de l'activité est-elle proche ?** Surveillez plus fréquemment les activités sur le point de s'achever afin de vous assurer qu'aucun détail ne vous échappera pas et que le calendrier est respecté.

Au début d'une période, vous pouvez imprimer pour chaque membre de l'équipe un rapport comprenant les activités et jalons planifiés pour la période en question. Les membres de l'équipe peuvent alors consigner les dates de début et de fin des activités et les dates d'atteinte des jalons effectives dans les colonnes correspondantes et y ajouter leurs éventuels commentaires. Vous pouvez ensuite les inviter à vous envoyer une copie du rapport final le lendemain de la clôture de la période.

Consigner et rendre compte de l'avancement présentent plusieurs avantages :

- Enregistrer les réalisations en temps réel est un gage d'exactitude des informations ;
- L'existence d'un calendrier de remise approuvé par tous diminue les risques de voir les gens surpris par une demande de compte rendu de l'avancement des travaux ;
- Faire en sorte que les gens contrôlent les calendriers qu'ils proposent et consignent leurs réalisations leur fait mieux prendre conscience de l'existence d'objectifs et accroît les chances de les voir respecter leurs engagements ;
- Le contrôle du projet a pour objectif d'inciter les gens à se conformer à votre plan et non simplement à recueillir des données. Plus les membres de l'équipe ont à l'esprit le lien existant entre leurs travaux et le calendrier général, puis ils sont susceptibles de respecter ce dernier. S'ils ignorent ou se fichent de la date limite imposée, ils ne risquent pas de s'y conformer.

Nous utilisons le format du rapport combiné activités/jalon afin de réaffirmer les engagements des participants en début de période. Lors de la remise du rapport détaillant les activités et événements qui les concernent pour la période à venir, nous leur demandons de vérifier les informations et de réaffirmer leurs engagements. Nous abordons et réglons alors immédiatement les éventuels problèmes identifiés.

Vérifiez au moins une fois par mois si le calendrier est respecté. D'expérience, le faire moins souvent produit les choses suivantes :

- Les gens perdent de vue l'objectif de l'activité et leur engagement et cela accroît le risque de retard ;
- Les petits problèmes demeurent dissimulés plus longtemps et se transforment ensuite en plus gros problèmes.

Améliorer la précision des données sur le respect du calendrier

Rassembler les bonnes données est la première exigence pour contrôler avec efficacité le respect du calendrier de votre projet, car vos analyses n'auront aucune valeur si elles ne se fondent pas sur des informations exactes. Pour améliorer la précision des données sur le respect du calendrier, procédez comme suit :

- **Indiquez aux membres de l'équipe comment vous envisagez d'utiliser leurs données.** Les gens affichent toujours une motivation supérieure s'ils comprennent la raison d'être de la tâche à accomplir ;

- **Fournissez aux personnes qui produisent les données des indications sur l'avancement des travaux par rapport au calendrier.** Les gens sont encore plus motivés par une tâche s'ils peuvent en tirer directement profit ;
- **Reconnaissez publiquement la réussite des personnes qui parviennent à vous fournir en temps et en heure des données exactes et précises.** Le renforcement positif du comportement souhaité confirme aux gens qu'ils répondent à vos attentes. Cela met également l'accent dessus vis-à-vis des autres personnes ;
- **Définissez clairement les activités et jalons.** En étant clair et précis, vous contribuez à bien cibler la date de survenue d'un événement ou de déroulement d'une activité ;
- **Utilisez toutes les données recueillies sans tomber dans l'excès en cherchant des informations superflues et inutiles.** Ne rassemblez que les données dont vous vous servirez pour évaluer le respect du calendrier.

Choisir un support annexe à son système de suivi du calendrier

Vérifiez si votre organisation utilise un système de planification et de suivi général. Le bureau de gestion de projet (BGP) ou *project management office* (PMO), le service informatique et la comptabilité sont les meilleures sources pour vérifier cette info. Si votre organisation dispose d'un tel système, voyez si vous pouvez l'utiliser pour votre projet, s'il offre les informations dont vous avez besoin et si celles-ci sont actualisées et exactes.

Si votre organisation ne possède pas ce genre de système, vous devrez en développer un, manuel ou informatique, les deux présentant leurs avantages et inconvénients :

- **Systèmes de suivi manuels :** parmi ces systèmes figurent les agendas journaliers, les calendriers et les journaux de projet. Si vous employez ce genre d'outils pour consigner vos activités et résultats, vous n'avez pas besoin d'ordinateur ni de logiciel. C'est donc un gage d'économie.

  Cependant, les systèmes manuels ont les inconvénients suivants :

  • Il faut de l'espace physique pour stocker les données. Plus vous avez de données, plus il vous faut d'espace ;

  • Comparer et analyser les données à la main peuvent prendre du temps et les risques d'erreur sont plus élevés ;

  • La rédaction de rapports manuscrits demande également du temps.

- **Systèmes de suivi informatiques :** ces systèmes offrent un traitement plus rapide des données, un stockage plus efficace et des rapports de qualité professionnelle. Voici les types de logiciel qui peuvent servir pour un système de suivi informatique :
  - Un logiciel de gestion de projet intégré, tel que Microsoft Project ou Microsoft Project Server ;
  - Un logiciel de gestion de bases de données, tel que Microsoft Access ;
  - Un tableur, tel que Microsoft Excel ;
  - Un logiciel de traitement de texte, tel que Microsoft Word.

  Cependant, il est plus difficile d'apprendre à utiliser et à assurer la maintenance des systèmes informatiques, sans oublier qu'ils sont également plus onéreux.

  TRUC

  Nombreux sont les fabricants à proposer des progiciels, mais plus de 80 % des organisations dans lesquelles nous sommes intervenus se servent de logiciels Microsoft. Vérifiez si ces logiciels figurent sur le réseau de votre organisation.

Contrôler la charge de travail

La comparaison de la charge de travail réelle avec la charge de travail planifiée peut révéler une extension ou réduction erronée de l'ampleur d'une activité, une divergence en termes de qualification du personnel par rapport aux prévisions, des difficultés imprévues dans l'exécution des travaux ou le risque imminent de voir le quota d'heures de travail épuisé.

Pour contrôler la charge de travail, vous devez recueillir des données concernant le temps passé sur chaque lot de travaux ou activité de l'OTP. Dans les sections suivantes, nous abordons les données à recueillir, le mode de collecte, la façon d'améliorer leur exactitude et de les analyser.

Analyser la somme de travail effective

Évaluez les sommes de travail effectives en comparant les données réelles aux données figurant dans le plan initial. La figure 12-3 montre un rapport type qui décrit la charge de travail par membre de l'équipe pour chaque lot de travaux. Les informations suivantes proviennent de votre plan de projet :

- Les codes d'identification et nom du lot de travaux ;
- Le nombre d'heures total prévu par membre de l'équipe pour chaque lot de travaux ;

- Le nombre d'heures prévu par membre de l'équipe pour chaque lot de travaux et semaine.

Vous obtenez ou tirez les informations suivantes destinées au rapport d'activité des données correspondant à la période couverte par le rapport :

- Le nombre d'heures que chaque membre de l'équipe a passé sur chaque lot de travaux;
- Le nombre d'heures de travail restant pour chaque lot de travaux par membre de l'équipe;
- La différence entre le nombre d'heures figurant sur le plan et le nombre d'heures réellement consacrées par chaque membre de l'équipe sur chaque lot de travaux.

Lot de travaux				Charge de travail effective (heures-personne)					
Code OTP	**Description**	**Employé**		**Budget**	**Semaine 1**	**Semaine 2**	**Semaine 3**	**Semaine 4**	...
3.1.2.	Conception du questionnaire	H. Cardot	**Planifié**	130	20	40	**30**	30	...
			Effectif	0	10	30	**20**	25	...
			Restant	130	120	90	**70**	**45**	...
			Différence	0	+10	+20	**+30**	**+35**	...
		F. Durand	**Planifié**	70	0	20	20	15	...
			Effectif	0	0	25	10	15	...
			Restant	70	70	45	35	20	...
			Différence	0	0	-5	+5	+5	...

Figure 12-3 : Un rapport d'activité.

Le nombre d'heures de travail effectives correspond rarement à la quantité planifiée au départ. (En fait, si le nombre d'heures par mois pour chaque tâche est identique à celui figurant sur votre plan, et ce pour plusieurs mois, demandez-vous si les employés ne se contentent pas de recopier sur leurs relevés de temps les données du plan ! Les relevés de temps sont traités dans la section suivante.) Généralement, des variations de 10 % par rapport aux prévisions sont normales.

Prenons les heures de travail des deux membres de l'équipe présentées dans la figure 12-3. Durand semble travailler conformément au plan. Son nombre d'heures est supérieur à celui prévu pour la semaine 2, inférieur pour la semaine 3 et identique pour la semaine 4. En ce qui concerne Cardot, la situation est très différente. Chaque semaine, il consacre moins de temps au projet que prévu et le déficit s'accroît de manière régulière. Le rapport n'indique pas clairement si ce déficit pose problème, mais le caractère systématique du phénomène mérite d'autres investigations.

Recueillir les données sur la charge de travail

Le moyen le plus efficace de recueillir les données sur le temps de travail est de faire remplir des relevés de temps aux différentes personnes. Chaque relevé de temps doit comprendre les informations suivantes (la figure 12-4 donne un exemple de relevé de temps) :

- Le nombre d'heures qu'un membre de votre équipe a passé par jour sur chaque lot de travaux ;
- La signature du membre de l'équipe pour attester qu'il a vérifié l'exactitude des informations ;
- La signature d'un responsable (généralement le chef de projet ou quelqu'un désigné par ce dernier) qui a vérifié l'exactitude du nombre d'heures mentionnées.

Nom de l'employé	Signature	Du ______ au ______	Nom du responsable	Signature

Lot de travaux			Dim.	Lun.	Mar.	Mer.	Jeu.	Ven.	Sam.	Total
N° de projet	Code OTP	Nom	3 avril	4 avril	5 avril	6 avril	7 avril	8 avril	9 avril	
Nombre d'heures total										

Figure 12-4 : Un relevé de temps type.

On détaille généralement le temps de travail à la demi-heure.

Remarque : certaines personnes peuvent consigner leur temps de travail par tranche de cinq minutes.

TECHNIQUE

Un *emploi du temps* est un formulaire qui divise la journée en tranches, permettant ainsi aux membres d'une équipe d'indiquer l'activité sur laquelle ils ont travaillé pour chaque tranche. Par exemple, si vous prenez des tranches de 30 minutes, dans le cas d'une personne qui commence sa journée à 8 h 30, la première tranche sera 8 h 30-9 h 00, la deuxième 9 h 00-9 h 30, et ainsi de suite.

Si les membres de l'équipe remplissent consciencieusement leur emploi du temps, ils fourniront des données plus précises car cet outil permet de comptabiliser toutes les tranches horaires. Cependant, tenir un emploi du temps prend beaucoup plus de… temps que de remplir un relevé de temps. Normalement, consigner le nombre d'heures total passé chaque jour par une personne sur les différentes activités est suffisant.

Améliorer l'exactitude des données sur la charge de travail

Comme pour le respect du calendrier, plus vos données concernant la charge de travail effective sont exactes, plus vos analyses sont pertinentes. Pour accroître l'exactitude des données sur la charge de travail, prenez les mesures suivantes :

- **Expliquez aux gens que vous exploitez les données concernant leur temps de travail afin de mettre au jour la nécessité de modifier le plan du projet.** Quand vous demandez à des personnes de détailler les heures qu'elles consacrent à leurs différentes missions, elles craignent souvent que vous leur reprochiez de ne pas respecter le plan (quelle que soit la raison) ou de ne pas consacrer suffisamment d'heures au projet. Malheureusement, s'ils vous prêtent ces intentions, ils attribueront leur quota d'heures de façon à aller dans votre sens au lieu de refléter leur véritable activité ;
- **Encouragez les gens à consigner leur nombre d'heures de travail réel au lieu de s'arranger pour que le nombre d'heures total soit égal à 35 heures par semaine.** Si ces personnes doivent travailler 35 heures et qu'elles font des heures supplémentaires, elles oublieront des heures par-ci par-là ou essaieront de les réduire proportionnellement. Votre souhait est que les employés consignent des données exactes ;
- **Prévoyez des catégories pour le temps consacré à des activités ne faisant pas partie du projet (*hors projet, tâches administratives*, etc.).** Si vous voulez que les employés retranscrivent leur vraie charge de travail, vous devez leur fournir des catégories adaptées ;
- **Incitez les gens à remplir eux-mêmes leur relevé de temps.** Certains demandent à leur secrétaire de le faire à leur place. Mais, ils ont déjà assez de mal à se souvenir eux-mêmes de ce qu'ils ont fait la veille ou la semaine précédente, alors quant à espérer que quelqu'un d'autre s'en souvient précisément… C'est complètement irréaliste !
- **Récupérez les relevés de temps si possible une fois par semaine ou au moins tous les 15 jours.** Vous aurez beau demander plusieurs fois à certaines personnes de remplir leur relevé de temps, elles attendront la date limite pour le faire. Si vous les ramassez tous les mois, ces personnes se retrouveront à la fin de chaque mois face à leur relevé, à essayer de trouver ce qu'elles ont bien pu faire il y a quatre semaines !

- **Ne demandez pas aux gens de remettre leur relevé de temps avant la fin de la période.** Il arrive que des responsables demandent à leurs employés de remettre leur relevé de temps le jeudi alors que la période couverte court jusqu'au vendredi. Cette tendance nuit à l'exactitude des données car un employé ne sait pas forcément ce qu'il fera le lendemain. Pire, cette pratique pousse les employés à considérer que s'ils peuvent jouer au devin quant aux activités qu'ils mèneront le vendredi, ils n'ont peut-être pas besoin de trop se soucier de l'exactitude des données concernant les autres jours.

Choisir un support pour son système de suivi de la charge de travail

Avant de choisir une méthode de suivi de la charge de travail, vérifiez si votre organisation utilise un système d'enregistrement du temps de travail susceptible de consigner précisément les données de la manière que vous souhaitez. Pour évaluer un système d'enregistrement du temps de travail, prenez en compte les éléments suivants :

- Les systèmes d'enregistrement du temps de travail tiennent compte d'un nombre d'heures de travail fixe, des vacances, des congés maladie et des jours fériés. Avec ce système, les employés exemptés (à savoir ceux n'ayant pas droit aux heures supplémentaires) ne peuvent par exemple pas enregistrer plus 35 heures de travail par semaine. En outre, ces systèmes sont souvent incapables de ventiler le travail en fonction des catégories de l'OTP ;
- Les gens rechignent souvent à consigner les heures qu'ils passent sur différentes tâches car ils ignorent ce que l'organisation va faire de ces informations ;
- Les rapports standard d'un système d'enregistrement du temps de travail ne présentent pas forcément les informations de la façon qui vous convient pour effectuer un suivi.

Si vous décidez de créer votre propre système d'enregistrement du temps de travail, vous devez choisir entre un procédé manuel et un procédé informatique. Tenez compte des éléments suivants :

- Les systèmes manuels impliquent que les personnes notent chaque jour dans leur agenda les heures qu'elles ont consacrées aux différentes activités. Malheureusement, les données consignées de la sorte sont souvent incomplètes et inexactes. En outre, vous aurez du mal à rassembler les informations pour effectuer des évaluations structurées et préparer des rapports pertinents.
- Vous pouvez fonder un système informatique sur les logiciels suivants :
    - Un logiciel de gestion de projet, tel que Microsoft Project ;

- Un logiciel de gestion de bases de données, tel que Microsoft Access ;
- Un tableur, tel que Microsoft Excel.

Suivre l'argent à la trace en surveillant les dépenses

Vous surveillez les dépenses de votre projet afin de vérifier si elles sont conformes au plan. Si ce n'est pas le cas, le moment est venu de se pencher sur les différences. Vous pensez peut-être pouvoir connaître les fonds utilisés et les fonds restants rien qu'en consultant le bilan des comptes financiers de votre projet. Cependant, la dépense des fonds englobe plusieurs étapes avant le déboursement effectif de la somme pour l'acquisition d'un produit ou service. Après chaque étape, vous savez un peu mieux si vous allez effectuer la dépense et connaissez, le cas échéant, son montant exact.

Le processus menant à la sortie des fonds pour l'acquisition de biens et services comprend les étapes suivantes :

1. **Vous incluez une estimation approximative du prix du produit ou service dans le budget de votre projet.**

   Pour réaliser cette estimation, vous pouvez vous servir de votre expérience, consulter des personnes ayant déjà acheté des produits ou services similaires ou poser la question à votre service achats. Généralement, vous ne consultez pas des prestataires ou fournisseurs bien précis.

2. **Vous transmettez une demande écrite approuvée à votre service achats.**

   Cette demande comprend l'estimation approximative du coût figurant au budget, ainsi qu'un éventuel plafond à ne pas dépasser. C'est le chef de projet ou son représentant qui donne son feu vert et toute autre personne chargée de contrôler l'utilisation du budget du projet (la comptabilité, par exemple).

3. **Votre service achats sélectionne un fournisseur (produit) ou prestataire (service) et lui envoie un bon de commande.**

   Le bon de commande demande officiellement au fournisseur ou prestataire de vous livrer le produit ou service et précise le prix estimatif du service achats.

4. **Le fournisseur ou prestataire accepte de vous livrer le produit ou service commandé.**

   Le fournisseur ou prestataire vous confirme par écrit qu'il va vous vendre le produit ou service, ainsi que le prix de ce dernier (qui comprend les taxes et frais de traitement et de livraison en vigueur) et la date de livraison prévue.

5. **Vous recevez et acceptez le produit ou service mais ne disposez pas encore de la facture.**

   Vous recevez le produit ou service et vérifiez qu'il est conforme aux spécifications convenues. Si vous n'acceptez pas le produit ou service après que le fournisseur ou prestataire a tenté à plusieurs reprises de résoudre les problèmes que vous avez avec, votre service achats annule le bon de commande et vous commencez à rechercher un autre fournisseur ou prestataire ou un autre produit ou service plus conforme à vos besoins.

6. **Vous (ou la comptabilité) recevez la facture pour l'achat du produit ou service.**

   Cette facture détaille le coût final du produit ou service, ainsi que les remises, taxes et frais de traitement et de livraison.

7. **Votre comptabilité sort les fonds nécessaires pour payer le produit ou service.**

   La facture est réglée avec les fonds alloués à votre projet.

En fonction du montant de votre achat et de la taille et du degré de formalité de votre organisation, dans certains cas, quelques-unes de ces étapes peuvent être gérées de manière informelle. Pendant votre progression de la première à la dernière étape, l'estimation du prix du produit ou service devient plus précise et la probabilité que vous réalisiez l'achat se fait plus grande.

Une surveillance responsable du projet implique d'avoir une idée précise des fonds disponibles à chaque étape du processus. Pour ce faire, vous contrôlez généralement les demandes d'achat, bons de commande, engagements (à savoir les bons de commande ou contrats passés entre vous et le fournisseur ou prestataire), dettes commerciales et dépenses.

Dans les sections suivantes, nous vous indiquons comment analyser les dépenses de votre projet, obtenir les données afférentes aux dépenses nécessaires pour réaliser les analyses et améliorer l'exactitude de ces données.

Analyser les dépenses

Vous évaluez l'état de votre projet sur le plan financier en comparant les dépenses effectives avec les dépenses planifiées. La figure 12-5 montre un rapport de coût type présentant les dépenses pour la période en cours et depuis le début du projet concernant les différents composants de l'OTP. Les informations figurant dans ce rapport émanent de votre plan de projet :

- Code et nom de chaque composant de l'OTP;
- Fonds budgétés pour chaque composant de l'OTP pour la période;
- Addition des fonds budgétés jusqu'à ce jour pour chaque élément de l'OTP;
- Budget total pour chaque élément de l'OTP.

Rapport de coût										
Composants		Période			À ce jour			Total		
Code OTP	Titre	Budget	Coût réel	Différence	Budget	Coût réel	Différence	Budget	Fonds restants
1.0.	Total	12 500 €	11 200 €	1 300 €	27 500 €	25 500 €	2 000 €	200 000 €	174 000 €
1.1.	Conditions requises	5 000 €	4 400 €	600 €	12 300 €	11 400 €	900 €	45 000 €	33 600 €
1.2.	Groupes d'analyse	3 000 €	2 900 €	100 €	7 500 €	7 100 €	400 €	10 000 €	2 900 €
1.3.	Révisions des documents	1 500 €	1 200 €	300 €	4 000 €	3 800 €	200 €	5 000 €	1 200 €
1.4.	Rapport sur les conditons requises	500 €	300 €	200 €	800 €	500 €	300 €	4 000 €	3 500 €
	⋮								

Figure 12-5 : Un rapport de coût.

Les chiffres effectifs concernant la période sont tirés des données obtenues au cours de ladite période. Dans cette illustration, le *coût réel* peut signifier la valeur des demandes d'achat, bons de commande, engagements, dettes commerciales et/ou dépenses. Les fonds restants correspondent à la différence entre le budget total et les sommes réellement dépensées à ce jour.

La *technique de la valeur acquise* est une méthode permettant de déterminer, à partir des seules dépenses de ressources, si vous êtes dans le budget ou hors budget et si vous êtes en retard ou en avance par rapport au calendrier. Dans les projets complexes, la technique de la valeur acquise est un moyen utile de repérer les secteurs dans lesquels rechercher d'éventuels problèmes actuels ou futurs.

Recueillir des données sur les dépenses et améliorer leur exactitude

Vous obtenez généralement les données concernant les dépenses à partir des demandes d'achat, bons de commande, factures des fournisseurs ou prestataires et chèques bancaires. En principe, vous voyez passer toutes les demandes d'achat car, en tant que chef de projet, vous devez probablement donner votre accord les concernant. Généralement, c'est le service achats qui prépare les bons de commande, dont vous pouvez parfois vous procurer une copie. Les factures des fournisseurs ou prestataires vont directement à la comptabilité, qui libelle les chèques. Il se peut que vous puissiez obtenir une copie des factures afin de vérifier les montants, etc. Vous pouvez également demander des rapports sur tous les paiements effectués à partir du compte de votre projet, s'ils comprennent le code correspondant.

TRUC

Pour accroître l'exactitude des données concernant les dépenses de votre projet, faites ceci :

- Une fois la facture reçue (ou que vous avez vérifié que le paiement a été effectué), retirez les bons de commande de vos totaux afin d'éviter de comptabiliser deux fois une dépense ;
- Veillez à mettre le bon code de lot de travaux sur chaque demande d'achat et bon de commande ;
- Retirez régulièrement de votre liste des documents en cours de traitement les demandes d'achat et bons de commande nuls ou annulés.

Choisir un support annexe à son système de suivi des dépenses

Avant de développer votre propre système de contrôle des dépenses de votre projet, vérifiez d'abord la nature et les capacités du système de suivi financier de votre organisation. La plupart des organisations disposent d'un système comptable qui consigne toutes les dépenses. Souvent, ce dernier garde également la trace de toutes les dettes commerciales. Malheureusement, nombre de systèmes financiers classent les dépenses par centre de coût mais pas par projet ou composant d'OTP au sein d'un projet.

Si vous devez créer votre propre système de suivi des dépenses des projets, envisagez l'utilisation des types de logiciels suivants :

- Logiciel de gestion de projet intégré, tel que Microsoft Project ;
- Logiciel de comptabilité, tel que Ciel, EBP ;
- Logiciel de gestion de bases de données, tel que Microsoft Access ;
- Tableur, tel que Microsoft Excel.

TRUC

Même si le système de comptabilité de votre organisation est capable de classer les dépenses par lot de travaux d'un projet donné, vous devrez probablement développer votre propre système pour suivre les demandes d'achat et bons de commande. Pour ce faire, utilisez un tableur ou un logiciel de gestion de bases de données.

Mettre en œuvre son processus de contrôle

La précédente partie de ce chapitre vous indique comment créer les systèmes vous offrant les informations nécessaires pour guider votre projet. Cette section vous indique comment les utiliser afin de surveiller et orienter le déroulement de votre projet.

Tuer les problèmes dans l'œuf

Les excellents plans de projet tombent souvent à l'eau quand des personnes bien intentionnées essaient de faire de leur mieux de leur côté. Elles passent plus de temps que prévu par le plan, en espérant que les heures supplémentaires permettent d'obtenir de meilleurs résultats. Elles peuvent demander la contribution de personnes ne figurant pas dans le plan original ou dépenser plus d'argent pour un produit ou service que ne le prévoyait le budget, dans l'espoir que ces choix génèrent des résultats plus satisfaisants.

Dès le démarrage du projet, si possible, établissez des procédures empêchant les dépassements de budget sans autorisation. Par exemple, si les gens consignent le nombre d'heures qu'elles passent sur chaque activité du projet :

- Confirmez-leur le nombre maximum d'heures qu'elles peuvent imputer pour chaque activité avant qu'elles ne la démarrent ;
- Faites en sorte que le système d'enregistrement du temps de travail rejette l'imputation d'un nombre d'heures supérieur à celui prévu pour une activité, sauf si la personne dispose d'une autorisation écrite de votre part ;
- Faites en sorte que le système d'enregistrement du temps de travail rejette l'imputation d'heures de travail par des personnes non autorisées.

Pour l'achat d'équipements, de matériaux, de fournitures et de services :

- Confirmez les achats prévus, les plafonds de dépense par produit ou service (le cas échéant) et le plafond de dépense total ;

- Faites en sorte que le service des achats ou le système comptable s'oppose aux tentatives de dépassement de ces limites si l'auteur ne dispose pas de votre autorisation écrite.

Il peut être souhaitable et nécessaire de modifier le budget de votre projet. Cependant, vous devez prendre cette décision en ayant parfaitement conscience des conséquences sur les autres aspects du projet.

Formaliser son processus de contrôle

Pour guider votre projet pendant son déroulement, établissez des procédures de collecte et de transmission des données nécessaires sur l'avancement des travaux, d'évaluation des tâches exécutées et des résultats, afin de prendre les mesures adéquates si besoin est et d'informer les parties prenantes de l'état du projet. Suivez ces procédures tout au long du projet en procédant comme suit :

1. **Au début d'une période, reconfirmez aux participants leurs engagements et vos attentes.**

   Pour en savoir plus sur la façon de procéder, reportez-vous à la section « Bien tenir les rênes de son projet », plus haut dans ce chapitre.

2. **Pendant la période, faites en sorte que les participants consignent les données relatives au calendrier, au travail réalisé et aux demandes d'achat et bons de commande émis.**

   Pour de plus amples informations, lisez les sections « Recueillir les données sur le respect du calendrier », « Recueillir les données sur la charge de travail » et « Recueillir des données sur les dépenses et améliorer leur exactitude », plus haut dans ce chapitre.

3. **À intervalle régulier (convenu), pendant ou à la fin d'une période, demandez aux participants de transmettre les informations concernant la réalisation des activités, les dépenses et la charge de travail supportée par l'intermédiaire des systèmes de l'organisation appropriés ou des systèmes spécialement mis en place pour votre projet.**

4. **À la fin de la période, entrez les données de suivi des participants dans le SIGP adéquat, comparez les performances réelles et planifiées, identifiez les éventuels problèmes, concevez et mettez en œuvre les mesures correctives, puis tenez les gens informés.**

   Pour en savoir plus, foncez aux sections « Identifier les causes possibles de retard et de divergence », « Identifier les mesures correctives existantes » et « Remettre le projet sur les rails », plus loin dans ce chapitre.

5. **Au début de la période suivante, exécutez de nouveau la procédure.**

N'OUBLIEZ PAS !

Surveiller le déroulement du projet ne permet pas de déceler les problèmes mais de repérer les symptômes. Une fois un symptôme identifié, vous devez mener l'enquête pour découvrir la nature du problème sous-jacent, les raisons inhérentes à ce dernier et les moyens de le résoudre. Vous ne pouvez avoir une vue d'ensemble de l'état de santé de votre projet si vous vous contentez de surveiller un ou deux aspects. Il faut inspecter ses trois dimensions (les résultats, le temps consacré à chaque activité et les ressources mobilisées) pour déterminer les raisons des incohérences observées.

Supposons qu'un membre de votre équipe de projet ait consacré 50 % de temps de plus que prévu à une activité. Cette différence traduit-elle un problème ? Impossible à dire. Si la personne a atteint tous les jalons prévus et si la qualité de ses livrables est conforme aux normes fixées, ce n'est peut-être pas le signe qu'il existe un problème. Cependant, si elle n'a pas atteint les divers jalons ou si la qualité de ses livrables était insuffisante, il y a peut-être un problème. Pour savoir s'il existe un problème, vous devez prendre en compte la qualité des produits, le respect (ou non-respect) du calendrier et la différence entre le nombre d'heures de travail réelles et planifiées.

Identifier les causes possibles de retard et de divergence

Une fois confirmé qu'il existe bien un problème, vous devez en déceler l'origine avant de remettre votre projet sur ses rails. Les circonstances suivantes peuvent causer des retards :

- Pendant la période, des personnes consacrent moins de temps à l'activité qu'elles n'avaient convenu de le faire ;
- L'activité demande plus d'efforts que prévu ;
- Les gens étendent le périmètre de l'activité sans réaliser les contrôles et obtenir les autorisations nécessaires ;
- La réalisation de l'activité comprend des aspects qui ne figuraient pas dans le plan ;
- Les personnes travaillant sur l'activité ont une expérience dans le domaine en question moindre que vous ne le pensiez.

Les personnes peuvent passer plus ou moins de temps que prévu sur les activités dans les situations suivantes :

- Elles sont plus ou moins productives que vous ne le pensiez lorsque vous avez élaboré votre plan (la productivité est traitée au chapitre 8) ;

- Vous n'avez pas accordé suffisamment de temps pour qu'elles se familiarisent avec l'activité avant de démarrer ;
- Elles sont plus ou moins efficaces que vous ne le pensiez (l'efficacité est traitée au chapitre 8) ;
- L'activité demande plus ou moins de travail que prévu.

Vous pouvez dépenser plus ou moins d'argent que prévu pour les activités du projet, pour les raisons suivantes :

- Vous recevez les factures des biens ou services achetés plus tard que prévu. Leur paiement s'en trouve retardé ;
- Vous payez d'avance certains produits ou services afin de bénéficier de remises ;
- Vous n'avez pas besoin de certains biens ou services budgétés ;
- Vous avez besoin de biens ou services n'ayant pas été budgétés.

Identifier les mesures correctives existantes

Quand le projet ne se déroule pas conformément aux prévisions, essayez d'abord de le remettre en phase avec le plan. Puis, si nécessaire, envisagez l'option de modifier officiellement certains engagements existant initialement afin de créer un nouveau plan.

N'OUBLIEZ PAS !

Pour remettre un projet en phase avec son plan d'origine, prenez en compte les approches suivantes :

- **Si les divergences viennent d'un fait ponctuel, vérifiez s'il disparaîtra tout seul.** Supposons que vous ayez prévu de consacrer 40 heures-personne à la recherche et à l'achat d'un équipement mais qu'il ne vous ait fallu que 10 heures-personne parce que vous avez trouvé votre bonheur dans la première boutique et à un prix qui vous convenait. Ne modifiez pas immédiatement votre plan pour réaffecter les 30 heures-personne économisées sur cette activité. Il est très probable que certaines activités vous obligent à déborder un peu. Au final, cela s'équilibrera ;
- **Si les divergences laissent penser que la situation risque de se reproduire, prévoyez de modifier votre plan afin d'éviter cela.** Imaginons qu'un membre de votre équipe demande le doublement de son quota d'heures afin de terminer sa tâche, de par un manque d'expérience non anticipé. Si cela risque de le rendre moins productif lors de futures missions, revoyez le plan afin d'accroître sa charge de travail concernant ces missions.

Remettre le projet sur les rails

La *référence* de votre projet est la version actuelle de votre plan de projet qui oriente son déroulement et permet d'évaluer l'avancement des travaux. La modification du contenu de référence afin de bénéficier d'un nouveau plan de projet s'effectue de la manière suivante :

- Consultez les principales parties prenantes afin de leur expliquer pourquoi il est nécessaire d'opérer des changements et de demander leur soutien et leur approbation ;
- Vérifiez bien que les principales parties prenantes connaissent l'existence du nouveau contenu de référence ;
- Gardez un exemplaire de votre plan original et de toutes les modifications intervenues depuis afin de faciliter l'évaluation finale de votre projet.

Le changement de référence est le recours ultime quand les travaux ne sont pas conformes au plan. Épuisez toutes les autres stratégies envisageables avant de modifier le plan proprement dit.

Passer à la vitesse supérieure avec l'analyse de rendement

L'*analyse de rendement*, également appelée *analyse de la valeur acquise*, est une technique permettant de connaître l'avancement du projet en termes de calendrier et de coûts, à partir des seules dépenses en ressources. L'analyse de rendement est particulièrement utile pour identifier les problèmes potentiels sur les gros projets.

La surveillance du déroulement de votre projet implique de savoir si vous êtes en avance, en retard ou dans les temps et si vous respectez, dépassez ou êtes au-dessous du budget. C'est là qu'entre en scène l'analyse de rendement.

Comprendre les termes et formules de l'analyse de rendement

Supposons que votre projet ait commencé depuis trois mois et que vous ayez dépensé 50000 euros. Selon votre plan, vous n'auriez dû atteindre le chiffre de 50000 euros de dépenses qu'à la fin du quatrième mois. À ce stade, vous semblez donc être en dépassement de budget, mais vous ne pouvez le dire avec certitude. L'une des deux situations suivantes peut être à l'origine de la situation :

- Vous avez peut-être exécuté tous les travaux programmés mais les avez payés plus cher qu'escompté, ce qui signifie que le calendrier est respecté, mais pas le budget (mauvaise situation) ;
- Vous avez peut-être réalisé plus de travaux qu'escompté mais déboursé exactement la somme prévue, ce qui signifie que le budget est respecté et que vous êtes en avance sur le calendrier (bonne situation).

En fait, de nombreuses autres situations peuvent avoir engendré ces résultats, mais vous n'avez probablement pas le temps ou l'envie d'examiner chacune des situations possibles pour trouver celle vous correspondant. C'est là que l'analyse de rendement s'avère utile. Évaluer les performances de votre projet grâce à l'analyse de rendement peut révéler si les différences entre les dépenses prévues et réelles sont le résultat de dépenses excessives ou inférieures au plan ou d'une exécution des travaux plus rapide ou plus lente que prévu.

Le principe de base d'une analyse de rendement est que la valeur d'une tâche est égale à la quantité d'argent budgétée pour l'exécuter.

Chapitre 13

Vous n'êtes pas au courant ?

Dans ce chapitre :

- Les bases d'une communication réussie
- Les supports les plus appropriés pour communiquer sur le projet
- Préparer un rapport d'avancement du projet
- Tenir des réunions de projet et établir un plan de communication du projet

Imaginez-vous debout à l'entrée d'une grande pièce remplie de canapés, de chaises et de tables. Vous avez accepté de relever le défi consistant à traverser toute la pièce sans vous cogner dans aucun meuble. Mais, alors que vous démarrez votre périple, les lumières s'éteignent et vous devez maintenant progresser dans le noir complet, avec seulement votre souvenir de la disposition des lieux pour vous aider.

La tâche a l'air plutôt ardue, n'est-ce pas ? Ce serait plus facile si la lumière revenait de temps en temps pendant quelques secondes. Ainsi, vous sauriez où vous êtes, où vous devez aller et où se trouvent les obstacles. La traversée serait toujours difficile, mais vous auriez bien plus de chances de réussir que dans l'obscurité.

Chose étonnante, nombre de projets ressemblent à cette traversée à tâtons. Les participants prévoient la façon dont va se dérouler le projet (qui va faire quoi, pour quand et combien) et partagent ces informations avec les membres de l'équipe et les autres personnes impliquées dans le projet. Mais, dès que les travaux démarrent, personne n'est tenu au courant de l'avancement du projet, des tâches qu'il reste à exécuter ou des obstacles susceptibles de se dresser au milieu de la route.

N'OUBLIEZ PAS !

Une communication efficace, à savoir transmettre les bons messages aux bonnes personnes et au moment opportun, est la clé des projets réussis. Informer permet de réaliser les choses suivantes :

- Soutien des parties prenantes et membres de l'équipe clés ;
- Identification des problèmes et prise de décisions rapides ;
- Objectif clair du projet ;

- Reconnaissance permanente des réussites du projet ;
- Relations de travail productives entre les membres de l'équipe.

En planifiant à l'avance les communications du projet, vous avez la possibilité de choisir les supports appropriés pour partager vos différents messages. Ce chapitre peut vous aider à tenir tout le monde au courant, de façon à ce que personne ne se demande où en est le projet.

Dire ce que l'on pense et penser ce que l'on dit : les bases d'une communication réussie

Avez-vous déjà joué au jeu du téléphone arabe avec un groupe de personnes assis autour d'une table ? La première personne est en possession d'un message écrit, le but du jeu étant de le faire passer jusqu'à la dernière personne, chacune devant en chuchoter le contenu à son voisin. Les règles sont simples : seule la première a le droit de voir le message écrit et chaque personne doit veiller à ce que seul son voisin puisse entendre ce qu'elle chuchote. Invariablement, le message reçu par la dernière personne est peu, voire pas du tout, ressemblant au message d'origine. Même dans cette situation organisée, une kyrielle de facteurs influent sur la qualité de transmission et de réception des propos.

Malheureusement, ces problèmes de communication peuvent se produire au sein d'un projet. Mais, ne vous inquiétez pas, cette section est là pour vous donner un coup de main ! Elle explore les parties essentielles du processus de communication, passe en revue les différents types de communication et fait des suggestions pour améliorer la probabilité que le message reçu par le destinataire corresponde à celui envoyé par l'expéditeur.

Décomposer le processus de communication

La *communication* est la transmission d'informations à un récepteur de la part d'un émetteur. Quand vous communiquez, pendant le déroulement d'un projet ou à n'importe quel autre moment, votre objectif est de faire en sorte que la bonne personne reçoive votre message correctement et au moment opportun.

Le processus de transmission des informations comprend les éléments suivants :

- **Le message :** idées transmises ;
- **L'émetteur :** personne qui transmet le message ;

- **Le codage :** message traduit dans un langage (mots, illustrations ou actions) compréhensible par les autres ;
- **Le support :** méthode utilisée pour transmettre le message (nous détaillons les différents supports dans la section « Choisir le support approprié pour communiquer dans le cadre d'un projet », plus loin dans ce chapitre) ;
- **Le bruit :** tout ce qui nuit à la transmission du message (par exemple, les idées préconçues, les déformations, les difficultés de compréhension du langage utilisé, les sentiments personnels, le langage gestuel et les émotions) ;
- **Le récepteur :** personne qui reçoit le message ;
- **Le décodage :** traduction du message en idées.

En fonction de la nature d'une communication donnée, un ou l'intégralité de ces éléments peuvent influer sur la probabilité de réception du message conformément aux souhaits de l'émetteur.

La communication unilatérale et bilatérale

Il existe des types de communication plus adaptés que d'autres à certaines informations. Les deux principaux types sont la *communication unilatérale* et la *communication bilatérale* :

- **La communication unilatérale :** elle va de l'émetteur au récepteur sans possibilité d'éclaircissement ou de confirmation de la bonne réception ou compréhension du message par le destinataire. Ce type de communication peut être efficace pour présenter des faits, confirmer des actions et transmettre des messages pour lesquels le risque d'interprétation erronée est faible.

  Les communications unilatérales sont :

  - Ciblées : distribuées de manière proactive à des personnes bien précises (notes, rapports, courriers, télécopies, courriels) ;
  - À disposition : les gens doivent y accéder eux-mêmes (sites web et intranets, bases de connaissances et panneaux d'affichage).
- **La communication bilatérale :** elle va de l'émetteur au récepteur, puis fait le chemin inverse afin de s'assurer que le destinataire a correctement reçu et compris le message (discussions en face à face, conversations téléphoniques, réunions, visioconférences interactives et messagerie instantanée). La communication bilatérale est efficace pour s'assurer de la bonne transmission du message et faire passer les croyances et sentiments de l'émetteur à propos du message.

Vous m'entendez ou vous m'écoutez ?… L'écoute active

La faculté qui influe le plus sur la qualité de vos communications est votre écoute. Bien que l'on puisse supposer que les informations contenues dans un message et le format dans lequel elles sont présentées puissent influer sur la qualité de réception, vous pouvez savoir si la réception a bien perçu votre communication comme vous l'entendiez en écoutant attentivement ses réactions.

TECHNIQUE

L'*écoute active* consiste à explorer et discuter du message envoyé afin de vous assurer qu'il est bien cerné. Si vous envoyez un message, vous devez inciter le récepteur à employer des techniques d'écoute active pour être certain qu'il l'a bien compris. Si vous recevez un message, à vous de les employer afin d'être certain d'être bien en phase avec les intentions de l'émetteur.

L'écoute et l'observation de la réaction du récepteur de votre message impliquant d'abord une circulation d'informations dans le sens émetteur-récepteur, puis dans celui récepteur-émetteur, l'écoute active est, par définition, une forme de communication bilatérale.

Voici les techniques d'écoute active :

- **Visualiser :** il s'agit de se créer une image mentale du contenu du message. Cela permet au récepteur d'identifier les éventuelles pièces manquantes ou mal comprises de votre message et de rechercher les informations complémentaires susceptibles d'améliorer la compréhension générale.

  EXEMPLE

  Imaginez que l'on vous ait demandé de revoir l'aménagement des bureaux de votre groupe afin de disposer d'un environnement plus ouvert, susceptible de détendre les employés et de favoriser les discussions collectives plus informelles. Pour vous aider à avoir une idée claire de ce que l'on attend de vous, vous pouvez essayer de visualiser le résultat final et le futur comportement des employés. Vous pouvez par exemple vous poser les questions suivantes :

  - Allez-vous utiliser le mobilier actuel ou le changer ?
  - Les gens pourront-ils improviser des réunions dans ces locaux ?
  - Combien faudra-t-il de cloisons insonorisantes de différentes hauteurs ?

- En essayant de visualiser les diverses parties du nouvel aménagement, vous vous apercevez que les aspects suivants ne sont pas très clairs :

  - Les bureaux situés près des fenêtres bénéficieront-ils de canapés ou simplement de chaises ?

  • Combien de personnes doivent pouvoir prendre place dans un bureau avec tout le confort nécessaire ?
  • Faut-il installer des générateurs de bruit blanc ?

  Le fait de discuter avec les gens des réponses à ces questions vous permet d'avoir une idée plus claire de ce que veut et ne veut pas votre patron.

- **Paraphraser :** une fois qu'il l'a reçu, le récepteur reformule, avec ses propres mots, le message et ses implications afin de permettre à l'émetteur d'identifier les éventuelles incompréhensions.

  Admettons que votre patron vous ait demandé de préparer pour la fin de la semaine un rapport sur les dernières activités commerciales de l'entreprise. Cette demande manque de clarté à plus d'un titre : période que doit couvrir le rapport, heure précise de remise du rapport, format du rapport, etc. Pour préciser ces détails, vous pouvez paraphraser la demande :

  « *J'aimerais être bien certain de la tâche à accomplir. Vous me demandez de préparer pour vendredi prochain 17 heures une présentation PowerPoint des chiffres d'affaires brut et net concernant les ventes des produits a, b et c, pour la période du 1er janvier au 31 mars de cette année.* »

- **Vérifier les conclusions tirées par le récepteur :** il s'agit de clarifier les hypothèses et interprétations du récepteur à propos du message reçu.

  Prenez l'exemple précédent du nouvel aménagement des bureaux du groupe. Vous commencez à compter le nombre de bureaux et de chaises dont vous aurez besoin. Mais, vous vous apercevez que vous partez du principe que le groupe restera avec les mêmes effectifs. Au lieu de faire cette supposition, vous pouvez demander à votre patron le nombre de personnes qui occuperont ces bureaux au total.

L'écoute active est particulièrement utile dans les situations à forte charge émotionnelle, celles où une bonne compréhension est vitale, celles où l'on souhaite résoudre les conflits en étant clair et en recourant au consensus et celles où on recherche l'instauration d'un climat de confiance.

Choisir le support approprié pour communiquer dans le cadre d'un projet

Quand vous choisissez un mode de communication avec votre équipe et les parties prenantes de votre projet, la qualité du support est aussi importante que le type d'informations (le chapitre 10 vous dit tout sur les parties prenantes d'un projet). Le choix du support vous aide à garantir la transmission des informations nécessaires au moment opportun.

Les communications du projet sont de deux sortes :

- **Formelles :** les *communications formelles* sont planifiées à l'avance et délivrées selon un format standard et un calendrier préétabli. Il s'agit par exemple des réunions hebdomadaires de l'équipe de projet et des rapports d'avancement mensuels ;
- **Informelles :** les *communications informelles* interviennent lorsque des personnes ont des informations qu'elles souhaitent partager. C'est monnaie courante dans une entreprise. Il s'agit par exemple des brèves conversations à la machine à café et des courriels que vous balancez quand ça vous prend.

  Prenez garde à ne pas compter sur ces communications informelles pour transmettre des infos importantes sur le projet, car ces échanges impliquent souvent un petit nombre de personnes. Pour limiter les risques d'incompréhension et ménager les susceptibilités au sein de votre équipe et des autres parties prenantes :

  - Confirmez par écrit les informations importantes échangées lors de conversations informelles ;
  - Évitez d'avoir une discussion informelle si toutes les personnes concernées par le sujet ne sont pas présentes.

Les communications formelles et informelles peuvent être écrites ou orales. Les sections suivantes vous indiquent le format à privilégier et la façon d'améliorer son efficacité.

Les faits, rien que les faits : les rapports écrits

Contrairement aux communications orales informelles, les rapports écrits permettent de bien présenter les données factuelles, de choisir ses mots avec soin afin de limiter les incompréhensions, de fournir l'historique des informations que vous révélez et de transmettre le même message à un grand nombre de destinataires.

Si les rapports écrits présentent quelques avantages non négligeables, ils ne sont pas dépourvus d'inconvénients à prendre en compte :

- Ils ne permettent pas aux destinataires de poser des questions afin de clarifier le contenu, la signification et les conséquences de votre message ;
- Ils ne vous permettent pas de vérifier que vos destinataires ont reçu et interprété votre message à bon escient ;

- Ils ne vous permettent pas de percevoir les réactions des destinataires de votre message à travers leur langage non verbal et ne favorisent pas une discussion ni une réflexion interactive ;
- Il peut arriver que vous ne sachiez jamais si les destinataires ont lu votre rapport !

TRUC

Gardez les conseils suivants à l'esprit afin d'augmenter la probabilité que les gens lisent et comprennent vos rapports écrits (pour plus de détails sur la rédaction de ce type de communication spécial, reportez-vous à la section « Préparer un rapport d'avancement du projet écrit », plus loin dans ce chapitre) :

- **Préparez toujours au même format les rapports programmés.** Cette homogénéité permet aux destinataires de trouver rapidement des informations bien précises ;
- **Ciblez votre propos.** Il vaut mieux rédiger plusieurs petits rapports qu'un seul particulièrement long et traitant plusieurs sujets. Les gens seront plus à même de retenir l'essentiel concernant chaque sujet ;
- **Employez le moins possible de jargon et de sigles et acronymes.** Si une personne ne connaît pas bien le langage employé dans votre rapport, il est à peu près certain qu'elle ne percevra pas certains de vos messages ;
- **Utilisez des rapports écrits pour révéler des faits et veillez à identifier une ou plusieurs personnes en mesure de vous donner des éclaircissements ou d'approfondir certaines informations.** Les rapports écrits présentent un grand nombre de données objectives ne donnant pas matière à interprétation et qui servent de référence consultable à tout moment. Un contact peut répondre aux éventuelles questions du destinataire sur les informations ou les raisons de la communication ;
- **Décrivez clairement les mesures que vous souhaitez voir être prises sur la base des informations contenues dans le rapport.** Plus vous expliquerez avec précision ce que vous attendez des gens, plus il y aura de chances qu'ils s'exécutent ;
- **Employez des approches novatrices pour mettre l'accent sur des informations clés.** Par exemple, choisissez une couleur spéciale pour les sections importantes (ou imprimez-les sur du papier en couleur) ou mentionnez les sections importantes sur une note figurant sur la couverture. Cet effort supplémentaire accroît la probabilité que les destinataires voient *et* lisent votre rapport ;
- **Une fois votre rapport envoyé, discutez d'un ou deux points essentiels abordés avec les personnes à qui vous l'avez envoyé.** Ce suivi peut très vite vous révéler si les destinataires ont lu votre rapport.

  Quand vous tombez sur des personnes qui n'ont manifestement pas lu votre rapport, expliquez-leur les parties du rapport les plus importantes pour elles et argumentez. Indiquez-leur ensuite que vous souhaiteriez vous entretenir avec elles afin de discuter des problèmes ou questions qu'elles ont sur les informations contenues dans ces parties du document ;

- **Rédigez des rapports d'une page, si possible.** Si vous ne parvenez pas à vous limiter à une seule page, prévoyez un bref résumé (une page, voire moins) en début de rapport.

Faire court : ça vaut aussi pour vous !

Méfiez-vous du syndrome du « oui, mais », qui vous fait trouver une idée géniale (pour les autres) mais inadaptée à votre situation. Lors d'une formation, l'un de nous suggéra d'opter pour des rapports d'une page, voire moins. La plupart des participants trouvèrent ce conseil sensé, à l'exception d'un individu. Il expliqua que son projet était si important et complexe qu'il envoyait à son chef des rapports d'avancement mensuels qui faisaient dix pages minimum. « Et, ajouta-t-il, mon chef les lit du premier au dernier mot. »

Quelques semaines après la formation, l'un de nous eut l'occasion de discuter avec le chef de ce participant d'un sujet qui n'avait rien à voir avec son subordonné. Au cours de la conversation, il se confia sur son agacement envers un membre de son équipe qui s'évertuait à lui envoyer des rapports d'avancement ne faisant jamais moins de dix pages car il estimait que son projet était très important. Il avoua qu'il lisait généralement le premier paragraphe mais avait rarement le temps de lire ses rapports en entier. Il ajouta qu'il espérait que cette personne avait bien écouté lorsqu'il lui avait été conseillé de ne pas rédiger des rapports de plus d'une page !

Faire avancer le schmilblick : des réunions productives

Peu de mots suscitent une réaction de colère et d'agacement aussi prononcée que le terme *réunion*. Les opinions sur les réunions sont légion, des derniers vestiges des relations interpersonnelles dans une société de plus en plus technique à la plus grande perte de temps qui puisse exister.

Il vous est sans doute arrivé d'assister à des réunions qui vous donnaient envie de vous cogner la tête contre les murs. Et la réunion qui démarre en retard ? Celle sans aucun ordre du jour ou au cours de laquelle l'ordre du jour n'est pas respecté ? Celle pendant laquelle on parle de problèmes que vous jugiez résolus depuis la réunion précédente ?

N'OUBLIEZ PAS !

Pourquoi faudrait-il que les réunions soient systématiquement pénibles ? Si vous les préparez et les animez correctement, les réunions peuvent être des formes de communication efficaces. Elles peuvent vous aider à découvrir les parcours, expériences et styles des membres de votre équipe, bonifier les séances de brainstorming, améliorer les analyses des problèmes et la prise de décisions et offrir une tribune pour explorer les raisons et interprétations d'un message.

Vous pouvez améliorer vos réunions en appliquant les conseils des sections suivantes. (Veillez également à lire la section « Tenir des réunions de projet capitales », plus loin dans ce chapitre.)

TRUC

Préparer une réunion fructueuse

Pour qu'une réunion soit bonne, vous devez la préparer, en respectant les conseils suivants :

- **Précisez l'objet de la réunion.** Vous serez certain d'inviter les bonnes personnes, lesquelles auront ainsi l'occasion de la préparer. Aussi les personnes concernées seront-elles plus susceptibles d'y assister si elles comprennent que leur présence est primordiale ;
- **Décidez qui doit y assister et pourquoi.** Si vous avez besoin d'informations, sachez qui les détient et veillez à ce que les personnes en question assistent à la réunion. Si vous souhaitez prendre des décisions lors de la réunion, déterminez qui y est habilité et qui doit participer au processus de prise de décisions. Veillez à ce que ces personnes soient présentes ;
- **Prévenez les participants longtemps à l'avance.** Vous aurez ainsi plus de chances d'avoir les personnes souhaitées ;
- **Préparez un ordre du jour écrit qui englobe les points à aborder et le temps consacré à chacun.** Ce document permet aux participants de constater qu'il est de leur intérêt d'être présents à cette réunion. L'ordre du jour fait également office pour vous de fil conducteur pour animer la réunion ;
- **Envoyez à l'avance l'ordre du jour ainsi que tous les documents annexes.** Cela permettra aux participants de préparer la réunion et de suggérer éventuellement des changements au niveau de l'ordre du jour ;
- **Faites des réunions d'une heure maximum.** Vous pouvez certes forcer les gens à rester assis dans une salle pendant des heures, mais pas à rester concentrer aussi longtemps. Prévoyez, si nécessaire, plusieurs réunions d'une heure (ou moins) afin de résoudre des problèmes complexes ou de traiter plusieurs sujets.

N'OUBLIEZ PAS !

Animer une bonne réunion

Le succès ou l'échec d'une réunion peut dépendre de la façon de l'animer. Pour qu'une réunion soit productive, les tâches suivantes sont capitales :

- **Démarrez à l'heure, même si tout le monde n'est pas arrivé.** Si les gens s'aperçoivent que vous attendez les retardataires, tout le monde se mettra à arriver en retard ;
- **Désignez une personne chargée de la gestion du temps.** Elle signale au groupe l'éventuel dépassement du temps imparti à chaque point de l'ordre du jour ;
- **Désignez un rapporteur qui se chargera du compte rendu (présents, sujets abordés, décisions prises par le groupe).** Cette procédure permet aux participants de revoir et de clarifier les informations, ainsi que de rappeler les tâches à exécuter après la réunion ;
- **Dressez une liste des actions à mener et désignez un responsable pour chacune.** Vous serez ainsi certain de disposer des bonnes informations et personnes pour en parler lors des prochaines réunions ;
- **Si vous ne disposez pas des bonnes informations ou personnes pour résoudre un problème, arrêtez la discussion et inscrivez-le sur la liste des actions à mener.** Discuter d'un problème sans avoir les éléments nécessaires ou sans la présence des personnes concernées est une perte de temps ;
- **Terminez la réunion à l'heure.** Les participants ont peut-être d'autres engagements juste après l'heure de fin programmée de votre réunion. Si vous ne terminez pas à l'heure, ils arriveront en retard à leur rendez-vous suivant ou quitteront votre réunion avant son terme.

Effectuer un suivi

Votre réunion est peut-être terminée, mais vous n'en avez pas encore fini avec votre mission. Veillez à réaliser les tâches suivantes afin de tirer au mieux parti de la séance qui vient de s'achever :

- **Diffusez rapidement le compte rendu de la réunion à tous les participants.** Ce compte rendu permet aux gens de se réapproprier les thèmes abordés quand ils sont encore frais dans leur esprit. Il a également pour vertu de rappeler aux participants les tâches qui leur incombent. Essayez d'envoyer le compte rendu dans les 24 heures qui suivent la réunion et demandez aux destinataires s'ils ont des corrections à effectuer ou des éléments à ajouter ;
- **Surveillez l'avancement de toutes les actions à mener après la réunion.** Dans la mesure où chaque action est un mini projet à elle seule, en surveillant son avancement, vous augmentez les chances de la voir menée à bien.

N'OUBLIEZ PAS !

Ne vous contentez pas d'aborder ces suggestions d'amélioration de vos réunions, mettez-les en pratique !

Préparer un rapport d'avancement du projet écrit

Le *rapport d'avancement du projet* est la communication écrite la plus courante. Il passe en revue les activités menées pendant une période, décrit les problèmes rencontrés et les mesures correctives planifiées et entreprises, et donne un aperçu du programme de la période suivante.

Cette section vous aide à identifier les personnes à qui adresser votre rapport d'avancement, ainsi que des conseils sur les éléments à inclure et les améliorations à y apporter afin que votre équipe ne se repose pas sur ses lauriers.

Dresser une liste (de noms) et la vérifier

N'OUBLIEZ PAS !

Le rapport d'avancement du projet est un moyen pratique de cultiver la motivation des parties prenantes et de les tenir informées de leurs responsabilités. Pour choisir les destinataires de votre rapport d'avancement, répondez aux questions suivantes :

- Qui doit être informé du déroulement du projet ?
- Qui veut être informé du déroulement du projet ?
- Qui souhaitez-vous tenir informé du déroulement du projet ?

Votre rapport d'avancement doit au moins parvenir aux personnes suivantes : votre supérieur hiérarchique, la direction, le client, les membres de l'équipe de projet et les autres personnes qui apportent leur contribution, ainsi que celles intéressées par le projet ou qui seront concernées par ses résultats.

Distinguer l'essentiel de l'accessoire dans son rapport

TRUC

La préparation du rapport d'avancement vous permet de passer en revue tous les aspects du projet et d'identifier ainsi les choses qui fonctionnent bien et les situations exigeant votre intervention dans les meilleurs délais.

Veillez à inclure dans votre rapport certaines ou l'intégralité des informations suivantes, pour chaque période :

- **Faits marquants :** commencez toujours votre rapport par un résumé des faits marquants du projet à ce jour. Par exemple : « La présentation de l'avancement du projet à la direction s'est déroulée avec succès et à la date prévue » ou : « Notre cliente Marie Brisier a approuvé la trame de notre formation. » (Pensez simplement à ce que cette partie ne dépasse pas une page !) ;
- **Détails des travaux :** décrivez en détail les activités, résultats, jalons, charges de travail et dépenses en matière de ressources ;
- **Problèmes :** mettez l'accent sur les problèmes rencontrés pendant cette période et proposez des solutions ;
- **Modifications approuvées du plan :** signalez toutes les modifications approuvées du plan de projet par le comité des modifications ;
- **État des risques :** actualisez l'évaluation des risques du projet en signalant les modifications apportées aux hypothèses, la probabilité que ces hypothèses modifiées deviennent réalité et les conséquences de celles-ci sur le plan de projet (le chapitre 11 traite les notions de base liées aux risques et incertitudes) ;
- **Programme pour la période suivante :** résumez les principaux travaux et réalisations prévus lors de la période suivante.

Remporter le prix Pulitzer ou au moins produire un rapport intéressant

Quand vous rédigez le rapport d'avancement de votre projet, veillez à ce qu'il soit intéressant et qu'il fournisse aux personnes concernées les informations dont elles ont besoin. Après tout, vous ne souhaitez pas que votre rapport serve à caler du mobilier. Pour améliorer la qualité de chacun de vos rapports, suivez ces conseils :

TRUC

- **Rédigez votre rapport en fonction des intérêts et besoins des personnes à qui vous l'adressez.** Ne fournissez que les infos pertinentes pour ces individus. Si nécessaire, préparez un rapport distinct pour chaque type de partie prenante (pour en savoir plus sur les parties prenantes d'un projet, rendez-vous au chapitre 10) ;
- **Si vous préparez un rapport d'avancement différent pour chaque partie prenante, commencez par rédiger une version globale très détaillée, puis extrayez les données nécessaires pour constituer les rapports spécifiques.** Cette approche permet d'assurer une certaine

homogénéité entre les rapports et vous évite de traiter deux fois le même thème ;

- **Produisez un rapport d'avancement au moins une fois par mois, quelles que soient les demandes de vos parties prenantes.** Si vous adoptez un rythme de production inférieure à la publication mensuelle, vous risquez de subir les dommages provoqués par un problème qui n'aura pas été identifié, vous pouvez aussi opter pour un rapport à chaque fin de phase dans le cycle de vie de votre projet ;
- **Assurez-vous que toutes les informations de votre rapport sur les produits, le calendrier et les ressources concernent bien la même période.** Ce n'est pas une évidence quand les données brutes émanent de différents systèmes au sein de l'organisation.

  Si vous suivez le déroulement des travaux du projet sur un système géré par vos soins, vous serez peut-être en mesure de produire un rapport d'état à la fin de la première semaine une fois la période terminée. Cependant, le système financier de votre organisation, qui vous sert à suivre les dépenses, ne permet peut-être pas de générer un rapport rapidement. Dans la plupart des cas il ne sera disponible qu'un mois après la fin de la période.

  Abordez ce point lors de la phase de démarrage du projet. Déterminez les sources des données servant à rédiger le rapport d'état, les dates auxquelles sont disponibles les données actualisées émanant de chaque source ainsi que les périodes auxquelles s'appliquent les données. Programmez ensuite l'analyse et l'édition du rapport afin que toutes les données portent sur la même période ;
- **Comparez toujours les performances effectives aux performances figurant dans le plan.** Présenter ces informations sous ce format permet de mettre en lumière les problèmes à résoudre ;
- **Ne réservez pas de surprises.** Si un événement nécessite une intervention immédiate pendant la période (par exemple, le départ soudain d'une personne de l'équipe de projet), avertissez tout de suite les personnes concernées et attachez-vous à trouver une solution. Veillez cependant à mentionner dans le rapport d'avancement l'incident et les éventuelles mesures correctives prises, afin de disposer d'une trace écrite ;
- **Profitez des réunions régulières de l'équipe de projet pour parler des sujets et problèmes que vous mentionnez dans le rapport d'avancement.** Abordez les éventuelles questions sur les informations contenues dans le rapport d'avancement du projet. (Mais, ne rapportez pas mot pour mot le contenu du rapport, que les participants ont déjà reçu et, il faut l'espérer, lu !).

TRUC

Utiliser un tableau de bord

Pour rendre vos rapports d'avancement plus efficaces, vous souhaiterez inclure la plus grande quantité d'informations dans le minimum d'espace. Le tableau de bord permet d'afficher les indicateurs clés dans un format pratique qui illustre l'avancement global du projet et met en lumière les problèmes à traiter.

Voici les différentes étapes de la conception du tableau de bord de votre projet :

1. **Déterminez les principales catégories ;**
2. **Choisissez des indicateurs pour chaque catégorie d'information ;**
3. **Sélectionnez le format de chaque indicateur.**

Voici les catégories reflétant généralement les aspects importants du projet :

- **Résultats :** produits figurant au programme réalisés à ce jour par votre équipe ;
- **Respect du calendrier :** dates d'atteinte des jalons et de début et de fin des activités, par rapport aux dates figurant sur le plan ;
- **Tenue du budget ressources :** heures de travail, fonds et autres ressources utilisés à ce jour par votre équipe, par rapport aux montants budgétés ;
- **Gestion des risques :** état actuel des facteurs susceptibles d'entraver de manière impromptue le déroulement du projet.

Choisissez les indicateurs de chaque catégorie conjointement avec les commanditaires et contributeurs du projet. À titre d'exemple, un projet de rédaction du manuel d'utilisation d'un appareil peut présenter les indicateurs suivants :

- **Résultats :** nombre de chapitres écrits ou nombre de personnes ayant approuvé la version finale du manuel ;
- **Respect du calendrier :** nombre de jalons atteints dans les temps et nombre de jalons pour lesquels la date fixée n'a pas été respectée ;
- **Tenue du budget ressources :** rapport entre les fonds réellement dépensés et les sommes budgétées, et ce pour toutes les activités achevées ;
- **Gestion des risques :** nombre de risques répertoriés en début de projet encore actifs ou nombre de nouveaux risques identifiés pendant le projet.

Vous pouvez représenter ces indicateurs dans un tableau, un diagramme en bâtons, un camembert ou un compteur de vitesse. Les indicateurs sont souvent présentés sous forme de feux tricolores :

- **Feu vert :** l'élément est traité conformément au plan ;
- **Feu orange :** il existe un ou plusieurs problèmes mineurs ;
- **Feu rouge :** une ou plusieurs situations graves nécessitent une intervention immédiate.

Déterminez précisément (conjointement avec les commanditaires et contributeurs du projet) pour chaque indicateur les critères permettant de classer la situation sous un des trois feux.

Les illustrations suivantes vous montrent les formes que peut prendre un tableau de bord.

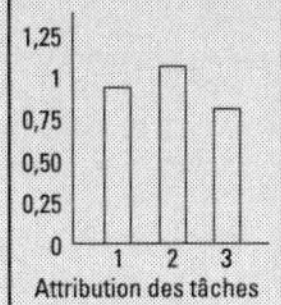

Projet alpha: Hauteur des dépenses par rapport au budget

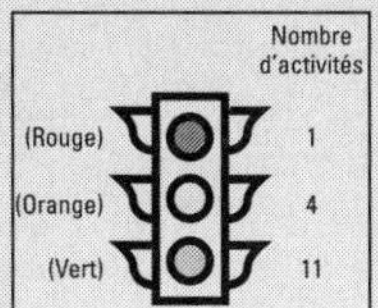

Projet alpha: Avancement des activités

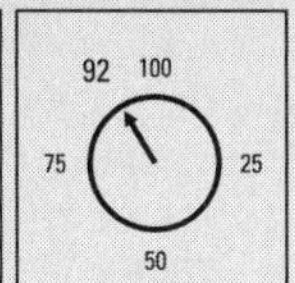

Projet alpha: Pourcentage de jalons atteints en avance ou en temps voulu à ce jour

Quand vous créez un tableau de bord, veillez à :

- Choisir conjointement avec les destinataires du rapport les catégories et indicateurs, ainsi que leur format;
- Toujours présenter les valeurs réelles à côté des valeurs planifiées;
- Ne pas dépasser une page.

Tenir des réunions de projet capitales

Votre projet a toutes les chances d'être un succès si vous bénéficiez du soutien actif et permanent de toutes les parties prenantes essentielles. Pour obtenir ce soutien, renforcez constamment la vision de votre projet et la progression vers les objectifs fixés, et aidez les parties prenantes à saisir le moment opportun pour apporter leur contribution. Cette section détaille les trois types de réunion que vous pouvez tenir pendant votre projet.

Les réunions récurrentes de l'équipe de projet

Les réunions récurrentes de l'équipe de projet offrent aux membres la possibilité de connaître l'avancement et les problèmes et de cultiver des relations interpersonnelles fructueuses fondées sur la confiance. Ces réunions permettent également de réaffirmer l'objet du projet et de tenir les membres de l'équipe au courant des activités (qu'elles soient ou non dans le périmètre du projet) qui influent sur leur mission et conditionnent le succès du projet. Sachant que la plupart des gens travaillent sur plusieurs projets en même temps, ces réunions peuvent renforcer l'identité et les relations de travail de l'équipe.

TRUC

Consultez les membres de l'équipe afin de définir un rythme de réunions qui conviennent au maximum de personnes. Si certaines ne peuvent se rendre sur place, essayez d'organiser une conférence téléphonique.

En dehors des suggestions apportées par la section « Faire avancer le schmilblick : des réunions productives », plus haut dans ce chapitre, respectez les directives suivantes lorsque vous planifiez et animez les réunions récurrentes de votre équipe de projet :

- Même si les réunions de l'équipe de projet reviennent régulièrement, avant chacune d'elles, préparez un ordre du jour précis, puis distribuez-le à l'avance et invitez les destinataires à faire des commentaires et à émettre des suggestions ;
- Avant la réunion, distribuez le rapport d'avancement du projet de la dernière période (jetez un œil à la section « Préparer un rapport d'avancement du projet écrit », plus haut dans ce chapitre) ;
- Distribuez avant la réunion toute autre information de base ayant un lien avec les thèmes à l'ordre du jour ;
- Limitez les discussions aux sujets prévus à l'ordre du jour et réservez les autres pour d'autres réunions ;
- Commencez et terminez à l'heure (allez, on le dit une fois de plus, ça ne peut pas faire de mal !) ;
- Préparez et diffusez le compte rendu de la réunion dans les 24 heures.

Les réunions spéciales de l'équipe de projet

Organisez une réunion spéciale pour traiter de problèmes bien précis survenant en cours de projet. Elle peut concerner certains membres ou l'intégralité de l'équipe, en fonction du thème abordé.

TRUC

Les problèmes qui apparaissent ne prévenant souvent pas, préparez votre réunion de la manière suivante :

- Clarifiez le problème et ce à quoi vous espérez parvenir à l'issue de la réunion ;
- Identifiez et invitez toutes les personnes susceptibles d'être intéressées, concernées par le problème ou impliquées dans la recherche d'une solution ;
- Expliquez clairement l'objet de la réunion à tous les participants ;
- Consignez soigneusement par écrit toutes les mesures décidées lors de la réunion et désignez des personnes responsables de leur exécution ;
- Veillez à faire part des résultats d'une réunion spéciale à tous les membres de l'équipe touchés ou intéressés par les résultats et/ou dont le soutien vous sera utile pour mettre en œuvre des solutions.

La présentation de l'avancement du projet à la direction

La présentation de l'avancement du projet à la direction est généralement présidée par un dirigeant et animée par le chef de projet. Y assistent les membres de l'équipe de projet et les représentants de tous les départements.

Cette présentation est l'occasion pour vous d'informer la direction de l'avancement du projet, de ses réussites et de tout problème pouvant nécessiter sa contribution. Elle vous permet également d'identifier les moyens de recadrer le projet par rapport aux principales initiatives prises par votre organisation.

Saisissez la moindre occasion de rappeler à la direction l'importance que revêt votre projet pour elle. Elle a peut-être donné son aval quelques mois auparavant seulement, mais il y a de fortes chances que votre projet ne soit aujourd'hui qu'une des nombreuses activités menées par votre organisation.

Faites en sorte que votre présentation de l'avancement du projet à la direction soit efficace en suivants ces conseils :

- Identifiez les intérêts des participants et expliquez en quoi votre projet y répond ;
- Faites une présentation courte et insistez sur quelques messages clés ;
- Mettez en lumière les informations essentielles mais soyez prêt à détailler certains thèmes si on vous le demande ;
- Présentez les informations importantes sous forme de texte et d'illustrations ;
- Prévoyez du temps pour d'éventuelles questions ;
- Faites un bilan actualisé des risques du projet et expliquez votre stratégie de gestion en la matière ;
- Lors de la réunion, distribuez une note résumant les points clés de votre présentation ;
- Après la réunion, distribuez une note récapitulant les problèmes soulevés et les mesures qu'il a été convenu d'adopter au cours de la présentation.

Préparer un plan de gestion des communications du projet

Étant donné la diversité des publics qui rechercheront des informations sur votre projet et la batterie de données que vous recueillerez, il est primordial de préparer un plan de gestion des communications afin d'éviter les efforts redondants et de veiller à ce que rien ni personne ne se perde en cours de route.

Un *plan de gestion des communications* est un document qui spécifie toutes les communications afférentes au projet, les parties prenantes destinataires, les informations qu'elles contiennent, ainsi que leur fréquence. Préparez une version initiale de votre plan de gestion des communications lors de la phase de démarrage de votre projet, puis actualisez-la lors de la phase d'exécution des travaux. (Le chapitre 2 aborde les différentes phases d'un projet.)

Pour toutes les communications de votre projet, votre plan doit au minimum spécifier les éléments suivants :

- **La partie prenante cible :** personnes dont les besoins en information sont abordés *via* la communication du projet (le chapitre 10 vous dit tout sur la façon d'identifier et de classer les parties prenantes d'un projet) ;
- **Les besoins en information :** informations souhaitées ou requises par les parties prenantes ;
- **Le partage d'informations :** activité servant à transmettre les informations à la partie prenante cible (rapports écrits, présentations et réunions, par exemple). Pour en savoir plus sur les différents modes de partage d'informations, reportez-vous à la section « Choisir le support approprié pour communiquer dans le cadre d'un projet », plus haut dans ce chapitre ;
- **Le contenu :** données spécifiques faisant l'objet de communications ;
- **La fréquence :** moment où intervient le partage d'informations (il peut s'agir de réunions récurrentes ou spéciales) ;
- **Le recueil des données :** façon et moment où sont collectées les données devant figurer dans le rapport.

Chapitre 14

La gestion des risques grandeur nature : on vous attend au tournant !

Dans ce chapitre :

- Choisir les risques à gérer et développer une stratégie de gestion
- Communiquer sur leur existence et leur suivi
- Réagir et gérer les changements, quelle que soit leur nature

En phase de démarrage et préparation, vous avez identifié et évalué les risques puis appris à préparer un plan de gestion des risques (voir chapitre 11).

Tout risque identifié en phase de démarrage peut s'avérer inapproprié lorsque le projet démarre ou, au contraire, se transformer en problème concret, voire impacter l'issue et/ou le contenu de votre projet. Ce chapitre vous aide à rentrer dans le vif du sujet, à développer vos compétences de gestion des risques et, le cas échéant, à réagir à tout changement de délais, coût ou contenu de projet.

Gérer les risques : un exercice de terrain

N'OUBLIEZ PAS !

En phase d'exécution, on attend de vous que soient :

1. **Surveillé le statut des risques pendant tout le déroulement du projet.**

   Vérifiez si les risques sont toujours présents, si la probabilité qu'ils se concrétisent augmente ou diminue et si de nouveaux risques se profilent à l'horizon.

2. **Informées les parties prenantes essentielles de tous les risques susceptibles de toucher votre projet.**

   Expliquez le statut et les conséquences potentielles de tous les risques, de la conception initiale à l'achèvement du projet.

Choisir les risques à gérer

Tout risque identifié (voir chapitre 11) influe d'une certaine manière sur votre projet *s'il se concrétise* (après tout, c'est la définition même d'un risque). Cependant, vous pouvez constater qu'anticiper et minimiser les conséquences négatives de certains risques (s'ils deviennent réalité) prennent plus de temps et demandent plus d'efforts que de gérer la situation effective.

La première phase d'élaboration d'une stratégie de gestion des risques consiste donc à choisir les risques à prendre en charge proactivement et ceux que vous vous contentez d'accepter. Cette prise de décisions implique les choses suivantes :

- **Prenez en compte la probabilité de concrétisation d'un risque et son effet potentiel sur votre projet, évalués en phase de démarrage et préparation.**

  Si l'effet potentiel d'un risque est important et les « chances » qu'il se matérialise élevées, vous souhaiterez probablement échafauder des plans pour gérer ce risque. Si l'effet et la probabilité sont tous deux faibles, vous déciderez peut-être de ne pas vous en soucier.

  Quand l'effet potentiel est élevé mais la probabilité faible, ou *vice versa*, vous devez évaluer avec plus d'attention la situation. Dans ces cas plus complexes, vous pouvez prendre en compte l'effet combiné de la probabilité de survenue et les conséquences potentielles en employant une approche plus formelle. Il s'agit alors de définir la *valeur attendue du risque*, de la manière suivante :

  • Valeur attendue du risque = mesure quantitative de l'effet s'il se produit X probabilité qu'il se produise

- Supposons que vous ayez besoin d'acheter des matériaux pour un appareil dont vous planifiez la fabrication. Lorsque vous passez commande, vous pensez avoir 80 % de chances d'être livré à la date prévue. Cela signifie cependant que vous avez 20 % de risques que quelque chose ne se passe pas comme prévu et que vous deviez supporter un coût supplémentaire pour vous procurer les matériaux chez un autre fournisseur et être livré dans les délais. Vous estimez que les matériaux coûtent normalement 1 000 euros et que vous devez débourser 500 euros supplémentaires pour les acheter à la dernière minute chez un autre fournisseur. Voici la valeur attendue du risque :

- Valeur attendue du risque = coût supplémentaire encouru si vous faites appel à la dernière minute à un autre fournisseur X probabilité que vous deviez utiliser un autre fournisseur ;
- Valeur attendue du risque = 500 € X 0,2 = 100 €.

Vous conclurez peut-être que, tout compte fait, dépenser plus de 100 euros pour diminuer la probabilité de survenue de ce risque n'est pas une décision pertinente sur le plan financier.

- **Décidez si une conséquence potentielle est inacceptable au point de renoncer à prendre le risque de cette situation, même s'il est très peu probable qu'elle se produise.**

Imaginons que votre entreprise souhaite construire une nouvelle usine dans une région ayant été durement frappée par des cyclones. Le coût de la nouvelle usine est estimé à 50 millions d'euros et la probabilité qu'un cyclone détruise totalement les installations est de 0,1 %. La valeur attendue de ce risque est de 50 000 € (50 000 000 € X 0,001), risque que l'entreprise peut très facilement absorber. Cependant, si un cyclone détruit l'usine, la perte de 50 millions d'euros forcerait l'entreprise à mettre la clé sous la porte. Par conséquent, bien que la valeur attendue de la perte soit relativement modeste, l'entreprise peut estimer que, même avec 0,1 % de risques que son usine soit détruite par un cyclone, c'est une perspective inenvisageable.

Si vous choisissez de construire l'usine dans cette région, veillez à développer une stratégie de gestion du risque de destruction (voir la section suivante). Vous souhaiterez peut-être reconsidérer carrément le projet.

Choisir une stratégie de gestion des risques

Pour gérer les risques que vous décidez de prendre, choisissez une ou plusieurs approches parmi les suivantes :

- **L'évitement :** agissez de façon à éliminer le facteur ayant donné naissance au risque. Il peut par exemple s'agir de décider de ne pas utiliser une nouvelle procédure non encore testée, dont vous doutez de la capacité à générer les résultats souhaités pour votre projet ;
- **Le transfert :** payez quelqu'un pour assumer tout ou partie de l'effet du risque. Supposons que vous choisissiez de poursuivre le projet d'édification d'une usine de 50 millions d'euros (voir l'exemple de la section précédente). Vous pouvez souscrire une assurance pour que

l'entreprise n'ait pas à supporter la perte des installations en cas de passage d'un cyclone ;

- **L'atténuation :** diminuez la probabilité que le risque devienne réalité ou minimisez les conséquences négatives s'il se produit. Voici des exemples d'atténuation de risques :

  - **Réduisez au minimum les « chances » que le risque se concrétise.** Prenez des mesures pour diminuer la probabilité qu'une situation indésirable se produise.

    Imaginez par exemple qu'une personne participant à votre projet vienne d'arriver dans l'entreprise. En conséquence, vous avez l'impression qu'il lui faudra peut-être plus de temps pour exécuter la tâche que vous lui avez confiée. Pour diminuer cette probabilité, expliquez-lui très clairement comment s'acquitter de sa mission avant qu'elle se mette au travail, fixez de nombreux jalons, contrôlez souvent ses performances afin de pouvoir gérer d'éventuels problèmes et demandez-lui de suivre une formation afin de rafraîchir les connaissances et compétences requises pour mener à bien son activité ;

  - **Mettez en place un plan de secours afin de minimiser les conséquences négatives si une situation fâcheuse venait à se produire.**

    Imaginons que vous confiiez la reproduction de 100 exemplaires de votre support de formation au service de reprographie de votre entreprise. Si vous craignez que ce service ait des projets prioritaires à traiter à cet instant, prévoyez un prestataire externe qui pourrait s'en charger en cas de besoin. En anticipant la recherche dudit prestataire, vous pourrez réduire le retard dû au changement de ressource.

Gardez à l'esprit que si vous voulez que ces approches fonctionnent, vous devez choisir votre stratégie et prévoir sa mise en œuvre le plus tôt possible.

Bien que les méthodes suivantes puissent sembler attirantes lorsque vous passez en revue tous les risques associés à un projet donné, elles ne fonctionnent pas. Alors, ne les utilisez pas :

- **La politique de l'autruche :** ignorer tous les risques ou faire comme s'ils n'existaient pas ;

- **Le déni :** admettre que certaines situations pourraient s'avérer problématiques mais refuser l'éventualité qu'elles se produisent.

Bien que cela puisse demander un peu de travail préalable, gérer ses risques de manière proactive paie toujours à long terme.

Communiquer sur les risques

Souvent, la communication sur les risques d'un projet est inefficace, voire carrément absente. Pourtant, les projets peuvent être confrontés à des problèmes et inconvénients évitables grâce une communication correcte.

Vous rechignez peut-être à gérer les risques car c'est une notion difficile à cerner. Puisque votre projet est ponctuel, à quoi cela sert-il de savoir qu'un risque donné s'est matérialisé 40 fois sur 100 par le passé ? Vous vous dites peut-être que se concentrer sur les risques donne l'impression que vous vous cherchez des excuses pour vous couvrir en cas d'échec au lieu de vous donner les moyens de réussir.

N'OUBLIEZ PAS !

Communiquer souvent sur les risques associés à votre projet va permettre :

- Aux membres de l'équipe de projet de discuter des risques potentiels et les encourager à identifier et à s'attaquer aux problèmes dès qu'ils se présentent ;
- De suivre l'évolution de la probabilité que les risques identifiés se concrétisent, de mettre l'accent sur les méthodes destinées à minimiser l'impact négatif des risques sur le projet et de gérer les demandes de modification du plan de projet approuvé.

TRUC

Vous pouvez améliorer votre communication sur les risques avec les commanditaires et contributeurs du projet en :

- Expliquant en détail la nature des risques, leur impact sur votre projet et la façon dont vous évaluez la probabilité qu'ils se matérialisent ;
- Révélant aux autres la probabilité que certains risques deviennent réalité, les méthodes employées pour diminuer la probabilité de survenue de problèmes et la façon dont ils peuvent réduire la probabilité d'apparition de conséquences négatives ;
- Encourageant les gens à réfléchir aux risques et à en parler, toujours avec la volonté de réduire au minimum leur impact négatif ;
- Consignant par écrit toutes les informations relatives aux risques.

Vous pouvez aborder ces informations lors des réunions de l'équipe de projet, dans les rapports d'avancement des travaux, lors des opérations de contrôle menées par la direction et lors de réunions spéciales portant sur d'éventuels problèmes. (Le chapitre 13 vous en dit plus sur la façon de partager des informations relatives au projet.)

Réagir de manière responsable lorsque des modifications s'imposent

Quel que soit le soin avec lequel vous élaborez votre plan, il est très probable que des événements imprévus se produisent. Une activité s'avère moins importante que prévu, les besoins et souhaits de votre client changent ou une nouvelle technologie fait son apparition. Dans ce genre de situation, il faudra peut-être que vous modifiiez votre plan de projet pour y répondre.

Malgré l'éventuel caractère nécessaire et souhaitable de la modification, cette dernière a un coût. En outre, les gens peuvent avoir un avis différent sur l'importance relative et la façon de mettre en œuvre cette modification.

Cette section vous aide à gérer les modifications de votre projet et vous fournit des instructions à suivre. Elle vous dit également quoi faire pour éviter qu'un projet prenne de l'ampleur progressivement sans que cela émane d'une décision officielle.

Répondre aux demandes de modification

Sur les gros projets, ce sont les systèmes de contrôle des modifications qui régissent la réception, l'évaluation et le traitement des demandes de modification. Que vous les gériez officiellement ou de manière informelle, procédez toujours comme suit :

1. **Quand vous recevez une demande de modification qui concerne un aspect de votre projet, tirez toujours au clair sa nature exacte.**
2. **Si possible, demandez que la demande soit faite par écrit ou confirmez vous-même par écrit que vous l'avez bien cernée.**

   En présence d'un système de contrôle des modifications officiel, les gens doivent soumettre toute demande de modification en remplissant un formulaire prévu à cet effet.
3. **Évaluez les effets potentiels de la modification sur tous les aspects de votre projet.**

   Prenez également en compte ce qui pourrait arriver si vous ne réalisez pas la modification en question.
4. **Décidez de mettre en œuvre ou non la modification.**

   Si cette modification touche d'autres personnes, impliquez-les également dans la décision. Il se peut aussi que vous ayez à décider de réagir ou non selon l'ampleur de la modification.

Nous avons vu, dans certaines entreprises, un comité de gestion des modifications qui se réunissait si la modification de calendrier dépassait un certain seuil. Par exemple, le dépassement de plus de 5 % dans le contenu, les délais ou les coûts déclenchait la réunion du comité des modifications, qui analysait l'impact global sur le projet et approuvait ou pas l'intégration de cette modification dans les plans initiaux.

5. **Si vous décidez de ne pas opérer la modification, informez l'auteur de la demande et justifiez-vous.**

6. **Si vous décidez d'effectuer la modification, consignez par écrit les mesures à prendre pour la mettre en œuvre.**

   Avec un système de contrôle officiel, tous les aspects d'une modification sont détaillés au sein d'un ordre de modification. Cette tâche incombe au comité des modifications.

7. **Actualisez votre plan de projet afin de répercuter les ajustements concernant le calendrier, les résultats ou le budget ressources résultant de la modification.**

8. **Signalez la modification aux membres de l'équipe et parties prenantes concernées, ainsi que l'effet attendu sur le projet.**

Suivez les directives ci-dessous afin de vous assurer de pouvoir réaliser des modifications en toute harmonie :

- **Ne vous servez pas de la possibilité de modifier votre projet pour excuser le manque de minutie de la planification initiale.** Créez un plan le plus précis et complet possible afin de réduire au strict minimum les modifications ultérieures ;
- **N'oubliez pas qu'une modification n'est pas gratuite.** N'ignorez pas ce coût en pensant que cette modification est de toute façon incontournable. Fixez son coût afin de pouvoir la planifier et, si possible, la minimiser ;
- **Évaluez les conséquences de la modification sur tous les aspects de votre projet.** Gardez une vision générale des choses. Une modification précoce de votre projet peut influer sur ce dernier du début à la fin de son déroulement.

Ne pas entrer dans une dérive des objectifs

La *dérive des objectifs* est une expansion progressive des travaux sans réflexion officielle, ni acceptation de ces modifications ou des coûts et conséquences associés. La dérive des objectifs peut avoir pour cause les facteurs suivants :

- Manque de clarté et de détail de la description du contenu, des objectifs et des travaux du projet ;

- Volonté de modifier un projet sans contrôle et approbation officiels ;
- Permettre aux personnes qui ne sont pas chargées d'exécuter les tâches liées aux modifications de prendre la décision de leur mise en œuvre ;
- Sentir que vous devez dire « Non » à un client ; Accepter toutes les demandes d'un client par crainte de le décevoir ;
- Fierté personnelle qui vous pousse à croire que vous pouvez faire n'importe quoi.

TRUC

Pour contrôler les dérives des objectifs, procédez comme suit :

- Dotez votre plan d'une description détaillée de tous les objectifs du projet ;
- Évaluez toujours les conséquences des modifications demandées touchant les produits, calendriers et ressources du projet ;
- Livrez vos vrais sentiments sur votre capacité à mettre en œuvre les modifications demandées ;
- Nouez des relations honnêtes et franches avec vos clients afin qu'ils soient plus réceptifs lorsque vous soulevez des problèmes liés aux modifications sollicitées.

Chapitre 15

Encourager la performance grâce à un leadership efficace

Dans ce chapitre :

- Faire la différence entre leadership et management
- Développer pouvoir et influence personnels
- Créer et entretenir la motivation de votre équipe
- Tirer le meilleur de la technologie pour affiner votre management

Face aux mutations rapides dans tous les aspects de la vie professionnelle et personnelle, le leadership est l'une des questions les plus importantes pour les organisations. Pour preuve, le nombre d'ouvrages expliquant comment atteindre des objectifs communs dans toutes sortes de situations a explosé.

Lorsque vous travaillez dans un environnement matriciel, le succès de votre projet dépend de votre capacité à organiser, à coordonner et à soutenir une équipe au profil varié et œuvrant à l'atteinte d'un but commun (le chapitre 10 vous en dit plus sur la structure matricielle). Les membres de votre équipe viennent souvent de différents départements de votre organisation, n'ont pas le même mode de fonctionnement ni un lien hiérarchique direct avec vous. Pour guider avec bonheur un tel groupe, il faut être à la fois visionnaire et organisé.

Ce chapitre indique comment faire en sorte que les personnes impliquées dans votre projet aillent dans le même sens, poursuivent le même objectif et soient motivées afin que les chances de succès de votre projet soient optimales.

Comparaison entre leadership et management

Leadership et *management* sont deux notions liées mais distinctes qui permettent d'orienter et de soutenir les gens dans le cadre d'un projet. Voici les différences :

- Le leadership consiste à façonner une vision des choses et à encourager les autres à contribuer à sa concrétisation, tandis que le management s'attache à créer des plans d'action et à évaluer les performances ;
- Le leadership est axé sur les personnes et le management sur les systèmes, procédures et informations ;
- Le leadership favorise le changement et le management crée l'ordre et la prévisibilité.

Lors de la planification de votre projet, explorez le *pourquoi* du projet (leadership) pour contribuer à emporter l'adhésion et l'engagement des personnes. Fouillez également les dimensions *quoi*, *quand* et *comment* (management) afin de bâtir une approche permettant d'atteindre les objectifs du projet. Lors de la phase d'organisation, précisez qui participera aux différentes activités (management) et aidez ces personnes à se passionner pour ces tâches (leadership).

Tout au long du projet, informez en permanence les autres de l'avancement du projet et gérez les éventuels problèmes survenant (tâches de management). Rappelez aux gens les bienfaits du projet et reconnaissez leur participation à son succès (tâches de leadership). Le tableau 15-1 illustre les approches de leadership et de management destinées à soutenir les activités vitales d'un projet.

Tableau 15-1 : Comparaison entre la gestion des activités *via* le leadership et le management

Activité	*Leadership*	*Management*
Planification	Créer et partager visions et stratégies.	Préciser les objectifs, calendriers et budgets.
Organisation	Favoriser et obtenir l'engagement des membres.	Affecter des personnes à l'équipe et définir leur rôle.
Exécution	Motiver les membres de l'équipe.	Surveiller et faire état de l'avancement des travaux, ainsi que gérer les problèmes.

Développer pouvoir et influence personnels

Le *pouvoir* est la faculté d'influencer les actions d'autrui. La création d'une base solide en termes de pouvoir accroît votre capacité à coordonner les efforts de votre équipe et des autres parties prenantes clés (voir chapitre 10). Dans cette section, nous expliquons comment créer ces fondations et utiliser le pouvoir afin de dynamiser et de motiver les participants pendant tout le cycle de vie du projet.

Comprendre pourquoi les gens s'exécutent

Le pouvoir correspondant à la faculté d'influencer les autres et de guider leurs actions, la première étape de sa création est la compréhension d'un phénomène : les gens décident tout de suite de faire ce que vous leur demandez. Les autres accèdent à vos requêtes et suivent vos orientations pour de nombreuses raisons, dont les suivantes :

- **Les récompenses :** les gens font ce que vous demandez car ils tiennent à ce que vous pouvez leur donner en échange. Parmi les exemples de récompense figurent les augmentations de salaire et la reconnaissance ;
- **Les sanctions :** les gens font ce que vous demandez car ils ne tiennent pas à recevoir ce que vous pouvez leur donner. Parmi les exemples de sanction figurent les mauvaises évaluations et des missions indésirables ;
- **Votre fonction :** les gens prennent vos demandes plus au sérieux car ils ont le sentiment que le chef de projet doit diriger les membres de l'équipe. Vous pouvez perdre ce pouvoir si vous vous comportez de manière inappropriée, mais vous en disposez dès le départ ;
- **Ce qui vous fait avancer :** les gens font ce que vous demandez car ils sont en accord avec vos objectifs. Ils savent que vos demandes et actions tendent vers les résultats qu'ils souhaitent obtenir ;
- **Qui vous êtes :** les gens vous écoutent car ils vous apprécient et vous respectent pour ce que vous êtes (votre sensibilité, votre fidélité envers les autres, votre sens de l'humour ou d'autres caractéristiques positives de votre attitude et comportement) ;
- **Votre expertise :** les gens vous écoutent car ils respectent les compétences et connaissances que vous apportez dans votre mission et estiment que vous avez probablement raison.

N'OUBLIEZ PAS !

Pas besoin d'être un expert technique pour inspirer le respect des membres de votre équipe et de conduire votre projet avec efficacité. Mais, c'est dans les compétences et connaissances demandées par votre mission liée au projet que vous devez afficher une expertise. Dans la mesure où vous êtes le chef de projet, parmi ces compétences et connaissances figurent la capacité à planifier et à contrôler le projet, à favoriser une bonne communication, à instaurer un environnement de travail agréable et productif et à comprendre le climat politique régnant au sein de l'organisation.

Il va de soi que votre expertise technique peut s'avérer un atout d'une importance considérable si vous l'utilisez correctement. Vos compliments pour un travail bien fait ont bien plus de valeur que ceux que pourrait formuler une personne moins qualifiée pour évaluer la tâche accomplie.

ATTENTION !

Tenez compte du fait qu'être à la fois l'expert technique et le chef de projet peut vous desservir. Si vous n'y prêtez pas attention, vous pouvez décourager les autres d'accepter des responsabilités et de faire preuve d'autonomie dans leur travail, pour les raisons suivantes :

- Ils ont l'impression qu'ils n'atteindront jamais la même qualité de travail que vous ;
- Vous vous réservez toutes les tâches difficiles et importantes car vous les aimez et estimez être le mieux à même de les réaliser correctement ;
- Vous vous opposez aux approches différentes de celles dont vous avez l'habitude ;
- Vous avez tendance à « fliquer » les gens afin de vous assurer qu'ils s'y prennent comme vous le souhaitez.

Bien que de nombreux facteurs jouent sur votre influence, votre pouvoir sur les membres de votre équipe appartient généralement à l'une des deux catégories suivantes :

- **Attribué :** quelqu'un vous a donné le pouvoir de récompenser ou de sanctionner les autres ;
- **Conquis :** vous avez gagné le respect et l'allégeance des autres.

Le pouvoir conquis est bien plus efficace et durable que le pouvoir attribué. Les personnes qui agissent en réponse à votre pouvoir attribué font généralement le « minimum syndical » pour obtenir les récompenses qu'ils visent ou éviter les conséquences qu'ils craignent. En revanche, les personnes motivées par votre pouvoir conquis font de leur mieux pour obtenir les meilleurs résultats car ils estiment que c'est dans leur intérêt (et le vôtre).

N'OUBLIEZ PAS !

Que vous le vouliez ou non, ce ne sont pas les occasions de façonner et d'utiliser le pouvoir conquis qui manquent. Vous pouvez *choisir* votre mode d'influence du comportement d'autrui ou influer dessus *par mégarde*. D'une façon ou d'une autre, vos actes jouent sur le comportement des gens.

Créer les bases de son influence

Vous pouvez mesurer la portée de votre pouvoir sur quelqu'un en constatant la volonté avec laquelle il marque son accord puis accède à votre demande. Si vous disposez déjà de toute la coopération nécessaire de la part des autres, continuez sans rien changer. Cependant, si la résistance et le manque de coopération des autres vous agacent quand vous les sollicitez, prenez des mesures pour accroître l'influence que vous avez sur eux.

N'OUBLIEZ PAS !

Pour influer sur le comportement des autres, il faut d'abord que vous saisissiez les différents types d'influence que vous avez sur eux et que vous en usiez ensuite avec efficacité. Le pouvoir attribué que vous exercez sur les gens dépend en partie de leur perception de l'autorité que vous et les personnes que vous pouvez influencer avez sur eux. Votre pouvoir conquis repose sur les perceptions qu'ont les gens de vos connaissances, de votre identité et de ce que vous représentez. (Nous présentons les pouvoirs attribués et conquis dans la section précédente.)

Prenez les mesures suivantes pour accroître votre faculté d'influer sur les membres de votre équipe et autres personnes gravitant dans l'environnement de votre projet :

- **Déterminez le type d'autorité que vous avez sur les personnes que vous souhaitez influencer.** Parmi les types d'autorité courants figure la faculté de délivrer des augmentations de salaire et des promotions, d'évaluer les performances et d'affecter les gens à des missions ;
- **Découvrez qui d'autre a de l'autorité sur les personnes que vous souhaitez influencer.** Si ce n'est pas vous qui prenez la décision d'augmenter le salaire d'une personne ni fixez l'ampleur de cette augmentation mais êtes en mesure d'influencer la personne qui s'en charge, la personne se comportera envers vous comme si vous aviez un peu de pouvoir attribué sur elle ;
- **Clarifiez dans votre esprit en quoi et pourquoi le fait de mener à bien le projet profitera à votre organisation et faites part de ces bienfaits aux personnes que vous souhaitez influencer.** Le fait de connaître tous les bienfaits que peut apporter votre projet vous met dans une meilleure position pour aider les autres à percevoir qu'il est de leur intérêt de vous épauler ;
- **Apprenez à connaître les personnes que vous souhaitez influencer ; comprenez, appréciez et reconnaissez leurs talents et points forts.** Cela vous aidera à comprendre les types de récompenses et la reconnaissance qu'elles apprécient le plus. Elles sauront ainsi que vous les respectez en tant que personnes et que vous voyez en elles autre chose que des ressources techniques dans le cadre de votre projet ;

- **Faites découvrir votre bon côté aux personnes que vous souhaitez influencer.** Le pouvoir conquis que vous avez sur les autres repose sur leurs perceptions de votre personnalité et de vos capacités ;
- **Ne les condamnez pas et ne vous plaignez pas, mais offrez-leur un retour d'information lorsque c'est nécessaire.** *Condamner*, c'est émettre des jugements négatifs sur autrui. *Se plaindre*, c'est critiquer une personne ou un état de fait sans rien faire pour améliorer la situation. Les deux comportements englobent l'émission d'une opinion négative et non la révélation de faits, ce qui a pour conséquence de démoraliser et de démotiver les gens, sans contribuer à l'obtention de résultats de qualité. Les *retours constructifs* consistent en revanche en la transmission d'informations factuelles destinées à améliorer les performances des personnes concernées. Les gens respectent ceux qu'ils sentent enclins à contribuer à leur réussite ;
- **Devenez compétent dans votre domaine.** Les gens vous prennent plus au sérieux lorsqu'ils estiment que vous savez de quoi vous parlez.

Il faut rétablir les bases de votre pouvoir au début de chaque nouveau projet, car il se peut que vous collaboriez avec des personnes pour la première fois et votre influence dépend beaucoup du contenu du projet proprement dit. En outre, même au cours d'un projet, votre influence peut diminuer avec le temps si vous ne la renforcez pas de manière cohérente. Vous réunir avec les membres de votre équipe dès le début du projet peut les aider à comprendre votre style et souder les troupes autour des mêmes objectifs. Cependant, si vous n'avez ensuite plus aucun contact avec les membres de votre équipe pendant six mois, leur première impression positive peut s'estomper, au même titre que votre faculté d'influer sur leur engagement et leurs performances.

Créer et entretenir la motivation des membres de l'équipe de projet

Des processus efficaces et des relations harmonieuses créent des conditions favorables à la réussite d'un projet. Et le fait de disposer d'une équipe qui s'implique à fond dans votre projet vous offre les meilleures chances de remplir vos objectifs. En tant que chef de projet, votre principale mission est donc d'inciter chaque membre de votre équipe à afficher une motivation et un engagement maximum.

La motivation est un choix personnel. Vous êtes la seule personne que vous puissiez motiver directement. Vous avez la possibilité de créer les *conditions* favorables à la motivation d'autrui, mais ne pouvez prendre des décisions à sa place. Les facteurs suivants incitent une personne à acquérir et à conserver sa motivation envers l'atteinte d'un objectif :

- **Désirabilité :** valeur que représente l'atteinte de l'objectif;
- **Faisabilité :** probabilité que vous puissiez atteindre l'objectif;
- **Progrès :** avancement du projet, les tâches accomplies en direction de l'objectif;
- **Récompense :** bénéfices recueillis une fois l'objectif atteint.

Lorsque votre projet répond aux besoins professionnels et personnels des gens dans chacun de ces quatre domaines, vous renforcez l'engagement de vos troupes envers la réussite du projet. Dans cette section, nous vous donnons des moyens précis de satisfaire ces besoins.

Accroître l'engagement en clarifiant ce que peut apporter le projet

Si certaines personnes s'engagent à mener une mission à bien parce que quelqu'un leur dit de le faire, vous obtenez un investissement bien plus important quand une personne saisit et admet les bienfaits d'un projet. Lorsque vous discutez des bénéfices qu'apportera votre projet avec votre équipe, prenez en compte les bénéfices les plus importants pour votre organisation, ses employés et ses clients :

- Des produits et services de meilleure qualité;
- De meilleurs processus et procédures internes;
- Des ventes plus importantes;
- Une plus grande productivité;
- Un meilleur environnement de travail.

Tenez également compte des bénéfices potentiels pour chaque membre de votre équipe :

- Acquérir de nouvelles compétences et connaissances;
- Travailler dans un environnement agréable;
- Établir de nouveaux contacts professionnels;
- Améliorer ses perspectives de carrière.

Quand vous aidez les gens à prendre conscience des bénéfices qu'ils peuvent tirer de la participation à votre projet, vous favorisez une plus grande implication de leur part et augmentez donc les chances de voir votre projet devenir un succès.

Parfois, quelqu'un rappelle que les membres de son équipe perçoivent un salaire pour ce qu'ils font. Autrement dit, cette personne laisse entendre qu'elle n'a pas besoin de se soucier des bénéfices personnels qu'ils tirent de l'exécution des tâches qu'on leur attribue. Pour elle, les gens font leur boulot pour le chèque qu'ils reçoivent à la fin du mois. Malheureusement, ce type de pouvoir axé sur les récompenses incite les gens à faire le minimum pour recevoir leur salaire et non à s'investir à fond pour obtenir les meilleurs résultats.

Nous ne disons pas que vous devez avant tout vous soucier des bénéfices personnels des membres de votre équipe, mais vos troupes seront plus motivées si elles ont l'impression de pouvoir remplir leurs objectifs personnels tout en aidant l'organisation à atteindre ses buts.

TRUC

Pour aider votre équipe à saisir et à apprécier à sa juste valeur tout ce que peut apporter votre projet à l'organisation, procédez comme suit :

- Identifiez la situation qui a conduit à la naissance de votre projet ;
- Identifiez les commanditaires clés et clarifiez leurs espoirs en ce qui concerne le projet (pour en savoir plus sur les commanditaires, reportez-vous au chapitre 10) ;
- Incitez les membres de votre équipe à aborder les bénéfices attendus ainsi que leur valeur.

TRUC

Faites ce qui suit pour encourager les membres de votre équipe à identifier les bienfaits personnels que la participation à votre projet peut leur apporter :

- Parlez de leurs intérêts personnels et objectifs de carrière et reliez-les au contenu de votre projet ;
- Évoquez les projets réalisés par le passé qu'ils ont aimés et les raisons de cette vision positive ;
- Discutez de ce que vous et les autres espérez retirer en travaillant sur ce projet.

Encourager la persévérance en prouvant la faisabilité du projet

Un projet est *faisable* s'il est possible de le mener à bien. Quel que soit votre désir de le voir se réaliser, si vous êtes convaincu de ne pouvoir contribuer à son succès, vous l'abandonnerez plus facilement à la moindre difficulté (et il en sera de même pour les membres de votre équipe). Vous n'avez pas besoin d'une garantie de succès mais devez être persuadé d'avoir de bonnes chances d'y parvenir.

La faisabilité est une question de jugement, donc subjective. Ce qui semble impossible à une personne peut paraître faisable à une autre. De plus, votre évaluation de la faisabilité peut devenir une prévision autoproductrice. Si vous jugez une mission faisable, vous vous efforcez de la mener à bien. Si vous rencontrez des problèmes, vous essayez de les résoudre.

L'un de nous a rencontré un chef de projet dont la sélection des ressources de son projet était fondée sur une question simple lors du premier entretien : outre les compétences nécessaires pour réaliser le projet, le chef de projet demandait à ses collaborateurs potentiels s'ils croyaient à la réussite du projet. Ceux qui y croyaient étaient choisis pour faire partie de l'équipe, ceux qui n'y croyaient pas avaient perdu toutes leurs chances de la rejoindre! Cependant, si vous croyez fermement n'avoir aucune chance d'accomplir votre mission, vous baisserez les bras dès le premier obstacle. Chaque problème rencontré ne fait que confirmer ce que vous saviez déjà : le projet était de toute façon voué à l'échec. Bien entendu, dès que vous lâchez prise, vous n'avez aucune chance de réussir et avez donc confirmé votre croyance initiale de l'infaisabilité du projet!

Aidez les gens à juger un projet faisable en les invitant à définir avec vous les travaux de l'équipe, le calendrier et les méthodes associés. Concrètement :

- Impliquez les membres de l'équipe dans le processus de planification (voir chapitre 8);
- Encouragez-les à identifier les problèmes potentiels afin de pouvoir y faire face le moment venu;
- Expliquez pourquoi vous estimez réalisables vos objectifs et plans;
- Élaborez des plans de gestion des risques réactifs (voir le chapitre 11).

Informer l'équipe sur ses performances

Faire en sorte dès le départ que les membres de l'équipe saisissent la valeur et la faisabilité de votre projet contribue à leur motivation. Cependant, si le projet dure plus de deux semaines, la motivation initiale de l'équipe peut disparaître sans un renforcement permanent de votre part. En général, les personnes travaillant sur une tâche donnée ont besoin de savoir si ce qu'ils font convient, pour trois raisons :

- L'atteinte des jalons intermédiaires apporte une satisfaction personnelle;
- En faisant état de leur succès, vous leur confirmez qu'ils sont sur la bonne voie;
- Le franchissement des étapes intermédiaires renforce leur croyance selon laquelle ils peuvent atteindre les objectifs finaux fixés.

Avez-vous déjà vu un projet s'étalant sur 12 mois au cours duquel les principaux jalons sont atteints les 11e et 12e mois ? Quand pensez-vous que les gens s'investissent sérieusement dans ce projet ? Lorsque les 10e, 11e et 12e mois arrivent (s'ils sont toujours dans les parages !) ? Vous souhaitez bien sûr que la motivation et l'intérêt des membres de votre équipe demeurent intacts tout au long du projet, pas simplement quand il est à son apogée. Pour que les gens gardent le cap et conservent leur enthousiasme vis-à-vis de votre projet, procédez comme suit :

- Fixez de nombreux jalons intermédiaires sensés ;
- Évaluez en permanence les performances de votre équipe ;
- Parlez fréquemment avec les membres de votre équipe de leurs performances ;
- Renforcez continuellement les bienfaits potentiels du projet.

Récompenser tout le bon boulot effectué

Récompenser les gens en fin de projet pour leur réussite et investissement leur confirme qu'ils ont obtenu les résultats souhaités et répondu aux besoins des parties prenantes. Voir que les membres de l'équipe et de l'encadrement apprécient leur contribution a pour effet de les rassurer. Cette reconnaissance accroît à son tour la probabilité qu'ils sautent sur l'occasion de participer à d'autres projets à l'avenir.

Les récompenses de fin de projet peuvent prendre diverses formes :

- Vous parlez avec la personne et lui exprimez votre gratitude pour l'aide qu'elle a apportée ;
- Vous exprimez votre gratitude en envoyant un mot ou un courriel à l'intéressé ;
- Vous exprimez votre gratitude en écrivant au supérieur hiérarchique de la personne ;
- Vous alimentez de manière officielle la fiche d'évaluation de la personne ;
- Vous nommez la personne sur une mission qui lui tient particulièrement à cœur ;
- Vous attribuez une prime à la personne ;
- Vous invitez la personne à déjeuner.

Plutôt que d'essayer de deviner quelle récompense plairait le plus à chaque membre de l'équipe, demandez-le-lui carrément.

TRUC

Pour optimiser l'efficacité des récompenses que vous distribuez, faites ceci :

- Veillez à ce que votre reconnaissance soit honnête et sincère ;
- Indiquez précisément la contribution faisant l'objet de la récompense ;
- Respectez le style et les préférences de la personne :
  - Certaines personnes aiment être félicitées devant leurs collègues, tandis que d'autres préfèrent être récompensées en privé ;
  - Certaines personnes apprécient les valorisations individuelles alors que d'autres apprécient plus une récompense collective destinée à toute l'équipe.

Se servir de la technologie pour parfaire son style

Vous devenez un chef de projet vraiment compétent en continuant d'étoffer vos connaissances, en affinant vos pratiques et en utilisant avec efficacité des outils et ressources du début à la fin. Vous avez de la chance, cette partie est justement là pour vous aider à faire tout ça.

Dans cette partie, nous vous suggérons des moyens d'utiliser de nouvelles technologies et, éléments tout aussi importants, des façons d'éviter certains pièges associés. Nous passons également en revue une méthode sophistiquée pour évaluer le respect du calendrier et la gestion des coûts qui permet de détecter des problèmes potentiels sur des projets d'envergure.

Sachez utiliser et véhiculer l'information à bon escient

Une grande partie de la gestion de projet est en rapport avec les informations : les obtenir, les stocker, les analyser et les diffuser. Mais, une gestion de projet réussie repose sur l'utilisation de ces informations pour guider et favoriser les bonnes performances.

La technologie moderne offre des moyens plus simples et abordables de traiter les informations. Par exemple, les logiciels vous permettent de saisir, de stocker et d'analyser des données, puis de les présenter sous des formats professionnels. Le courrier électronique offre la possibilité de communiquer par écrit avec des personnes situées loin de vous, à toute heure du jour (et de la nuit !).

Malgré toutes ces avancées, la technologie ne peut à elle seule garantir un engagement total de votre équipe. En fait, la dépendance technologique excessive actuelle fait que certains membres d'équipes de projet sont désorganisés, désorientés et démoralisés et voient la qualité de leurs performances générales baisser.

Dans cette partie, nous vous indiquons comment employer la technologie avec des tâches qui s'y prêtent particulièrement bien. Concernant les activités qui ne sont pas forcément adaptées à la technologie, nous vous indiquons d'autres moyens de gérer les besoins des gens en matière d'information.

Utiliser les logiciels d'une manière efficace

Les logiciels d'analyse et de création d'états sont aujourd'hui si attrayants que vous êtes peut-être tenté de penser qu'ils suffiront à mener votre projet vers le succès. Cependant, si les logiciels se montrent efficaces, ils ne *sauraient* permettre d'exécuter les tâches primordiales suivantes :

- **S'assurer que les informations sont correctement présentées, exactes et à jour.** La plupart du temps, les gens consignent des informations pour faciliter le processus de planification et de contrôle, puis les saisissent sur un ordinateur. Vous pouvez programmer le logiciel de façon à ce qu'il vérifie la validité du format ou la cohérence, mais ce dernier ne peut garantir la qualité et l'intégrité des données.

  Supposons que vous utilisiez un logiciel pour gérer les heures de travail imputées par les membres de votre équipe à votre projet. Vous pouvez le paramétrer de façon à ce qu'il rejette les heures entrées par mégarde avec un code de projet incorrect. Cependant, vous ne pouvez programmer le logiciel pour qu'il reconnaisse les heures imputées à tort sur un projet… mais avec un code correct ;

- **Prendre des décisions.** Le logiciel peut vous aider à déterminer de manière objective les résultats de plusieurs conduites possibles, mais ne peut exploiter toutes les considérations objectives et subjectives nécessaires pour prendre une décision ;

- **Créer et entretenir des relations interpersonnelles dynamiques.** Malgré la fascination des gens pour les salons de chat, les courriels et autres types de communication informatique, les ordinateurs ne favorisent pas des relations étroites empreintes de confiance entre les êtres humains. La technologie rendrait plutôt la création de relations plus difficile, car elle ne permet pas de voir les expressions du visage et le langage corporel.

Comment les logiciels *peuvent*-ils donc vous aider dans un projet ? Cette section passe en revue les différents types de logiciel existants, vous indique comment ils peuvent vous aider à gérer votre projet et comment les intégrer à votre environnement de travail.

Le choix de logiciels

Si votre projet est assez complexe, vous pouvez utiliser un logiciel pour un large éventail de tâches, parmi lesquelles le stockage et l'extraction de données importantes, l'analyse et l'actualisation de ces données, ainsi que la préparation de présentations et de rapports décrivant ces informations et les résultats des analyses.

Il existe deux types de logiciel : les logiciels spécialisés indépendants et les logiciels de gestion de projet intégrés. Chaque type a ses avantages et inconvénients, que nous présentons dans les sections qui suivent.

Les logiciels spécialisés indépendants

Les *logiciels spécialisés indépendants* sont constitués de modules qui exécutent très bien une ou deux fonctions. Les types de logiciel spécialisés suivants peuvent contribuer à la planification et à la réalisation de votre projet :

- **Traitement de texte :** utile pour préparer les parties narratives du plan de projet, tenir le journal du projet, créer des rapports d'avancement et préparer des communications de projet écrites (Microsoft Office Word, par exemple) ;
- **Infographie et présentation :** utile pour préparer des transparents et des diaporamas lors de présentations, ainsi que pour créer des graphiques et illustrations destinés à des publications et rapports écrits (Microsoft Office PowerPoint, par exemple) ;
- **Tableur :** utile pour stocker des quantités moyennes de données, réaliser des calculs répétitifs, effectuer des analyses statistiques et présenter des informations sous forme de diagrammes (Microsoft Office Excel, par exemple) ;
- **Base de données :** utile pour stocker et extraire de grandes quantités de données pour des analyses et des présentations (Microsoft Office Access, par exemple) ;
- **Comptabilité :** utile pour tenir les comptes (recettes/dépenses) du projet et générer divers rapports descriptifs et comparatifs ;
- **Gestion du temps et de l'information :** utile pour établir votre calendrier, gérer une liste de tâches à exécuter, votre carnet d'adresses, ainsi que vos courriels (Microsoft Office Outlook, par exemple).

Remarque : les éditeurs de logiciels ne manquent pas, mais il y a tant d'organisations auprès desquelles nous sommes intervenus qui utilisent des logiciels Microsoft que nous avons surtout cité des exemples de cet éditeur.

Vous en avez sans doute déjà entendu parler et, si vous ne les possédez pas encore, vous pouvez facilement les installer sur votre ordinateur.

Au début, les logiciels spécialisés exécutaient très bien une ou deux fonctions. Ils ont néanmoins évolué et sont maintenant capables d'effectuer d'autres choses :

- Les logiciels de traitement de texte offrent des fonctions graphiques, de tableur et de base de données ;
- Les tableurs ont des fonctions graphiques et de traitement de texte ;
- Les logiciels de gestion de bases de données renferment des fonctions de tableur et de traitement de texte.

En général, les logiciels spécialisés présentent les avantages suivants :

- **Ils affichent d'immenses capacités dans leur domaine de spécialité.** Par exemple, il est maintenant facile de préparer des présentations de qualité professionnelle qui permettent de divulguer des informations et de renforcer l'intérêt de votre public pour votre projet ;
- **Plusieurs logiciels sont très certainement déjà installés sur votre ordinateur.** Vous pouvez donc les utiliser sans frais supplémentaires ;
- **Les gens savent probablement comment utiliser un grand nombre des logiciels de spécialité les plus connus.** De ce fait, les employés sont à même de s'en servir correctement. Vous faites ainsi des économies et gagnez du temps, car ils n'ont pas besoin d'être formés à leur utilisation.

Gardez à l'esprit que ces logiciels présentent les inconvénients suivants :

- **Ils ont tendance à favoriser une approche décousue de la planification et du contrôle des projets, avec le risque que des étapes cruciales soient oubliées.** Vous pouvez utiliser un logiciel graphique pour créer un diagramme de Gantt (voir le chapitre 7). Cependant, pour être certain que votre calendrier est tenable, vous devez prendre en compte les effets de l'interdépendance des activités lorsque vous le préparez, ce que ne vous permet pas de faire un logiciel graphique ;
- **Ils ne s'intègrent pas facilement.** Par exemple, vous pouvez présenter le calendrier de votre projet à l'aide d'un diagramme de Gantt dans un logiciel graphique et afficher les heures de travail du personnel pendant toute la durée de chaque tâche dans un tableur. Cependant, si un membre de votre équipe a une absence imprévue d'une semaine, vous devez modifier à la fois le fichier du tableur et le diagramme de Gantt pour répercuter ce changement. Bien que certains programmes permettent de partager des données directement avec d'autres logiciels, ce processus est souvent lourd.

Les logiciels de gestion de projet intégrés

Les *logiciels de gestion de projet intégrés* associent les fonctions graphiques, de gestion de bases de données, de tableur et de traitement de texte, permettant ainsi de gérer nombre d'activités propres à la planification et à la conduite d'un projet. Parmi des centaines de logiciels de toutes formes et tailles aujourd'hui commercialisés, vous avez par exemple Microsoft Office Project.

Un logiciel de gestion de projet intégré type vous permet de :

- Créer une liste hiérarchisée des activités et de leurs composants ;
- Définir et stocker des informations clés concernant votre projet, vos activités et vos ressources ;
- Déterminer les interdépendances entre activités ;
- Créer un calendrier en prenant en compte la durée des activités, les interdépendances entre activités et les besoins et disponibilités en matière de ressources ;
- Montrer votre plan de réalisation des activités du projet dans un diagramme de réseau ;
- Afficher un calendrier aux formats tableau et diagramme de Gantt (voir le chapitre 7) ;
- Affecter des personnes à des activités du projet avec une charge de travail précise et pour une période donnée ;
- Programmer d'autres ressources pour des activités du projet à des moments bien précis ;
- Déterminer le budget général du projet (le chapitre 9 vous indique comment préparer un budget) ;
- Déterminer l'effet des changements sur le calendrier et les ressources du projet ;
- Avoir à l'esprit les dates de début et de fin des activités et celles d'atteinte des jalons ;
- Contrôler les coûts de main-d'œuvre et d'utilisation des ressources ;
- Présenter et surveiller des informations grâce à un large éventail de graphiques et de tableaux.

Comme vous l'avez peut-être deviné, les logiciels de gestion de projet intégrés présentent à la fois des avantages et des inconvénients. Voici leurs avantages :

- **Les fonctions du logiciel sont interconnectées.** Par exemple, si vous saisissez des conditions liées au personnel, le programme en tient compte lors de l'établissement du calendrier, du montage du budget ressources et de la génération des rapports d'avancement du projet ;
- **Les logiciels offrent généralement divers modèles de rapports préremplis.** Cela vous permet d'utiliser des formats qui ont fait leurs preuves. C'est aussi un gain de temps et d'argent lorsque vous préparez et diffusez vos rapports.

Les logiciels de gestion de projet intégrés ont aussi leurs inconvénients :

- **Le logiciel n'est peut-être pas déjà en service dans votre structure.** Du temps et de l'argent sont alors nécessaires pour l'acheter et l'installer avant de pouvoir l'utiliser pour les phases de planification et de contrôle du projet ;
- **La plupart des gens ont besoin d'une formation pour bien maîtriser le logiciel.** Il faut du temps et de l'argent supplémentaires pour se former ;
- **Ce n'est pas parce que vous disposez d'un large éventail de fonctions que vous allez les utiliser correctement.** Les logiciels les plus sophistiqués ne sauraient vous protéger contre la saisie de données inexactes et d'éventuels retards concernant l'alimentation en informations.

Si vous décidez d'utiliser un logiciel de gestion de projet intégré, prenez en compte les critères suivants au moment de son choix :

- **Les types et formats de rapports :** choisissez un logiciel qui permet de personnaliser vos rapports et les moyens de génération de ces derniers ;
- **La connaissance et le niveau de maîtrise des outils informatiques (ordinateurs et logiciels) de la part des membres de votre équipe :** prendront-ils le temps et feront-ils suffisamment d'efforts pour apprendre à utiliser le logiciel ? Posséder un logiciel doté des fonctions d'analyse et de génération de rapports dernier cri ne sert à rien si vos employés ne savent pas s'en servir ;
- **Les logiciels que possède votre entreprise :** si plusieurs logiciels se valent à plusieurs titres, choisissez-en un déjà utilisé dans l'entreprise car il est très probable que les membres de votre équipe le connaissent ;
- **Les systèmes utilisés au sein de votre organisation pour consigner le temps de travail et les dépenses :** si votre organisation possède de tels systèmes, pensez à un logiciel qui s'intégrera facilement. Dans le cas contraire, prévoyez un logiciel capable de stocker les informations dont vous avez besoin ;

- **La structure chargée des projets au sein de votre organisation :** combien de personnes compte le pôle chargé des projets ? Combien de projets ont déjà été menés ? Quelle est la taille moyenne de ces projets ? Choisissez un logiciel doté de capacités et d'une vitesse de traitement suffisantes ;
- **Les logiciels utilisés par les clients et entreprises avec lesquels vous collaborez :** choisir un logiciel qui vous permet de communiquer et de se coordonner facilement avec les applications et de vos clients et collaborateurs représente un gain de temps et d'argent.

TECHNIQUE

Logiciel de gestion de portefeuille de projets : placer la barre haut

La plupart des logiciels de gestion de projet prennent en charge la planification, le suivi et l'établissement de rapports pour un projet isolé. En revanche, les *logiciels de gestion de portefeuille de projets* ont ceci de spécial :

- Ils permettent d'affecter des personnes à des activités de plusieurs projets et de suivre leurs travaux ;
- Ils prennent en compte les dépendances interprojets des activités au moment du passage en revue de la programmation ;
- Ils effectuent le suivi et génèrent des rapports sur l'avancement de nombreux projets conduits simultanément ;
- Ils prennent en charge la communication, dans toute l'entreprise, des informations touchant la planification et la conduite de différents projets.

Vous pouvez envisager d'utiliser un logiciel de gestion de portefeuille de projets si vous gérez votre projet dans le cadre d'un programme ou ensemble de projets et si votre organisation répond à ces critères :

- Elle mène plusieurs projets impliquant plusieurs départements ;
- Elle pourvoit ces projets en personnel à partir d'un pôle commun de ressources humaines ;
- Elle suit des procédures de gestion de projet et de collecte de données bien établies.

Contribuer aux bonnes performances de ses logiciels

N'OUBLIEZ PAS !

Quel que soit le type de logiciels de gestion de projet choisi (logiciel spécialisé indépendant ou logiciel de gestion de projet intégré), la réussite de votre projet dépend de votre capacité à coordonner et à soutenir vos activités de planification et de contrôle. Le tableau 15-2 vous montre les activités que les différents logiciels prennent en charge, les types de logiciel permettant cette prise en charge et la façon dont vous pouvez vous assurer de la bonne exécution de l'activité en question.

Tableau 15-2 : Renforcer l'apport des logiciels

Capacités du logiciel	*Logiciel à utiliser**	*Votre responsabilité*
Documenter les objectifs du projet.	TT, LGPI	Vous assurer que tous les objectifs sont quantifiés et mesurés et veiller à ce que des acteurs clés approuvent ces objectifs.
Consigner l'identité des parties prenantes du projet.	TT, LGPI, T, GTI	Identifier les parties prenantes.
Stocker et montrer l'Organigramme Technique de Projet.	TT, T, I, BD, LGPI	Identifier toutes les activités à mener à bien.
Montrer les rôles et responsabilités au sein de l'équipe.	TT, T, I, LGPI	Faire en sorte d'obtenir l'accord et l'engagement des personnes à assumer leurs rôles et responsabilités.
Créer le calendrier.	LGPI	Veiller à ce que les estimations de durée soient correctes. Déterminer tous les interdépendances. Faire en sorte que les commanditaires et contributeurs du projet adhèrent au calendrier.
Afficher les possibilités calendaires.	TT, T, I, LGPI, GTI	Choisir les dates parmi toutes les possibilités existantes.
Révéler les besoins en termes de personnel et la charge de travail requise.	TT, T, I, LGPI	Déterminer les besoins en personnel. Estimer la charge de travail requise.
Illustrer les affectations des personnes sur la durée.	T, I, LGPI	Choisir le moment où les personnes travailleront sur les tâches qui leur ont été assignées. Régler les conflits en matière de ressources.
Illustrer les fonds alloués et les autres budgets de ressources non humaines.	T, I, LGPI	Déterminer les budgets et les expliquer aux membres de l'équipe de projet.

Tableau 15-2 : Renforcer l'apport des logiciels (*suite*)

Capacités du logiciel	*Logiciel à utiliser**	*Votre responsabilité*
Consigner les dates des activités et jalons.	T, LGPI, GTI	Développer des procédures de collecte et de transmission des données concernant le respect du calendrier. Veiller à ce que les données soient transmises dans les temps.
Consigner les heures de travail imputées au projet.	T, LGPI, GTI	Créer des codes d'imputation. Développer des procédures pour enregistrer et transmettre les données sur les heures de travail. Veiller à ce que les heures soient imputées sur les bons postes. Faire en sorte que les données soient transmises dans les temps.
Préparer des rapports sur les fonds, les engagements et les dépenses.	T, I, C, LGPI	Créer des codes d'imputation. S'assurer que les dépenses sont imputées sur les bons postes. Veiller à ce que les données soient transmises dans les temps.
Préparer des rapports sur le respect du calendrier et l'utilisation des ressources.	TT, C, T, LGPI	Définir les formats et dates de remise des rapports. Choisir les personnes à qui seront envoyés les rapports. Interpréter les rapports. S'assurer que les destinataires lisent bien les rapports. Définir les mesures correctives nécessaires.
Préparer les présentations de l'avancement du projet.	TT, T, I, LGPI	Choisir les informations à inclure, les personnes qui recevront les rapports ou assisteront aux présentations.

* Les abréviations suivantes représentent les différents types de logiciels : BD = Base de données ; C = Comptabilité ; GTI = Gestion du temps et des informations ; I = Infographie ; LGPI = Logiciel de gestion de projet intégré ; T = Tableur ; TT = Traitement de texte.

Mettre en place les logiciels de gestion de projet

Avant de vous précipiter pour acheter n'importe quel logiciel de gestion de projet, prévoyez la façon d'optimiser ses capacités et d'éviter les pièges associés. Pour vous aider à choisir et à installer votre logiciel, faites ceci :

TRUC

- Veillez à bien maîtriser les stratégies de planification et de contrôle des projets ;
- Voyez quels sont les logiciels utilisés (actuellement ou par le passé) par les autres départements de votre organisation ; découvrez ce qu'ils aiment et n'aiment pas concernant ces applications ;
- Dans la mesure du possible, demandez à une personne disposant de ce logiciel si vous pouvez passer quelques minutes à découvrir son fonctionnement ;
- Une fois le logiciel installé sur votre ordinateur, chargez un projet élémentaire ou une petite partie d'un plus gros projet afin de vous entraîner à l'utiliser (saisissez les activités, durées, interdépendances, ressources, etc.) ;
- Utilisez dans un premier temps quelques-unes des fonctions du programme (découvrez les conséquences de petits changements sur votre calendrier, imprimez des rapports simples, etc.) ; découvrez d'autres fonctions à mesure que vous en ressentez le besoin et que vous vous familiarisez avec le logiciel ;
- Prévoyez de suivre une formation une fois que vous avez appris à accéder aux différentes fonctions.

Une fois ces mesures prises, vous pouvez utiliser efficacement le logiciel dans vos activités de planification et de contrôle du projet. Veillez à recevoir régulièrement les mises à jour du logiciel et prévoyez d'acheter les mises à niveau offrant de nouvelles fonctions.

Utiliser le courriel

Avant l'avènement du courriel, on disait régulièrement que les deux plus grandes sources de frustration au quotidien étaient les réunions improductives et les chassés-croisés téléphoniques. Pas étonnant que le courriel ait été adopté lorsqu'il est arrivé dans le monde du travail.

La messagerie électronique étant un outil très courant, nous ne nous attardons pas dessus. Cette section passe cependant rapidement en revue ses avantages et inconvénients, l'art de bien l'utiliser au sein de votre équipe de projet et les moyens de renforcer ses bienfaits.

Les avantages et inconvénients du courriel

Le courriel est un moyen de communication unilatérale écrite commode et rapide. Il présente nombre de qualités appréciables en matière de gestion de projet :

- **L'expéditeur et le destinataire n'ont pas besoin d'être présents au moment de la communication.** Vous pouvez rédiger un message quand bon vous semble et votre destinataire peut le lire quand ça lui chante ;
- **L'expéditeur et le destinataire n'ont pas besoin de se trouver au même endroit.** Vous pouvez envoyer votre message n'importe où, depuis le fin fond du Cantal vers la Nouvelle-Zélande ;
- **Votre message est transmis rapidement.** La transmission de votre message n'est pas conditionnée par des horaires de livraison, des heures ouvrées ou des conditions climatiques ;
- **Le courriel constitue une documentation écrite.** Le destinataire peut lire plusieurs fois votre message afin de mieux le comprendre et ce dernier vous rappelle que vous avez transmis l'information ;
- **Vous pouvez stocker des courriels sur un disque dur, un lecteur ZIP, une clé USB, un CD ou un DVD, à la place du papier.** Cette capacité vous permet d'économiser de l'espace et de l'argent et facilite la récupération des données.

Malheureusement, le courriel présente également les inconvénients suivants :

- **Le destinataire ne lira peut-être pas votre courriel.** Nous rencontrons souvent des gens qui reçoivent entre 50 et 100 courriels par jour. Ils concèdent volontiers ne parcourir que les premières lignes afin de savoir si un message vaut la peine d'être lu. Certaines personnes prennent cette décision en fonction de l'identité de l'expéditeur ;
- **Ce support ne permet pas un échange en temps réel entre l'expéditeur et le destinataire.** Le destinataire peut avoir du mal à interpréter le message face à l'impossibilité de transmettre instantanément des questions, de vérifier les insinuations ou de demander à reformuler le message. Vous pouvez essayer de clarifier des problèmes en rédigeant d'autres courriels, mais l'intérêt des personnes décroît souvent en cours de route ;
- **La communication se limite à un échange de mots.** Les signaux non verbaux de l'expéditeur (expressions du visage, langage corporel et ton de la voix) sont inexistants ;
- **Il arrive souvent aux lecteurs de mal interpréter le contenu ou les intentions.** L'éventail de modes d'expression *via* un courriel est assez large. (L'encadré à suivre vous donne un exemple.) Malheureusement, la signification d'un courriel peut être perçue de manière erronée.

Lire entre les lignes de ses courriels

Un vieil adage dit : « Ce n'est pas *ce que* vous dites qui est important, mais *la façon dont* vous le dites. » Dans la communication en face à face, on prête souvent plus attention au ton de la voix, aux expressions du visage et au langage corporel qu'au discours. Dans la mesure où le courriel ne permet pas de transmettre les signaux non verbaux, les gens ont développé un nouveau vocabulaire afin de transmettre leur message non verbal au destinataire. Malheureusement, une utilisation incorrecte de ce vocabulaire peut envoyer le mauvais message, créant ainsi des incompréhensions et faisant naître de mauvais sentiments.

Un client nous a raconté un jour qu'il avait envoyé un courriel à un collègue. Pour mettre l'accent sur un élément, il l'écrivit en gras. Mais le destinataire ne répondit jamais. Il semblait même ignorer le client quand il le croisait dans le hall. Au bout de plusieurs jours, le client alla trouver la personne et lui demanda s'il y avait un problème. Son collègue lui répondit qu'il était vexé et blessé qu'il ait haussé le ton dans son courriel. Le client manifesta une surprise totale et se montra très troublé. Il lui demanda comment un courriel pouvait laisser penser que l'expéditeur hurlait. Apparemment, certaines personnes associent le gras à un hurlement. Par chance, le client découvrit l'incompréhension et put dissiper le malentendu. Mais, c'est à se demander combien de malentendus demeurent en l'état !

Utiliser correctement le courriel

Le courriel peut s'avérer un élément particulièrement efficace au sein de tout le système de communication de votre équipe de projet. Par exemple, vous pouvez vous en servir pour confirmer des échanges oraux et des accords. Il s'agit dans ce cas d'un message non interactif et sans explications. Si le destinataire ressent le besoin de poser des questions, c'est que le message ne présentait pas les informations avec suffisamment de clarté et de précision.

Vous pouvez également vous servir du courriel pour transmettre des informations factuelles demandant peu, voire aucun éclaircissement. Rédigez des messages simples dans un langage simple. Dites à vos destinataires comment vous contacter s'ils ont des questions.

Notez bien que le courriel *ne peut être* le seul et unique moyen de communication pour les tâches suivantes :

- **Faire une séance de brainstorming consacrée à la résolution de problèmes et à la recherche de nouvelles idées.** Servez-vous du courriel pour annoncer la tenue d'une séance de brainstorming, convier les personnes concernées à y participer, identifier le(s) thème(s) à l'ordre du jour et fournir les documents de référence à consulter par les participants avant la séance. Le courriel peut également servir à transmettre une synthèse des résultats et des mesures à prendre. Mais, l'échange d'idées doit se faire « en direct » ;

- **Instaurer un climat de confiance au sein de l'équipe de projet et faire en sorte que les membres s'investissent.** Si vous pouvez utiliser le courriel pour informer votre équipe du parcours, des engagements et des réussites de chacun de ses membres, veillez à leur offrir suffisamment d'occasions de se réunir afin qu'ils apprennent à se connaître et à se sentir à l'aise tous ensemble (voir chapitre 13) ;
- **Transmettre un message important.** Vous pouvez peut-être envoyer dans un premier temps ce message par courriel, mais prévoyez ensuite des appels téléphoniques et des réunions afin de souligner son importance et de vous assurer que les destinataires ont bien compris son contenu.

Tirer le meilleur parti de son courriel

Utilisé correctement, le courriel peut s'avérer un outil précieux, pour des communications claires, pratiques, opportunes et peu coûteuses. Pour tirer le meilleur parti de vos communications par courriel au sein de votre équipe, procédez comme suit :

- **Soyez concis.** Employez des mots clairs et évitez, dans la mesure du possible, le jargon et les acronymes et autres sigles ;
- **Relisez votre courriel avant de l'envoyer.** Ce que vous dites et la façon dont vous le dites influent grandement sur l'impression que vous laissez, les idées que vous soumettez et l'attitude que vous affichez aux yeux des autres. Prenez le temps de relire votre message avant de cliquer sur le bouton *Envoyer*. Vérifiez que vous n'avez laissé aucune coquille ;
- **Anticipez les interprétations erronées.** Mettez-vous à la place de votre destinataire. De quelle façon pourrait-il mal interpréter votre message ? Quelles informations supplémentaires pourrait-il souhaiter avoir ? Avez-vous exprimé clairement la façon dont vous souhaitiez qu'il réponde à votre message ? Autrement dit, faites en sorte qu'il y ait un minimum d'échanges de courriels pour soulever des questions. Clarifiez tous les points d'emblée en rédigeant un seul courriel bien mûri et complet ;
- **Assurez-vous que le destinataire a bien reçu votre courriel.** Dans la mesure du possible, paramétrez votre messagerie de façon à recevoir automatiquement un accusé de réception dès que le destinataire ouvre votre message. Sinon, demandez-lui de vérifier qu'il l'a bien reçu et de vous en informer par retour de courriel, téléphone ou de visu ;
- **Conservez une copie des courriels importants.** Faites-vous un dossier des messages importants envoyés. Nous avons pour habitude de conserver en archive tous les messages envoyés et une version papier des courriels les plus importants. Nous disposons ainsi d'une trace du contenu, de la date d'envoi et des destinataires. (Le chapitre 13 vous en dit plus sur la façon de communiquer avec les parties prenantes de votre projet.)

La technologie de communication au service des équipes virtuelles

La mondialisation des affaires fait que des personnes installées aux quatre coins de la planète sont amenées à travailler ensemble sur des projets. Cet éloignement géographique crée des difficultés quant au bon fonctionnement des équipes. Par chance, la technologie moderne vient à notre secours et permet de répondre aux besoins de communication de ces équipes virtuelles.

Une *équipe de projet virtuelle* est un groupe de personnes qui œuvrent ensemble, en dépit de l'éloignement, des différences de fuseaux horaires et de structures, à l'atteinte d'objectifs communs. Bien que les besoins d'une équipe de projet virtuelle soient les mêmes que ceux des équipes plus conventionnelles, nombre des processus et ressources de ces dernières sont inaccessibles aux équipes virtuelles. Ce n'est qu'en utilisant la technologie de communication de manière créative que les équipes virtuelles peuvent évoluer à leur meilleur niveau.

Les membres très performants d'équipes virtuelles ou conventionnelles doivent exécuter avec succès les tâches suivantes :

- Partager des informations concernant l'équipe et le projet au moment opportun et de manière précise ;
- Instaurer et cultiver des relations interpersonnelles productives ;
- Collaborer efficacement à la réalisation des travaux du projet.

Chacune de ces tâches demande une communication efficace et opportune. Mais, lorsque les équipes virtuelles abordent ces activités, elles sont confrontées aux difficultés suivantes :

- **Il arrive que les membres ne se rencontrent jamais en personne.** Il est alors plus difficile d'apprendre à se connaître et à se faire confiance. L'utilisation des signaux non verbaux et du langage corporel est ainsi très limitée ;
- **Les membres ne parlent pas toujours la même langue.** Cela augmente les risques d'erreurs d'interprétation des messages ;
- **Les membres peuvent venir de différentes entreprises et ne pas avoir la même culture.** Il peut y avoir des divergences en termes de modes de travail et de communication ;
- **Les membres peuvent vivre sous des fuseaux horaires différents.** Ils ne sont alors pas disponibles en même temps.

La technologie de communication moderne peut vous aider à surmonter ces difficultés (le tableau 15-3 montre des moyens de garantir la communication au sein d'une équipe virtuelle grâce à la technologie d'aujourd'hui).

Tableau 15-3 : Se servir de la technologie de communication pour contribuer au bon fonctionnement des équipes virtuelles

Besoin en matière de communication	*Approche*	*Application*
Partager des informations liées au projet	Courriel	Partager des informations factuelles ; confirmer et entériner des discussions et des accords.
	Intranet de l'entreprise	Stocker les plans ; saisir, stocker et partager *via* des rapports les données sur l'avancement du projet ; stocker les formulaires et procédures de gestion de projet.
	Visioconférence	Aborder et clarifier les problèmes.
Favoriser les relations interpersonnelles	Visioconférence	Présenter les nouveaux membres de l'équipe ; faire part des réussites individuelles et collectives.
Collaborer aux activités du projet	Conférence web interactive	Parler des sujets techniques ; faire du remue-méninges.
	Visioconférence	Parler des sujets techniques ; brainstormingfaire du remue-méninges.
	Courriel	Partager les données et rapports.

N'OUBLIEZ PAS !

La technologie peut satisfaire un large éventail des besoins de communication courants des équipes virtuelles. Cependant, les gens doivent, dans la mesure du possible, se rencontrer afin de renforcer périodiquement leurs liens, ainsi que l'identité et le but communs de l'équipe.

Testez vos connaissances !

Nous vous proposons de tester les connaissances acquises dans cette troisième partie et de vous référer à l'annexe en fin d'ouvrage pour les réponses et leurs explications.

1. **La phase d'exécution est la plus longue dans un projet.**

   a- Vrai, b- Faux

2. **La phase d'exécution observe souvent un phénomène de respect des dates.**

   a- Vrai, b- Faux

3. **Au début de chaque phase, il sera nécessaire de reconfirmer le plan.**

   a- Vrai, b- Faux

4. **Entrer en phase d'exécution revient en fait à réaliser le projet coûte que coûte, le plus rapidement possible, sans se soucier des plans initiaux.**

   a- Vrai, b- Faux

5. **Prendre des mesures correctives permet de remettre votre projet en conformité avec le plan initial.**

   a- Vrai, b- Faux

6. **Un système d'information de gestion de projet (SIGP) est un ensemble de procédures, équipements et autres ressources destinés à recueillir, analyser, stocker et rendre compte d'informations décrivant le déroulement du projet.**

   a- Vrai, b- Faux

7. **On n'accordera que très peu d'attention aux activités sur le chemin critique, elles se déroulent toutes seules sans que l'on ait à intervenir.**

   a- Vrai, b- Faux

8. **La technique de la valeur acquise est une méthode permettant de déterminer, à partir des seules dépenses de ressources, si vous êtes dans le budget ou hors budget.**

   a- Vrai, b- Faux

9. **La référence de votre projet est la version actuelle de votre plan de projet qui oriente son déroulement et permet d'évaluer l'avancement des travaux.**

   a- Vrai, b- Faux

10. **L'analyse de rendement, également appelée analyse de la valeur acquise, est une technique permettant de connaître l'avancement du projet en termes de calendrier et de coûts, à partir des seules dépenses en ressources.**

    a- Vrai, b- Faux

Sujets en relation avec l'examen du PMP et la 4e édition du PMBoK

Le PMBoK (*Project Management Book of Knowledge*) est l'ouvrage de référence du PMI (Project Management Institute), il décrit les normes, les méthodes, les processus et pratiques de la profession. La certification PMP (*Project Manager Professionnal*) est la certification du PMI.

Nous avons listé pour vous les chapitres du PMBoK correspondant aux points détaillés dans la troisième partie : « Garder le bon cap : la phase d'exécution ».

Section I – Cadre du management de projet

Chapitre 2 – Cycle de vie du projet et organisation

Section II – Normes du management d'un projet

Chapitre 3 – Processus de management d'un projet

Section III – Domaines de connaissance en management de projet

Chapitre 4 – Management de l'intégration du projet

Chapitre 6 – Management des délais du projet

Chapitre 7 – Management des coûts du projet

Chapitre 9 – Management des ressources humaines du projet

Chapitre 10 – Management des communications du projet

Chapitre 11 – Management des risques du projet

Étude de cas : développement d'un logiciel en phase d'exécution

Le temps passé à la planification de votre projet est révolu et vous êtes en phase d'exécution, vous allez vivre dans cette partie une vraie semaine de chef de projet. Vous savez qu'en phase de réalisation, les écueils sont nombreux et les retards, inconnues, risques et surprises en tout genre vous attendent au tournant. Nous sommes dans la semaine du 5 au 9 septembre 2011, votre projet a déjà bien avancé et vous allez avoir affaire a de sérieux soucis…

Vous reconfirmez le plan

Au début de chaque période, vous avez vérifié la disponibilité et la programmation des personnes et ressources nécessaires, conformément à votre plan de projet actualisé. Voici ci-dessous le cycle de vie que vous avez utilisé, basé sur votre OTP, vous allez bientôt faire votre troisième point de début de période :

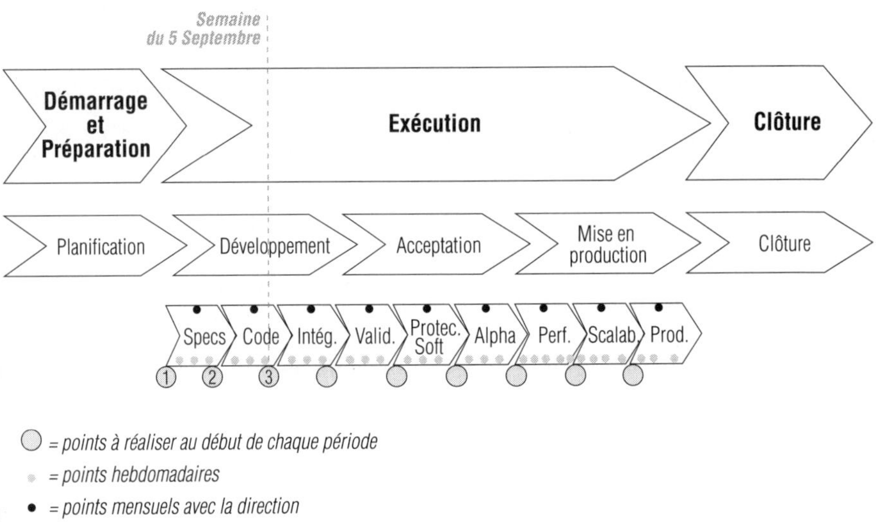

Figure 15-1 : Cycle de vie du projet Gamma3.

Point n° 1 en début de spécifications et d'écriture des tests

Le 4 juillet, vous avez fait votre premier point de début de période afin de préparer les travaux sur les spécifications et l'écriture des tests : ces activités devaient commencer le 11 juillet et se terminer le 3 août.

Tableau 15-4 : Point n° 1 sur les spécifications et l'écriture des tests

Spécifications	5	11/07/11	16/07/11
Écriture des tests	12	18/07/11	03/08/11

Vous avez réuni l'équipe et énoncé clairement ce que vous attendiez d'eux pendant cette période.

Point n° 2 en début de code

Les spécifications et l'écriture des tests se sont bien déroulées. Le projet n'a pris aucun retard en planification, tout va pour le mieux dans le meilleur des mondes. Vous pouvez vous concentrer sur la période suivante.

Le 1er août, vous avez fait votre deuxième point de début de période afin de préparer les travaux sur le code, le code devait commencer le 3 août et se terminer le 7 septembre.

Tableau 15-5 : Point n° 2 sur le code

Code	25	03/08/11	07/09/11

Vous avez réuni l'équipe et énoncé clairement ce que vous attendiez d'eux pendant cette période, vous leur rappelez l'objectif du projet, les objectifs de cette période et vous insistez sur le fait que le non-respect de la livraison du code à l'intégration impactera fortement la date de mise en production.

Point n° 3 en début d'intégration

Aujourd'hui, nous sommes le 5 septembre 2011.

Dans la semaine, vous comptez faire votre troisième point de début de période sur l'intégration, les travaux doivent commencer le 7 septembre et se terminer le 29 septembre.

Tableau 15-6 : Point n° 3 sur l'intégration

Intégration	16	07/09/11	29/09/11

La qualité de votre suivi atteint ici son paroxysme, vous savez que tout retard à ce moment du projet peut fortement impacter la date de livraison du logiciel.

La préparation d'une période repose sur la qualité des informations que vous donnez sur ce qu'il vient de se dérouler quant au projet. Ainsi, vous organisez, comme tous les lundis, votre réunion hebdomadaire de suivi du projet Gamma3…

Vous recueillez les données du projet et analysez son avancement

Vous conduisez votre réunion hebdomadaire de la semaine du 5 septembre 2011 pour la semaine qui vient de s'écouler. L'objectif de cette réunion est de recueillir les données du projet et d'analyser son avancement.

L'*agenda* est le suivant :

1. **Dernier statut par les équipes sur la phase en cours ;**
2. **Suivi des risques, problèmes et actions ;**
3. **Mesures correctives ;**
4. **Objectifs de la semaine à venir.**

Afin de bien préparer cette réunion de suivi du projet, vous avez réuni au préalable à la fin de chaque semaine, dans le logiciel prévu à cet effet, les dates de début et de fin des activités, les progrès effectués, les problèmes et la charge restante.

La réunion commence…

1. **Dernier statut par les équipes sur la phase en cours.**

   Le code se termine dans deux jours et l'intégration commence cette semaine. Tout est dans les temps, sauf que le chef d'équipe de transfert de fonds vient de créer la panique sur le projet. Vous apprenez que le code d'une des plus grosses fonctionnalités du projet (transfert de fonds, fonctionnalité 1.1) a commencé le 27 juin au lieu du 3 août, sans s'appuyer sur les spécifications… alors que le code se termine cette semaine !

2. **Suivi des risques, problèmes et actions.**

   Souvenez-vous ce que vous aviez craint en période de planification :

Tableau 15-7 : Suivi des risques du projet Gamma3

Identification des risques	*Probabilité*	*Impact et conséquences*
Le code prend plus de temps que prévu et décale l'intégration et la mise en production	8	10

Le risque de voir le code impacter l'intégration se matérialise, il s'est transformé sous vos yeux en problème. Même si la cause est inattendue, la conséquence de ce problème est que l'intégration sera retardée en impactera directement la date de mise en production, ça sent le roussi !

3. **Mesures correctives.**

   Vous décidez de demander au chef d'équipe de transfert de fonds de faire retravailler le code à ses ingénieurs, selon le contenu de la spécification de manière à vous resynchroniser avec les besoins du client.

   Cette décision de rattrapage de développement va vous coûter cher, mais il était spécifié par le client dans le cahier des charges que cette fonctionnalité fait partie des « *must have* » du contrat.

   Or, cette décision n'est pas sans conséquence. Avec cette demande de travail supplémentaire, le code qui devait finir le 7 septembre est maintenant décalé au 15 septembre, ce qui met l'intégration en danger. Si vous devez finir absolument l'intégration pour le 29 septembre, il va falloir réclamer des ressources et, donc, du budget supplémentaire pour finir dans les temps. Vous décidez de convoquer le comité de direction. La réunion hebdomadaire est close.

Vous avez pris les minutes de cette réunion et vous les envoyez aux participants, avec en copie le comité de direction.

Vous rapportez l'avancement du projet

La réunion mensuelle du comité de direction arrive par chance le lendemain.

Ces réunions mensuelles servent à impliquer les parrains, contributeurs et commanditaires dans les grandes décisions du projet.

Avant la réunion, vous leur aviez fait parvenir votre rapport hebdomadaire, c'est ainsi qu'ils suivent le déroulement du projet entre les réunions mensuelles : rapport sur les événements clés et rapports de coûts.

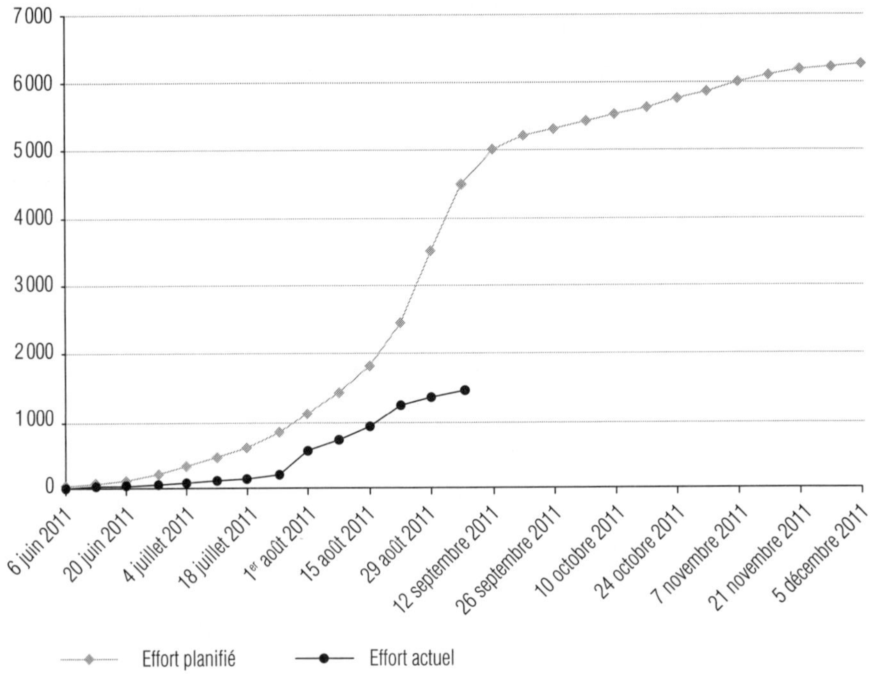

Figure 15-2 : Votre rapport sur l'avancement de l'effort réel par rapport au planifié.

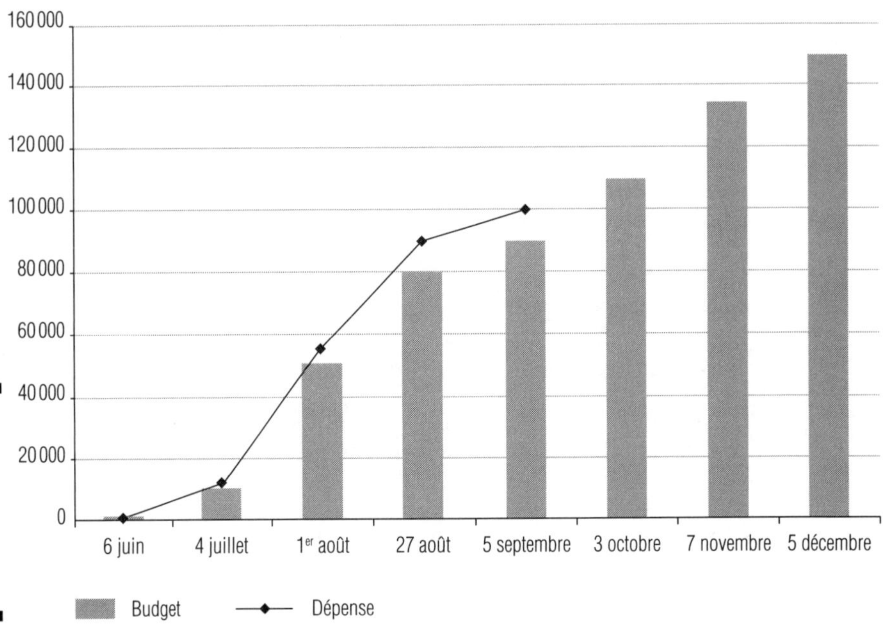

Figure 15-3 : Votre rapport sur le suivi des coûts par rapport au budget.

L'*agenda* pour aujourd'hui, 6 septembre, est le suivant :

1. **Dernier statut sur la phase en cours;**
2. **Suivi des risques, problèmes et actions;**
3. **Mesures correctives;**
4. **Objectifs de la semaine à venir.**

La réunion commence…

1. **Dernier statut sur la phase en cours.**

   Vous présentez à M. Durand (le parrain du projet), à M. Martial (le contributeur du projet) et à M. Dupont (le commanditaire du projet) le dernier statut sur le projet Gamma3.

2. **Suivi des risques, problèmes et actions.**

   Vous exposez le risque transformé en problème.

3. **Mesures correctives.**

   Vous demandez l'obtention de quatre ressources supplémentaires du 15 au 30 septembre en intégration de manière à rattraper votre retard.

   À la fin de cette réunion, le comité de direction approuve le changement de budget, vous accorde non pas quatre, mais trois ressources supplémentaires (la prochaine fois vous en demanderez cinq pour en obtenir quatre!).

4. **Objectifs de la semaine à venir.**

   - Suivre de près les progrès de l'équipe d'intégration.
   - Préparer la mise en production.

Vous avez pris les minutes de cette réunion et vous les envoyez aux participants.

Quatrième partie

Atterrir en douceur : la phase de clôture

« Votre supérieur m'a dit de m'adresser à vous pour que *tout* roule dans un projet. »

Dans cette partie...

Vous arrivez à la fin de votre projet : félicitations ! C'est signe de bonne santé du projet ! Sachez que si votre projet respecte les standards de planification, 15 % de son temps global devrait être consacré à sa clôture. D'ailleurs, vous allez sûrement être tenté de passer directement au projet suivant, mais attention ! Lorsque l'on emploie le terme « clôturer » un projet, cela signifie qu'il va falloir aller jusqu'au bout du bout. Rassurez-vous, nous allons vous accompagner dans cette tâche fastidieuse, vous allez ainsi apprendre à préparer cette phase finale (chapitre 16) et à clôturer votre projet (chapitre 17).

Chapitre 16

Une phase de clôture : ça se prépare !

Dans ce chapitre :

- Qu'est-ce qu'une évaluation postprojet ?
- Comment la préparer tout au long du projet
- Planifier la clôture du projet

Votre projet touche à sa fin, on vous a proposé un nouveau projet, que faites-vous ? L'un de nous a réalisé une étude sur plusieurs projets et il s'est avéré que 90 % d'entre eux ignoraient cette phase de clôture. Ce sont justement ces 90 % qui passent au projet suivant sans se soucier de bien clôturer le précédent. Une petite pensée amicale tout de même pour les 10 % qui s'échinent à clôturer le leur !

Il en est ainsi, la phase de clôture souffre du même phénomène que la phase de planification : ignorée ! Mais poussons plus loin notre analyse et demandons-nous : pourquoi est-elle ignorée ? Dans cette étude, nous avons trouvé les deux raisons principales :

- La clôture d'un projet revient à terminer un nombre incalculable de petits problèmes techniques, administratifs, fonctionnels, ce qui en décourage plus d'un, on peut le comprendre !
- Il se peut que les équipes assignées à notre projet soient appelées sur d'autres tout beaux, tout nouveaux où les challenges d'exécution sont à la hauteur de leurs ambitions.

ATTENTION !

Malheureusement, les projets à venir vont souffrir presque directement de ce manque de temps passé à clôturer un projet, dans la mesure où le retour d'expérience, ou activité de « *post mortem* », ne sera pas réalisé et les apprentissages seront définitivement perdus.

Préparer l'évaluation tout au long du projet

Lors de chaque phase (démarrage et préparation, exécution des travaux et clôture du projet), préparez le terrain à la réalisation de l'évaluation postprojet (le chapitre 2 vous dit tout sur les différentes phases d'un projet).

Qu'est-ce qu'une évaluation postprojet ?

Une *évaluation postprojet* passe en revue les résultats, activités et processus et vous permet :

- D'identifier les réussites et de saluer le travail des participants ;
- De repérer les techniques et approches ayant fonctionné et de prendre les mesures nécessaires pour qu'elles soient réutilisées à l'avenir ;
- De repérer les techniques et approches n'ayant pas fonctionné et de prendre les mesures nécessaires pour qu'elles ne soient pas réutilisées.

C'est une réunion au cours de laquelle vous :

- Faites le bilan de l'expérience acquise grâce au projet ;
- Mettez publiquement en avant la réussite des gens ;
- Assurez les participants de la reprise des pratiques d'excellence lors de futurs projets ;
- Prévoyez d'éviter dans les futurs projets les problèmes rencontrés lors de celui-ci.

Dès le début du projet, veillez à recueillir toutes les informations pertinentes qui serviront lors de la réunion d'évaluation. Pour ce faire, procédez comme suit :

- Indiquez à l'équipe que vous ferez un bilan une fois le projet terminé ;
- Incitez les membres de l'équipe à consigner les problèmes, idées et suggestions au fur et à mesure. Lorsque vous préparez l'ordre du jour de la réunion d'évaluation finale, demandez aux participants de relire ces notes afin de récapituler les thèmes à aborder ;
- Clarifiez les critères de réussite du projet en passant en revue la dernière version des objectifs de votre projet avec les membres de l'équipe ;
- Détaillez la situation dans laquelle s'inscrit votre projet avant le début des travaux (si le projet a pour objectif de changer ou d'améliorer une situation). Vous serez ainsi en mesure d'évaluer les changements avec précision une fois le projet terminé ;

- Tenez vous-même un *journal* de votre projet et incitez les autres membres de l'équipe à en faire autant.

Démarrage et préparation – Processus d'initialisation du projet

L'évaluation postprojet se prépare dès l'initialisation du projet. Vous devez alors :

- Déterminer les bénéfices que les *commanditaires* de votre projet voulaient tirer de votre projet lorsqu'ils ont donné leur feu vert (le chapitre 10 traite les commanditaires et autres parties prenantes d'un projet) ;
- Si votre projet est destiné à changer une situation existante, effectuer des relevés *préalables* pour décrire la situation existante afin de disposer d'un élément de comparaison pour les relevés *postérieurs* que vous effectuerez une fois le projet achevé.

Démarrage et préparation – Processus de planification et préparation

Toujours en phase de démarrage et préparation, lors du processus de planification et préparation de votre projet, veillez à :

- Identifier les commanditaires que vous pourriez avoir oubliés lors de la phase précédente. Les attentes des commanditaires servent de référence pour définir le succès de votre projet. Vous devez donc les connaître tous avant de démarrer l'exécution des travaux ;
- Décrire clairement et en détail tous les objectifs du projet ;
- Inclure l'activité *mener une évaluation postprojet* dans votre organigramme technique de projet et prévoir le temps et les ressources nécessaires pour la réaliser (le chapitre 6 vous dit tout sur l'OTP).

Exécution – Processus de surveillance

Ne perdez pas de vue l'évaluation postprojet lors de la réalisation des travaux. Au cours du processus de surveillance, vous devez :

- Dire aux membres de votre équipe qu'il y aura une évaluation postprojet ;

- Encourager les membres de votre équipe à consigner par écrit dans un journal (papier ou électronique) les succès et problèmes rencontrés pendant toute la durée du projet. Consultez le journal lorsque vous proposez des sujets à aborder lors de l'évaluation postprojet ;
- À la fin de chaque phase clé de projet, rédiger des rapports sur les coûts, les charges de travail et le respect du calendrier tout au long du projet (le chapitre 13 décrit en détail le suivi et la transmission de ces informations).

Clôture – Processus de clôture du projet

Enfin, voici les tâches à accomplir lors du processus de clôture du projet pour bien achever de préparer l'évaluation postprojet :

- Si l'un des objectifs du projet était le changement d'une situation existante, effectuer des relevés *postérieurs* des caractéristiques majeures de cette situation afin de vérifier si cet objectif a été rempli ;
- Obtenir des rapports finaux concernant les coûts, les heures de travail et le respect du calendrier ;
- Sonder les parties prenantes clés afin de savoir si elles estiment que le projet a répondu à leurs besoins et de connaître leur avis sur le travail accompli par l'équipe et le chef de projet.

Planifier à l'avance la clôture du projet

Si vous attendez la fin de votre projet pour commencer à réfléchir à sa clôture, il sera peut-être trop tard pour rassembler toutes les informations et ressources nécessaires. Prévoyez et planifiez donc la clôture dès la préparation du plan initial en procédant comme suit (le chapitre 2 vous dit tout sur le plan de projet) :

- **Décrivez clairement et en détail les objectifs de votre projet et identifiez toutes les mesures et caractéristiques objectives pertinentes.** Si l'un des objectifs de votre projet est de changer une situation existante, décrivez cette dernière avant de démarrer les travaux afin de pouvoir disposer d'une base comparative pour votre évaluation postprojet.
- **Préparez une liste de contrôle de tout ce que vous devez faire avant de clore officiellement votre projet.** Voici des éléments pouvant figurer sur cette liste :
  - Terminer les activités du projet encore en cours ;

  - Boucler tous les livrables nécessaires ;
  - Obtenir toutes les acceptations et approbations des résultats du projet, dont celles du ou des client(s) ;
  - Évaluer la conformité des résultats du projet aux attentes ;
  - Réaliser toutes les tâches administratives ;
  - Mettre fin à tous les contrats de biens et de services ;
  - Faciliter la transition des membres de l'équipe vers leur nouvelle mission ;
  - S'assurer de l'archivage de tous les documents et livrables du projet dans les sites de stockage appropriés.

  TRUC

  Pour chaque élément de la liste de contrôle servant à la clôture du projet, précisez qui va faire quoi, quand et à l'aide de quelles ressources.

- **Intégrez les activités liées à la clôture dans votre plan de projet.** Précisez dans l'organigramme technique de projet toutes les activités de clôture en veillant à prévoir suffisamment de temps et de ressources pour les réaliser (voir chapitre 8).

Chapitre 17

… et enfin : bien terminer son projet !

Dans ce chapitre :

- Bien gérer la clôture du projet
- Mener l'évaluation finale
- Étude de cas : développement d'un logiciel en phase de clôture

L'une des caractéristiques qui distinguent un projet d'une tâche ordinaire est sa fin, moment où tous les travaux ont été réalisés et les résultats obtenus. Cependant, si des demandes insistantes vous attirent vers la mission suivante, vous pouvez être tenté de laisser dépérir, puis s'évanouir votre projet achevé au lieu d'y mettre un terme correctement par l'intermédiaire d'une annonce officielle, d'une publication de résultats et d'un merci à toutes les personnes ayant contribué à sa réalisation.

Malheureusement, ne pas clore complètement un projet a pour effet de blesser à la fois l'organisation et les participants. Lorsque vous n'évaluez pas la réussite d'un projet par rapport aux résultats souhaités à l'origine, vous ne pouvez savoir si la conception, la planification et la réalisation ont donné satisfaction. En outre, les membres de l'équipe n'ont alors pas l'occasion de vivre la clôture, de connaître l'accomplissement et la reconnaissance officielle du travail bien fait.

Ce chapitre vous montre comment bien clore votre projet en terminant tous les travaux importants, en menant à bien les tâches administratives finales et en aidant les membres de l'équipe à conclure leur relation avec le projet et à passer à autre chose. De plus, vous apprendrez ici comment annoncer la fin de votre projet et mener une évaluation finale.

Comme nous l'avons vu au chapitre 2, les très gros projets sont souvent subdivisés en phases, chacune de celles-ci étant traitée comme un mini projet à part entière. Nous abordons dans ce chapitre la clôture des phases individuelles ainsi que du projet proprement dit.

Tenir bon jusqu'à la clôture

En suivant votre projet jusqu'à son achèvement, vous faites en sorte que tout le monde tire vraiment parti des résultats obtenus. Cela vous permet également de passer en revue tous ses bienfaits et de les comparer aux coûts supportés, de connaître le rendement de l'investissement consenti par l'entreprise et de valider le processus ayant permis son déroulement.

Actualiser les modalités de clôture initiales, une fois prêt à mettre un terme au projet

Encouragez les membres de votre équipe à considérer la phase de clôture du projet comme une mission à part, dotée de ses propres objectifs, tâches et besoins en termes de ressources (pour en savoir plus sur la phase de clôture d'un projet, rendez-vous au chapitre 2). Lorsque vous achevez les principaux travaux du projet, passez en revue et mettez à jour les modalités de clôture développées lors de la planification initiale (voir chapitre 16).

Booster son équipe pour le sprint final

Lorsque les membres de l'équipe s'attellent à remplir leurs obligations, leur motivation passe de l'atteinte des objectifs généraux du projet à l'accomplissement de leurs missions respectives. En outre, les autres parties prenantes, très intéressées dans un premier temps par les résultats du projet, peuvent accorder d'autres priorités et privilégier d'autres activités à mesure qu'avance le projet (ce qui s'accompagne parfois d'une baisse de leur intérêt et leur enthousiasme pour le projet). Cependant, pour mener à bien un projet, il faut que toutes les participantes clés coordonnent leurs efforts.

Pour renforcer l'investissement et l'intérêt de votre équipe, procédez ainsi :

- **Rappelez aux membres de votre équipe la valeur et l'importance des résultats finaux du projet.** Abordez souvent les bienfaits que l'organisation tirera des résultats produits par votre projet ainsi que ses avantages sur le plan individuel. Les gens sont plus enclins à s'impliquer lorsqu'ils perçoivent ce que peut leur apporter la réussite d'un projet ;
- **Rassemblez votre équipe et réaffirmez l'engagement collectif pris de mener à bien le projet.** Faites-leur part de l'importance du projet à vos yeux et décrivez votre investissement personnel. Encouragez les autres à s'engager de la sorte. On surmonte les obstacles et exécute des tâches difficiles de manière plus efficace si l'on s'est engagé à réussir ;

- **Surveillez de près les activités finales et donnez souvent votre avis sur les performances de chaque membre de l'équipe.** Fixez de nombreux jalons et bilans de l'avancement des travaux avec les membres de l'équipe. Si vous demeurez en contact étroit avec eux, chacun dispose d'infos actualisées sur la situation par rapport à la clôture du projet (voir chapitre 13). Cela vous donne également la possibilité d'identifier et de gérer d'éventuels problèmes en cours de route ;
- **Soyez disponible pour tous les membres de votre équipe.** Rendez-vous disponible lorsque des membres de votre équipe souhaitent s'entretenir avec vous. Pensez à déjeuner régulièrement avec eux et rendez-leur visite. L'accessibilité et la disponibilité permettent d'affirmer l'intérêt que vous portez et l'importance que vous accordez à leur travail.

Que faut-il réellement clôturer ?

Mener un projet à son terme signifie généralement penser à une foule de détails et mettre au jour des problèmes. Gérer cette multitude de tâches peut s'avérer contrariant dans le meilleur des cas. Cependant, les situations suivantes rendent parfois la fin d'un projet encore plus pénible :

- Vous ne disposez pas d'une liste détaillée écrite de toutes les activités à mener pour la clôture ;
- Certains membres de l'équipe ont été assignés à d'autres missions pendant le déroulement du projet, obligeant ainsi les personnes restantes à prendre de nouvelles responsabilités en plus de celles qu'elles avaient déjà ;
- L'équipe de projet perd de sa motivation car l'intérêt général pour le projet diminue et les gens attendent leur prochaine mission avec impatience ;
- L'équipe souhaiterait que le projet continue car elle ne veut pas que soient rompus les liens personnels et professionnels noués ou ses membres ne sont pas emballés par leur prochaine mission ;
- Mettre la dernière main aux procédures de clôture du projet n'intéresse pas spécialement vos clients (internes ou externes).

TRUC

Diminuez l'impact de ce genre de situation difficile et augmentez les chances de succès de votre projet en planifiant la phase de clôture dès le démarrage, en identifiant et en participant à toutes les tâches associées et en remobilisant votre équipe (voir chapitre 16). Cette section vous montre comment vous y prendre (entre autres choses).

Gérer les problèmes administratifs

Tout comme vous devez disposer d'une autorisation pour que les personnes consacrent du temps, de l'énergie et des ressources de manière officielle à travailler sur votre projet, vous devez annuler cette autorisation lorsque vous procédez à la clôture du projet, afin d'être certain que votre équipe cesse de s'investir à partir de maintenant. Vous pouvez officiellement mettre fin à cette autorisation en procédant comme suit :

- **Obtenez toutes les approbations nécessaires.** Obtenez un accord écrit selon lequel votre projet a passé avec succès tous les tests, conformément aux normes et certifications en vigueur. En outre, vérifiez que vous avez bien obtenu l'approbation du client. Cette démarche confirme qu'il ne reste plus aucun travail à réaliser dans le cadre du projet ;
- **Mettez un terme à toutes les transactions encore en cours.** Si vous avez réalisé des achats auprès de fournisseurs ou prestataires externes, mettez un terme aux éventuels litiges, réglez les factures demeurées en suspens et veillez à ce que les contrats soient officiellement résiliés. Faites en sorte de réaffecter les heures de travail ou dépenses imputées sur un mauvais poste ;
- **Clôturez tous les comptes.** Obtenez la confirmation officielle qu'aucun travail ni frais ne peut être imputé sur les comptes de votre projet.

Offrir une transition satisfaisante aux membres de son équipe

Pour bien terminer le projet, vous devez aider les membres de votre équipe à terminer les missions dont ils ont la responsabilité et à se focaliser sur leurs prochaines tâches. Gérer cette transition avec méthode et en accord avec les membres de votre équipe permet à ces derniers de se concentrer sur l'achèvement de leurs tâches au lieu de se soucier de leurs prochaines missions. Faites notamment ceci :

- **Reconnaissez et consignez par écrit les contributions des membres de votre équipe.** Dites-leur que vous appréciez l'aide qu'ils ont apportée et faites-leur part de votre jugement sur leurs performances. Prenez le temps de remercier leurs supérieurs hiérarchiques de les avoir détachés sur votre projet et de leur dire comment leurs employés se sont comportés.

  En règle générale, faites part de vos remarques positives en public et des critiques constructives et suggestions en privé. Dans les deux cas, formulez vos commentaires en face à face et confirmez-les par écrit.

- **Aidez les membres de votre équipe à passer à leur nouvelle mission.** Le cas échéant, aidez-les à trouver leur prochaine mission et à élaborer un calendrier de fin de collaboration à votre projet tout en veillant à ce qu'ils remplissent toutes leurs obligations restantes. Prévoyez d'organiser une dernière réunion de l'équipe de projet ou un déjeuner afin de mettre officiellement un terme à votre collaboration.
- **Annoncez à l'entreprise que votre projet est terminé.** Vous pouvez le faire par courriel, sur l'intranet de l'entreprise, lors d'une réunion ou dans le bulletin d'information de la société, par exemple. Cette annonce s'impose pour les trois raisons suivantes :
  - Vous devez prévenir le personnel de votre organisation que les résultats de votre projet sont désormais disponibles ;
  - Vous devez confirmer aux personnes ayant soutenu votre projet que leurs efforts ont porté leurs fruits ;
  - Vous devez signifier aux gens qu'ils ne peuvent plus imputer d'heures de travail ou d'utilisation de ressources sur votre projet.
- **Prenez le temps d'informer les membres de l'équipe et les personnes ayant soutenu votre projet des résultats obtenus grâce à leur contribution.** Rien ne dope plus la motivation des membres de votre équipe à se lancer dans une nouvelle mission et à faire de l'excellent travail que d'apprendre les bons résultats obtenus grâce à leur investissement.

L'encadré à suivre vous montre un moyen singulier d'informer de la fin d'un projet.

EXEMPLE

Annoncer la clôture d'un projet de manière novatrice

Si votre projet était modeste, il y a de fortes chances que les participants sachent déjà qu'il est terminé et connaissent les résultats. Mais, s'il a duré longtemps (six mois, voire plus) et impliqué l'intervention de nombreux départements au sein de votre organisation, les personnes y ayant participé dès les premières heures ne voient parfois jamais les fruits de leurs efforts.

Il y a quelque temps, un de nos clients venait juste d'achever un projet d'un an qui avait consisté en la conception, le développement, la production et l'installation d'un petit appareil pour un cockpit d'avion. À la fin de son projet, il passa en revue toutes les personnes de son entreprise, de différents services, qui avaient joué un rôle dans son projet. Outre les ingénieurs qui avaient procédé à l'installation et au test de l'appareil, les gestionnaires de contrat, les spécialistes des achats, les responsables financiers, les experts en ressources humaines, le personnel du laboratoire, les logisticiens et d'autres personnes avaient apporté leur pierre à l'édifice pour que le projet soit un succès.

Il s'aperçut que, s'il procédait comme il était de coutume dans l'entreprise, l'immense majorité des contributeurs ne verraient jamais le fruit de leurs efforts. Il décida donc d'innover : il réalisa une affiche retraçant la naissance, l'évolution et la concrétisation de son projet. Il inclut toutes les étapes, de la signature du contrat à l'utilisation de l'appareil par le pilote, en passant par les bons de commande, les schémas et plans de départ, les photos de l'appareil installé dans le cockpit, du pilote qui l'utiliserait et du personnel qui assurerait la maintenance. Il envoya ensuite un message à toutes les personnes qui avaient travaillé sur le projet pour leur annoncer l'existence de l'affiche et les invita à lui rendre visite pour la voir.

Le succès de l'opération fut incroyable. Il estima que plus de 100 personnes se déplacèrent pour voir l'affiche. Il entendit des personnes de toute l'entreprise parler de leur contribution, plus ou moins importante, au succès de cet appareil, lequel, comme ils pouvaient maintenant le constater, touchaient la vie des gens. Le commentaire le plus émouvant émana d'un technicien du laboratoire. Il lui dit qu'en 11 ans de présence au sein de l'entreprise, c'était la première fois qu'il voyait le résultat final d'une création qu'il avait testée.

Le client estimait avoir passé plusieurs heures à créer cette affiche, mais, étant donné toutes les réactions positives, le jeu en valait largement la chandelle.

Préparer la réunion d'évaluation

La qualité d'une évaluation postprojet dépend de celle des informations concernant les résultats, dépenses et réalisations. Ces données doivent être complètes, détaillées et exactes. Préparez votre réunion d'évaluation postprojet en recueillant les informations suivantes :

- Les résultats du projet ;
- Le respect du calendrier ;
- Les dépenses pour se procurer les ressources ;
- Les problèmes survenus en cours de projet ;
- Les changements intervenus en cours de projet en ce qui concerne les objectifs, le calendrier et le budget ;
- Les imprévus ou changements au sein de l'environnement au cours du projet ;
- La satisfaction des clients par rapport aux résultats du projet ;
- La satisfaction de l'encadrement par rapport aux résultats du projet ;
- L'efficacité des processus de gestion de projet ;
- Les enseignements tirés.

Vous pouvez recueillir ces informations auprès des sources suivantes :

- Les rapports d'avancement ;
- Le journal du projet ;
- Les rapports de coûts ;
- Les rapports sur le respect des délais ;
- Les notes, la correspondance et les comptes rendus ;
- Les entretiens et enquêtes concernant les clients, chefs de département et membres de l'équipe.

N'OUBLIEZ PAS !

Préparez un ordre du jour détaillé pour la réunion d'évaluation postprojet, en spécifiant les heures de début et de fin des différents thèmes traités. Voici le genre de sujets pouvant figurer à l'ordre du jour :

- Rappel de l'objet de la réunion ;
- Résultats que doit générer la réunion ;
- Résumé des réalisations du projet, dont :
  - Résultats, calendrier et ressources ;
  - Approches de la planification du projet ;
  - Systèmes et procédures de suivi du projet ;
  - Communications du projet ;
  - Pratiques et efficacité de l'équipe de projet.
- Présentation des réussites ;
- Bilan des réactions des clients et de l'encadrement ;
- Débat sur les problèmes rencontrés ;
- Débat sur l'exploitation pour les futurs projets des enseignements tirés de celui-ci.

TRUC

Envoyez, au moins une semaine avant la réunion, une version préliminaire de l'ordre du jour, les documents de référence associés et une liste des participants à toutes les personnes censées participer. Les gens auront ainsi le temps de proposer d'ajouter, de supprimer et de modifier des points. Intégrez les éventuelles suggestions et distribuez, au moins 24 heures avant la réunion, la version finale de l'ordre du jour à tous les participants.

Animer la réunion d'évaluation

Une réunion d'évaluation postprojet (qui peut se tenir dans une salle, par visioconférence ou *via* d'autres méthodes modernes) est réussie quand vous abordez les bons sujets et lorsque les participants font part de leurs réflexions et partagent leur expérience en toute franchise.

Lors de la réunion d'évaluation postprojet, répondez aux questions suivantes :

- Avez-vous rempli tous les objectifs du projet ?
- Avez-vous respecté le calendrier du projet ?
- Avez-vous mené à bien le projet sans dépasser le budget ?
- En ce qui concerne les problèmes rencontrés au cours du projet :
  - Auriez-vous pu les anticiper ?
  - Les avez-vous gérés avec efficacité le moment venu ?
- Avez-vous utilisé avec efficacité les systèmes et procédures de gestion de projet ?

N'OUBLIEZ PAS !

Pour être certain de disposer des informations les plus fiables et des meilleures recommandations pour des actions futures, prenez les mesures suivantes avant et pendant la réunion d'évaluation postprojet :

- **Invitez les bonnes personnes.** Invitez toutes les personnes ayant participé à votre projet à un moment ou à un autre. Si la liste des invités potentiels s'avère trop longue, prévoyez des sous-groupes, puis une réunion plénière au cours de laquelle seront rapportés les résultats des travaux des sous-groupes et vous solliciterez commentaires et suggestions.
- **Précisez en préambule que cette réunion est censée permettre de tirer des enseignements et non se transformer en séance de règlement de comptes.** En tant que chef de projet, c'est à vous d'animer la réunion d'évaluation postprojet. Indiquez dès le départ que cette réunion est l'occasion de procéder à un examen de conscience et de faire des suggestions qui favoriseront la réussite des futurs projets. Si certaines personnes commencent à attaquer ou à critiquer d'autres participants, vous pouvez immédiatement recentrer les débats en posant les questions suivantes :
  - Que pouvez-vous faire à l'avenir pour mieux gérer ces situations ?
  - Que pouvez-vous faire à l'avenir pour éviter ce genre de situation ?

Si les gens résistent à votre tentative de recentrage des débats, vous pouvez mentionner des actions que vous, chef de projet, pourrez prendre à l'avenir pour éviter ou mieux gérer ces situations, puis demander aux participants de soumettre leurs idées en la matière.

- **Encouragez les participants à :**
  - Identifier ce que les autres ont fait de bien ;
  - Analyser leurs propres performances et voir comment ils auraient pu mieux s'y prendre.
- **Organisez la réunion en dehors de votre lieu de travail.** Les gens sont souvent plus à l'aise pour critiquer les pratiques existantes et proposer de nouvelles approches quand ils ne se trouvent pas dans leur environnement de travail habituel.

Veillez à ce qu'une personne prenne des notes pendant la réunion. En dehors de la liste des participants et des principales informations abordées, le futur compte rendu devra consigner toutes les activités à entreprendre en fonction des enseignements tirés, ainsi que les personnes chargées de les mener à bien.

La suite à donner à l'évaluation

Votre emploi du temps chargé vous propulse souvent vers un nouveau projet avant même d'avoir pu analyser et tirer parti du précédent. Cependant, même quand les gens prennent le temps de passer en revue leurs expériences passées, il est rare qu'ils en tiennent compte par la suite.

En tant que chef de projet, vous devez préparer et distribuer le plus tôt possible après votre réunion d'évaluation postprojet un rapport fondé sur le compte rendu et qui aborde les points suivants :

- Pratiques à intégrer dans les futurs projets ;
- Mesures à prendre pour favoriser le recours à ces pratiques ;
- Pratiques à éviter dans les futurs projets ;
- Mesures à prendre pour dissuader les gens de recourir à ces pratiques.

Tenez compte de ce rapport final lorsque vous planifiez un futur projet, afin d'être certain de tirer les enseignements des expériences passées.

Testez vos connaissances !

Nous vous proposons de tester les connaissances acquises dans cette quatrième partie et de vous référer à l'annexe en fin d'ouvrage pour les réponses et leurs explications.

1. **La phase de clôture est ignorée dans 20 % des cas.**

   a- Vrai, b- Faux

2. **Une évaluation postprojet permet de donner une note sur 10 à son projet.**

   a- Vrai, b- Faux

3. **Une évaluation postprojet se prépare tout au long du projet.**

   a- Vrai, b- Faux

4. **Clôturer un projet revient tout simplement à livrer le produit au client.**

   a- Vrai, b- Faux

5. **Au moment de la clôture du projet, le chef de projet n'a pas à intervenir dans la motivation de son équipe.**

   a- Vrai, b- Faux

6. **Au moment de la clôture du projet, le chef de projet se doit d'offrir une transition satisfaisante aux membres de son équipe.**

   a- Vrai, b- Faux

7. **La réunion d'évaluation postprojet permet d'offrir un verre à toute l'équipe.**

   a- Vrai, b- Faux

8. **Le rapport postprojet ne contient que les « best practices » et accentue les points positifs du projet.**

   a- Vrai, b- Faux

9. **Le retour d'expérience ne sert à rien, dans la mesure où toute l'équipe sera éclatée dès la fin du projet.**

   a- Vrai, b- Faux

10. **Lors de la réunion postprojet, il est impératif de revenir sur les conditions de démarrage et préparation du projet.**

    a- Vrai, b- Faux

Sujets en relation avec l'examen du PMP et la 4e édition du PMBoK

Le PMBoK (*Project Management Book of Knowledge*) est l'ouvrage de référence du PMI (Project Management Institute), il décrit les normes, les méthodes, les processus et pratiques de la profession. La certification PMP (*Project Manager Professionnal*) est la certification du PMI.

Nous avons listé pour vous les chapitres du PMBoK correspondant aux points détaillés dans la quatrième partie : « Atterrir en douceur : la phase de clôture ».

Section I – Cadre du management de projet

Chapitre 2 – Cycle de vie du projet et organisation

Section II – Normes du management d'un projet

Chapitre 3 – Processus de management d'un projet

Section III – Domaines de connaissance en management de projet

Chapitre 4 – Management de l'intégration du projet

Chapitre 12 – Management des approvisionnements du projet

Étude de cas : développement d'un logiciel en phase de clôture

Votre projet est terminé, malgré tous les hauts et bas qu'il a traversés, le logiciel a été chargé chez le client le 15 décembre au soir : félicitations ! L'entrée en Bourse a été une réussite.

Mais ce n'est pas terminé ! Il va vous falloir vraiment clôturer votre projet.

Aujourd'hui, nous sommes le 4 janvier 2011 et vous mobilisez une toute dernière fois votre troupe dans cette étape de clôture. Vous savez qu'elle est largement ignorée et vous vous faites un devoir d'aller jusqu'au bout ! Vous savez que votre projet ne sera une réussite complète qu'une fois cette ultime étape franchie.

Vous clôturez l'administratif du projet

Vous demandez à votre commanditaire, M. Dupont, et au directeur de Protec-Soft, M. Ford, de vous fournir un accord écrit selon lequel le projet a passé avec succès tous les tests, conformément aux normes et certifications en vigueur. Vous y glissez en pièce jointe l'approbation du client. Ce sont ces trois signatures – celle du commanditaire, du directeur et du client – qui confirment qu'il ne reste plus aucun travail à réaliser dans le cadre du projet.

Vous clôturez tous les comptes et obtenez la confirmation officielle qu'aucun travail ni frais ne peut être imputé sur les comptes de votre projet.

Vous aidez vos équipes à faire la transition

Vous avez deux cas de transition à opérer. La première pour les employés, la seconde pour les consultants.

Protec-Soft compte, en France, 150 employés, dont 10 % sont des consultants. À la fin du projet Gamma3, vous vous occupez des sept consultants sur les quinze qui ont participé au projet. Voici, dans l'organigramme, la manière dont ils se répartissaient dans les effectifs (en rouge) :

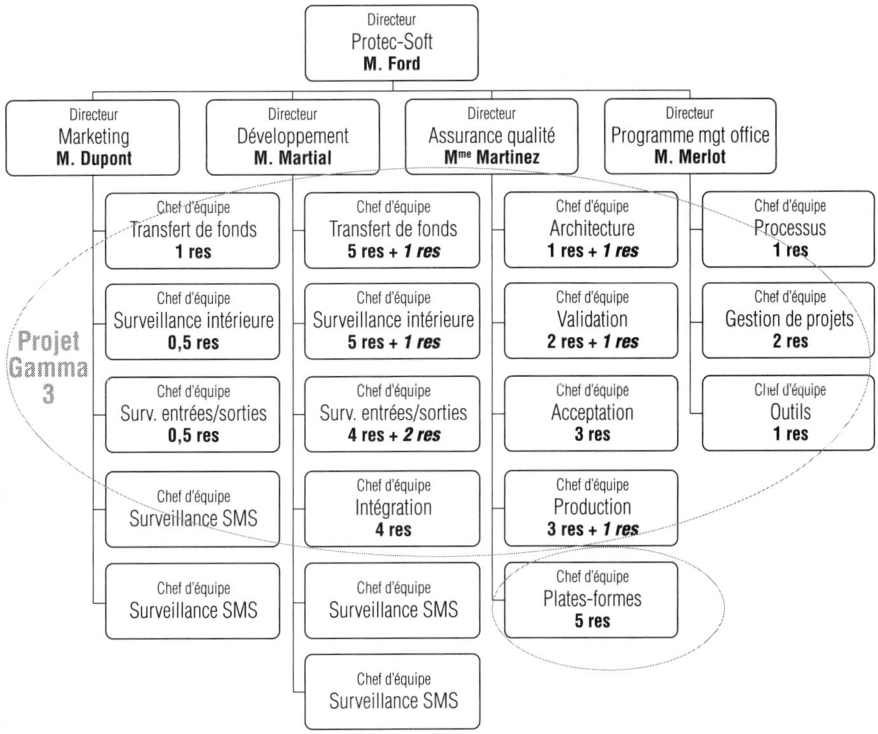

Figure 17-1 : Organigramme de Protect-Soft pendasnt le projet Gamma3.

Les consultants

Pour les consultants, vous recevez au cas par cas l'entreprise qui vous les a envoyés, vous confirmez la date de fin de contrat, vous évoquez les possibilités d'autres projets, et notamment la phase 2 du projet Gamma3 – Gamma4.1, le déploiement et l'installation du logiciel sur tous les sites français de la banque pour fin 2013 – mais qui ne commencera qu'en mars 2012 pour des contraintes budgétaires. Protec-Soft a refusé de payer pour sept consultants et de les mettre en attente du projet suivant, vous êtes obligés de vous en séparer momentanément. Vous avez pourtant insisté auprès de votre contributeur, M. Martial, par crainte que ces ressources ne soient plus disponibles le moment venu, mais il a été clairement formulé que l'entreprise – passant par une phase de *lean management*, ou allégement de tout ce qui n'est pas porteur de valeur – devait se séparer de ressources non productives, même pendant une courte période de temps. Sur les sept consultants, trois ont demandé une lettre de recommandation et souhaitent changer de type de mission et/ou de région. Vous allez les perdre à coup sûr, mais vous vous adaptez et écrivez ces lettres, ils ont vraiment de très bonnes compétences et rien ne vous autorise à les retenir. Vous garantissez à chacun des sept consultants qu'en cas de proposition de nouvelle mission, vous pouvez proposer de donner votre numéro de téléphone. Aucune loi ne vous autorise à les retenir, sauf si vous signez un nouveau contrat pour début mars 2012, mais ça, on vous l'a interdit. Évitez donc de faire des promesses et restez factuel.

Les employés

Pour les employés, vous avez évoqué lors du dernier comité de direction la disponibilité des 38 employés de Protec-Soft. Il se peut qu'une grande partie ou la totalité se retrouve sur le projet Gamma4.1. Tous ont maintenant une expérience sur ce logiciel et vous souhaitez capitaliser dessus. Vous avez proposé à la direction de faire monter certains en compétences dans certains domaines afin de parfaire leur connaissance métier et outils. Cette période de formation vous garantit en partie que vos ressources ne seront pas prises par un autre projet dans l'entreprise. Souvenez-vous, c'est ainsi que ça marche dans une organisation matricielle (voir chapitre 10). Ainsi, vous avez établi la liste des formations disponibles et comptez sur cette période, de janvier à fin février 2012, pour accroître les compétences de certains.

En outre, vous rencontrez leurs responsables : M. Martial (responsable du développement) et M. Dupont (responsable du marketing) ; vous leur rendez compte individuellement des performances de chacun. C'est avec leur accord que vous pourrez envoyer certains en formation. Tous se réjouissent de la réussite du projet Gamma3 et apprécient la montée en compétences de leurs effectifs.

Et vous

En ce qui vous concerne, le comité de direction a souhaité que vous gériez le projet Gamma4.1, quelle promotion ! Félicitations ! Ce projet est nettement plus important, mais ils savent que les compétences dont vous avez fait preuve seront tout aussi adaptées à la suite du programme. Après avoir fêté l'événement, vous allez profiter de cette période de transition pour commencer à planifier le projet Gamma4.1 et réinjecter les recommandations de l'évaluation postprojet du projet Gamma3.

Vous annoncez la fin du projet

Vous organisez une réunion avec tous les participants du projet et annoncez à l'entreprise que votre projet est terminé. Vous en profitez pour communiquer au personnel que les résultats de votre projet sont disponibles dans la base de données centrale, vous félicitez les efforts de chacun et n'oubliez pas de spécifier que votre équipe ne peut plus imputer d'heures de travail votre projet Gamma3, une nouvelle ligne budgétaire a été créée pour eux. Vous abordez rapidement la probabilité que les équipes travaillent prochainement sur Gamma4.1 et leur promettez une réunion prochaine pour leur donner plus de précisions.

Vous menez votre évaluation postprojet

Dans le but de capitaliser sur l'expérience de Gamma3, vous organisez une réunion avec tous les participants du projet. Au préalable, vous avez fait un tour d'horizon des documents clés du projet et avez trouvé des éléments intéressants dans ceux-ci : rapports d'avancement, rapports de coûts, rapports sur le respect des délais, comptes rendus de réunion et, enfin, entretiens et enquêtes concernant les clients.

Votre *agenda* est le suivant :

- Rappel de l'objet de la réunion ;
- Résumé des réalisations du projet, dont :
  - Résultats, calendrier et ressources ;
  - Approches de la planification du projet ;
  - Communications du projet ;
  - Pratiques et efficacité de l'équipe de projet.
- Présentation des réussites ;
- Débat sur les problèmes rencontrés ;
- Pratiques à intégrer dans les futurs projets ;
- Mesures à prendre pour favoriser le recours à ces pratiques ;
- Pratiques à éviter dans les futurs projets.

Vous consolidez votre évaluation postprojet

Vous consolidez les résultats de la réunion dans l'évaluation postprojet de Gamma3. Il contient essentiellement les points repris dans le tableau 17-1.

Tableau 17-1 : Récapitulatif de l'évaluation postprojet de Gamma3

Pratiques à conserver	*Pratiques à éviter et mesures correctives*
En planification	
Pratique 1 => Vous avez fait une très bonne planification et souhaitez pérenniser les techniques suivantes : • Définition de l'objectif du projet; • Définition de la priorité du projet; • Création d'un OTP, d'un calendrier et d'un diagramme réseau.	Pratique 2 => Au moment de l'estimation de la charge de travail, vous n'avez pas assez consulté les personnes qui allaient faire partie de votre équipe projet, ainsi, vous avez perdu en précision à cet exercice. Mesure corrective => Vous décidez de créer une méthode de gestion de projet dans le but de regrouper les meilleures pratiques sur tous les projets de Protec-Soft et insisterez sur le fait que l'exercice devra être fait conjointement avec chaque membre d'équipe.
En développement	
Pratique 3 => Vos points en début de période ont été bénéfiques, continuez à les organiser, ils ont été très appréciés. Vous en profiterez pour rappeler les points de la méthode de gestion de projet que vous aurez créée, notamment ceux qui s'appliquent à la phase en question que vous aborderez. Un rappel des bases élémentaires de gestion ne fera de mal à personne !	Pratique 4 => Vous reconnaissez que vos rapports d'avancement étaient trop légers. Mesure corrective => Vous avez décidé de vous atteler à l'élaboration d'un tableau de bord et de le faire valider par le comité de direction pour le suivi du prochain projet. Dans cet outil, vous couvrirez : la gestion des délais, le suivi des coûts, un point sur les risques, les problèmes, actions et dépendances du projet. Pratique 5 => Vous avez été mis au courant trop tard du problème de développement de transfert de fonds qui a commencé avant que sa spécification ne soit livrée. Mesure corrective => Vous décidez de faire rajouter dans la méthode de gestion de projet de Protec-Soft une liste de dépendances systématiques à appliquer à tous les projets informatiques, et notamment la dépendance de « fin-début » entre une spécification et son développement.

Tableau 17-1 : Récapitulatif de l'évaluation postprojet de Gamma3 (*suite*)

Pratiques à conserver	*Pratiques à éviter et mesures correctives*
	En intégration
Pratique 6 => Lors du monitoring du projet, et tout particulièrement en phase d'intégration et de validation, vous avez rajouté dans l'agenda de vos réunions un suivi scrupuleux des bogues levés jusqu'alors, par sévérité. Pratique 7 => Vous avez désigné un responsable « bogues » qui vous a fait remonter l'information lors de vos points hebdomadaires et qui les a suivis au quotidien. Cette initiative a payé, puisque le logiciel a été livré et installé sans bogue bloquant ni sérieux.	Pratique 8 => Le développement a énormément dérapé sur l'intégration. Cette équipe se plaint chaque fois des dépassements qu'elle subit, et à juste titre ! Elle n'a eu qu'une semaine pour finir de livrer et préparer toutes les fonctionnalités pour la période de test. Une semaine, c'est trop peu et vous avez eu de la chance d'avoir des ressources supplémentaires pour absorber cette charge de travail inattendue. Mesure corrective => Vous demandez à M. Martial de vous accorder deux ressources supplémentaires dans cette équipe. Ainsi, pour un projet de 45 ressources, vous passeriez de 8 % à 13 % de l'effectif projet sur l'intégration. Or, M. Martial voudrait à coup sûr supprimer ces deux ressources dans un autre service afin de rééquilibrer les budgets… Il va falloir soumettre le problème à M. Ford, qui aura moins de mal à vous accorder une extension budgétaire…
	En validation
Pratique 9 => En phase de validation par le client, vous avez choisi de passer à un rythme de réunions de suivi non plus hebdomadaire, mais quotidien, de manière à préparer la mise en production, cette pratique a payé et a permis d'anticiper tout problème, extrêmement critique à ce stade.	Pratique 10 => En phase de validation, vous trouvez que vous avez manqué de visibilité et, le cas échéant, auriez pu être plus proactif. Mesure corrective => Vous décidez d'établir une connexion avec le client de manière à suivre la nature et la quantité de tests faits pendant cette période. Avec ces statistiques, vos équipes de résolution des bogues pourront suivre en temps réel l'évolution des tests et répondre de manière plus rapide et appropriée.

Cinquième partie

La partie des Dix

Dans cette partie…

Disposer de centaines de pages qui vous guident lors des hauts et des bas de votre projet, c'est sympa, mais, quand une crise éclate, vous préférez peut-être avoir quelques conseils pertinents et pratiques pour échapper à la catastrophe.

Comme dans tout ouvrage « Pour les Nuls » qui se respecte, cette partie vous régale d'informations accessibles. Pour chaque phase de la gestion de projet, démarrage et préparation, exécution et clôture, nous vous dispensons dix conseils et, pour finir, dix autres pour devenir un meilleur chef de projet.

Chapitre 18

Les dix incontournables en gestion de projet

Dans ce chapitre :

- L'essentiel de *La Gestion de projet pour les Nuls* en dix points
- Les éléments clés à ne manquer dans votre gestion de projet

Qu'est-ce que la gestion de projet, à quoi sert-elle, qu'implique-t-elle, comment se décompose-t-elle ? Quels sont les éléments clés à savoir pour mener à bien n'importe quel projet ? Vous trouverez résumés dans ce chapitre les essentiels à retenir de la gestion de projet, en dix points.

Une entreprise temporaire

Un projet est une entreprise temporaire mise en œuvre afin de générer un produit, service ou résultat unique.

Les trois éléments incontournables

Tout projet comporte un objectif spécifique, un calendrier et des ressources.

Le tronc commun de tous les projets...

Tous les projets sont différents : de taille variable, seul ou à plusieurs, entente officieuse ou contrat officiel, personnel ou professionnel, le projet peut revêtir toutes ces caractéristiques.

L'intérêt de la gestion de projet

La gestion de projet regroupe un ensemble de techniques qui permettent de ne pas commettre des erreurs, de bien s'organiser, de structurer ses activités et de réduire les incertitudes.

Les trois phases d'un projet

Tout projet comporte trois phases : le démarrage et la préparation, l'exécution et la clôture.

La phase de démarrage et préparation

La phase de démarrage et préparation est constituée de trois processus de gestion : initialisation, planification et préparation de l'exécution.

La phase d'exécution

La phase d'exécution est constituée de deux processus : exécution des travaux, surveillance et contrôle.

La phase de clôture

La phase de clôture est constituée du processus de clôture.

Le respect des phases d'un projet

Le respect de chaque phase est garant de la réussite du projet, aucune n'est inutile, toutes sont fondamentales et complémentaires.

Les qualités d'un chef de projet

Le chef de projet doit faire preuve de nombreuses qualités, et notamment : rester orienté vers l'objectif du projet, encourager la qualité du travail et les performances de chacun et de l'équipe et enfin gérer rapidement les problèmes avant qu'ils ne prennent trop d'ampleur.

Chapitre 19

Les dix incontournables en phase de démarrage et préparation

Dans ce chapitre :

- L'importance de la première phase de la gestion de projet
- Les points forts de la phase de démarrage et préparation

Vous démarrez un projet ? La première étape est la phase de démarrage et de préparation, qu'il ne faut en aucun cas négliger. En quoi cette phase est-elle importante dans tout projet, quels processus inclut-elle ? Prévisions, réalisation d'un organigramme technique de projet et d'un diagramme réseau, estimations des besoins en ressources humaines, estimations budgétaires… ce chapitre recense toutes les étapes incontournables de la phase de démarrage et préparation.

La phase de démarrage et préparation est trop souvent ignorée

La phase de démarrage et préparation est ignorée dans 70 % des cas ! Cette erreur de précipitation explique en grande partie les échecs de projets actuels.

Planifiez scrupuleusement dès le début du projet !

Une planification détaillée dès le début évitera bon nombre de surprises par la suite. Définissez dans un cahier des charges : objectifs, description des produits, critères d'acceptation par le client, contraintes et hypothèses.

C'est le moment d'être visionnaire !

Apprenez à être visionnaire et à définir l'objectif de votre projet avec précision, il devra être **S**pécifique, **M**esurable, **A**gressif, **R**éaliste et délimité dans le **T**emps (SMART).

Structurez votre projet avec l'OTP

Développez un plan d'action en subdivisant les travaux en livrables à l'aide d'une hiérarchie logique et structurée : l'organigramme technique de projet vous permettra de déterminer les principaux livrables, de les détailler en composants, puis en sous-composants.

Le diagramme réseau

Développez un diagramme réseau en déterminant pour chaque activité leur séquence et leur durée, ainsi que les liaisons entre les tâches. Le ou les chemins critiques de votre projet vont se révéler. Le calendrier du projet comporte les dates intermédiaires et finales du projet.

Définissez vos besoins en ressources humaines

Définissez vos besoins en ressources humaines et non humaines, puis estimez, planifiez et, enfin, lissez la charge de travail en fonction du calendrier obtenu précédemment.

Faites des estimations réalistes !

De la disponibilité d'une ressource, déduisez son efficacité, puis sa productivité, vous ferez des estimations réalistes !

C'est le moment de penser au budget de votre projet !

Établir le budget de votre projet consiste à fournir une estimation approximative, détaillée puis une version finale approuvée. Le budget de votre projet contient des frais généraux, des frais de gestion, les coûts de main-d'œuvre, les matériaux, les déplacements.

Faites-vous des alliés

Si vous évoluez en matriciel, votre priorité sera de faire de vos membres d'équipe, des directeurs fonctionnels et de la direction vos alliés ! Trouvez-vous aussi un parrain, et apprenez à connaître vos commanditaires et contributeurs en les listant et en analysant bien leurs besoins.

Identifiez et évaluez les risques

Plus votre projet sera long, plus la réalisation de son objectif sera mise en péril. Identifiez ces risques, la probabilité qu'ils se concrétisent, les conséquences qu'ils pourraient engendrer et préparez un plan de gestion, vous serez ainsi prêt à affronter une grande partie des inconnues !

Chapitre 20

Les dix incontournables en phase d'exécution

Dans ce chapitre :

- Deuxième phase de la gestion de projet : réalisation, surveillance et contrôle
- Les points forts de la phase d'exécution

Garder le cap décidé en phase de démarrage, contrôler les étapes et les risques, résoudre les problèmes, enregistrer les modifications nécessaires, informer les membres de son équipe… ce chapitre recense les devoirs du chef de projet et les étapes incontournables de la phase d'exécution.

Soyez déterminé

En phase d'exécution, gardez toujours à l'esprit l'objectif initial de votre projet.

Restez focalisé sur la priorité du projet

Dans chaque décision que vous prenez, vous devez être en accord avec la priorité du projet décidée en phase de démarrage.

Votre système d'information

Vous avez créé un système d'information et vous mettez en œuvre le processus de contrôle de votre choix en confirmant régulièrement le plan, en évaluant les performances, en mettant en place des mesures correctives et enfin, en informant votre équipe.

Offrez-vous de la visibilité !

Le mot d'ordre en phase d'exécution est « visibilité » : donnez-vous les moyens de vous en offrir et d'en offrir aux autres : plus vous offrirez de visibilité sur des données, telles que le respect du calendrier du projet, la charge de travail effective, les dépenses du projet, meilleures seront votre gestion et vos décisions.

Soyez hyperréactif face aux problèmes

Résolvez les problèmes dès qu'ils apparaissent, plus vous attendrez, pire sera la situation.

Utilisez un tableau de bord : les gens adorent !

Vous avez établi un plan de communication clair et préparez régulièrement, dans l'idéal une fois par semaine, un rapport d'avancement du projet : utilisez un tableau de bord !

Communiquez clairement et consignez par écrit

Minimiser les réunions en augmente leur productivité, tous vous en seront reconnaissants ! Sachez aussi que la communication peut être source de nombreuses confusions : émettez des messages clairs, factuels et concis et assurez-vous, en retour, que le message a bien été reçu… et consignez tout par écrit !

Suivez et contrôlez les risques de votre projet

Vous avez une liste précise des risques à gérer et avez établi une stratégie de gestion. Vous communiquez régulièrement sur leur existence et leur suivi. De même, vous restez attentif à tout changement de délais, de coût et de contenu du projet. Leur gestion permettra un contrôle des modifications et vous permettra de garder votre projet sur les rails.

Le chef de projet est avant tout un leader

En tant que chef de projet, vous allez devoir développer des compétences de leader afin de mener votre équipe à la réussite : si vous n'êtes pas né avec ce don, vous allez devoir suivre ce vieux dicton que l'un de nous voyait tous les jours dans l'enceinte de sa formation en gestion de projet : « Sois motivé, pose des questions et apprends » !

Préparez votre évaluation postprojet

Analyser les erreurs à la fin de chaque phase du projet permet de préparer pas à pas l'évaluation postprojet.

Chapitre 21

Les dix incontournables en phase de clôture

Dans ce chapitre :

- Troisième et dernière phase : comment bien clore un projet ?
- Les points forts de la phase de clôture

Trop souvent négligée, la phase de clôture est d'une importance capitale pour bien terminer le projet et capitaliser pour les suivants. Évaluer les résultats obtenus, obtenir l'approbation du client, aider les membres de l'équipe à passer aux missions suivantes, clôturer des comptes, réaliser une évaluation finale et apprendre de ses erreurs… ce chapitre recense toutes les étapes incontournables de la phase de clôture.

La phase de clôture est trop souvent ignorée

Sachez que 90 % des projets ignorent la phase de clôture. La raison est simple : les équipes sont assignées à une autre mission et préfèrent laisser tomber les dernières activités de leur projet qui sont insignifiantes à leurs yeux.

L'évaluation postprojet a de nombreux atouts

Une évaluation postprojet ou « *post mortem* », permet d'aborder (1) les réussites du projet et les performances des membres de l'équipe, (2) les techniques et approches ayant fonctionné et, enfin, (3) de prendre les mesures nécessaires pour qu'elles soient réutilisées à l'avenir.

Les moments clés de l'évaluation postprojet

Pendant la réunion postprojet, (1) vous faites le bilan de l'expérience acquise grâce au projet, (2) vous mettez publiquement en avant la réussite des gens, (3) vous assurez les participants de la reprise des pratiques d'excellence lors de futurs projets, (4) vous prévoyez d'éviter dans les futurs projets les problèmes rencontrés lors de celui-ci.

L'évaluation postprojet se prépare en phase de démarrage

Une évaluation postprojet se prépare à l'avance. En phase de démarrage, (1) vous consignez par écrit les bénéfices attendus par les commanditaires, (2) vous effectuez un relevé préalable de l'existant, (3) vous décrivez clairement les objectifs du projet, (4) vous conserver bien votre OTP et, enfin, (5) vous incluez vos activités de préparation à l'évaluation postprojet à la fin de chaque phase ainsi qu'à la fin du projet.

L'évaluation postprojet se prépare en phase d'exécution

En phase d'exécution, (1) vous rappelez régulièrement à votre équipe qu'une évaluation postprojet aura lieu et à quel moment et (2) les encourager à consigner par écrit les succès et problèmes rencontrés pendant toute la durée du projet. À la fin de chaque phase, (3) vous réalisez des rapports de clôture de phase sur le respect des coûts, des délais et de contenu du projet.

L'évaluation postprojet se concrétise en phase de clôture

En phase de clôture, vous (1) trouvez des preuves de réalisation de l'objectif, (2) rassemblez les rapports finaux de vos équipes sur les succès, problèmes ainsi que vos relevés sur les coûts, délais et contenu du projet et, enfin, (3) sondez les parties prenantes pour savoir si elles estiment que le projet a répondu à leurs attentes.

La phase de clôture a elle aussi ses objectifs propres

Le fait que vous considériez la phase de clôture comme importante est crucial : encouragez les membres de votre équipe à la voir comme une mission à part entière, dotée de ses propres objectifs.

Pensez à la clôture des contrats

Pensez à clôturer les contrats des membres de votre équipe.

Sachez offrir une transition en douceur à votre équipe

Aidez les membres de votre équipe à terminer leur mission et à se focaliser sur les autres étapes, en (1) consignant par écrit les contributions des membres de votre équipe, (2) les aidant à trouver une autre mission, (3) annonçant à l'entreprise que le projet est terminé.

Offrez-leur un bouquet final

Soyez créatif pour la fin de votre projet : pensez à afficher dans l'entreprise une petite présentation retraçant le parcours et l'évolution du projet par des photos clés, tous garderont ainsi un excellent souvenir de sa réalisation et l'esprit d'équipe n'en sera que renforcé.

Chapitre 22

Dix conseils pour devenir un meilleur chef de projet

Dans ce chapitre :

- Être proactif et avoir une vision d'ensemble
- Encourager les autres et les traiter avec respect
- Communiquer efficacement et reconnaître la réussite d'autrui

Une bonne gestion de projet dépend non seulement de ce que vous faites, mais également de la façon dont vous le faites. Vos attitudes et comportements envers les gens influent sur la façon dont ils agissent envers vous. Si nous avions pu, nous aurions placé une gigantesque icône *Truc* sur l'ensemble de ce chapitre, car il vous offre dix conseils qui peuvent vous permettre d'obtenir le soutien d'autrui. Soyez donc très attentif !

Soyez un spécialiste du « pourquoi »

Recherchez les raisons qui motivent les demandes et actions des autres. En comprenant le *pourquoi*, vous êtes certain de réagir de manière appropriée aux membres de l'équipe, à vos supérieurs hiérarchiques et à toutes les parties prenantes du projet (ce qui permet alors de renforcer leur motivation et leur adhésion). Tout d'abord, cherchez à comprendre les raisons se cachant derrière les demandes et actions des autres, puis partagez vos conclusions avec eux. (Le chapitre 10 vous aide à devenir un spécialiste du « pourquoi ».)

Soyez un « découvreur de solutions »

Considérez tous les problèmes comme des défis et faites votre possible pour trouver des moyens de les relever. Soyez créatif, flexible et tenace. Continuez à les retourner dans tous les sens jusqu'à pouvoir les résoudre.

Prenez du recul

Gardez le sens des proportions face aux événements. Sachez où vous souhaitez aller et comment votre plan vous le permettra. Ayez conscience de l'effet de vos actes sur vos démarches actuelles et futures. Partagez votre point de vue avec les autres.

Ayez le souci du détail

Soyez méthodique. Si vous n'examinez pas par le menu les thèmes de votre projet, qui le fera ? Plus vous décrirez avec clarté les résultats souhaités, plus les gens percevront les bienfaits de votre projet. Et plus vous définirez en détail les tâches à exécuter, plus les autres poseront des questions importantes et pertinentes *et* seront convaincus de pouvoir accomplir leur mission avec succès. La clarté accroît la motivation et diminue les risques d'erreurs.

Maniez les hypothèses avec prudence

Prenez le temps de découvrir les faits. Ne faites des suppositions qu'en dernier recours. Toute hypothèse s'accompagne d'un risque d'erreur. Moins vous en faites, plus vous pouvez avoir confiance en votre plan.

Considérez les autres comme des alliés et non des adversaires

Concentrez-vous sur les objectifs communs et non les vues individuelles. En faisant en sorte que les gens se sentent à l'aise, vous favorisez les séances de brainstorming, la pensée créative et la volonté d'innover, autant d'éléments essentiels à la réussite d'un projet. Considérez quelqu'un comme un adversaire et il est probable qu'il se mette sur la défensive et que cela l'incite à devenir un ennemi.

Dites ce que vous pensez et pensez ce que vous dites

Communiquez clairement. Soyez précis. Faites en sorte que l'autre sache exactement ce que vous pensez. Dites-lui ce que vous voulez qu'il sache, qu'il fasse, ainsi que ce que vous allez lui apporter. Ne laissez pas son esprit vagabonder ni la part belle à l'imaginaire. Vous pensez peut-être que rester vague vous offre une plus grande marge de manœuvre, mais cela favorise les malentendus et les erreurs.

Respectez les autres

Attachez-vous aux forces des autres plutôt qu'à leurs faiblesses. Dans chaque membre de votre équipe, trouvez une qualité que vous pouvez respecter. Les gens s'impliquent plus et apprécient mieux leur travail quand ils sont entourés de personnes qui les apprécient et reconnaissent leur investissement.

Saluer les performances de qualité

Prenez le temps de saluer les bonnes performances. Quand une personne fait quelque chose de bien, dites-le-lui, ainsi qu'à son supérieur hiérarchique, aux autres membres de l'équipe. Signalez également aux collègues de la personne en question que vous appréciez les efforts fournis et les résultats obtenus. En voyant saluée sa réussite, la personne se sent confortée dans son travail. Vos louanges lui signalent que vous appréciez son investissement, ce qui l'encourage à travailler avec vous et les autres membres de l'équipe sur de futurs projets.

Profitez-en pour mentionner les résultats obtenus, ainsi que la charge de travail consentie. Soyez précis : dites-lui exactement ce que vous avez apprécié. Votre retour d'information doit intervenir rapidement. Il ne s'agit pas d'attendre plusieurs semaines ou mois.

Soyez un chef de projet mais aussi un meneur

Prêtez attention au facteur humain aussi bien qu'aux informations, processus et systèmes. Partagez votre vision des choses et votre enthousiasme avec les membres de votre équipe, mais sans perdre le sens de la discipline et de l'efficacité. Incitez les gens à faire leur possible pour obtenir des résultats remarquables, apportez votre soutien aux autres et guidez-les pour leur permettre d'atteindre leurs objectifs.

Annexe

Résultats des tests

Première partie : Bienvenue dans le monde de la gestion de projet !

1. **Il n'existe aucune différence entre « gérer » un projet et « manager » un projet.**

   a- Vrai

   « Gérer » est le terme français, « manager » est un terme dérivé de l'anglais, mais les deux signifient la même chose.

2. **La gestion de projet est une approche permettant d'alléger les processus de gestion en excluant du cycle de vie tout ce qui n'a pas de valeur ajoutée.**

   b- Faux

   Alléger les processus de l'entreprise en excluant tout ce qui n'a pas de valeur ajoutée est une approche de *lean management*. La gestion de projet est une approche permettant de développer au mieux un résultat escompté dans des délais impartis, en utilisant des ressources prévues.

3. **Un projet est une entreprise temporaire mise en œuvre afin de générer un produit ou un service.**

   a- Vrai

   Tout projet est par essence temporaire et limité dans le temps, il s'attache aux premières fois, à l'opposé des processus en entreprise qui, eux, sont répétitifs.

4. **La taille d'un projet peut varier pourvu qu'il y ait un objectif précis à atteindre, un calendrier et des ressources disponibles.**

   a- Vrai

   Il n'y a pas de limite de taille de projet, seuls ces trois critères d'objectif, de calendrier et de ressources doivent être respectés.

5. **Un programme est un gros projet.**

   b- Faux

   Un programme est un ensemble de projets ayant un but commun.

6. **Lorsque l'on planifie, gère et clôture un projet, on suit son instinct.**

   b- Faux

   On suit des processus de gestion bien précis inhérents à chaque phase du cycle de vie du projet.

7. **Les techniques de gestion de projet permettent de se passer de l'étape de planification.**

   b- Faux

   Les techniques de gestion de projet permettent de structurer des activités dans le temps et n'autorisent en aucun cas de « zapper » une phase du cycle de vie d'un projet : démarrage (dont la planification), réalisation et clôture. Si ces étapes existent, c'est qu'elles sont d'un grand secours dans la réussite du projet !

8. **Par l'acte de gestion, l'homme gère les activités répétitives de son quotidien.**

   b- Faux

   La gestion de projet, même si elle est constituée de processus répétitifs, ne s'attelle en aucun cas aux activités répétitives des entreprises, mais bien aux réalisations engagées pour la première fois.

9. **La peinture de la *Joconde* et la construction du Boeing A380 sont deux exemples de projet.**

   a- Vrai

   En effet, dans ces deux cas, l'objectif à atteindre était précis, il engageait un budget particulier, un calendrier précis et au minimum une ressource.

10. **Le rôle du chef de projet est de veiller au bien-être et à l'épanouissement des membres de son équipe.**

    b- Faux

    Le rôle du chef de projet est de veiller à ce que l'objectif du projet soit réalisé dans les délais et le budget impartis, ainsi qu'en respectant le nombre de ressources attribué.

Deuxième partie : Partir sur de bonnes bases : la phase de démarrage et préparation

1. **Il est fréquent de voir un chef de projet passer beaucoup trop de temps en phase de démarrage et préparation.**

   b- Faux

   La phase de démarrage et préparation est généralement ignorée, elle est perçue comme une perte de temps, mais à tort!

2. **Le cahier des charges fonctionnel est une confirmation écrite des résultats attendus de votre projet.**

   a- Vrai

   Ce document est un des premiers livrables à produire sur un projet, il détaille les résultats que produira votre projet ainsi que les conditions d'exécution des travaux.

3. **L'OTP est l'Organigramme Technique de Plan.**

   b- Faux

   L'OTP est l'Organigramme Technique de Projet et non pas de Plan.

4. **Un WBS et un OTP sont deux choses différentes.**

   b- Faux

   Le WBS est le terme anglais pour OTP, il signifie *Work Breakdown Structure*.

5. **Le meilleur moyen de connaître l'ampleur et la durée des tâches est de subdiviser les travaux en livrables.**

   a- Vrai

   Ce processus est appelé « décomposition ». Plus cette décomposition est poussée, moins vous risquerez d'oublier des éléments importants.

6. **Déterminer le temps nécessaire à l'exécution d'un projet doit passer par l'obtention de deux informations : la séquence et la durée des activités.**

   a- Vrai

   La séquence renseigne l'ordre dans lequel les activités doivent être réalisées, la durée indique le temps que prend chaque activité.

7. **Le chemin critique est la séquence d'activités la plus longue. Tout retard d'une tâche sur le chemin critique entraîne le recul de la date de fin du projet.**

   a- Vrai

   Les tâches sur le chemin critique requièrent donc une attention particulière dans le sens où ce sont elles qui mettent le projet en danger.

8. **Lorsque vous déterminez les compétences et connaissances que doivent avoir les membres de votre équipe, vous vous référez à la liste complète des activités de votre projet.**

   a- Vrai

   Les lots de travaux étant les composants de dernier niveau de l'OTP, ils auront en effet besoin d'être assignés aux ressources du projet de manière à être réalisés.

9. **Le budget d'un projet est une estimation détaillée et programmée dans le temps de tous les coûts liés aux ressources.**

   a- Vrai

   Ressources humaines ou non humaines, coûts directs ou indirects, le budget détaille en effet tous les coûts attenants au projet.

10. **La phase de démarrage et préparation s'achève lorsque le processus de planification est terminé.**

    b- Faux

    La phase de démarrage et préparation inclut les processus d'initialisation, de planification et de préparation à l'exécution. Une fois le projet planifié, la préparation à l'exécution sera le dernier processus de cette phase.

Troisième partie : Garder le bon cap : la phase d'exécution

1. **La phase d'exécution est la plus longue dans un projet.**

   a- Vrai

   Si votre projet respecte les standards de planification, 70 % de son temps global devrait être passé à son exécution.

2. **La phase d'exécution observe souvent un phénomène de respect des dates.**

   b- Faux

   Près de 90 % des projets ne respectent pas ce qu'ils ont planifié en termes de délais, coûts et objectifs et il n'est pas rare de voir des retards de 40 % sur la durée globale d'un projet.

3. **Au début de chaque phase, il sera nécessaire de reconfirmer le plan.**

   a- Vrai

   Au début de chaque phase, reconfirmez le plan et réaffirmez avec les membres de l'équipe les responsabilités et engagements qu'ils ont pris pour la période à venir.

4. **Entrer en phase d'exécution revient en fait à réaliser le projet coûte que coûte, le plus rapidement possible, sans se soucier des plans initiaux.**

   b- Faux

   Pendant la période d'exécution des travaux, les membres de l'équipe doivent consigner des informations telles que : les livrables intermédiaires et finaux terminés, les dates réelles d'atteinte des jalons,… en tant que chef de projet, votre rôle est de recueillir ces informations sur une base régulière, de les comparer au plan et de trouver un moyen de vous rapprocher au plus près de la référence.

5. **Prendre des mesures correctives permet de remettre votre projet en conformité avec le plan initial.**

   a- Vrai

   Si nécessaire, prenez des mesures pour remettre votre projet en conformité avec le plan initial ou, si cela s'avère impossible, modifiez le plan pour qu'il reflète les nouvelles attentes et repartez sur une nouvelle référence ou « *baseline* »

6. **Un *système d'information de gestion de projet* (SIGP) est un ensemble de procédures, équipements et autres ressources destinés à recueillir, analyser, stocker et rendre compte d'informations décrivant le déroulement du projet.**

   a- Vrai

   Un système d'information de gestion de projet (SIGP) est un ensemble de procédures, équipements et autres ressources constitué des trois parties suivantes :

   - **Données d'entrée :** données brutes qui décrivent certains aspects du déroulement du projet ;

- **Processus :** analyse des données afin de comparer les avancements par rapport à ce qui était prévu ;
- **Données de sortie :** rapports présentant les résultats des analyses.

7. **On n'accordera que très peu d'attention aux activités sur le chemin critique, elles se déroulent toutes seules sans que l'on ait à intervenir.**

   b- Faux

   Un retard impliquant une activité située sur un chemin critique entraîne un retard du projet. Par conséquent, surveillez plus fréquemment les chemins critiques afin de repérer dès que possible les problèmes potentiels et de réduire au minimum les conséquences en termes de calendrier.

8. **La *technique de la valeur acquise* est une méthode permettant de déterminer, à partir des seules dépenses de ressources, si vous êtes dans le budget ou hors budget.**

   a- Vrai

   Dans les projets complexes, la technique de la valeur acquise est un moyen utile de repérer les secteurs dans lesquels rechercher d'éventuels problèmes actuels ou futurs.

9. **La *référence* de votre projet est la version actuelle de votre plan de projet qui oriente son déroulement et permet d'évaluer l'avancement des travaux.**

   a- Vrai

   La référence de votre projet est la version actuelle de votre plan de projet. Le changement de référence est le recours ultime quand les travaux ne sont pas conformes au plan. Épuisez toutes les autres stratégies envisageables avant de modifier le plan proprement dit.

10. **L'*analyse de rendement*, également appelée *analyse de la valeur acquise*, est une technique permettant de connaître l'avancement du projet en termes de calendrier et de coûts, à partir des seules dépenses en ressources.**

    a- Vrai

    L'analyse de rendement est particulièrement utile pour identifier les problèmes potentiels sur les gros projets. La surveillance du déroulement de votre projet implique de savoir si vous êtes en avance, en retard ou dans les temps et si vous respectez, dépassez ou êtes au-dessous du budget.

Quatrième partie : Atterrir en douceur : la phase de clôture

1. **La phase de clôture est ignorée dans 20 % des cas.**

   b- Faux

   La phase de clôture est ignorée dans 90 % des cas !

2. **Une évaluation postprojet permet de donner une note sur 10 à son projet.**

   b- Faux

   L'évaluation postprojet permet de faire le bilan de l'expérience acquise grâce au projet, de mettre publiquement en avant la réussite des gens, d'assurer les participants de la reprise des pratiques d'excellence lors de futurs projets.

3. **Une évaluation postprojet se prépare tout au long du projet.**

   a- Vrai

   En phase de démarrage et préparation, on effectue des relevés de l'existant. En phase d'exécution, on note soigneusement tous les événements marquants : retards, problèmes, risques, erreurs à ne pas refaire,... En phase de clôture, on rassemble toutes les données du projet et on réunit toute l'équipe du projet pour l'évaluation finale.

4. **Clôturer un projet revient tout simplement à livrer le produit au client.**

   b- Faux

   Clôturer un projet revient à boucler tous les livrables nécessaires, obtenir toutes les acceptations et approbations des résultats du projet, évaluer la façon dont ces derniers sont conformes aux attentes, réaliser toutes les tâches administratives, mettre fin à tous les contrats de biens et de services, faciliter la transition des membres de l'équipe vers leur nouvelle mission et, enfin, s'assurer de l'archivage de tous les documents et livrables du projet dans les sites de stockage appropriés.

5. **Au moment de la clôture du projet, le chef de projet n'a pas à intervenir dans la motivation de son équipe.**

   b- Faux

   À ce moment précis du projet, le chef de projet doit (1) rappeler aux membres de son équipe la valeur et l'importance des résultats finaux du projet, (2) rassembler son équipe et réaffirmer l'engagement collectif pris de mener à bien le projet, (3) surveiller de près les activités finales et donner souvent son avis sur les performances de chaque membre de l'équipe et, enfin, (4) être disponible pour tous les membres de son équipe.

6. **Au moment de la clôture du projet, le chef de projet se doit d'offrir une transition satisfaisante aux membres de son équipe.**

   a- Vrai

   Le chef de projet se doit en effet d'offrir une transition à chaque membre de son équipe en :

   - Reconnaissant et consignant par écrit les contributions des membres de son équipe ;
   - Aidant les membres de son équipe à passer à leur nouvelle mission ;
   - Annonçant à l'entreprise que le projet est terminé ;
   - Prenant le temps d'informer les membres de l'équipe et les personnes ayant soutenu son projet des résultats obtenus grâce à leur contribution.

7. **La réunion d'évaluation postprojet permet d'offrir un verre à toute l'équipe.**

   a- Faux

   La réunion postprojet permet de (1) faire un rappel des résultats du projet, (2) présenter les réussites du projet, (3) faire un bilan des réactions des clients et de l'encadrement, (4) ouvrir un débat sur les problèmes rencontrés et(5) sur l'exploitation des enseignements tirés pour les futurs projets.

8. **Le rapport postprojet ne contient que les « *best practices* » et accentue les points positifs du projet.**

   b- Faux

   Le rapport postprojet contient à la fois les points positifs et négatifs du projet, à savoir : (1) les pratiques à intégrer dans les futurs projets et les mesures à prendre pour favoriser le recours à ces pratiques, ainsi que (2) les pratiques à éviter dans les futurs projets et les mesures à prendre pour dissuader les gens de recourir à ces pratiques.

9. **Le retour d'expérience ne sert à rien, dans la mesure où toute l'équipe sera éclatée dès la fin du projet.**

   b- Faux

   Le retour d'expérience permet de capitaliser sur tous les investissements faits pendant le projet. Tenez compte de ce rapport final lorsque vous planifiez un futur projet, afin d'être certain de tirer les enseignements des expériences passées.

10. Lors de la réunion postprojet, il est impératif de revenir sur les conditions de démarrage et préparation du projet.

a- Vrai

Il est impératif de revenir sur les conditions de démarrage et préparation du projet en se posant les questions suivantes : Avons-nous rempli tous les objectifs du projet ? Avons-nous respecté le calendrier du projet ? Avons-nous mené à bien le projet sans dépasser le budget ? Tout retour d'expérience permettra de réduire ces écarts sur les projets à venir et de planifier avec plus de précision au moment du démarrage et préparation du projet.

Index

D

E

F

G

H

I

J

L

M

N

O

P

Q

R

S

T

U

V

W

Disponibles dans la collection « Pour les Nuls »

Culture générale

Histoire

Titre	*Auteur*	*ISBN*
Versailles	Mathieu da Vinha, Raphaël Masson	978-2-7540-1552-3
La Seconde Guerre mondiale	Robert Belot, Klaus-Peter Sick	978-2-7540-0818-1
L'Histoire du monde	Philippe Moreau Defarges	978-2-7540-1265-2
L'Histoire de la Belgique	Fred Stevens, Axel Tixhon	978-2-7540-1482-3
La Préhistoire	Gilles Gaucher	978-2-7540-2185-2
La Rome antique	Guy de la Bédoyère, Catherine Salles	978-2-7540-1822-7
La Grèce antique	Stephen Batchelor, Marie-Dominique et Marc Porée	978-2-7540-1602-5
Le Gaullisme	Chantal Morelle	978-2-7540-0821-1
La Chine	Angélina Boulesteix	978-2-7540-1145-7
La Culture générale, 2e édition	Florence Braunstein, Jean-François Pépin	978-2-7540-1628-5
La Culture générale illustrée, 2e édition	Florence Braunstein, Jean-François Pépin	978-2-7540-1275-1
La Révolution française	Alain-Jacques Czouz-Tornare	978-2-7540-0811-2
Les Années 60	Stéphane Benhamou	978-2-7540-0610-1
La Mythologie illustrée	Collectif	978-2-7540-0989-8
Les Grandes Civilisations	Florence Braunstein, Jean-François Pépin	978-2-7540-0605-7
La Première Guerre mondiale	Jean-Yves Le Naour	978-2-7540-0616-3
La Ve République	Nicolas Charbonneau, Laurent Guimier	978-2-7540-0620-0
Le Moyen Âge	Pierre Langevin	978-2-7540-0563-0
Paris	Danielle Chadych, Dominique Leborgne	978-2-7540-0168-7
L'Égypte ancienne	Florence Maruéjol	978-2-7540-0256-1
La Mythologie	Christopher W. Blackwell, Amy Hackney Blackwell	978-2-7540-0257-8
L'Histoire de France illustrée	Jean-Joseph Julaud	978-2-7540-0110-6
L'Histoire de France	Jean-Joseph Julaud	978-2-8769-1941-9

Religions et spiritualité

Titre	*Auteur*	*ISBN*
Le Coran	Malek Chebel, Sohaib Sultan	978-2-7540-0982-9
La Torah	Arthur Kurzweil, Victor Malka	978-2-7540-0978-2
Le Christianisme	Richard Wagner, Père Denis Metzinger	978-2-7540-0991-1
L'Islam	Malcolm Clark, Malek Chebel	978-2-7540-0531-9
Le Judaïsme	Josy Eisenberg	978-2-7540-0596-8
La Bible illustrée	Éric Denimal	978-2-7540-0274-5
Le Catholicisme	John Trigilio, Père Pierre Lartigue	978-2-7540-0182-3
Le Bouddhisme	Jonathan Landaw, Stephan Bodian	978-2-7540-0062-8
La Bible	Éric Denimal	978-2-8769-1800-9
Zen ! La Méditation, 2e édition	Stephan Bodian	978-2-7540-0322-3
Sagesse et Spiritualité	Sharon Janis	978-2-8769-1769-9

Ésotérisme

Titre	*Auteur*	*ISBN*
Le Tarot divinatoire	Didier Colin	978-2-7540-1826-5
La Franc-Maçonnerie	Christopher Hodapp, Philippe Benhamou	978-2-7540-0150-2

Société

Titre	*Auteur*	*ISBN*
L'ONU	Yves Berthelot, Jean-Michel Jakobowicz	978-2-7540-1411-3
La Mondialisation	Francis Fontaine, Sylvie Goulard, Brune de Bodman	978-2-7540-0778-8
L'Instruction civique	Guillaume Bernard, Frédéric Monera	978-2-7540-0979-9
L'Europe, 2e édition	Sylvie Goulard	978-2-7540-1213-3
L'Écologie	Franck Courchamp	978-2-7540-0554-8
La Géopolitique	Philippe Moreau Defarges	978-2-7540-0623-1
La Justice	Emmanuel Pierrat	978-2-7540-0553-1
La Philosophie, 2e édition	Christian Godin	978-2-7540-0460-2
L'Économie	Michel Musolino	978-2-7540-0351-3
La Politique	Philippe Reinhard	978-2-7540-0335-3
La Géographie française	Jean-Joseph Julaud	978-2-7540-0245-5

Sciences et techniques

Titre	*Auteur*	*ISBN*
L'Histoire de l'aviation	Philippe Benhamou	978-2-7540-1146-4
L'Histoire des sciences	Vincent Jullien	978-2-7540-0977-5
La Physique	Dominique Meier (sous la dir. de)	978-2-7540-0915-7
La Conquête spatiale	Michel Polacco	978-2-7540-1143-3
Les Maths	Jean-Louis Boursin	978-2-7540-0093-2
L'Astronomie	Stephen Maran, Pascal Bordé	978-2-8769-1634-0

Beaux-arts

Titre	*Auteur*	*ISBN*
L'Humour	Gordon Zola	978-2-7540-1956-9
Le Louvre	Daniel Soulié	978-2-7540-1404-5
La Télévision	Marie Lherault, François Tron	978-2-7540-0976-8
Les Séries télé	Marjolaine Boutet	978-2-7540-0912-6
Le Rock	Nicolas Dupuy	978-2-7540-0819-8
L'Histoire de la peinture	Jean-Jacques Breton, Dominique Williatte	978-2-7540-0812-9
La Danse classique	Evelyne Cisneros, Scott Speck, Florence Balique	978-2-7540-1045-0
L'Histoire du cinéma	Vincent Mirabel	978-2-7540-0609-5
Le Jazz	Dirk Sutro, Stéphane Koechlin	978-2-7540-0779-5
L'Histoire de l'art illustrée	Jean-Jacques Breton, Philippe Cachau, Dominique Williatte	978-2-7540-0493-0
L'Histoire de l'art	Jean-Jacques Breton, Philippe Cachau, Dominique Williatte	978-2-7540-0229-5
L'Opéra	David Pogue, Claire Delamarche	978-2-7540-0244-8
La Musique classique	David Pogue, Claire Delamarche	978-2-7540-0151-9

Langue française

Titre	*Auteur*	*ISBN*
La Dictée	Jean-Joseph Julaud	978-2-7540-2415-0
La Poésie française	Jean-Joseph Julaud	978-2-7540-1700-8
La Littérature française	Jean-Joseph Julaud	978-2-7540-0061-1
Le Français correct	Jean-Joseph Julaud	978-2-8769-1640-1

Régions

Titre	*Auteur*	*ISBN*
L'Alsace	Pierre Kretz, Astrid Ruff	978-2-7540-1994-1
La Corse	Thierry Ottaviani	978-2-7540-1546-2

… en Poche

Titre	*Auteur*	*ISBN*
La Musique classique	David Pogue, Claire Delamarche	978-2-7540-2417-4
L'Histoire de la Suisse – tome 1 Des origines à 1815	Georges Andrey	978-2-7540-2262-0
L'Histoire de la Suisse – tome 2 De 1815 à nos jours	Georges Andrey	978-2-7540-2263-7
Zen ! La Méditation	Stephan Bodian	978-2-7540-0000-0
Sagesse et Spiritualité	Sharon Janis	978-2-7540-1758-9
L'Égypte ancienne	Florence Maruéjol	978-2-7540-1739-8
L'Histoire de France – tome 1 Des origines à 1789	Jean-Joseph Julaud	978-2-7540-0180-9
L'Histoire de France – tome 2 De 1789 à nos jours	Jean-Joseph Julaud	978-2-7540-0181-6
Paris Rive droite	Danielle Chadych, Dominique Leborgne	978-2-7540-0694-1
Paris Rive gauche	Danielle Chadych, Dominique Leborgne	978-2-7540-0695-8
La Culture générale – tome 1 Histoire, géographie, art et littérature	Florence Braunstein, Jean-François Pépin	978-2-7540-0798-6
La Culture générale – tome 2 Sciences, sports, loisirs et spiritualité	Florence Braunstein, Jean-François Pépin	978-2-7540-0799-3
La Franc-Maçonnerie	Philippe Benhamou	978-2-7540-0696-5
Le Bouddhisme	Jonathan Landraw, Stephan Bodian	978-2-7540-03148
La Philosophie – tome 1 Antiquité, Moyen Âge et Renaissance	Christian Godin	978-2-7540-0796-2
La Philosophie – tome 2 Du XVIIe siècle à nos jours	Christian Godin	978-2-7540-0797-9
L'Astrologie	Rae Orion	978-2-8769-1999-0
La Littérature française – tome 1 Du Moyen Âge au XVIIIe siècle	Jean-Joseph Julaud	978-2-7540-0611-8

Titre	*Auteur*	*ISBN*
La Littérature française – tome 2 Du XVIIIe siècle à nos jours	Jean-Joseph Julaud	978-2-7540-0612-5
Le Français correct	Jean-Joseph Julaud	978-2-8769-1924-2

Vie pratique

Cuisine

Titre	*Auteur*	*ISBN*
Coffret Cuisine	Collectif	978-2-7540-2055-8
La Cuisine, 2e édition	Bryan Miller, Hélène Darroze	978-2-7540-1989-7
Le Vin, 5e édition	Ed McCarthy, Mary Ewing-Mulligan, Éric Beaumard	978-2-7540-1547-9
Les Cuisines du monde	Philippe Chavanne	978-2-7540-0103-8

Santé

Titre	*Auteur*	*ISBN*
Maigrir avec la méthode Montignac + livret	Michel Montignac	978-2-7540-2435-8
Maigrir avec la méthode Montignac	Michel Montignac	978-2-7540-1586-8
Le Cancer	Pr Jean-François Morere, Dr Thierry Bouillet, Pr Laurent Zelek, Pr Michel Crépin	978-2-7540-2131-9
Contrôler son cholestérol	Carol Ann Rinzler, Pr Éric Bruckert	978-2-7540-1751-0
Le Cerveau	Dr Frédéric Sedel, Pr Olivier Lyon-Caen	978-2-7540-2072-5
L'Homéopathie	Dr Daniel Scimeca	978-2-7540-1761-9
Les Maladies cardiovasculaires	Dr Philippe Abastado	978-2-7540-1591-2
Le Sexe, 2e édition	Dr Ruth K. Westheimer, Dr Marianne Pauti	978-2-7540-1497-7
Le Corps humain	Dr Patrick Gepner	978-2-7540-1121-1
La Maladie d'Alzheimer	Christian Derouesne, Jacques Selmes	978-2-7540-1058-0
Améliorer sa mémoire	John B. Arden	978-2-7540-0323-0
Maigrir	Jane Kirby, Dr Jocelyne Raison	978-2-7540-0005-5
Bien s'alimenter	Carol Ann Rinzler	978-2-8769-1897-9

Bien-être

Titre	*Auteur*	*ISBN*
Coffret Massages	Collectif	978-2-7540-2064-0
Les Huiles essentielles	Elske Miles	978-2-7540-1596-7
Shiatsu et Réflexologie	Synthia Andrews, Bobbi Dempsey, Michel Odoul	978-2-7540-0981-2
Le Tai-Chi	Therèse Iknoian	978-2-7540-0137-3
Les Massages	Steve Capellini, Michel Van Welden	978-2-7540-0060-4
La Méthode Pilates	Ellie Herman	978-2-8769-1767-5
Le Yoga	Georg Feuerstein	978-2-8769-1752-1
Le Feng Shui	David Kennedy	978-2-8769-1687-6

Psychologie

Titre	*Auteur*	*ISBN*
Le Développement personnel	Collectif	978-2-7540-0865-5
L'Interprétation des rêves	Didier Colin	978-2-7540-2318-4
L'EFT (Technique de libération émotionnelle)	Helena Fone, Jean-Michel Gurret	978-2-7540-2067-1
La Pensée positive	Averil Leimon, Gladeana McMahon, Béatrice Millêtre	978-2-7540-1821-0
L'Adolescence	Michel Fize	978-2-7540-1412-0
Exercices de programmation neuro-linguistique	Romilla Ready, Kate Burton, Béatrice Millêtre	978-2-7540-1593-6
Exercices de thérapies comportementales et cognitives	Rhena Branch, Rob Willson, Béatrice Millêtre	978-2-7540-1592-9
Les Relations amoureuses	Florence Escaravage, Kate M. Wachs	978-2-7540-1499-1
Apprendre mieux	Marie Joseph Chalvin	978-2-7540-1261-4
Le Langage des gestes	Joseph Messinger	978-2-7540-0597-5
La Confiance en soi	Kate Burton	978-2-7540-0647-7
Le Coaching	Jeni Mumford	978-2-7540-0353-7
La PNL	Romilla Ready, Kate Burton	978-2-7540-0169-4
L'Hypnothérapie	Mike Bryant, Peter Mabbutt	978-2-7540-0504-3
Les Thérapies comportementales et cognitives	Rob Willson, Rhena Branch	978-2-7540-0246-2
La Psychologie	Dr Adam Cash	978-2-8769-1802-3

Puériculture

Titre	*Auteur*	*ISBN*
Choisir un prénom	Héloïse Martel	978-2-7540-1463-2
La 1re année de Bébé	James Gaylord, Michelle Hagen, Dr Éric Saban	978-2-7540-1511-0
La Grossesse, 2e édition	Dr Eddleman, Dr J. Stone, Dr Joëlle Bensimhon	978-2-7540-1429-8

Droit pratique

Titre	*Auteur*	*ISBN*
Le Droit du travail	Me Julien Boutiron, Jean-Philippe Élie	978-2-7540-1422-9
Organiser son mariage	Peggy Mignot-Paillet, Peggy Frey	978-2-7540-1676-6
L'Assurance	Laurence de Percin	978-2-7540-1073-3
Le Divorce	Me Martine Valot-Forest	978-2-7540-1479-3
L'Immobilier, 2e édition	Laurence Boccara, Catherine Sabbah	978-2-7540-0530-2

Finances personnelles

Titre	*Auteur*	*ISBN*
Payer moins d'impôts, 4e édition	Robert Matthieu	978-2-7540-2397-9
La Bourse	Gérard Horny	978-2-7540-0637-8
Les Finances personnelles	Pascale Micoleau-Marcel (sous la dir. de)	978-2-7540-0630-9

Maison

Titre	*Auteur*	*ISBN*
La Décoration	Kareen Perrin Debock, Frank Lecor	978-2-7540-2264-4
Un potager	Charlie Nardozzi, Philippe Collignon	978-2-7540-1675-9
Le Bricolage, 2e édition	G. et K. Hamilton, Frank Lecor	978-2-7540-1426-7
Vivre écolo	Liz Barclay, Michael Grosvenor, Franck Laval	978-2-7540-0707-8

... En Poche

Titre	*Auteur*	*ISBN*
Le Code de la route, édition 2011	Permisecole	978-2-7540-2387-0

Titre	*Auteur*	*ISBN*
La Table des calories	Jean-Paul Blanc, Catherine Poggi	978-2-7540-2087-9
Améliorer sa mémoire	John B. Arden	978-2-7540-2388-7
La Cuisine pas chère	Héloïse Martel, André Le Letty	978-2-7540-1772-5
L'Armagnac	Chantal Armagnac	978-2-7540-1613-1
Le Diabète	Dr Alan Rubin, Dr Marc Levy	978-2-7540-1436-6
Les Massages	Steve Capellini, Jocelyne Rolland, Michel Van Welden	978-2-7540-1330-7
S'arrêter de fumer	Pr B. Dautzenberg, Dr D. Brizer	978-2-7540-1293-5
Les Tests du Code de la route	DFC Production	978-2-7540-0751-1
Le Vin	Laure Liger, Yvan-Paul Cassetari	978-2-7540-0087-1
La Cuisine	Brian Miller, Alain Le Courtois	978-2-8769-1872-6
Le Sexe	Dr Ruth K. Westheimer	978-2-8769-1956-3
Maigrir	Jane Kirby	978-2-8769-1870-2
Le Feng Shui	David D. Kennedy	978-2-8769-1871-9
Un bureau feng shui	Holly Ziegler, Jennifer Lawler	978-2-8769-1949-5
La Méthode Pilates	Ellie Herman	978-2-7540-0223-3
Le Yoga	Georg Feuerstein, Larry Pane	978-2-7540-0063-5
Guérir l'anxiété	Dr Martine André, Dr Charles Eliott, Dr Laura Smith	978-2-7540-1195-2
Les Thérapies comportementales et cognitives	Rob Willson, Rhena Branch	978-2-7540-1074-0
La PNL	Romilla Ready, Kate Burton	978-2-7540-0879-2
La Psychologie	Dr Adam Cash	978-2-8769-1957-0
Le Bricolage	Gene Hamilton, Katie Hamilton	978-2-7540-0373-5

Business

Titre	*Auteur*	*ISBN*
Communiquer efficacement	Marty Brounstein, Florence Balique	978-2-7540-2229-3
Les Ressources humaines	Sabine Wojtas	978-2-7540-1627-8
Les Marques	Bill Chiaravalle, Barbara Findlay Schenck, Benoît Heilbrunn	978-2-7540-2127-2

Titre	*Auteur*	*ISBN*
Le Marketing opérationnel	Alexander Hiam, Benoît Heilbrunn	978-2-7540-1981-1
Le Service client	Keith Bailey, Karen Leland, Ralph Hababou	978-2-7540-1827-2
Trouver un job	Joyce Lain Kennedy, Nicolas Barrier	978-2-7540-1092-4
Le Marketing, 2e édition	Alexander Hiam	978-2-7540-0688-0
La Comptabilité	Laurence Thibault-Le Gallo	978-2-7540-0617-0
Créer sa boîte	Laurence de Percin	978-2-7540-0492-3
Le Management	Bob Nelson	978-2-8769-1952-5
Business Plans	Paul Tifany, Steven D. Peterson	978-2-8769-1712-5
La Vente	Tom Hopkins	978-2-8769-1670-8

… en Poche

Titre	*Auteur*	*ISBN*
L'Auto-entrepreneur	Grégoire Leclercq, Marie Gouilly-Frossard	978-2-7540-2025-1
Le Marketing	Alexander Hiam	978-2-7540-1598-1
Le Management	Bob Nelson	978-2-7540-0454-1
Business Plans	Paul Tiffany, Steven D. Peterson	978-2-7540-0094-9
La Vente	Tom Hopkins	978-2-8769-1950-1

Loisirs

Sports

Titre	*Auteur*	*ISBN*
Le Tennis	Patrick McEnroe, Peter Bodo, Guy Tambon	978-2-7540-1757-2
Les Arts martiaux	Jennifer Lawler, Nicolas Dupuy, Éric Le Cam	978-2-7540-1052-8
Courir	Tere Stouffer Drenth, Philippe Maquat	978-2-7540-1044-3
Gym et Musculation	Cyndi Targosz, Jean-Pierre Clémenceau	978-2-7540-1059-7
L'Équitation	Audrey Pavia, Marie Martin	978-2-7540-0732-0
Le Golf	Gary McCord	978-2-7540-0078-9
La Voile	J.-J. Isler, Peter Isler	978-2-7540-0059-8

Musique

Titre	*Auteur*	*ISBN*
Improviser à la guitare	Antoine Polin	978-2-7540-2019-0
Accords de guitare	Antoine Polin	978-2-7540-1009-2
Exercices de piano	David Pearl, Marc Rozenbaum	978-2-7540-1337-6
Exercices de guitare	John Chappell, Mark Phillips, Antoine Polin	978-2-7540-1336-9
L'Harmonica	Winslow Yerxa, Jean-Jacques Milteau	978-2-7540-1210-2
DJ	John Steventon, Nicolas Dambre	978-2-7540-1198-3
La Batterie	Jeff Strong, Laurent Bataille	978-2-7540-0352-0
Le Chant	Pamela S. Phillips, Mariette Jost	978-2-7540-0462-6
Le Solfège	Michael Pilhofer, Jean-Clément Jollet	978-2-7540-0586-9
La Guitare basse	Patrick Pfeiffer	978-2-7540-0288-2
Claviers et Synthétiseurs	Christophe Martin de Montagu	978-2-7540-0118-2
La Guitare, 2e édition	Mark Phillips, Jon Chappel	978-2-7540-0124-3
Le Piano	Blake Neely, Marc Rozenbaum	978-2-7540-0102-1
La Guitare électrique	John Chappell	978-2-8769-1983-9

Loisirs créatifs

Titre	*Auteur*	*ISBN*
Coffret Dessin	Collectif	978-2-7540-2056-5
Créer une BD	Gérald Gorridge	978-2-7540-1883-8
Dessiner des personnages	Kensuke Okabayashi	978-2-7540-1322-2
L'Aquarelle	Colette Pitcher	978-2-7540-0934-8
La Peinture à l'huile	Anita Giddings, Cherry Stone Clifton	978-2-7540-0935-5
Dessiner des mangas	Kensuke Okabayashi, Nobuyuki Anzai	978-2-7540-0494-7
La Couture	Janice Saunders Maresh	978-2-7540-0193-9
Le Dessin	Brenda Hoddinott	978-2-7540-0185-4
Le Tricot	Pam Allen	978-2-8769-1705-7

Nature

Titre	*Auteur*	*ISBN*
Un aquarium	Maddy Hargrove, Mic Hargrove	978-2-7540-0917-1
Le Cheval	Audrey Pavia, Marie Martin	978-2-7540-0367-4

Titre	*Auteur*	*ISBN*
Éduquer son chiot	Sarah Hodgson	978-2-7540-0372-8
Éduquer son chien	Jack Volahrd, Wendy Volahrd	978-2-7540-0152-6

Jeux

Titre	*Auteur*	*ISBN*
Pack Gym cérébrale	Stéphanie Boyron, Nicolas Conti	978-2-7540-2073-2
Le Scrabble	Eugénie Michel	978-2-7540-1698-8
Les Échecs, 2e édition	James Eade, Vincent Moret	978-2-7540-1870-8
Dungeons & Dragons®	Richard Baker, Bill Slavicsek	978-2-7540-1390-1
Le Casino	Kevin Blackwood, François Montmirel	978-2-7540-0447-3
Le Poker Texas Hold'em	Mark Harlan, François Montmirel	978-2-7540-0448-0
La Magie	David Pogue, Bernard Bilis	978-2-7540-0453-4
Le Bridge, 2e édition	Eddie Kantar, Jacques Delorme	978-2-7540-0276-9
Le Poker	Richard D. Harroch, Lou Krieger, François Montmirel	978-2-7540-0123-6

… en Poche

Titre	*Auteur*	*ISBN*
Dessiner des mangas	Kensuke Okabayashi	978-2-7540-1601-8
Le Poker en ligne	Mark Harlan, Chris Derossi, François Montmirel	978-2-7540-1871-5
Le Chant	Mariette Jost, Pamelia S. Philips	978-2-7540-1597-4
Le Poker	François Montmirel	978-2-7540-1548-6
La Couture	Janice Saunders Maresh	978-2-7540-1600-1
Un chien	Gina Spadafori, Catherine Collignon	978-2-7540-1320-8
Un chat	Gina Spadafori, Monique Bourdin	978-2-7540-1321-5
Le Tricot	Pam Allen	978-2-7540-0135-9
Le Dessin	Brenda Hoddinott	978-2-7540-0889-1
La Généalogie	Francis Christian	978-2-7540-0565-4

Langues

Méga kit audio

Titre	*Auteur*	*ISBN*
L'espagnol	Collectif	978-2-7540-2024-4
L'anglais	Collectif	978-2-7540-2023-7

Lexiques

Titre	*Auteur*	*ISBN*
Lexique anglais	Brigitte Lallement, Nathalie Pierret	978-2-7540-2243-9
Lexique espagnol	David Tarradas Agea	978-2-7540-2244-6

Méthodes de langues

Titre	*Auteur*	*ISBN*
L'hébreu	Jil Jacobs, Shifra Jacquet-Svironi	978-2-7540-1752-7
Le latin	Clifford Hull, Steven Perkins, Tracy Barr, Danièle Robert	978-2-7540-0881-5
La Grammaire anglaise	Géraldine Woods, Claude Raimond	978-2-7540-0564-7
Le russe	Vincent Bénet, Oleg Chinkarouk, Serafima Gettys, Andrew Kaufman	978-2-7540-0813-6
Le portugais	Karen Keller, Ricardo Rodrigues	978-2-7540-0831-0
L'arabe	Amine Bouchentouf, Sylvie Chraibi, Aboubakar Chraibi	978-2-7540-0312-4
Le japonais	Eriko Sato, Vincent Grépinet	978-2-7540-0495-4
Le néerlandais	Margreet Kwakernaak, Michael Hofland, Annick Christiaens	978-2-7540-0313-1
Le chinois	Wendy Abraham, Joël Bellassen	978-2-7540-0212-7
L'allemand	Paulina Christensen, Claude Raimond	978-2-7540-0038-3
L'anglais	Gail Brenner, Claude Raimond	978-2-8769-1973-0
L'espagnol	Suzanna Wald, Anne-Carole Grillot	978-2-8769-1974-7
L'italien	Francesca Onufri, Sylvie Le Bras	978-2-7540-0039-0

Guides de conversation

Titre	*Auteur*	*ISBN*
L'espagnol des affaires	David Terradas Agea	978-2-7540-1708-4
L'alsacien	Bénédicte Keck, Léon Daul	978-2-7540-1848-7

Titre	*Auteur*	*ISBN*
Le corse	Jean Chiorboli	978-2-7540-1843-2
L'espagnol du voyageur	David Tarradas Agea	978-2-7540-1709-1
L'anglais des affaires	Claude Raimond	978-2-7540-1519-6
L'anglais du voyageur	Claude Raimond	978-2-7540-1520-2
Le Parler québécois	Marie-Pierre Gazaille, Marie-Lou Guévin, Yannick Resch	978-2-7540-1476-2
Le chti	Pierre-Marie Gryson	978-2-7540-1475-5
Le basque	Jean-Baptiste Coyos, Jasone Salaberria	978-2-7540-1239-3
Le breton	Hervé Le Bihan, Gwendal Denis, Martial Ménard	978-2-7540-1240-9
Le japonais	Eriko Sato, Vincent Grépinet	978-2-7540-0653-8
L'arabe	Amine Bouchentouf, Sylvie Chraïbi, Aboubakr Chraïbi	978-2-7540-0839-6
Le portugais	Karen Keller, Ricardo Rodrigues	978-2-7540-1016-0
Le russe	Vincent Bénet, Oleg Chinkarouk, Serafima Gettys, Andrew Kaufman	978-2-7540-1010-8
L'allemand	Paulina Christensen, Claude Raimond	978-2-7540-0324-7
L'italien	Francesca Onofri, Sylvie Le Bras	978-2-7540-0325-4
Le chinois	Wendy Abraham, Joël Bellassen	978-2-7540-0485-5
Le néerlandais	Margreet Kwakernaak, Michael Hofland, Annick Christiaens	978-2-7540-0484-8
L'espagnol	Suzanna Wald, Anne-Carole Grillot	978-2-7540-0178-6
L'anglais	Gail Brenner, Claude Raimond	978-2-7540-0177-9

Kits audio

Titre	*Auteur*	*ISBN*
L'allemand	Edward Swick	978-2-7540-1625-4
Le japonais	Eriko Sato, Vincent Grépinet	978-2-7540-1624-7
Le néerlandais	Michaël Hofland	978-2-7540-1623-0
L'italien	Teresa L. Picarazzi	978-2-7540-1328-4
Le chinois	Mengjun Liu, Mike Packevics	978-2-7540-1329-1
L'anglais	Gail Brenner	978-2-7540-0963-8
L'espagnol	Jessica Langemeier	978-2-7540-0964-5

… en Poche

Titre	*Auteur*	*ISBN*
La Grammaire anglaise	Géraldine Woods, Claude Raimond	978-2-7540-2519-5
L'anglais correct	Claude Raimond	978-2-8769-1923-5

Parascolaire

Juniors

Titre	*Auteur*	*ISBN*
La Bible	Eric Denimal	978-2-7540-2252-1
L'Égypte ancienne	Florence Maruéjol	978-2-7540-1979-8
L'Histoire de France	Jean-Joseph Julaud	978-2-7540-1978-1

Collège

Titre	*Auteur*	*ISBN*
Maths 6e	Cédric Bertone	978-2-7540-1176-1
Maths 5e	Yann Gélébart	978-2-7540-1178-5
Maths 4e	Jean-Charles Alvado	978-2-7540-1180-8
Maths 3e	Yann Gélébart	978-2-7540-1182-2
Français 6e	Dominique Rat, Anne Lavielle	978-2-7540-1175-4
Français 5e	Nathalie Soihet	978-2-7540-1177-8
Français 4e	Hélène Papiernick	978-2-7540-1179-2
Français 3e	Hélène Papiernick	978-2-7540-1181-5

Lycée

Titre	*Auteur*	*ISBN*
Bac Français	Gilles Guilleron	978-2-7540-2258-3
Bac Philosophie	Christian Godin	978-2-7540-2259-0
Bac Histoire-Géo	Nicolas Arnaud, Hugues Vessemont	978-2-7540-2257-6
Bac Anglais	Jean-Bernard Piat	978-2-7540-2260-6

Cahiers pour adultes

Titre	*Auteur*	*ISBN*
Cahier de Culture générale	Jean-Joseph Julaud	978-2-7540-1834-0
Cahier de Jeux d'esprit et de logique	Nicolas Conti	978-2-7540-1835-7